Dunkle Dichter
von
Merle F. Schiller

Herausgegeben von
Markus J. Beyer

©Woll-Verlag Hermann-J. Hoffe, Schmallenberg
Lektorat: Dr. Carina Middel
Coverdesign: Lasse Lüdtke nach einem Foto von Simone Rein
Illustrationen: Markus J. Beyer

Satz: kajado GmbH Dortmund, www.kajado.de
Printed by CPI Books, www.cpibooks.de
1. Auflage September 2019

Die Personen und Handlungen dieses Romans sind frei erfunden.

Alle Rechte vorbehalten, auch auszugsweise.
WOLL Verlag Hermann J. Hoffe
www.woll-verlag.de
ISBN: 978-3-948496-00-5

WOLLVerlag

Für Sandra,
die eine verrückte, humorvolle und spannende Geschichte immer zu schätzen weiß.
Ich hoffe, diese hier ist deine Kragenweite.

Vorwort des Herausgebers

Eine meiner Schülerinnen gab mir dieses Manuskript mit der scheuen Bitte, es zu lesen und zu beurteilen. Ich las es – und war begeistert. Die Schilderung ihres Abenteuers ist nicht nur fantastisch, sondern auch voller Kraft und Sprachgewandtheit. Nach mehreren Gesprächen konnte ich sie davon überzeugen, ihre Geschichte zu veröffentlichen.

Nun liegt sie endlich in dieser Form vor, und ich freue mich, durch diese vorausgehenden Zeilen, ein paar Anmerkungen und einen erweiternden Anhang einen kleinen Teil dazu beigetragen zu haben.

Gespannt übergebe ich das Wort jetzt an die jugendliche Schöpferin.

Mögen ihre Dunklen Dichter die Welt der Leserinnen und Leser bezaubern und ihre Herzen gewinnen.

Markus J. Beyer

Erster Teil: Der Dunkle Dichter

Finsternis lag dicht und verfilzt über der Stadt.

Die Lichter der Häuser funkelten ängstlich wie die Augen verschreckter Hasen.

Seltsame Schatten huschten durch die Gassen, blickten in Hauseingänge und Fenster, als suchten sie etwas.

Ein Gebäude mit massiven Mauern versuchte, der Dunkelheit zu trotzen, in seinem Innenhof hatten sich vermummte Gestalten versammelt. Laternen beleuchteten mit flackernden Lichtfingern schreckliche Fratzen. Zwischen menschliche Leiber schoben sich groteske Wesen.

Und dann begann die Erde zu beben, und die Grausamkeit in den Fratzen wich nackter Panik.

1

Altena.
Die Stadt ist, wie ihr Name klingt: alt.
„Diese Stadt atmet Geschichte", begeistert sich mein Geschichtslehrer immer und zählt dann alles auf, was hier so atmet. Und wie viele Jahrhunderte schon.
Na ja, ich finde, der Atem stinkt manchmal ziemlich – und zwar nach Langeweile.
Meist komme ich ganz gut klar mit dieser Kleinstadt-Idylle, über die unsere Burg wie ein Kettenhund wacht. Aber manchmal gehen mir das enge Tal, die schmalen kriechenden Gassen und die uralten glotzenden Häuser doch gehörig auf die Nerven. Die Menschen hier sind ganz nett, vielleicht etwas zugeknöpft und ein wenig starrsinnig – Sauerländer eben.
Ich heiße übrigens Merle und wohne hier. Ich bin dreizehn, fast vierzehn – und damit ja wohl kein Kind mehr. Ich sage das nur, weil die Geschichte, die ich erzähle, ziemlich unglaublich ist. So, als hätte sie sich ein Kind ausgedacht. Aber, hey, ich schwöre, sie ist wirklich geschehen.

Es war ein Tag, der sich wie Kaugummi zog und an dem die Stunden festzukleben schienen. Schon in der Schule war es stinkend langweilig gewesen und der Donnerstagnachmittag setzte allem die Krone auf. Eigentlich hätte ich mich auf das verlängerte Wochenende freuen können, Freitag und Montag waren frei, aber nada. Alle meine Freundinnen hatten keine Zeit. So saß ich allein vor dem PC, spielte, gähnte und schaufelte frustriert Chips in mich hinein.
Dann schellte es, und hinter der Scheibe unserer Haustür tauchte ein Gesicht auf, das so gar nicht zu dem modernen Glasausschnitt passte.
Huh, dachte ich, was für eine Knitterfratze. Trotzdem öffnete ich.

Und damit begann alles.

Der Mann an der Tür trug einen schon etwas angestaubten Anzug, der noch faltiger als sein Gesicht war, ein gestreiftes Hemd und eine Fliege um den Hals. Wer, um alles in der Welt, trägt denn heutzutage noch eine Fliege? Und dann auch noch am helllichten Tag?

Vermutlich will er Geld sammeln, dachte ich, für irgend so einen komischen Verein. Den Anti-Krawatten-Club zum Beispiel. Bevor ich die Tür wieder schließen konnte, räusperte er sich und sagte:

„Ich habe ein Päckchen."

Ich stutzte. Er sah eigentlich nicht wie ein Postbote aus.

Er sprach weiter: „Ein Päckchen für Merle F. Schiller."

„?!?"

„Sind Sie das?"

„Na ja." Wer sollte *mir* ein Päckchen schicken. Vielleicht war das irgend so ein Trick. Und gleich schlägt er mich nieder und raubt unsere Wohnung aus. Aber für einen Räuber blickten seine dunklen Hundeaugen viel zu nett. Ich gab ihm eine Chance: „Von wem?"

„Das darf ich nicht sagen", antwortete er verlegen. „Unser Klient bat um Verschwiegenheit."

Klient? – Der Typ war garantiert kein Postbote.

Er schien meine Gedanken gelesen zu haben, denn er erwiderte jetzt in geschmeidigem Tonfall: „Gestatten, dass ich mich vorstelle? Ich bin Notar und komme von *Gumbel und Urenkel*, der ältesten Kanzlei am Orte."

Ich runzelte die Stirn. Ein Notar, der mir ein Päckchen brachte? Hatte ich vielleicht etwas geerbt? Von einem bisher verschollenen, stinkreichen Onkel irgendwo aus dem tiefsten Westen Amerikas? Die Sache wurde immer merkwürdiger, aber ich war neugierig geworden und nickte ihm auffordernd zu.

„Mein Name ist Gumbel, Holger Gumbel. Ich bin der Urenkel."

Ich starrte ihn an. Der Urenkel? Der Typ sah aus wie sein eigener Großvater!

„Der Urenkel des Urenkels des Kanzleigründers, um genau zu sein", plapperte er weiter. „Unsere Kanzlei wurde also von meinem Ur-Ur-Ur-"

„Schon gut", schnitt ich ihm das Wort ab. Da wurde einem ja schwummerig. „Sie können mir das Päckchen geben. Es ist für mich. Ich bin Merle Schiller."

„Aha. Dann müsste ich mal Ihren Ausweis sehen."

Jetzt nervte der Kerl aber. Ich rollte mit den Augen, holte dann aber doch meinen Schülerausweis aus der Küchenschublade. Während dieser Zeit bewegte sich Gumbel keinen Zentimeter von der Stelle und starrte mit seinen faltigen Augen Löcher in unseren Hausflur.

Den Ausweis unter der Nase las er ihn so lange und gründlich, als würde er alles darauf auswendig lernen.

Schließlich räusperte er sich, klappte einen geräumigen Aktenkoffer auf und holte ein zerknittertes Päckchen hervor. Es hatte die Größe eines Fußballs, war aber in seiner Form undefinierbar. Das dicke gelbliche Papier, in das es eingepackt war, schimmerte ölig.

Gumbel ließ es in meine geöffneten Hände fallen und sagte feierlich: „Wir von *Gumbel und Urenkel* hatten den Auftrag, es genau heute, am 28. Oktober dieses Jahres, auszuhändigen. Was ich hiermit getan habe. Würden Sie mir das bitte quittieren?!"

Beiläufig kritzelte ich meine Unterschrift auf sein Formular, während ich neugierig das Päckchen musterte.

Gumbel beugte sich vor, sein geschäftlicher Ton wich jetzt einem vertraulichen Raunen: „Wollen Sie es nicht öffnen?" Als er mein Stirnrunzeln bemerkte, setzte er entschuldigend hinzu: „Dieses Päckchen befindet sich schon seit", er räusperte sich, „äh, geraumer Zeit in unserer Obhut. Wir", jetzt wurde seine Stimme verschwörerisch, „von *Gumbel und Urenkel* haben schon Wetten abgeschlossen, was sich darin befindet."

Ich schnaubte abfällig. Das ging ihn gar nichts an. Aber weil ich es selbst nicht mehr aushalten konnte, riss ich das Papier auf und zum Vorschein kam:

Ein Schuh.

Ein ziemlich zerlumpt aussehender Schuh.

Ein ziemlich zerlumpt aussehender linker Schuh.

„Äh", machte ich.

„Oha", machte Gumbel.

Wir schwiegen beide für einen Augenblick, dann stammelte er: „Damit ... hätte ... ich ... jetzt nicht gerechnet."

Ich starrte erst den Schuh, dann Gumbel an, wusste nicht, ob ich mich höflich bedanken oder ihm den Schuh an den Kopf knallen sollte.

Stattdessen entschied ich mich für einen wortlosen Kick gegen die Haustür.

Scheppernd fiel sie ins Schloss. Gumbel starrte noch eine Weile durch den Glasausschnitt, dann zuckte er die Achseln und verschwand.

Kopfschüttelnd ging ich in die Küche und drapierte den Schuh auf dem Tisch. Ich setzte mich davor und starrte das Ding an. Wer schickte mir einen verdammten alten Schuh? Und warum?

Ich schob ihn hin und her, drehte ihn, sah hinein, drehte ihn wieder und stieß ihn schließlich in die Mitte des Tisches, wo er unter der Lampe wie ein platt gefahrenes Eichhörnchen aussah.

Ärger stieg in mir auf. Das Ganze war doch ein Scherz, ein schlechter Halloween-Scherz, genau, das musste es sein.

Das Ding an den Schnürsenkeln packend baumelte der Treter schon über dem Mülleimer, da erkannte ich ihn.

Es war Bömmellöhs Schuh.

Und wenn Bömmellöh mir seinen linken Schuh schickte, musste das etwas bedeuten.

Nun muss ich vielleicht erst mal erklären, wer Bömmellöh überhaupt ist. Das ist mein Onkel, ziemlich verrückt, vielleicht sogar durchgeknallt, aber auch genial – vor allem was seinen Beruf angeht. Eigentlich hat er zwei Berufe: Detektiv und Erfinder, vor allem Detektiv, aber ich glaube, es vergeht kein Tag, an dem er nicht irgendworan herumschraubt.

Mein Onkel wohnte nur ein paar Straßen weiter und jetzt fiel mir auf, dass ich ihn schon mehrere Tage lang nicht gesehen hatte. Aber warum schickte er mir seinen Schuh? Und dann auch noch auf diesem merkwürdigen Weg?

Ich untersuchte den Schuh genauer.

Er sah aus, als hätte er tagelang in einem Ofen gegart: Das Leder war trocken und rissig, die Farbe ausgeblichen, die Sohle hart wie Stein. Einen Schuh im Ofen garen? – Zutrauen würde ich ihm so etwas. Mein Onkel liebte solche Experimente, wobei nicht immer ganz klar war, was sie bezwecken sollten.

Aber dies hier war sein Lieblingsschuh, den er fast jeden Tag trug. Hüpfte mein Onkel jetzt etwa zur Hälfte barfuß durch die Stadt?

Vielleicht würde er gleich selbst vorbeikommen und mir alles erklären. Oder dieser Gumbel konnte mir doch noch mehr verraten. Ich rannte zur Haustür und riss sie auf. Weit und breit war niemand zu sehen, weder Detektiv noch Notar.

Missmutig ging ich zurück in die Küche.

Der Schuh stand auf dem Tisch und glotzte mich an.

Ich glotzte zurück.

Doch das blöde Ding gab sein Geheimnis nicht preis.

Weil es mir beim Nachdenken hilft, begann ich mit einem Spiel: „Watson", sprach ich zu einem unsichtbaren Tischnachbarn, „fassen wir einmal zusammen, was wir an Fakten haben."

„Sehr gerne, Holmes", antwortete mein Tischnachbar mit meiner Stimme.

„Es ist eindeutig Bömmellöhs Schuh", sprach ich weiter.

„Sein linker", ergänzte Watson.

„Richtig", bestätigte ich. „Noch dazu sieht er ziemlich alt aus, obwohl ich ihn doch noch vorige Woche in deutlich besserem Zustand am Fuße seines Besitzers gesehen habe. Also hat Bömmellöh irgendetwas mit ihm veranstaltet, das wir nicht näher bestimmen können."

„Aber", entgegnete Watson, „es war ihm ganz wichtig, dass wir diesen Schuh erhalten. Und zwar genau heute."

„Woraus ich schlussfolgere, dass uns Bömmellöh damit ein Zeichen geben will."

„Oder eine Botschaft überbringen."

„Moment", unterbrach ich mein unsichtbares Gegenüber. „Eine Botschaft? – Das ist es! Soweit ich weiß, trägt mein Onkel kein einziges Kleidungsstück am Leib, an dem er nicht herumgebastelt hat. Und wenn ich mich recht entsinne, gibt es in seinem linken Schuh ein Geheimfach!"

„Korrekt!", bekräftigte Watson und wartete darauf, dass ich das Rätsel endlich löste.

Fiebernd vor Aufregung griff ich nach dem Schuh, überlegte einen Augenblick und drehte den Absatz zur Seite. Zischend gab er einen Hohlraum frei.

„Vakuumfach", kommentierte der Unsichtbare anerkennend.

„Darin", erklärte ich, „kann man eine Botschaft ziemlich lange sicher aufbewahren."

Tatsächlich fiel ein Stück Papier heraus – ziemlich dick und grob gearbeitet, wie selbstgemachtes Büttenpapier. Ich faltete es auseinander. Es sah aus wie ein Brief in der Schrift meines Onkels. Er hatte allerdings ziemlich rumgeschludert, überall waren Tintenkleckse, weshalb man manche Worte kaum lesen konnte. Trotzdem gelang es mir, den größten Teil der Botschaft zu entziffern:

Altena,
Liebe Merle,
ich brauche deine Hilf̶e̶ ⬛ Arbeite an einem sehr ⬛ Fall ⬛ brauche meine Arbeitstasche. ⬛ liegt auf ⬛ in meinem Arbeitszimmer.
Pack bitte alles ein und ⬛ Zahnarzt ⬛ Warte dort. ⬛ was ich dir über den roten Knopf gesagt habe ⬛
Also bis später.

Bömmellöh

P. S.: Bitte füttere Sphinx.
P. P. S.: Bring meinen Schuh mit. Ich brauche ihn noch.

„Eine seltsame Botschaft, Holmes", behauptete mein Watson.
„Jepp!", erwiderte ich. „Und eindeutig von Bömmellöh."
„Wir sollen ihm seine Arbeitstasche bringen. Und er will uns treffen, aber warum bei einem Zahnarzt?"
Ich grinste, wusste ich doch genau, was mit dem *Zahnarzt* gemeint war. Was aber dieser rote Knopf sollte, war mir noch schleierhaft. „Alles zu seiner Zeit, Dr. Watson", sagte ich nur und der unsichtbare Tischnachbar verschwand.
Zufrieden lehnte ich mich zurück. Vielleicht würde dieser Tag ja doch noch ein wenig aufregend werden.
Schnell zog ich mir meinen Lieblingshoodie über, steckte mein Smartphone in die Tasche und packte Bömmellöhs Schuh unter den Arm.

Ein kalter Oktoberwind wirbelte meine Haare durcheinander und Nieselregen benetzte mein Gesicht. Vielleicht hätte ich eine Mütze mitnehmen sollen. Egal, ich würde ja nicht lange unterwegs sein. Ich musste nur über den Schlossberg.
Es war später Nachmittag und schon ziemlich dunkel. Fröstelnd ging ich weiter, außer mir war kaum jemand unterwegs. Von der Nette, einem kleinen, furchtbar schmalen Seitental Altenas, stieg

ich die Klusenstraße hinauf. Ein paar Kinder raschelten durchs Herbstlaub und ein kleiner schwarzer Köter streunte eine Böschung hinauf.

Dann war ich ganz alleine.

Oben auf dem Berg, dort, wo die Burganlage beginnt, hatte ich das Gefühl, der einzige Mensch in ganz Altena zu sein. Bei diesem Wetter hatte es selbst die Touristen in warme Cafés verschlagen.

Ich kam an dem uralten steinernen Torbogen vorbei und blieb abrupt stehen. Die feinen Härchen an meinen Armen richteten sich auf und ein seltsames Gefühl stieg in mir hoch.

Ich wurde beobachtet.

Vorsichtig drehte ich mich zu dem Torbogen um, durch den Nebelschwaden hindurchkrochen, als wären sie schleimige Würmer. Ich schluckte. Auf der anderen Seite, dort, wo die Dunkelheit sich mit dem Nebel mischte, stand jemand. Oder etwas. Es starrte mich an. Ein eiskalter Schauer rieselte meinen Nacken hinunter. Es sah aus wie eine unförmige Masse mit mehreren Beinen. Ich blinzelte und sah wieder hin. Die Schattenmasse bewegte sich.

Was tut man in solchen Situationen? – Genau, wegrennen! Schnell erreichte ich den Schleichweg zwischen Gärten und Hinterhöfen, der hinunter ins Lennetal führte. Auf halbem Weg liegt Bömmellöhs Haus. Bei Tag hatte man von hier einen wundervollen Blick über die Stadt. Doch jetzt war ich einfach nur erleichtert, diesen sicheren Hafen zu erreichen. Ich schaute mich um, niemand war mir gefolgt. Bestimmt hatte ich mir diese Schattengestalt nur eingebildet, manchmal hatte ich einfach zu viel Fantasie.

Direkt neben dem Gartentörchen hing ein kleines Schild aus Messing. „Bömmellöh – Detektei" stand darauf. Darüber saß ein metallener Vogel, der mit den Flügeln schlug, wenn man das Törchen öffnete. Der Garten selbst war reichlich verwildert. Bömmellöhs Versuche, einen automatischen Gärtner zu erfinden, waren bisher nicht erfolgreich gewesen. Ich nahm die zwei Holzstufen zur Veranda, bückte mich und griff der Löwenfigur, die mit funkelnden Augen den Eingang bewachte, ins Maul. Für einen Detektiv ging Bömmellöh ziemlich schlampig mit seinem Haustürschlüssel um.

Noch mal prüfte ich, ob ich allein war, dann schloss ich auf und betrat Bömmellöhs Allerheiligstes.

2

Altena – terra periculosa

Unten am Fluss, da rumpelt die Erde;
Mauern zittern wie Espen.
Schwirrt die Luft wie zornige Wespen,
Die selber gestochen werden.

Straße zur Burg, sie brodelt in Schüben,
Wallender, dampfender Tiegel;
Als gingen Wellen von hüben nach drüben
Durch jeden Pflasterziegel.

Das Straßenende schüttelt sich schier
Am Berg vorm Burgtor oben.
Wie'n peitschender Schwanz von einem Tier,
Voller Rasen und Toben.

Das ganze Städtchen, grollend und krachend,
Zischende, brüllende Tiefe.
Mir ist, als ob dort unter uns schliefe
Eine Macht – nun gänzlich erwachend.

(WJG)

Das Gedicht lag oben auf Bömmellöhs ziemlich vollem Arbeitstisch.
    Ich weiß auch nicht, warum ich es las. Vielleicht, weil es auf dem gleichen groben Büttenpapier geschrieben war wie Bömmellöhs Nachricht. Vielleicht, weil es mit Altena begann und ich die beiden Fremdwörter aus dem Latein-Unterricht kannte.
    Gefährliche Erde bedeuteten sie, glaube ich.

Jedenfalls las ich das Gedicht. Und obwohl der Text altmodisch klang, lief mir ein Schauer eiskalt über den Rücken. Dieser WJG beschrieb hier ein Erdbeben in unserer Stadt und traf damit genau den Nerv der Zeit. Denn in Altena hatte in jüngster Vergangenheit öfter die Erde gebebt.

Und niemand wusste, warum.

Verschiedene Experten hatten alle möglichen Untersuchungen angestellt, doch die Ursache war niemals festgestellt worden. Fest stand nur, dass die Erdbeben erst mit dem Bau des Erlebnisaufzugs begonnen hatten. Vorher war die Stadt ruhig und friedlich gewesen wie eine schlafende Katze. Aber als man begann, Löcher in den Schlossberg zu bohren, hatte diese Katze geknurrt, gefaucht und gebuckelt. „Abruptes Freilegen natürlicher Gasansammlungen beim Sprengen" war noch die plausibelste Erklärung gewesen. Nun war der Erlebnisaufzug schon seit längerer Zeit fertig gestellt. Die Sache mit den Erdbeben hatte sich beruhigt. Und die Menschen waren fast so weit gewesen, dies unangenehme Kapitel zu vergessen.

Doch vor einer Woche hatte es wieder begonnen.

Ich weiß noch, wie sehr ich mich gefürchtet hatte. Ich war an jenem Tag im Haus meines Onkels. Es hatte gezittert, gewackelt und geschüttelt, als wolle es sich gleich wie ein irrsinniger Skiläufer den Hang hinunterstürzen. Teller waren zu fliegenden Untertassen geworden, Bücher aus den Regalen geflattert, Schränke einfach umgekippt. An manchen Stellen war sogar der Putz von den uralten Wänden gefallen und Dielenbretter hatten sich splitternd verbogen. So schnell, wie es gekommen war, war es allerdings auch wieder verschwunden.

Die anschließende Aufregung in der Stadt hatte etwas von der Stimmung in einem Hühnerstall gehabt, in den der Fuchs eingefallen war. Der Bürgermeister war mit Beschwerden und Beschimpfungen bombardiert worden. Man machte ihn und seine vielen Baustellen in der ganzen Stadt für das Beben verantwortlich. Der arme Mann hatte versucht zu beschwichtigen und einen Haufen Experten einfliegen lassen.

Aber bisher war alles noch immer ein Rätsel.

Der Arbeitstisch sah ganz danach aus, als interessiere sich auch mein Onkel dafür. Jedenfalls war hier alles übersät mit Büchern und Zeitungsartikeln zu diesem Thema. Vielleicht verfolgte er ja sogar eine heiße Spur.

Das könnte interessant werden, dachte ich mir. (Zu diesem Zeitpunkt wusste ich noch nicht, dass diese Einschätzung maßlos untertrieben war.)

Ich schob also alles, was sich auf Bömmellöhs Arbeitstisch befand – und das waren nicht nur Papiere und Bücher, sondern auch jede Menge Werkzeuge, eine hölzerne Schatulle und allerlei technischer Kram –, in eine große Reisetasche. Seinen Schuh stopfte ich als Letztes hinein. Dabei fiel mein Blick auf ein Portemonnaie aus braunem, schon reichlich verkratztem Leder.

„Ah, Sphinx", murmelte ich, „dich hätte ich fast vergessen."

Vorsichtig öffnete ich das Portemonnaie und wartete.

Nach einiger Zeit bewegte sich etwas im Inneren und ein winzig kleines Tier wurde sichtbar.

„Hallo Sphinx!", sagte ich und das Tier krabbelte langsam näher, kroch sogar auf meinen Finger. Sphinx kannte mich.

Es war Bömmellöhs Haustier, und weil ein so verrückter Onkel auch ein verrücktes Haustier braucht, besaß er dieses hier. Sphinx ist ein Minichamäleon, kaum größer als eine Ein-Cent-Münze. Wie es aus den verborgenen Wäldern Madagaskars nach Altena gelangt ist, ist eine ganz eigene verschlungene Geschichte. Jedenfalls lebt das winzige Chamäleon-Weibchen seit einiger Zeit in Bömmellöhs abgetragenem Portemonnaie.

Eine Weile spielte ich mit Sphinx, wir hatten beide Spaß daran, sie vor immer neue Hintergründe zu halten. Jedes Mal passte sie sich perfekt an. Nur mit einem pink gestreiften Etui hatte sie etwas Schwierigkeiten. Ich fütterte sie mit ein paar getrockneten Fliegenlarven, die sich in einem Seitenfach des Portemonnaies befanden, und sah auch nach, ob der winzige Wasserbehälter, den Bömmellöh aus einer alten Tintenpatrone gebaut hatte, noch ausreichend gefüllt war. Dann bugsierte ich das Minichamäleon wieder in seinen ungewöhnlichen Stall. Sphinx krabbelte in das Wattelager ganz hinten in der Ecke und machte es sich gemütlich. Ich klappte das Portemonnaie vorsichtig zu und steckte es in meine Hoodietasche. Bestimmt würde Bömmellöh sich freuen, Sphinx zu sehen.

Die Reisetasche auf dem Schoß, setzte ich mich.

„Und hier, mein lieber Watson", sprach ich mit feierlicher Stimme, „löst sich nun eines unserer Geheimnisse."

„Ach ja?", gab Watson zurück, während er unsichtbar aus dem Dunkel des Zimmers heraustrat.

Lieber Leser, vielleicht denkst du, ich hab sie nicht mehr alle, weil ich mich gerne mit Leuten unterhalte, die gar nicht existieren. Aber mir macht es Spaß. Es ist ein Spiel, das ich spiele, wenn ich nachdenken will. Oder wenn ich mich langweile. Ursache ist ein Theaterprojekt. Unser Lehrer Dr. Beller hat 'nen leichten Schatten, aber seine Theaterstücke sind ziemlich abgefahren. In einem Stück hatte ich zwei Rollen gespielt, eben Holmes und Watson, und in einer Schlüsselszene mussten die beiden sich auf der Bühne miteinander unterhalten. Die Aufführung war super und seitdem spiele ich das Spiel.

Ich fragte mich, wann Bömmellöh hier auftauchen würde. Seine Wohnung sah jedenfalls ziemlich unbelebt aus.

Der unsichtbare Watson räusperte sich. „Und welches Geheimnis löst sich gerade?", erinnerte er mich.

„Na, das vom Zahnarzt", erwiderte ich und klopfte auf die Lehne meiner Sitzgelegenheit.

„Faszinierend!", sagte Watson, als er den Stuhl erkannte, und klang dabei ein wenig wie Mr. Spock aus Star Trek.

Ich saß auf einem ausgedienten Zahnarztstuhl.

Eine ziemlich coole Sitzgelegenheit für ein Zuhause. Aber so ist mein Onkel eben. Normal ist was anderes.

Dieser Zahnarztstuhl steht im Arbeitszimmer. Und er ist voll funktionsfähig. Sogar die alten Bohrer, die groß und schwer wie Hanteln sind, funktionieren noch. Was Bömmellöh damit macht? – Ich hatte keine Ahnung.

Jedenfalls saß ich nun in diesem Stuhl und wartete. Direkt vor mir war ein schwenkbarer Arm. Daran hing eine Art Tablett mit einer altersschwachen Digitaluhr. Sie zeigte 17:72 Uhr. Na, da war wohl die Anzeige kaputt. Ich schaute auf mein Smartphone. 17:12 Uhr kam eher hin.

Neben der Uhr blinkte ein roter Kopf.

„Moment", murmelte ich. „Roter Knopf? Da stand doch etwas in der Botschaft."

Ich kramte die Nachricht aus der Tasche und las noch einmal nach: *Zahnarzt*. *Warte dort.* Genau das machte ich gerade. *was ich dir über den roten Knopf gesagt habe.*

Das sollte bestimmt heißen: Denk daran, was ich dir über den roten Knopf gesagt habe. Denn jetzt fielen mir Bömmellöhs scharfe Worte wieder ein: „Drücke auf keinen Fall den roten Knopf!!"

Ein elektrisierendes Kribbeln durchzuckte mich. Bömmellöh wusste doch genau, dass ich so meine Schwierigkeiten mit Verboten hatte.

Ich betrachtete den Knopf. Er blinkte rot und verlockend und ein kleines bisschen höhnisch. „Wenn du in Langeweile ersticken willst", schien er mir zuzuraunen, „dann bleib ruhig so sitzen, dann warte doch, bis du schwarz wirst, dann drücke mich *nicht*."

Mein Finger zuckte.

„Tun Sie es nicht", warnte Watson.

„Wie Sie meinen, mein Bester", gab ich zurück.

Und drückte den roten Knopf.

Es klickte.

Dann senkte sich die Lehne langsam nach hinten. Ich lag in einer recht gemütlichen Position. Die Lampe am Ende des oberen Schwenkarms ging an und warf ein diffuses blaues Licht herab. Es prickelte und kribbelte wohlig auf der Haut.

Nicht schlecht, dachte ich, besser als in einem Solarium.

Die Bohrer in ihren Halterungen begannen zu summen. Der kleine Wasserhahn am Spuckbecken zischte.

„Was wird das?", fragte ich, doch niemand gab mir Antwort. Egal, das blaue Licht tat mir wirklich gut, als hätte es meine Haut erfrischt. Vielleicht wollte Bömmellöh den Stuhl an einen Schönheitssalon verkaufen.

Das Tablett und das Spuckbecken schwenkten plötzlich zur Seite und die Geräusche verstärkten sich: Aus dem Summen der Bohrer wurde lautes Quietschen. Der Wasserhahn dampfte und röhrte wie ein alter Eisenbahnkessel.

„Das stört jetzt aber ein bisschen", murmelte ich, während die Lampe über mir zu blinken begann – rhythmisch, blau und ziemlich grell. Das wohlige Prickeln machte eher einem Piksen Platz.

Spätestens als der Sitz anfing, sich zu drehen, wusste ich, dass es nun aus war mit der Gemütlichkeit.

Ich versuchte abzuspringen, was aber nicht klappte.

Das Lampenlicht pickte wie ein blaues Nadelkissen, die Bohrer kreischten, der Wasserhahn wurde zum spuckenden Geysir. Und der Stuhl drehte sich immer schneller.

Mir wurde übel. Ich überlegte, ob ich es schaffen würde, aus der Drehung heraus in das Spuckbecken zu kotzen, ließ es aber lieber bleiben.

Bald schien alles um mich herum in blauem Schwirren zu verschwimmen. Ich hatte das Gefühl, als würde mich eine fremde Macht aus dem Stuhl zerren, einmal um die Welt jagen und mit Wucht wieder in den Sitz pressen.

Dann ging das Licht aus, der Stuhl hörte auf, sich zu drehen, und mit einem Mal wurde es um mich herum ganz still.

„Oh", stöhnte ich. „Ist mir schlecht!"

„Ganz normal", antwortete jemand. „Sind nur die Nebenwirkungen."

Wer war das? Sprach ich schon wieder mit mir selbst?

„Watson?", brachte ich über die Lippen.

„Nein."

„Wer ist denn dann da?"

„Ich!"

„Wer ist Ich?"

„Moment mal, ich mache Licht."

Eine Kerze wurde angezündet. Ein Gesicht schob sich ins Licht. Ich kreischte auf.

Vor mir schwebte eine hässliche Fratze mit riesigen Augen und langer, schnabelartiger Nase. Erst auf den zweiten Blick erkannte ich, dass es nur eine Maske war. Darüber saß ein Hut mit einer Feder und darunter ein grinsender Mund. An einem langen Hals hing ein rotes Jackett mit merkwürdigen Rüschen und blank polierten Knöpfen. Alles wirkte irgendwie altmodisch, als wäre der Träger gerade von einem Set für einen Historienfilm gekommen. Das Maskengesicht kam so nah, dass die Schnabelnase fast in meine Wange stach. Grüne Augen funkelten mich an.

„Hallo", sagte eine männliche Stimme.

Mir war immer noch übel von der Dreherei und ich war nicht gerade in bester Stimmung.

„Verdammt noch mal! Wer sind Sie?"

„Ist das nicht offensichtlich?", erwiderte die Stimme hörbar gut gelaunt (was meine Laune sofort noch mehr verschlechterte). „Ich bin …", der Sprecher klang jetzt ernsthaft wie Darth Vader, riss sich mit einem Ruck Maske und Hut vom Kopf und entblößte wirre rote Haare und scharf geschnittene Gesichtszüge.

„… dein Onkel!"

„Bömmellöh?!"

„In eigener Person!"

An drei Dingen erkennt man ihn immer: flammend rote Haare, grüne Augen, breites Grinsen. Er trug sogar sein rotes Lieblingsjackett. Allerdings sah es mit den angenähten Rüschen ziemlich bescheuert aus.

„Warum trägst du diese lächerliche Verkleidung?"

„Ich wollte nicht, dass du dich erschreckst, wenn du plötzlich vor deinem Onkel sitzt."

„Dass mich die Maske erschrecken könnte, daran hast du wohl nicht gedacht."

Bömmellöh zog grinsend die Schultern hoch. „Hat sie es denn?"

„Was?"

„Dich erschreckt?"

„Nein."

„Dann ist doch alles in bester Ordnung."
„Musst du eigentlich immer das letzte Wort haben?!"
„Nö."
Ich grunzte verärgert und sah mich um. Trotz des Schummerlichts bemerkte ich, dass wir uns nicht mehr in Bömmellöhs Wohnung befanden. Ich saß zwar immer noch in seinem Zahnarztstuhl, aber Bömmellöhs sämtliche Einrichtung war nicht mehr da. Stattdessen standen hier uralte, verschnörkelte Möbel. Und das Tapetenmuster war grauenhaft.

„Was soll das Ganze? Und wo zum Teufel sind wir hier?"

„Um deine erste Frage zu beantworten", begann Bömmellöh und entzündete weitere Kerzen in bronzenen Wandhalterungen, „du hast den roten Knopf gedrückt!"

„Das weiß ich selbst! Und das hätte ich besser nicht getan. Hätte ich mich an deine Anweisung gehalten, dann wäre mir jetzt nicht schlecht."

Bömmellöh runzelte die Stirn. „Du *hast* dich an meine Anweisung gehalten. Ich habe doch im Brief geschrieben: Vergiss, was ich dir über den roten Knopf gesagt habe."

„Ah."

„Mit dem roten Knopf hast du einen fantastischen Mechanismus in Gang gesetzt", erklärte er weiter, während er die letzte Wandkerze anzündete. „Der Tempusstrahler hat weiche Chrono-Partikel ausgestreut. Du müsstest sie zu Beginn als sehr angenehm empfunden haben. Sie verjüngen die Haut – ein schöner Nebeneffekt. Die Horizontalspeicher laden sich auf und versetzen den Stuhl in Drehung. Mit maximaler Geschwindigkeit gegen den Zeitenwirbel, also in den Präteritumalstrom hinein."

„Ich verstehe kein Wort."

Die flackernden Flammen ließen den Raum unwirklich erscheinen wie in einem Traum. Bömmellöh kam auf mich zu und sah mich durchdringend an. „Womit wir bei deiner zweiten Frage sind. Sie ist eigentlich nicht korrekt formuliert."

„Wie bitte?"

„Sie müsste lauten: *Wann* zum Teufel sind wir?"
„Was soll das heißen?"
„Das bedeutet: Du hast eine Zeitreise gemacht. In die Vergangenheit. Du bist jetzt im Jahre 1772!"
„– – –"
Diesmal hatte Bömmellöh garantiert das letzte Wort.

3

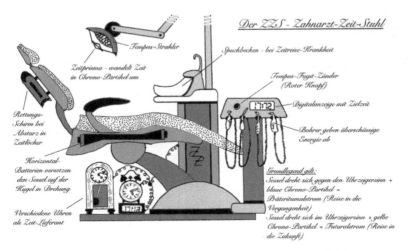

Erst einmal muss ich beschreiben, wie ich mich jetzt fühlte.

Mir war übel, ich war verwirrt, mein Magen krampfte, als hätte mich jemand durch einen Fleischwolf gedreht. Bömmellöhs Gerede über eine Zeitreise machte das alles nicht besser. Am liebsten wäre ich in dem Stuhl liegen geblieben, und Bömmellöh hätte mich sofort wieder nach Hause schicken können. Aber das sei nicht möglich, meinte mein Onkel. Vielleicht wollte er auch nicht. Denn eines sah ich ihm an: Hinter seinem Dauergrinsen war er wirklich froh, mich zu sehen.

Also rappelte ich mich auf und schleppte mich in einen Sessel, der aussah wie ein verschnörkeltes Schiff mit weichen Polstern. Bömmellöh drückte mir ein Glas in die Hand.

„Trink das", sagte er. „Das hilft gegen die Nebenwirkungen des Zeitreisens."

Am liebsten hätte ich ihm das Zeug an den Kopf geworfen, aber ich fühlte mich zu schwach dazu. Also schnupperte ich vorsichtig. Es war dampfend heiß, schmeckte bitter und zugleich zuckersüß. Ein Brennen rieselte meine Kehle hinunter, und in meinem Bauch breitete sich eine angenehme Wärme aus. Nachdem ich das halbe Glas geleert hatte, fühlte ich mich schon besser.

„Was ist das?", fragte ich und nahm noch einen Schluck.

„Heiße Bitterschokolade mit Zucker und einem Schuss Kaninchen-Urin."

Ich prustete das Zeug vor seine Füße.

„War ein Scherz", zwinkerte er mir zu. „Streich die letzte Zutat. Dafür ist ein Schuss Rum drin."

„Ich habe allmählich genug von deinen Scherzen, Onkel", erwiderte ich und sah mich zum ersten Mal richtig um. Das Zimmer hatte sich tatsächlich verändert. Zum einen war es kleiner geworden, als hätte jemand in Windeseile eine zusätzliche Wand eingezogen. Zum anderen gab es keine einzige elektrische Lampe, Licht kam nur von den Kerzen an den Wänden und auf dem Tisch.

Die Tapete suhlte sich in einem scheußlichen Graublau mit Blütenmustern. Hinter mir hing ein riesiges dunkles Landschaftsgemälde, das sich normalerweise niemand in seine Wohnung hängen würde. Selbst Bömmellöh nicht. Auch die Möbel waren gewöhnungsbedürftig, sahen aus, als hätte er sie aus einem Museum gestohlen. In einer Ecke des Zimmers stand ein monströser geschwärzter Kanonenofen, in der anderen eine Eichenvitrine mit kitschigen weißen Porzellanfiguren.

Alles andere, das ich sonst aus dem Arbeitszimmer meines Onkels kannte, war, bis auf den Zahnarztstuhl, verschwunden. Bömmellöh setzte sich mir gegenüber auf ein kleines Sofa mit Löwenfüßen.

„Jetzt mal ehrlich, Bömmellöh", sagte ich. „Wie hast du den Raum so schnell verändert. Das ist doch ein Trick. War ich etwa ohnmächtig und du hast alles umgeräumt?"

Bömmellöh faltete die schmalen Finger vor dem Gesicht zusammen und seufzte. Zum ersten Mal verschwand sein Dauergrinsen. Seine grünen Augen funkelten mich ernst an.

„Kein Trick", sagte er mit fester Stimme. „Hier ist alles echt."

Es klirrte laut, als ich das Glas auf den Tisch knallte. Ich war echt wütend, dass er versuchte, mir so einen Bullshit zu erzählen.

„Du willst allen Ernstes behaupten, dass ich in die Vergangenheit gereist bin?!"

„Kor-rekt!"

„Mitten ins Jahr 1772?!"

„Kor-rekt"

„Hör auf, wie ein Roboter zu sprechen."

„Ganz-wie-Sie-wün-schen."

„BÖMMELLÖH!"

„Okay, okay, ich dachte, das würde die Stimmung ein wenig auflockern."

„Es würde meine Stimmung auflockern, wenn ich verstehen würde, was hier genau passiert ist."

„Eine Zeitreise", grinste Bömmellöh wieder.

„Wir drehen uns im Kreis", stöhnte ich.

„Nein, im ZZS", erwiderte Bömmellöh schlagfertig und wies auf den Zahnarztstuhl.

„Was soll das heißen?", warf ich ihm zornig an den Kopf. „Ziemlich Zermürbende Scheiße?"

„Nein", entgegnete Bömmellöh ruhig. „ZZS bedeutet Zahnarzt-Zeit-Stuhl und das ist das Ding, mit dem du *jetzther* gekommen bist. Ich hab es selbst erfunden."

Ich sah Bömmellöh mit einer Mischung aus Fassungslosigkeit und Ärger an: „Du bist verrückt!"

„Nur ein kleines bisschen", gab er zu.

Da es mir inzwischen besser ging, erhob ich mich und zischte: „Weißt du was? Wenn du mir nicht die Wahrheit sagen willst, dann gehe ich jetzt nach Hause."

„Tu dir keinen Zwang an", erwiderte er. „Etwas frische Luft wird dir bestimmt guttun. – Bis gleich!"

Ich beließ es bei einem wütenden „Mmpf!" und stapfte hinaus.

Nur flüchtig bemerkte ich, dass sich *alle* Räume verändert hatten. Als ich auf die Veranda hinaustrat, trafen mich drei ganz verschiedene Eindrücke wie die Tritte eines Pferdes.

Erstens: Draußen herrschte strahlender Sonnenschein.

Zweitens: Es war still wie in einer Kirche. Ich hörte keinen Autolärm, keinen Krach von den Baustellen, kein Flugzeug und keinen Zug. Nur hin und wieder Kinderjohlen, bellende Hunde und das Hämmern von Metall auf Metall.

Drittens: Altena war nicht mehr da. Das heißt, es war schon noch da. Aber es sah völlig anders aus und mehr als die Hälfte der Häuser fehlte, ebenso die Straßen und die Eisenbahnlinie. Unter mir lag nichts weiter als ein schäbiges Dorf aus alten Bürgerhäusern, die sich ängstlich nah an das Ufer der Lenne drückten. Die Lutherkirche war der einzige vertraute Orientierungspunkt. Auf der anderen Uferseite sah ich überhaupt keine Häuser. Dort schienen Wald und Wildnis das Land zurückerobert zu haben.

Bestürzt rannte ich ein Stückchen den Fußweg hinauf, der jetzt eher einem Trampelpfad glich.

Erleichtert atmete ich aus. Die Burg war noch da. Ein beruhigender Anblick. Doch der zweite Blick beunruhigte mich wieder. Auch die Burg wirkte verändert. Die Gerüste, die eigentlich ständig irgendwo hingen, waren verschwunden. Einige Gebäude waren in sehr schlechtem Zustand, andere sahen völlig anders aus, als sie aussehen sollten. Die Flanke des Schlossbergs war merkwürdig kahl und leer. Erst nach längerem Hinstarren wusste ich warum: Auch hier fehlte es an Bäumen, Gärten und Häusern.

Bömmellöhs Haus war das einzige an etwas höher gelegener Stelle.

„Das ... das ist nicht möglich", stammelte ich.

Und wenn doch?!, dachte ich sofort.

Mein Onkel war ein ziemlich guter Erfinder. Aber sollte er wirklich eine Zeitmaschine erfunden haben? Und dann ausgerechnet in einem alten aufgemotzten Zahnarztstuhl? Das war doch hirnverbrannt! Science-Fiction!

Logik, sagte eine Stimme in meinem Kopf. Sie klang so, wie ich mir die von Sherlock Holmes vorstellte.

Eine gute Idee. Ich würde ganz logisch an die Sache herangehen. Logisch Fakten sammeln, logisch Zusammenhänge herstellen, logisch das Ganze als großen Schwindel entlarven. Und das Logischste war – mein Smartphone.

Ich zog es heraus. Das vertraute Gefühl in der Hand tat mir gut, holte mich zurück in die Wirklichkeit. Ich ließ die Finger über das Display fliegen.

Allerdings nicht lange, denn obwohl ich es immer wieder versuchte – das Ergebnis blieb dasselbe: Das Smartphone war so gut wie tot. Das Display leergefegt. Alle Apps weg. Aber das lag nicht am Akku. Der war voll aufgeladen. Die Kamera funktionierte. Und die Taschenlampe.

Ansonsten schimmerte das Display bleich wie eine Salzwüste. Kein Ton. Keine SMS. Keine Kontakte. Keine Fotos oder Daten. Alles leer. Einfach empty. Nur in der rechten oberen Ecke klebte höhnisch das WhatsApp-Icon, natürlich ohne irgendeine Funktion.

„Du willst mich doch verarschen!", fluchte ich laut.

Noch einmal musterte ich die Burg, die Stadt, die keine mehr war beziehungsweise noch keine war. Ich ließ den Blick über den Fluss und die Berge schweifen, die vertraut und doch fremd wirkten, und lauschte der Geräuschkulisse, die so ganz anders als die gewohnte war.

Ich seufzte. Es blieb mir wohl nichts anderes übrig, als zu akzeptieren. Ich *war* in der Vergangenheit.

Im Jahr 1772.

Doch warum ausgerechnet in diesem Jahr? Und dazu noch, wie mir jetzt erst auffiel, im Sommer?

Es wurde Zeit, noch einmal ein ausführliches Gespräch mit meinem Onkel zu führen.

Als ich ihm von meinem Zombie-Handy – mehr war es ja nicht mehr – erzählte, zuckte er nur mit den Schultern. „Das wird die

Auswirkung der Zeitpartikel sein." Jetzt klopfte er mir beschwichtigend auf die Hand. „Immerhin kannst du noch ein Selfie von dir machen."

„Ja toll!"

„Na also! Think positive!"

4

Was ist die Zeit?

die zeit ist ein stück eisen
tic tac tic
gestaltlos, roh
noch ohne form
im morgen
was daraus wird, im leisen
ahnen liegt verborgen
so
ist die zukunft vorm
augenblick
tic

    Ein Eisen ist die Zeit
    tic tac tic
    In Glut erhitzt, im Feuer
    Wird's biegsam, weich
    Offen nun
    Für jede Möglichkeit
    Erhält im Tun
    Des Schmieds die Form – so reich
    So lieb und teuer
    Das ist die Gegenwart, der Augenblick
    tic tac tic

        EIN WERK AUS EISEN IST DIE ZEIT
        tic tac tic
        EIN BILDNIS – FEST
        GEFÜGT, VOLL KUNST UND SEHR
        FEIN, EIN STÄHLERN LIED
        GESUNGEN AUF VERGANGNEM FEST
        DAS IST VERGANGENHEIT
        SCHÖN, DOCH SCHWER

UND UNABÄNDERLICH
NACH DEM LETZTEN SCHLAG
tac

Das alles ist die Zeit, doch wer,
So frag ich mich, ist der
Schmied?

(WJG)

Dieses Gedicht fand ich am ersten Abend im Schreibtisch unseres Gastgebers. Abgesehen davon, dass es mich damals sehr nachdenklich stimmte, sollte es bei unserem Abenteuer noch eine nicht unbedeutende Nebenrolle spielen. Doch dazu später.

Als ich wieder in Bömmellöhs Arbeitszimmer stand (oder was zum Hässlon es momentan darstellte), fiel mir auf, dass die Holzläden vor den Fenstern immer noch zu waren und die Kerzen vor sich hin funzelten.

Bömmellöh kramte umständlich in der mitgebrachten Reisetasche herum.

„Warum öffnest du nicht die Läden?", fragte ich ihn.

„Vorsicht", murmelte er zurück. „Ich glaube nicht, dass es gut wäre, wenn jemand aus dieser Zeit den ZZS sähe. Das würde zu viele Fragen aufwerfen."

Ich ließ mich wieder in den weichen Sessel fallen. „Du bleibst also dabei, dass wir uns im Jahre 1772 befinden?!"

Bömmellöh musterte mich einen Augenblick, dann sagte er, wie immer bestechend scharfsinnig: „Du hast draußen sicherlich genügend Beweise dafür gefunden, dass ich die Wahrheit sage."

Ich ließ die Schultern hängen. Für einen Moment hatte ich noch einmal gehofft, die ganze Sache würde sich doch noch in einen lustigen Streich meines Onkels auflösen. Aber ich musste mich wohl mit den Tatsachen abfinden.

Bömmellöh hatte endlich gefunden, wonach er suchte, den ausgelatschten linken Schuh, den ich ihm mitgebracht hatte. „Ah, das tut gut", sagte er sichtlich zufrieden, als er ihn anzog.

„Mh", meinte ich. „Sieht aber lächerlich aus."

Er trug jetzt zwar an beiden Füßen die gleichen Schuhe, jedoch sahen sie so unterschiedlich aus wie zweieiige Zwillinge. „Dein rechter Schuh ist okay, aber der linke sieht aus, als hätte er Hunderte von Jahren im Morast gelegen."

„Was der Realität ziemlich nahekommt", grinste Bömmellöh.

Ich runzelte die Stirn.

Bömmellöh genoss mein blödes Gesicht, erklärte aber endlich: „Dieser Schuh ist in der Tat mehr als 200 Jahre alt. Denn er hat so lange in der Anwaltskanzlei gelegen, bis er an dich übergeben wurde."

Erstaunt sah ich ihn an.

„Als ich vor vier Tagen hier angekommen bin, ist das die erste Fahrt mit dem ZZS gewesen. Ich wusste ja nicht, welche Auswirkungen das Zeitreisen auf den menschlichen Körper hat. Ich hätte zum Beispiel ohnmächtig werden und in eine brenzlige Situation kommen können. Deshalb habe ich den Stuhl mit einer automatischen Rückholvorrichtung ausgerüstet, die den ZZS nach einer Stunde wieder zurück in unsere Gegenwart bringt.

Glücklicherweise bin ich aber wohlbehalten im Jahr 1772 angekommen. Unglücklicherweise war ich dann so aufgeregt und neugierig auf diese Zeit, dass ich die Automatik völlig vergessen habe. Der ZZS hat sich ohne mich auf den Rückweg gemacht.

Ich saß hier in der Vergangenheit fest.

Um wieder in unsere Zeit zurückkehren zu können, brauche ich aber den ZZS. Und um an den Stuhl zu kommen, musste ihn mir jemand bringen, jemand, dem ich vertraue, jemand, der nicht gleich einen Schreikrampf kriegt, wenn er feststellt, wo die Reise hingeht."

„Du meinst, *wann* die Reise hingeht", warf ich ein.

Bömmellöh stutzte kurz, dann nickte er anerkennend. „Punkt für dich, Merle! – Ich wusste schon, warum ich gerade dir die Botschaft geschickt habe."

„Wie bist du denn auf die Idee gekommen, sie mir auf diesem ziemlich merkwürdigen Weg zu schicken?!"

„Das war eine Sache der Logik. Schließlich musste ich dir die Nachricht ja durch die Zeit senden. Die Frage war nur wie. Ohne Telefon, PC und all den technischen Kram ist das nicht ganz einfach. Erst recht nicht, wenn man fast 250 Jahre überbrücken muss. Die Post schied auch aus; da kommen Pakete in unserer Zeit ja schon nicht richtig an. Es musste etwas sein, das ebenso in der Vergangenheit wie in unserer Gegenwart existiert. Und da kam mir der Zufall zu Hilfe. Du glaubst nicht, wer der Besitzer dieses Hauses ist?!"

Ich zuckte mit den Schultern.

„Gumbel", entgegnete er schlicht.

„Der von der Kanzlei?"

Bömmellöh nickte. „Der Urgroßvater des Urgroßvaters jenes Gumbels, der dir den Schuh übergeben hat. Er ist der Gründer der Kanzlei und hat von mir den Auftrag bekommen, das Päckchen mit der Botschaft in Verwahrung zu nehmen und durch die Generationen hindurch weiterzureichen, bis zu jenem Tag, an dem sein Nachfahre es an dich übergeben sollte. Ich habe extra Donnerstagnachmittag für die Übergabe gewählt, weil ich wusste, dass du um diese Zeit zu Hause bist und dich hoffentlich sofort auf den Weg machen würdest."

„Was auch tatsächlich funktioniert hat."

„Ich brauchte ein wenig Überzeugungskraft, aber dann war Gumbel bereit dazu. Ich musste nun nur noch dafür sorgen, dass das Papier mit der Botschaft die zwei Jahrhunderte überstehen würde. Na, und da fiel mir das Vakuumfach meines linken Schuhs ein. Dass du hier bist, ist der Beweis, dass es funktioniert hat."

Langsam wiegte ich den Kopf hin und her. Auf so eine bescheuerte Idee konnte nur mein Onkel kommen. „Wohnt dieser Gumbel auch hier?"

Bömmellöh schüttelte den Kopf. „Das Haus steht zurzeit leer, das heißt, eigentlich hat er es vermietet, an jemanden, der morgen in Altena eintreffen wird. Jemand, der hoffentlich ein wenig Licht in unseren Fall bringen kann."

„*Unseren* Fall?"

„Ich denke, da du schon mal hier bist, wirst du mir sicherlich helfen wollen."

Bömmellöh kannte mich zu gut, als dass ich meine Neugier vor ihm hätte verbergen können. Ich hatte tausend Fragen. Aber eine schoss mir plötzlich wie eine heiße Nadel ins Hirn und verdrängte alle anderen: „Deine Rückholautomatik ist doch hoffentlich ausgeschaltet?"

Bömmellöh wurde stocksteif, als wollte er der Sofalehne Konkurrenz machen. Dann weiteten sich seine Augen plötzlich und er hechtete auf den ZZS zu. Blitzschnell, aber zielsicher flog seine Hand über die Tastatur neben der Digitalanzeige.

Der ZZS gab ein paar piepsende Töne von sich, dann schaltete er sich aus. „Puh", stöhnte mein Onkel, „das war knapp! Nur noch eine Minute, dann hätten wir beide hier in der Vergangenheit festgesessen."

„Und dir gehen allmählich die guten Schuhe aus", kicherte ich.

„Okay, dann an die Arbeit!", sagte Bömmellöh gut gelaunt und stand auf.

„Spuren untersuchen?", fragte ich vorfreudig.

„Nö, Möbelrücken", gab er zurück und spuckte in die Hände.

„Wie meinst du das?"

„Genau so, wie ich es sage. Wir müssen den ZZS verstecken. Denn wir sollten unseren Gastgeber, wenn er morgen kommt, schonend darauf vorbereiten, dass wir aus der Zukunft kommen."

Es war eine gewaltige Plackerei, denn der Zeitstuhl war ziemlich schwer. Warum hatte mein Onkel auch ausgerechnet einen Zahnarztstuhl umbauen müssen?! Ein flotter Chef-Sessel hätte es doch auch getan. Es dauerte Stunden, bis wir das Ding nebenan in einem Schuppen verstaut hatten, der allerdings ein sicheres Versteck zu sein schien, denn das ganze Gerümpel darin war zentimeterdick mit Staub bedeckt. Und dort, wo kein Staub war, hingen Spinnennetze wie löcherige Gespenster.

Der Schuppen habe mal als Remise gedient, erklärte mir Bömmellöh, was so eine Art Garage dieser Zeit sei. Natürlich nicht für Autos – die waren noch gar nicht erfunden –, sondern für Kutschen. Überall lagen deshalb noch Reste von Pferdewagen und Karren herum. Wir versteckten den ZZS zwischen einer kaputten Kutsche, von der der Goldlack längst abgeblättert war, und einem Haufen angeknackster Speichenräder. Bömmellöh zog noch eine riesige Leinwand mit einem durchlöcherten Schlachtengemälde davor und der ZZS war praktisch unsichtbar.

In diesem Moment öffnete sich knarrend das große Tor und eine vertraute Gestalt stand im Nachmittagslicht. Gumbel. Allerdings war es der Gumbel des Jahres 1772, der seinem Nachfahren aus meiner Gegenwart erstaunlich ähnlich sah. Er hatte den gleichen treuen Hundeblick und auch schon Krähenfüße an den Augenwinkeln. Allerdings war dieser Gumbel viel jünger als sein Gegenstück, vielleicht Mitte 20, und er trug die typische Kleidung seiner Zeit. (Ich war nicht sicher, ob ich darüber lachen oder mir die Augen weh tun sollten.)

Ein knielanger Mantel mit auffallenden Borten an der Knopfleiste, flatterte in dunklem Grün. Justaucorps nannte man so ein Ding, erklärte mir mein Onkel später. Darunter saßen die üblichen Hosen, die kurz unter dem Knie endeten und ebenfalls grün gefärbt waren, allerdings um einiges heller als der Justaucorps. Bei den langen Strümpfen wechselten sich schwarze und türkisfarbene Streifen ab. Die Füße steckten in schwarzen Lackschuhen mit blitzenden Schnallen. Auf dem Kopf saß ein breiter Dreispitz mit feinen Federn an der Krempe. Mit dem Gumbel meiner Gegenwart teilte dieser Gumbel eine Vorliebe für Fliegen. Allerdings nahm die Halsschleife bei ihm enorme Ausmaße an und wirkte wie ein Bündel großer welker Blätter – natürlich in unterschiedlichsten Grüntönen.

Alles in allem sah er aus wie ein Grashüpfer.

„Ah, da sind Sie ja", sagte er freundlich und streckte uns einen großen Weidenkorb entgegen. „Ich habe mir erlaubt, Ihnen Speisen zu kredenzen, damit Sie bis morgen aushalten, wenn notre Wolfhan in Altena ankommt."

Er schien sich überhaupt nicht über meine Anwesenheit zu wundern und fügte geschwollen hinzu: „Wolfhans Verwandte sind auch meinem Herzen anverwandt."

„Wolfhan? Ist das der Mann, auf den wir warten?", fragte ich Bömmellöh leise.

Mein Onkel nickte. „Ab morgen unser Gastgeber und in diesem Fall eine wichtige Figur, wie ich glaube."

„Und was hast du Gumbel über uns erzählt?", flüsterte ich.

Bömmellöh wisperte leise zurück: „Ich habe mich als entfernten Cousin Wolfhans ausgegeben und ihm gesagt, dass dieser uns hierher nach Altena eingeladen hat. Die beiden haben zusammen in Straßburg Rechtswissenschaften studiert und sind ziemlich dicke Freunde."

Gumbel trat auf mich zu. Der aufwändige Stoff seines Justaucorps raschelte und knisterte, als er meine Hand ergriff und sie tatsächlich zu einem Handkuss an den Mund führte. Ich war so überrascht, dass ich es geschehen ließ.

Gumbel nahm mich nun genauer in Augenschein.

„Sie sind jünger, als ich erwartet hatte", sprach er. „Und Ihre Kleidung, mon Dieu, ist extrême bizarre."

Das sagt der Richtige, dachte ich. Aber aus seiner Sicht hatte er natürlich recht. Mit Jeans und Hoodie musste ich ziemlich schräg aussehen. Bömmellöhs Kleidung dagegen passte, so lächerlich sie auch auf mich wirkte, gut hierher. Zwar trug er – wie immer bei seinen Fällen – sein weinrotes Spezialjackett, aber er hatte es mit Rüschen, Borten, silbernen Knöpfen und verschnörkelten Verzierungen recht gut an die Mode des 18. Jahrhunderts angepasst. Darunter schaute ein weißes Hemd heraus, das so viele wellige Falten hatte, als wolle es wegfließen. Die Hose ähnelte der von Gumbel, war allerdings malvenfarben und mit hohen Aufschlägen versehen. Seine Kniestrümpfe waren weiß und über und über mit Ornamenten bestickt. Nur die modern geschnittenen Schuhe, die Gumbel neugierig gemustert hatte, passten nicht.

Mir aber war in diesem Moment eines klar: Wenn ich mich länger in dieser Zeit aufhalten wollte, ohne überall aufzufallen, musste ich mir dringend ein passendes Outfit zulegen.

Gumbel ließ jetzt endlich meine Hand los und sprach mehr zu sich selbst als zu mir: „Der Wolfhan hatte ja schon immer einen eigenwilligen Geschmack. Je crois, Sie und er passen ganz gut zusammen."

Ich zog die Stirn kraus. Was erzählte der da?

Dann erhob er plötzlich die Stimme, riss sich den Hut vom Kopf und deute eine Verbeugung an: „Ich freue mich, meine Dame, Sie hier in diesem bescheidenen Anwesen begrüßen zu dürfen als jene, mit der unser Wolfhan den Bund schließen will."

„Häh?"

„Ich wünsche Ihnen einen magnifiken Aufenthalt. Wenn Sie etwas benötigen, wenden Sie sich getrost an mich." Dann setzte er den Hut wieder auf, nickte in Bömmellöhs Richtung, zwinkerte mir zu und verließ den Schuppen.

Ich riss meinen Onkel zu mir herum. „Was hast du ihm über mich erzählt?"

Bömmellöh war sichtlich verlegen. „Nun ja", druckste er herum. „Mir ist auf die Schnelle nichts Besseres eingefallen, außerdem klingt es in dieser Zeit ziemlich plausibel. Denn 1772 machen Mädchen diesen Schritt oft schon sehr früh. Ist gar nichts Ungewöhnliches."

„WAS?!"

Bömmellöh biss sich auf die Lippen, dann nuschelte er fast unverständlich. „Ich habe ihm erzählt, dass du Wolfhans Verlobte bist."

Das Schuppentor fiel knarrend ins Schloss, es klang wie ein Kichern.

„– – –"

Das war schon das zweite Mal an diesem Tag, dass man mich sprachlos sah.

Ich war ziemlich sauer auf meinen Onkel und hätte ihm am liebsten eine gescheuert. Wie konnte er so etwas sagen: Verlobt! Hallo, ich bin erst dreizehn, okay, fast vierzehn. Aber das ist ja wohl immer noch zu jung für – also, äh, jedenfalls war ich sauer.

Und mein Onkel spürte das ganz genau, weshalb er sich für den Rest des Tages in den Schuppen verzog. Um den ZZS durchzuchecken, sagte er. Wohl eher, um mir aus dem Weg zu gehen.

Am liebsten wäre ich durch Altena gejoggt, um meinen Zorn loszuwerden, aber ich hatte keine Lust aufzufallen wie ein bunter Hund und blieb deshalb im Haus. Ich beschloss, das Haus zu durchstöbern, und kam mir dabei vor wie in einem Museum.

In einem der Zimmer stand ein nussbaumfarbenes Bett mit faustgroßen, beschnitzten Knäufen. Darüber hing ein Gemälde, eine vierköpfige Familie in Schäferkleidung vor einer Art Römerruine. Es passte ganz gut zu der zartgrünen Tapete mit den aufgedruckten Kirschzweigen, aus denen rötliche Vögel guckten. In der Ecke stand ein einfacher gepolsterter Stuhl vor einem aufgeklappten Sekretär. Die großen und kleinen Schubladen waren voller Schnitzereien. Ein paar Bücher standen auf dem Schreibtisch, daneben der weiße Marmorkopf eines bärtigen Mannes. „Homer" stand auf dem Messingschild am Sockel. In der gegenüberliegenden Zimmerecke befand sich ein halber ovaler Tisch, darauf eine große Schüssel und eine mit Wasser gefüllte Kanne. Bestimmt zum Waschen, dachte ich, denn so etwas hatte ich schon in Filmen gesehen. Ein passender Spiegel hing darüber, daneben zwei Blumenbilder in goldenen Holzrahmen.

Irgendwie gefiel mir das Zimmer, es wirkte hell und fröhlich, und ich beschloss, dass es ab sofort *mein* Zimmer sein würde, solange ich mich *jetzthier* befand – wie Bömmellöh es wohl formulieren würde.

Ich blätterte ein wenig in den Büchern, die aber so schwierig geschrieben waren, dass mir schon nach wenigen Sätzen die Worte aus dem Hirn rutschten. Es war ziemlich langweilig ohne Handy und die ganze Technik, die ich zu Hause besaß. Ich holte das Portemonnaie aus der Tasche und befreite Sphinx aus ihrem Gefängnis. Ich setzte das Minichamäleon auf den Marmorkopf. Sphinx nahm sofort eine weiße Farbe an. Es sah aus, als hätte Homer eine Beule.

Was machen die Leute im Jahr 1772 wohl in ihrer Freizeit? – Lesen, ja bestimmt. Zeichnen und malen sicherlich auch. Tja, und schreiben.

Hm, dachte ich, vielleicht wäre es ganz gut, meine Erlebnisse hier aufzuschreiben. Ich begann die Schubladen des Sekretärs nach Schreibpapier und Stiften zu durchsuchen, fand eine lederne Mappe mit mehreren bereits beschriebenen Blättern. Es waren Gedichte und sie waren allesamt mit „WJG" signiert.

Ich klappte die Mappe wieder zu. Es gehörte sich einfach nicht, in anderer Leute Sachen zu schnüffeln.

WJG.

Das musste derselbe sein, der auch das Gedicht über das Erdbeben geschrieben hatte. Vielleicht auch derselbe, den wir morgen erwarteten, jener Wolfhan, dessen Verlobte ich angeblich war. Tzz!

Ein Grinsen huschte über meine Lippen. Wenn dieser Wolfhan die Gedichte geschrieben hatte, dann konnte es mir doch wohl keiner verbieten, die Worte meines „Verlobten" zu lesen, oder?!

Ich schlug die Ledermappe wieder auf und zog das erste Blatt heraus. Es war nicht leicht zu lesen, denn die Handschrift war schnörkelig und manche Buchstaben sahen anders aus als unsere heutigen. Aber nach einiger Zeit bekam ich es hin.

Es war das Zeitgedicht und es machte mich ziemlich nachdenklich.

War die Zeit wirklich ein Eisen, ein heißes Eisen im Augenblick, doch einmal vergangen, hart und unveränderlich? Was passierte, wenn jemand in diese unveränderliche Vergangenheit reiste? War sie dann immer noch unveränderlich? Denn sie war ja dann die Gegenwart des Zeitreisenden. Vielleicht war Bömmellöh dieser Schmied aus den letzten Versen, weil er den ZZS gebaut hatte. Und nun war die Zeit wieder im Fluss, alles war offen. Wenn das so war, dann sollten wir beide höllisch aufpassen, was wir hier in der Vergangenheit taten. Mir fielen so einige Bücher und Filme ein, in denen Zeitreisende in der Vergangenheit durch ein harmloses Ereignis eine Katastrophe in ihrer Gegenwart auslösten und nur mit Mühe wieder korrigieren konnten. Dann würde es womöglich mich selbst in der Zukunft gar nicht mehr geben?! Oder ich würde ganz Altena ausgelöscht haben, nur weil ich versehentlich einen Krug umstieß oder jemanden anrempelte oder … oder dieses Gedicht gelesen hatte! – Tausend Nadeln stachen in meinen Körper. Ich stopfte das Blatt in die Mappe zurück, als wäre es voller tödlicher Viren.

Mir schwirrte der Kopf.

Zum Ausgleich spielte ich mein Spiel.

„Wenn ich mich so fühle, koche ich mir eine schöne Tasse Tee", hörte ich in Gedanken eine vom Alter ein wenig knarzige, aber immer noch energische Stimme.

Ich musste unwillkürlich lächeln, als ich mir das verknitterte, freundliche Gesicht dazu vorstellte. „Ich weiß nicht, ob es hier Tee gibt, Miss Marple", antwortete ich.

„Ein Stück Apfelkuchen wirkt bisweilen ebenfalls Wunder", entgegnete die alte Dame.

„Mmh", machte ich und spürte, wie mein Magen knurrte. „Apfelkuchen habe ich, glaube ich, auch nicht. Aber ich könnte mal nachschauen, was sich so in Gumbels Korb findet."
„Tu das, meine Liebe."
Ich beendete das Spiel.
Es dauerte eine Weile, bis ich Sphinx wiederfand: Der Deckel auf dem Tintenfass zuckte ganz leicht. Sie sah tatsächlich aus wie ein silberner Knauf.
„Na, komm schon her, meine Kleine", sagte ich sanft und ließ sie auf meinen Finger kriechen. „Zurück ins Körbchen."
Sphinx hatte den kleinen Ausflug sichtlich genossen, war nun aber doch froh, wieder in ihren „Stall" zu kommen. Ich schloss das Portemonnaie vorsichtig und legte es neben Homer.
Dann ging ich in die Küche.
Sie hatte nur ein Fenster und lag in einem seltsamen Zwielicht, das irgendwie zu diesem Tag passte, eine Mischung aus hellem Silber und tiefem Blaugrau, wie Zukunft, die silberklirrend in die dunkle Vergangenheit fließt.
Beherrscht wurde die Küche von dem riesigen aus Backsteinen gemauerten Herd mit offener Feuerstelle. Ein gewaltiger Rauchfang hing über der breiten Herdplatte. An den Wänden waren Regale und Borde mit buntem Essgeschirr, Töpfen und Backformen darauf. Der Staub auf den Geräten sprach aber dafür, dass der Koch ziemlich faul war.
Auf dem Holztisch stand Gumbels Korb. Mir lief das Wasser im Mund zusammen: Obst, frisch gebackenes Brot, Wurst, Käse. Eier. Ein Stück geräucherter Schinken. Dann etwas, das aussah wie kalte Pasteten, und eine Dose mit Gebäck. Zum Trinken zwei Flaschen Wein und ein Krug mit einer Flüssigkeit, die wie Apfelsaft roch. Ich nahm mir einen bunten Teller aus dem Wandregal und einen Tonbecher.
Dann probierte ich den Apfelsaft, schmeckte ziemlich säuerlich. In einem Blechkrug war Wasser. Ob es genießbar war? Bestimmt

gab es in dieser Zeit kein sauberes Leitungswasser. Ich ließ es stehen und blieb bei dem komischen Apfelsaft.

Allmählich wurde es mir hier zu kühl. Ich wollte ein Feuer im Herd machen, Heizungen gab es garantiert noch nicht. Nach dem Aufschichten von Holz hatte ich das erste Problem. Wie anzünden? Feuerzeug? Fehlanzeige. Streichhölzer? Verdammt, ich wusste entschieden zu wenig über diese Zeit. Ich durchsuchte die Gefäße, die auf der Herdplatte standen. Überrascht entdeckte ich einen feuerfesten Kasten, in dem kleine Kohlestücke vor sich hin glühten. Vorsichtig fischte ich mit einer Zange ein Stückchen heraus und steckte es in den Holzstoß. Dann blies ich so lange, bis der Reisig qualmte, knisterte und schließlich die Flammen mit einem leisen „Wuff" auf das trockene Holz sprangen. Es wurde gemütlich.

Seufzend fläzte ich mich auf die Eckbank und begann mit dem Besten, was mir der heutige Tag beschert hatte: einem einfachen, aber leckeren Mahl. Dabei sah ich dem flackernden Feuer zu und fand es besser als Fernsehen.

An diesem Tag war so viel passiert. Ich hatte Besuch von einem echten Notar bekommen. Hatte ein merkwürdiges Paket erhalten, das sich erst als oller Schuh, dann als beknackte Botschaft entpuppte. Dann hatte ich gemütlich in einem Zahnarztstuhl ohne Zahnarzt gesessen, war das krasseste Karussell meines Lebens gefahren und in wenigen Sekunden über Jahrhunderte hinweggesprungen. Nun befand ich mich zusammen mit meinem verrückten Onkel in der Vergangenheit, war kurzerhand verlobt worden und wusste über meinen Verlobten nichts außer seinen Vornamen und dass er Gedichte schrieb.

Oh Mann, wer weiß, was noch alles passieren würde?

Nach dem Essen machte sich eine wohlige Schläfrigkeit in mir breit. Meine Gedanken dümpelten noch eine Weile hin und her – wie Boote an einem unbekannten Strand. Dann schlief ich ein. Das Letzte, das ich mitbekam, war das angenehme Knistern des

Feuers im Herd. Ich spürte nicht, wie mich jemand von der Eckbank hob und in ein weiches Federbett legte.

Aber ich weiß noch genau, dass ich von verrückt kreischenden Zahnärzten in grashüpfergrünen Rüschenhemden träumte, die mich durch die Zeit jagten.

5

Nach all der Aufregung schlief ich tief und fest und wachte ausgeschlafen auf. Es war noch dunkel und so tapste ich wie ein verwirrtes Kleinkind durch das Haus, bis ich endlich ein Licht sah, das langsam auf mich zukam. Ich griff danach.

„Merle! – Zappendüsternis, hast du mich erschreckt", fluche mein Onkel. „Was geisterst du denn hier im Dunkeln herum?!"

„Ich suche nach dem Schalter, mit dem ich mich in die Zukunft beamen kann", gab ich mürrisch zurück.

„Immer noch sauer?", fragte Bömmellöh.

Er ahnte mein Nicken wohl mehr, als dass er es sah.

„Komm, wir gehen in die Küche. Ich habe schon Frühstück gemacht und sogar ein paar Kaffeebohnen gefunden."

Tatsächlich stieg mir ein angenehmer Duft nach Kaffee und gebratenem Speck in die Nase.

Mein Onkel ging voraus, und jetzt erst bemerkte ich, dass er eine seltsame Lampe in der Hand hielt. Sie bestand aus einer Glaskugel, einer schmiedeeisernen Halterung und einer brennenden Kerze und sie warf einen erstaunlich hellen Lichtschein.

„Sehen hier so die Taschenlampen aus?", fragte ich.

„Könnte man so sagen. Das ist eine Schusterkugel", erklärte er und stellte die Lampe auf den Küchentisch. „Verwendet man in dieser Zeit als Arbeitslicht. Die Glaskugel ist mit Wasser gefüllt und bündelt das Licht der Kerze. Zwar keine LED-Lampe, aber es reicht."

Mir fiel auf, dass mein Onkel unrasiert war. Unter seinen Augen prangten dunkle Ringe, als hätte sie jemand mit Edding in sein Gesicht gemalt.

„Hast du die ganze Nacht gearbeitet?"

Er nickte. „Ich habe jedes einzelne Teil überprüft. Ich möchte keine Überraschungen mehr erleben. – Der ZZS ist im Prinzip einsatzfähig. Nur die Akkus muss ich noch aufladen. Dafür hab ich Solarzellen dabei, aber es wird trotzdem ein paar Tage dauern. Wir haben also genug Zeit, den Fall zu lösen."

Er servierte mir Speck mit Eiern. Sie waren köstlich. Dazu aß ich von den Pasteten. Der Kaffee war zwar bitter, weckte dafür aber alle meine Lebensgeister. Allmählich verflog meine schlechte Laune und machte Neugier Platz. „Erzähl mir mehr von *unserem* Fall!" Ich betonte das eine Wort besonders – sollte heißen: Ich bin von nun an mit dabei und bestimme mit, wo's langgeht.

Bömmellöh grinste, er hatte den Unterton verstanden.

„Du erinnerst dich doch noch an das Erdbeben vor einer Woche?!"

„Du meinst das in unserer Zeit, das *jetzthier* noch gar nicht stattgefunden hat?"

„Genau. Unsere Sprache ist nicht für Zeitreisen ausgelegt. Deshalb fällt das Formulieren solcher Sachen etwas schwer."

„Willst du es verhindern, das Erdbeben? Bist du deswegen in die Vergangenheit gereist?"

„Ja und nein. – Ich muss dazu etwas weiter ausholen. Also, bei diesem Erdbeben haben sich in meinem Haus, also in diesem Haus hier, aber in der Zukunft, also unserer Gegenwart, die für uns schon wieder vergangen ist, obwohl sie sich vom jetzigen Standpunkt aus noch nicht ereign-, ach, lassen wir das. Du weißt schon, was ich meine. Jedenfalls hat es ganz ordentlich gerüttelt, Putz von den Wänden geschüttelt und ein paar Dielenbohlen angehoben. Darunter war etwas versteckt, und zwar …"

Er unterbrach sich, schlurfte in sein zukünftiges Arbeitszimmer und kam mit der Reisetasche wieder. Nach einer Weile Kramen förderte er eine hölzerne Schatulle zu Tage und stellte sie auf den Küchentisch. Im Schein des Schusterlichts leuchtete sie verschwörerisch, alt, schön und edel.

Ich deutete auf die eingravierten Initialen an der Seite: „WJG. Unser geheimnisvoller Gastgeber?!"

„Wolfhan, dein Ver-"

„Sprich ruhig weiter, wenn dein Gesicht Bekanntschaft mit dem heißen Kaffee schließen will!" Ich holte drohend mit der halbvollen Tasse aus.

„Äh, ja, jedenfalls war die Schatulle voll mit Gedichten und herausgerissenen Tagebuch-Einträgen. Ganz obenauf lag dieses."

Er zeigte mir das Erdbeben-Gedicht, das auch mich neugierig gemacht hatte. „Er beschreibt es ziemlich treffend, findest du nicht?!"

Ich nickte. Dann drehte er den Papierbogen um. „Auf der Rückseite stehen Datum und Uhrzeit: 11. September 1772 um vier Uhr vier – nachmittags."

Ich zuckte mit den Schultern. Das Datum sagte mir rein gar nichts.

„Das ist heute!", fügte er hinzu.

Meine Augenbrauen schossen in die Höhe wie schnappende Hunde. „Du glaubst, dass heute, genau um sechzehn Uhr vier, die Erde in Altena beben wird und das anschließend unser Gastgeber ein Gedicht darüber schreibt?!"

„Du hast es erfasst."

„Das erklärt aber immer noch nicht, warum du denkst, dass du selbst live dabei sein musst."

Ein Zittern lief durch sein ganzes Gesicht, wie ein Wind durch ein Kornfeld weht und etwas Unerhörtes freilegt.

„In der Schatulle fand ich unter anderem ...", seine Stimme bekam mit einem Mal einen Sprung, ein uraltes Porzellanglöckchen hätte nicht brüchiger klingen können, „... dieses herausgerissene Tagebuchblatt."

Er reichte mir eine schmuddelige, mehrfach zusammengeknüllte Seite. Ich strich sie glatt. Nur ein paar Zeilen waren darauf, flüchtig hingestreut. Als ich sie las, spürte ich ein heiß-kaltes Ziehen bis in die Haarspitzen:

„Seltsam, seltsam sind sie, ja,
Besucher, zwei, in Altena:
Mann mit feuerrotem Haar
Umschwirrt Erfindergeisterschar;
Mädchen, *schillern*d wie die Perle,
Gewitzt und mutig; sie heißt Merle."

Ich schluckte. „Ist das etwa …"
„… kein besonders gutes Gedicht, aber ziemlich eindeutig eines über uns beide."
Habe ich schon erwähnt, dass ich eigentlich selten sprachlos bin? In dieser Geschichte ist das allerdings an der Tagesordnung. Mir fielen beim besten Willen keine Worte ein, um meine Gefühle in diesem Moment zu beschreiben. „Cool", war das Einzige, das mir von den Lippen rutschte wie ein allzu schräger Schritt auf einer spiegelglatten Tanzfläche.

„Das trifft es nur unzureichend", kommentierte Bömmellöh sachlich. „Aber diese wenigen Zeilen erschienen mir der Beweis, dass du und ich in die Vergangenheit gereist und diesem WJG begegnet sind."

„Moment", fiel mir ein, „dann hättest du mich auf alle Fälle hierhergeholt?"

„Vermutlich schon. Allerdings hatte ich es anders geplant. Wollte erst die Lage sondieren und dich dann nachholen. – Aber ich denke, das ist jetzt auch egal."

Ich nippte an meinem Kaffee und starrte auf das Blatt. Die sechs Zeilen bedeuteten, dass ich schon mal da war, wo ich jetzt war, ohne dass ich wusste, wie es weitergehen würde, obwohl ich dies doch hätte wissen müssen, weil alles schon vergangen ist – zumindest zu der Zeit, als ich mich in den Zeitstuhl setzte.

Oh, diese Gedanken bereiteten mir Kopfschmerzen. Bömmellöh sagte nichts, beobachtete mich aber genau. Ich versuchte, dieses verzwickte Gefasel aus dem Kopf zu schieben. Um mich abzulenken, kramte ich in der Schatulle. Sie war vollgestopft wie eine Pa-

piertonne kurz vor der Leerung. Ich zog ein weiteres Blatt hervor. Es war wieder ein Gedicht. „Was ist die Zeit?" stand darüber.
„Moment mal", stutzte ich, „das kenne ich doch." Schnell sprang ich auf und tappte in mein Zimmer. Inzwischen hatte ein fahles Dämmerlicht das Haus erobert und half mir, nicht allzu viele blaue Flecken zu kassieren. Aus der Ledermappe holte ich das Gedicht von gestern Abend und verglich es mit dem aus der Schatulle.

Die beiden Gedichte waren identisch.

In diesem Moment passierte etwas Seltsames. Die beiden Blätter schoben sich ineinander, als wären sie flüssig. Allerdings wie zwei Flüssigkeiten mit unterschiedlicher Konsistenz, eine Schicht Öl auf sich bewegendem Wasser zum Beispiel. Auch die Buchstaben legten sich übereinander – aber nicht ganz. Es entstand eine Art 3D-Effekt.

„Oh", gab Bömmellöh von sich und beugte sich neugierig herab. „Das ist interessant."

„Was bedeutet das?"

„Ich habe bisher nur vermutet, dass es so was gibt. – Ich nenne es Zeit-Rückkopplungs-Effekt."

„Und was soll das sein?"

Bömmellöh nahm mir die beiden Blätter ab und schob sie mehrmals in- und wieder auseinander. „Du kennst doch bestimmt den Effekt, wenn man ein Mikrofon zu nah an einen Lautsprecher hält."

„Dann pfeift es."

„Genau. Das nennt man Rückkopplung. Das passiert, wenn der Lautsprecher das vom Mikrofon empfangene Signal abgibt und dieses wiederum vom Mikrofon empfangen wird. Es entsteht eine Schleife, die sich hochschaukelt und zu diesem Pfeifen führt. Bei diesen beiden Blättern verhält es sich ähnlich. Das Gedicht, das du gerade aus dem Zimmer geholt hast, ist das ursprüngliche Gedicht aus dieser Zeit. Und das aus der Schatulle ist genau dasselbe, nur dass es aus unserer Zeit stammt, also über 200 Jahre alt ist. Sozusagen ist das Ursprungsgedicht das Mikrofon und das 200 Jahre alte der Lautsprecher. Und da sie sich so nahekommen, bildet sich eine Zeitschleife, die zu dieser flirrenden Erscheinung führt. Hier fließen zwei unterschiedliche zeitliche Phasen ineinander, aber nicht völlig."

„Puh!", machte ich. „Das klingt alles ein bisschen wirr."

„Zeit-Paradoxon!", meinte Bömmellöh und zuckte die Achseln. „Du solltest das Ursprungsgedicht übrigens wieder zurück ins Zimmer bringen."

„Schon klar, sonst kann unser Gastgeber es nicht in die Schatulle legen, die Ursprungsschatulle von der, die du auf dem Tisch gefunden hast."

Bömmellöh grinste. „Du kapierst wie immer sehr schnell."

Als ich wieder in der Küche war, beschäftigte mich ein anderer Gedanke. „Dieses Zeitgedicht hat WJG also schon vor unserer Ankunft geschrieben, das Gedicht über uns und über das Erdbeben aber nach unserer Ankunft. Was ist mit dem anderen Kram?" Ich deutete auf die vielen, teils gerollten, teils gefalteten, manchmal mit Wachs versiegelten Papiere.

„Ich habe noch nicht alles durchgesehen, aber das meiste stammt, glaube ich, aus der Zeit nach unserer Ankunft. Am interessantesten ist dabei dieses kleine Heftchen."

Die zerfledderte Kladde, die er hochhielt, war eigentlich nur eine Ansammlung von Eselsohren. „Darin stehen viele sehr nützliche Gedanken zum Thema Zeit."

„Wieso nützlich?" Ich bestrich mir eine Scheibe Brot mit Honig und biss genüsslich hinein.

„Weil sie mir geholfen haben, den ZZS zu bauen."

Erst jetzt wurde mir bewusst, dass Bömmellöh etwas vollbracht hatte, das noch niemandem gelungen war: eine Zeitmaschine. Die meisten Wissenschaftler hielten das für Fiktion, doch mein Onkel tüftelte mal eben so herum und, zack, stand der ZZS vor ihm. Doch ganz so einfach war es nicht gewesen. „Du hast beim Bau

also Hilfe gehabt." Ich biss noch ein Stück ab, hielt die Brotscheibe schief und sah zu, wie der Honig langsam auf die Kante zufloss.
„So könnte man es ausdrücken."
„Und von wem sind diese Zeit-Gedanken."
„Das weiß ich nicht."
„Von unserm Gastgeber?"
„Wäre möglich, allerdings sieht die Handschrift anders aus."
„Ein anderer Zeitreisender?"
„Vielleicht. Ich weiß nur, dass es ein ziemlich schlauer Kopf gewesen sein muss."
„Hm." Ein dicker Tropfen Honig hing jetzt an der Brotkruste wie ein funkelnder, winziger Goldbeutel.
„Und außerdem ...", Bömmellöh zögerte kurz, „hat er noch etwas anderes in die Schatulle gelegt." Der Goldtropfen zitterte.
„Das hier!"
Dann fiel er lautlos auf den Tisch.
Direkt daneben legte mein Onkel jetzt einen Stein.
Es war der seltsamste Stein, den ich jemals gesehen hatte.
Eigentlich war es eher ein Kristall mit funkelnden, glatt polierten Oberflächen. Seine Form war etwas Besonderes: zwei flache Pyramiden, die aus jeweils vier dreieckigen Flächen bestanden und an der Grundfläche zusammengefügt waren. Jede der insgesamt sechs Flächen dieses Körpers war leicht nach innen gewölbt und der ganze Kristall hatte Farbe und Durchsichtigkeit von Bergkristall.
„Was ist das?"
„Sieh hindurch", erwiderte Bömmellöh.
Ich hielt mir das Ding vor die Augen und sah – gar nichts.
„Du musst eine der Pyramidenspitzen auf dich richten und so schauen", erklärte er weiter, „dass du die drei Flächen gleichmäßig im Blick hast. Dann halte die andere Pyramidenspitze auf ...", er sah über den Tisch, „... auf den Honigtropfen hier."
Ich schaute durch den Kristall und sah den Tropfen auf der Tischplatte funkeln. Genauer gesagt sah ich ihn in der mittleren

Dreiecksfläche. In der linken sah ich nur die Tischplatte und in der rechten Fläche einen Finger, der etwas wegwischte. In der linken erschien jetzt ein weiterer Honigtropfen, der von einer Brotkruste auf die Tischplatte klatschte.

Ich runzelte die Stirn und sah Bömmellöh an.

In diesem Moment beugte sich mein Onkel vor und wischte mit seinem Finger den Tropfen vom Tisch.

„Äh?!"

„Sieh noch mal durch."

Ich sah immer noch den Finger, der den Tropfen wegwischte – jetzt allerdings in der linken Dreiecksfläche. In der mittleren war die leere Tischplatte und in der rechten ein Löffel, von dem Kaffeepulver rieselte.

„Häh?" (Ich weiß, das klingt jetzt nicht besonders intelligent, aber genauso ging's mir.)

Als ich den Blick hob, fummelte Bömmellöh mit einem Löffel in der Luft herum und streute Kaffeepulver auf den Tisch. Genau das hatte ich in der einen Fläche des Kristalls gesehen.

In meinem Kopf tickten und ratterten die Räder. Und dann rastete ein Schieber ein und ein Groschen fiel mit hellem Klang. Ich starrte meinen Onkel an und fühlte, wie meine Wangen ganz heiß wurden. „Die mittlere Fläche des Kristalls zeigt die Gegenwart, die linke die Vergangenheit und die rechte die Zukunft."

Bömmellöh strahlte über das ganze Gesicht. „Du bist die schlaueste Nichte, die ich habe."

„Du hast nur eine Nichte!"

„Na bitte, schon wieder ein Beweis für deine Klugheit."

„Idiot! – Aber jetzt sag, hab ich recht?"

„Voll und ganz. Ich habe dieses Kristall *Zeitprisma* genannt, weil es – ähnlich, wie ein normales Prisma das weiße Licht in seine Spektralfarben zerlegt – die Zeit in Vergangenheit, Gegenwart und Zukunft aufspaltet. Deshalb ist es das Herzstück des ZZS. Damit werden die Chrono-Partikel erzeugt und je nachdem, welche Dreiecksfläche des Prismas angesteuert wird, kann man in die Vergangenheit oder die Zukunft reisen."

„Beeindruckend. Und das lag in der Schatulle?!"

„Ja."

„Dann muss es der hineingelegt haben, der auch die Gedichte reingepackt hat."

„Das ist anzunehmen."

„Und auch noch die Kladde mit den Zeit-Gedanken."

„Wieder korrekt."

„WJG – Wolfhan."

„Vermutlich."

„Und woher hat der dieses … Zeitprisma?"

„Ich habe nicht den leisesten Schimmer."

6

Alte Burg
Kein Handy-Empfang
Alte Häuser
Kein Handy-Empfang
Alte Stadt
Alte Na
Kein Handy-Empfang
Alte Rnativen sehe ich nicht

(Mein erstes Gedicht; Merle Schiller)

Nach dem Frühstück beschloss ich, nach draußen zu gehen.
„Ich weiß nicht, ob das eine gute Idee ist", hielt mich mein Onkel zurück.
„Wieso? Meinst du, ich stelle etwas an, das die Zukunft gefährdet?!"
„Das nicht, aber du bist einfach nicht passend gekleidet."
Ich funkelte ihn an. Natürlich hatte er recht, das wusste ich ja. Trotzdem hören wir Mädchen solche Sätze nicht gerne. Schon gar nicht von einem Onkel, der am liebsten überall in seinem roten Jackett herumläuft.
„Schau dich an. Du wirst hier niemanden finden, der mit verwaschenen Bluejeans und einem schwarzen Hoodie herumläuft."
„Wow, ich bin beeindruckt!"
„Davon, dass ich so gut argumentiere?"
„Nein, davon, dass du das Wort ‚Hoodie' kennst."
„Im Ernst", Bömmellöh versuchte jetzt eine strenge Haltung, „zwar werden die Kleidervorschriften in diesem Jahrhundert allmählich immer durchlässiger, aber trotzdem gibt es gewisse Regeln, an die man sich halten sollte, damit sich die Leute nicht das Maul über einen zerreißen. Auffälligkeit ist etwas, das wir uns nicht leisten können."

Ich ahnte, worauf das Ganze hinauslief. „Welche Regeln meinst du da im Einzelnen?"

„Dass Frauen – und – Mädchen", er dehnte die Wörter und machte zwischendurch Betonungspausen, „ein – Kleid –"

Weiter kam er nicht: „Vergiss es! Auf gar keinen Fall werde ich ein Kleid anziehen."

Ich drehte mich um, steckte mein Smartphone in den Kapuzenpulli und stiefelte hinaus. Mit einer ordentlichen Portion schlechter Laune knallte ich die Haustür hinter mir zu.

Im Garten atmete ich ein paar Mal tief durch.

Ein Kleid!

Ich hasse Kleider! Man kann damit weder rennen noch springen, geschweige denn auf einen Baum klettern. Und alles das erscheint mir wichtiger, als wie ein Modepüppchen bewegungslos auf einem Stuhl zu sitzen und zu lächeln. Selbst als ganz kleines Mädchen habe ich nur mit Widerwillen Kleider angezogen. Und als ich dazu in der Lage war, sie mir selbst wieder auszuziehen, habe ich sie in die Mülltonne gestopft. Und einmal ins Klo. Das war der Tag, an dem meine Mutter beschloss, mich nie mehr dazu zu zwingen, eins von diesen Dingern anzuziehen. Und ich habe diesen Tag bis heute nicht bereut.

Ich hatte das Bedürfnis, mich zu bewegen, und wählte den Pfad zur Burg hinauf.

Es war noch früh am Morgen und reichlich frisch. Jetzt setzte auch noch ein leichter Nieselregen ein.

„Ha! Wie gut, dass ich *kein* Kleid anhabe", sagte ich und zog mir mit Genugtuung die Kapuze des Hoodies über den Kopf. In diesem Moment konnte ich nicht ahnen, dass mir unter anderem diese Kapuze noch am selben Tag ziemlichen Ärger einhandeln würde.

Die teilweise eingefallenen Mauern der Burg schauten mürrisch aus. Gerne wäre ich hineingegangen und hätte mich ein wenig umgesehen, aber erstens sah das unendlich schwarze Maul des ersten Tores nicht gerade verlockend aus und zweitens wusste ich nicht, wer oder was mich hinter der Schwärze erwarten würde. Also entfernte ich mich wieder von der Burg und kletterte eine Böschung hinauf. Zwischen Birkenstämmen fand ich einen moosbewachsenen Felsen und ließ mich darauf nieder.

Ein dunkler Tag mit dicken graublauen Wolken zog von Osten heran. Ein Hahn unten in der Stadt begrüßte ihn mit einem heiseren Krähen. Die Stadt erwachte nur schleppend, ganz so, als wäre niemand scharf darauf, sein trockenes Bett gegen die feuchte Luft zu tauschen.

Ich betrachtete die weißen Nebelschwaden über der Lenne. Wie ein Geisterheer versuchten sie, an den Berghängen hinaufzukriechen, doch sie rutschten immer wieder ab und trieben deshalb unten zwischen den Häusern ihr Unwesen.

Die Stadt wirkte mit den Nebelschwärmen im Gesicht noch dörflicher, langweiliger und trostloser als am Tag zuvor. Verglichen mit *meinem* Altena war dieses hier wie ein Standbild aus einem uralten Schwarz-Weiß-Film gegen eine Szene aus einem Actionfilm mit 3D und Dolby Surround.

Ich holte mein Handy heraus und stellte fest, dass ich immer noch kein Netz hatte. Wie auch?! Das erste brauchbare Telefonnetz war vermutlich mehr als ein Jahrhundert entfernt. Wenigstens konnte ich über die WhatsApp-Funktion Texte schreiben. Also tippte ich eine Nachricht an meine Freundinnen, die niemals ankommen würde.

Dann dachte ich an die vielen Gedichte aus der Schatulle und bekam plötzlich Lust, selbst eines zu schreiben. Das Ergebnis konntest du ja bereits am Kapitelanfang lesen. Für mein erstes Gedicht fand ich es gar nicht schlecht. Meine Laune besserte sich ein wenig.

Inzwischen war es heller geworden, obwohl sich am Himmel immer noch die Wolken türmten. Die feinen Regentropfen glichen jetzt zarten, manchmal hell aufglänzenden Silberfäden und gaben der Landschaft etwas Surreales. Etwas, das dazu einlud, es im Bild festzuhalten.

Ich könnte – warum nicht?! Die Kamera funktioniert ja!, dachte ich und schoss ein paar tolle Bilder vom Fluss, der Stadt und den Bergen dahinter.

Als ich ein Bild von der Burg machen wollte, war ich nicht mehr alleine.

Vor dem ersten Tor stand jemand und fuchtelte mit zwei superdünnen Dolchen in der Luft herum. Aus der Entfernung konnte ich den Dreispitz auf seinem Kopf erkennen und eine Art Mantel.

Ich beschloss, mir den Typen aus der Nähe anzusehen.

Er bemerkte mich erst, als ich räuspernd vor ihm stand.

Erschrocken sah er auf.

„Beim Barte meener Großmutter, hast'e mir erschreckt", fluchte er und ließ dann flugs die beiden Dolche hinter seinem Rücken verschwinden. Trotz seiner Schnelligkeit hatte ich gesehen, dass es gar keine Dolche, sondern Stricknadeln gewesen waren, mit denen er an einem bunten Stoff herumstrickte. Ich konnte mir ein Grinsen nicht verkneifen.

Der Soldat, aus der Nähe war er ganz klar einer – wenn auch seine Uniform nicht mehr als ein Putzlappen war –, sprach etwas verlegen: „Waren nur een paar Übungen, um die Finger, äh, je-schmeidig zu halten."

Jetzt zog er den Degen aus seiner Gürtelscheide und versuchte, seinem Gesicht etwas mehr Würde zu verleihen.

Ich betrachtete ihn genauer.

Er trug einen Dreispitz mit hellem Saum, einen fast knielangen bleichen Uniformrock, von dem man nicht mehr sagen konnte, ob er mal rot oder blau gewesen war. Die lange Reihe Knöpfe hatte früher vielleicht einmal prachtvoll geglänzt, jetzt sahen die Knöpfe eher aus wie angeknabberte Lakritztaler. Unter dem Uniformrock konnte ich eine Weste erkennen, die ihm bis über den Hintern reichte, darunter schlabberige Hosen, an den Füßen abgeschabte Schuhe mit großen Schnallen. Er trug bis zu den Knien geknöpfte Gamaschen, so dass die Schuhe fast wie Stiefel wirkten. Sein Gesicht war nicht viel besser in Schuss als seine Kleidung. Er hatte einen rostigen Ring im Ohr, eine knubbelige Nase, grobporige Haut und graue Triefaugen. „Wer sind Sie?", fragte ich ihn.

„Icke?", gab er zurück.

Er schien etwas schwer von Begriff zu sein. Oder hatte ich ihn falsch angeredet? Ich wusste ja gar nicht, ob man sich in dieser Zeit siezte. Vielleicht duzten sich alle? Gab es früher nicht auch mal die Anrede *Ihr*? – Verflucht, das Zeitreisen war gar nicht so einfach. Ich beschloss, Bömmellöh später danach zu fragen und erst einmal beim „Sie" zu bleiben, formulierte nur meine Frage anders: „Äh, ich meine, was machen Sie hier?"

Das schien nicht verkehrt zu sein, denn ein Strahlen ging über sein Gesicht. Unwillkürlich starrte ich auf die Lücke im Oberkiefer. „Tschüss, Gebiss!", hatte da ein Schneidezahn wohl vor gar nicht langer Zeit gesagt. „Warte auf uns, wir kommen nach!", schienen die anderen zu rufen. Den Soldaten störte das wohl nicht im Mindesten, er salutierte und sprach feierlich: „Eberhard, ick bin de Eberhard, letzte Kanonier, überhaupt letzte Soldat der preußischen Jarnison hier am Ort."

Seinem Dialekt nach kam er eindeutig aus Berlin. Was machte der dann hier im Sauerland? Aber etwas anderes interessierte mich mehr: „Kanonier", wiederholte ich langsam und zeigte auf das Ding neben ihm: „Und *das* ist Ihre Kanone?"

Stolz zeigte er auf das dicke Rohr neben sich, das auf zwei runden Scheiben ruhte. Ich hatte es bisher für einen Baumstamm gehalten, eine Art Sitzbank, aber bei näherer Betrachtung musste ich doch eingestehen, dass es eher wie ein marodes Abflussrohr auf Rädern aussah. Aber eine Kanone?!

Der Soldat steckte seinen Degen weg und klopfte, fast liebevoll, auf das Abflussrohr. „Dat is d'dicke Berta, letzte Kanone hier auf d'Burg Altena. Meene Kanone! Jefällt se Ihne?"

Ich wusste nicht recht, was ich antworten sollte, und wich aus: „Die ist aber schon lange nicht mehr benutzt worden, oder?!"

„Janz recht, aber heute wird se noch eenmal ertönen und das Tal zum Donnern bringen. Und danach ..." Seine Stimme hatte einen traurigen Klang angenommen.

„Und danach?", wiederholte ich.

„Danach werden d'dicke Berta un ick die Burg verlassen und zurück in d'Heimat ziehn. Die an'rn wurden schon letzte Jahr zurückbeordert. Ick hab hier als Eenziger die Stellung jehalten. Doch auch unsere Zeit ist nu um, wa, Berta?"

Er sah seine Kanone tatsächlich an, als könne sie antworten.

Ich räusperte mich verlegen und wollte mich schon umdrehen, als ich einen folgenschweren Fehler machte.

„Äh, kann ich ein Foto von Ihnen und Berta machen?"

„Wat?", der Kanonier sah ziemlich blöd aus der Wäsche.

„Ein Bild", korrigierte ich mich, statt mich lieber auf die Lippe zu beißen.

„Wat denn, ohne Feder un Papier?"

Wäre ich doch bloß gegangen. Aber nein, ich musste mich ja unbedingt wie ein Touri aus dem 21. Jahrhundert benehmen. „Geht schon. Hiermit!"

Bevor der Soldat noch etwas sagen konnte, hielt ich das Smartphone hoch und schon klickte es. Vermutlich wäre immer noch nichts passiert, wenn ich mich jetzt getrollt hätte. Aber ich kam ja auf die unvergleichlich dämliche Idee, das Display dem Kanonier hinzuhalten und ihm ein astreines, gestochen scharfes Foto von sich und seiner Kanone zu zeigen.

Der Mann starrte Ewigkeiten darauf, sah dann mich an, starrte noch mal auf das Foto, dann wieder auf mich, ließ die Augen von meinem im Schatten verborgenen Gesicht auf die Kapuze, hinunter zur Jeans und weiter zu meinen orangefarbenen Sneakers wandern. Sein verwirrter, nein, entgeisterter Blick war krass, aber noch krasser war die folgende Szene. Denn ausgerechnet in diesem Moment musste die Wolkendecke aufreißen, und die Morgensonne schoss ein paar kräftige Strahlen ab, die genau auf die Reflektoren meiner Schuhe trafen.

Sie leuchteten auf, als würden sie brennen.

Das Gesicht des Kanoniers erbleichte schlagartig, erstarrte zu einer Maske aus Frucht, nein mehr, aus panischer Angst. Er riss die Arme in die Luft, drehte sich um und rannte schreiend in die Burg hinein. „Hölle! Hölle! Det is die Hölle! Rettet euch! Dämonische Schreckensbrut! Hat meene Seele in eenen Kasten jesperrt! So helft doch!"

Das Letzte, was ich von ihm sah, war das Strickzeug, das ihm aus der Hose fiel und hell wie Engelsglöckchen auf das Pflaster klingelte.

Ich starrte ihm ungläubig nach und spürte, wie sich alle meine Nackenhärchen aufrichteten, als ich begriff, dass sein Geschrei die ganze Burg alarmieren würde. Hoffentlich war er der einzige Mensch auf der Burg. – Leider nein. Schon hörte ich aus dem Burghof Stimmen, die aufgeregt durcheinander krähten.

„Shitstorm!"

Ich zog es vor, ganz schnell zu verschwinden, und sprintete wie ein Weltmeister hinab zu Bömmellöhs Haus. Gerade noch rechtzeitig warf ich die Tür hinter mir ins Schloss.

Atemlos drückte ich den Rücken gegen das Holz und lauschte dem draußen vorbeirennenden Mob. Die Burg war also ganz und gar nicht leer und der Kanonier zwar der letzte Soldat, aber wohl nicht der letzte Bewohner.

„Was ist los?", fragte Bömmellöh, der plötzlich im Flur stand.

„Scht!" Ich nahm die Kapuze vom Kopf und presste das Ohr an die Tür.

Deutlich hörte man die sich fast überschlagende Stimme des Kanoniers.

Er schrie etwas von einem Dämon auf Seelenjagd. Ein Dämon, der keine Haare gehabt habe, sondern eine Art dicke schwarze Haut, die den ganzen Oberkörper und auch den Kopf bedeckte. Die Füße wären Hufe gewesen, die gebrannt und geflackert hätten wie das Höllenfeuer.

Bömmellöh sog scharf die Luft ein und musterte mich von oben bis unten, dann biss er sich auf die Lippen, konnte sich einen Kommentar aber doch nicht verkneifen: „Tja, ich denke, was auch immer da draußen geschehen ist, mit einem Kleid wäre das nicht passiert!"

„Ach, halt die Klappe!", warf ich ihm wütend entgegen und riss mir hastig den Hoodie vom Leib.

7

„Das ist nicht dein Ernst", sagte ich halb verärgert, halb entsetzt.

„Doch", nickte Bömmellöh selbstzufrieden. Das Kleid, das er mir hinhielt, schien aus einem Sumpf an Falten zu bestehen, raschelte wie ein Sack voller Reiszwecken und roch nach faulendem Holz. Noch dazu ähnelten die Rüschen an den Ärmeln altmodischen Gardinen, und in das Brustteil waren dünne weiße Stäbe eingearbeitet. Später habe ich herausgefunden, dass es Fischbein war – in dieser Zeit topmodern. Igitt!

„Probier es wenigstens mal an", sagte er versöhnlich. „Dann sehe ich nach, ob ich im Haus noch irgendetwas anderes finde."

Damit ließ er mich in meinem Zimmer allein und ich starrte eine ganze Weile verächtlich auf die große Rosenblüte aus Stoff, die den Brustausschnitt verzierte.

Dann aber erinnerte ich mich wieder an das Geschrei des Kanoniers und mir fiel ein, dass selbst in diesem Jahrhundert zuweilen noch Hexen auf dem Scheiterhaufen landeten.

Ich schluckte und beschloss, wenigstens mal kurz hineinzuschlüpfen.

Erstaunlicherweise war es nicht so unbequem, wie ich gedacht hatte. Als ich in den Spiegel schaute, hätte ich mich selbst fast nicht wiedererkannt.

Aber das sah gar nicht schlecht aus.

„Wenn du jetzt noch die passenden Schuhe anziehst, ein schickes Hütchen dazu oder eine extravagante Frisur, dann hast du das Motto *18. Jahrhundert* voll getroffen", sagte ich grinsend zu meinem Spiegelbild und drehte mich hin und her.

Damit konnte man tatsächlich leben.

„Das sieht doch zauberhaft aus", meinte Bömmellöh, der den Kopf zur Tür hereingesteckt hatte.

Das Hochgefühl verflog schlagartig: „Ich will nicht zauberhaft aussehen!"

„Auch nicht für deinen Verlobten?"

Ich warf ihm eine Bürste an den Kopf.

„Okay", brummte er und rieb sich die getroffene Stelle, „das war das falsche Argument. Aber du musst zugeben, dass du dich damit unauffällig im Altena dieser Zeit bewegen kannst."

Ich betrachtete mich noch mal im Spiegel. Also gut, dachte ich, da das Ganze hier ein bisschen wie Theaterspielen ist, werde ich dies hier als mein Kostüm betrachten. Und da ich auf gar keinen Fall den Dämon auf dem Scheiterhaufen geben will, nehme ich nun die Rolle einer jungen Dame an.

„Einverstanden", sagte ich zu meinem Onkel. „Aber ich trage es nur so lange wie nötig."

Bömmellöh nickte grinsend.

Es war später Vormittag, als wir hinunter in die Stadt gingen. Zwar hatte es aufgehört zu regnen, aber der Nebel war in den Himmel geklettert und die Sonne nicht mehr als eine Energiesparlampe hinter einem weißen löchrigen Schal. Bömmellöh hatte mir einen Umhang aus einer Truhe herausgesucht, der meine Arme und

Schultern bis zur Taille bedeckte. Allerdings besaßen weder Kleid noch Umhang Taschen. Ich hatte selbst in der Truhe gekramt und ein kleines besticktes Täschchen zu Tage gefördert, das aussah wie ein eingelaufenes Kopfkissen. Wenigstens passten meine Sachen hinein: mein Smartphone, das Portemonnaie mit Sphinx, Kleinkram, den man so bei sich trägt. Meine langen blonden Haare trug ich jetzt offen. Auf gar keinen Fall wollte ich irgendeine Ähnlichkeit mit jenem Wesen haben, das der Kanonier gesehen hatte.

Es dauerte nicht lange und wir befanden uns auf der Talsohle. Mir fiel auf, dass es doch mehr Häuser gab, als es von oben den Anschein hatte. Zwar war *dieses* Altena immer noch eher ein Dorf mit schmutzigen Straßen und engen verwinkelten Gassen, jedoch wirkten die Häuser nicht wie aus dem finstersten Mittelalter, sondern eher wie Teile eines schicken Altstadtviertels. Natürlich fehlte jeder moderne Kram, den wir so gewohnt sind. Keine Autos, keine elektrische Beleuchtung, keine SAT-Schüsseln, keine großen Schaufenster aus Glas, keine bunten Reklameschilder. Kein Kunststoff. Alles war entweder aus Holz, Eisen oder aus Stein.

Die meisten Häuser waren zweigeschossig, manchmal mit Dachgeschoss und besaßen Ziegeldächer, andere dagegen waren mit Stroh gedeckt und sahen aus wie blonde Quadratschädel. Es gab nicht mal Bürgersteige, und nur einige Straßen waren mit Kopfstein gepflastert. Die meisten glichen eher einem Waldweg, den Reiter zu Springübungen missbraucht hatten. Und an manchen Stellen lag Unrat herum. Ich benutze bewusst dieses altmodische Wort, damit klar ist, dass es sich nicht um modernen Müll aus Colaflaschen, Chipstüten, kaputten Waschmaschinen oder Zigarettenkippen handelte, sondern es war genau das, was wir im Klo runterspülen – gemixt mit Abfällen aus der Küche und etwas, das nicht einmal die Hunde fraßen. Es gab erstaunlich viele Brunnen, manche mit Schwengelpumpen, andere nur mit Kurbel und Eimer. Bei einigen plätscherte frisches Wasser aus einem verschnörkelten Bleirohr in steinerne Becken.

Eine Horde verwahrloster Hunde streunte durch die Gassen und bekam Flüche und Tritte von einem dicken Mann, weil sie ihn beinahe umgerannt hätte. Ein schwarzer Pudel löste sich aus dem Pulk, trottete auf mich zu, schnupperte interessiert an meinen Füßen und trollte sich wieder. Kläffend verschwand er mit den anderen Kötern hinter einer Hausecke.

Wir gingen dahin, wohin es auch die Hunde zog, zum Marktplatz.

Hier war einiges los, denn heute war Markttag.

Frauen in bunten Kleidern mit ulkigen Hüten, manchmal mit kleinen Schirmen in der Hand, Männer mit dem Dreispitz auf dem Kopf, unter dem meist ein langer geflochtener Zopf herausschaute. Kinder und Jugendliche, die am Rande herumlungerten, schwatzten, frisch gebackene Brotfladen mit leckerer Füllung aßen und chillten. Bestimmt war das Gewimmel hier so etwas wie bei uns das Durcheinander in den großen Einkaufszentren. Allerdings erinnerte alles hier eher an Filmszenen aus *Rubinrot* als an ein Shoppingcenter. Überall wuselten neugierige Käufer herum, kramten in den Auslagen der Verkaufsstände, traten sich dabei gegenseitig auf die Füße und waren doch meist in einer Gute-Laune-Stimmung, weil sie sich gerade etwas Schönes gekauft hatten. Seltsame Händler bahnten sich laut rufend ihren Weg durch die Menschenmengen: Scherenschleifer, Bürstenbinder, Hausiererinnen mit Körben voll Obst auf dem Rücken. Ein Mann verkaufte große Bilder, Kupferstiche, die von neuesten Ereignissen berichteten. Ein anderer war über und über mit Blasebälgen und Rattenfallen beladen und schrie immerzu: „Kauft meine Rattenfalle! Damit kriegt ihr wirklich alle!"

Bömmellöh stürzte sich sofort in das bunte Treiben und untersuchte jeden einzelnen Verkaufsstand. Ich zog mich lieber etwas in den Hintergrund zurück, um dieses Menschen-Mikado aus sicherer Entfernung zu beobachten. Die unangenehme Begegnung mit dem Kanonier steckte mir noch in den Knochen. Vom Rand eines plätschernden Brunnens aus konnte ich bis zur Lenne sehen, die mit sanften Wellen vorbeizog – ein Anblick, der mich ungemein beruhigte, da er nicht viel anders aussah als zu meiner Zeit. Allerdings floss der Fluss viel näher an den Häusern vorbei, denn so etwas wie die Lenneuferstraße gab es *jetzthier* noch nicht.

Manchmal schaffte es die Sonne durch die fransigen Löcher im Wolkenschleier, dann schloss ich die Augen und reckte mein Gesicht ins Licht. Meine Haut wurde angenehm warm. Fast vergaß ich, wo, ich meine, *wann* ich mich befand.

„Du bist neu hier", sprach plötzlich eine glucksende Stimme wie ein plätscherndes Wasserspiel. Ich blinzelte. Vor mir stand eine kleine rundliche Frau. Sie hatte ein freundliches Vollmondgesicht mit rosigen Pausbacken und tiefdunkelbraunen Augen. Eine einzelne schon leicht ergraute Haarsträhne wippte unter ihrer Kapuze, die ihr Gesicht wie ein mahagonifarbenes Passepartout einrahmte. Eine dunkelviolette Schleife hielt einen bodenlangen Umhang unter dem Kinn zusammen. Ihr anthrazitfarbenes Kleid und die weiße Schürze wirkten auf mich einfach und bescheiden. Wie die Kleidung einer Magd oder Marktfrau. Sie trug einen großen Weidenkorb am rechten Arm, aus dem heraus sie Obst und Selbstgebackenes verkaufte. Über ihrem linken hingen büschelweise duftende Kräuter und in der Armbeuge steckten Bündel klein gefalteter Papiere.

Ihr Blick war gutmütig und verlangte keine Antwort, aber ich hätte es unhöflich gefunden, ihr nichts zu entgegnen. Also druckste ich herum: „Ja, äh, ich bin gestern angekommen, äh, mit dem …", ich wollte schon „Zug" sagen, aber der war ja noch gar nicht erfunden; mein Blick fiel auf einen nahen Stall mit offener Tür, „… Pferd, ja, zusammen mit meinem Onkel. Wir wohnen … da oben." Ich zeigte unbestimmt Richtung Burg.

„Ah, ihr wohnt in Gumbels Haus. Dann seid ihr Gäste von Wolfhan, dem Herrn Rechtsanwalt aus Frankfurt."

Ich stutzte. „Sie kennen ihn?"

„Fast jeder in Altena kennt ihn. Weißt du, Altena ist klein und Fremde sind meist gern gesehen, denn sie haben Neuigkeiten und

Geschichten im Gepäck. Wolfhan bringt immer etwas Glanz der großen weiten Welt hierher. Doch hat er auch Flausen im Kopf und pustet zuweilen den Staub vom langweiligen Alltagstrott. Und einige seiner Gedichte sind ganz gut."

„Ach, davon wissen Sie auch?" Ich fragte mich, ob ich die Einzige war, die so gut wie gar nichts von diesem Mann wusste. Es wurde allmählich Zeit, ihn kennenzulernen.

„Nun ja", sprach die Frau weiter, „Altena ist die Stadt des Eisendrahts, der Zöger, Dreher und Schmiede. Da passt so ein Rechts-Ver-Dreher und Verse-Schmied wie Wolfhan doch ganz gut hierher."

Sie hielt einen Moment inne und musterte mich. Dann wurden ihre Augen groß und rund. „Moment mal, dann musst du Wolfhans Verlobte sein."

Ich hatte das Gefühl, in eine supersaure Zitrone zu beißen, und nahm mir vor, meinen Onkel bei der nächsten Gelegenheit zu erwürgen.

„Oh", lenkte die Frau ein, als sie mein Gesicht betrachtete. „Das Thema scheint dir nicht zu behagen. – Ist auch nicht so wichtig. Und geht mich auch gar nichts an. Ich heiße übrigens Cynthia Borges und wohne über dir." Sie zeigte auf die Burg. „Die Stadt hat dort mit der Einrichtung eines Armenhauses begonnen und ich kümmere mich ein wenig um die Waisen. – Wenn du willst, kannst du mich ja mal besuchen."

Ich nickte. „Ich bin Merle. Merle Schiller."

„Merle. Ein schöner Name", gluckste Cynthia. „Bedeutet Amsel, nicht wahr?!"

Ich nickte. Die Bedeutung meines Vornamens hatte ich längst gegoogelt.

„Die Amsel ist mein Lieblingsvogel", sagte Cynthia. „Wenn sie auf dem höchsten Dachfirst sitzt und ihre kraftvollen Lieder in die Abendsonne singt, dann fühle ich mich jung und an den Anfang aller Zeiten versetzt, wie Eva im Paradies."

Ich hatte sie sofort gemocht, diese Frau mit ihrer glucksenden Stimme und dem Gesicht einer gutmütigen Bäckersfrau. Und jetzt, wie sie so ganz versunken dastand und in weite Fernen zu blicken schien, mochte ich sie erst recht.

Mir fiel auf, dass ihr rechter Arm, an dem der Weidenkorb baumelte, manchmal etwas zuckte, und ich fragte mich, wie alt sie wohl war. Ihr Gesicht wirkte rosig und frisch, aber in ihren Augen lag eine ungewöhnliche Tiefe, so als hätte sie schon viele Jahrzehnte erlebt.

Ein erneutes Armzucken holte sie in die Wirklichkeit zurück und sie strahlte mich an. Dann reichte sie mir eines der zusammengefalteten Papiere. „Dies schenke ich dir", sagte sie.

Das Papier fühlte sich rau und wellig an und duftete nach Kräutern. Ich faltete es auseinander.

Es hatte etwa die Größe eines DIN-A4-Bogens und war in neun gleichgroße Felder unterteilt. Auf den meisten waren Bilder von Männern und Frauen in altertümlichen Gewändern.

„Was ist das?", fragte ich.

Cynthia schaute mich verdutzt an, dann meinte sie freundlich: „Na, ein Breverl."

Die Fragefalten in meinem Gesicht mehrten sich.

„Aber die kennt doch jeder!"

Ich zuckte verlegen mit den Achseln.

Cynthia wirkte irritiert, erklärte dann aber doch: „Na, es ist ein Schutzbrief mit verschiedenen Heiligen. Die Gegenstände in der Mitte habe ich selbst dort aufgeklebt."

Ich hob das mittlere Blättchen an. Darunter kam eine chaotische Ansammlung von aufgeklebten Kräutern, Samen, Holzsplittern, farbigem Staub, winzigen Münzen und Kreuzen zum Vorschein.

„Sie haben eine besondere Wirkung. Den Staub zum Beispiel habe ich heimlich von einer Marienstatue abgeschabt und der Splitter ist vom Kreuz Christi. Das Breverl soll dich vor Gefahren und dem Bösen schützen."

Aberglaube, schoss es mir durch den Kopf. Aber ich spürte, dass Cynthia wirklich daran glaubte und dass sie es mir gegeben hatte, weil sie es gut mit mir meinte.

„Ich danke Ihnen dafür", antwortete ich deshalb und fügte nach einer kurzen Pause hinzu: „Und bestimmt komme ich Sie auf der Burg besuchen." Das meinte ich wirklich ernst.

„Gerne, im Übrigen kannst du mich ruhig duzen, ich bin keine von den vornehmen Damen, nur eine einfache Händlerin."

Ich nickte. Das mit den Anreden schien ja doch so ähnlich wie bei uns zu laufen.

„Auf Wiedersehen, Merle."

„Tschüss, Cynthia", verabschiedete ich sie und sah ihr so lange hinterher, bis sie hinter einem Stand mit Töpferwaren verschwunden war.

Ich betrachtete das Breverl. Es erinnerte mich an Postkartenleporellos, die man sich in unserer Zeit gelegentlich aus dem Urlaub mitbrachte. Vielleicht war das hier etwas Ähnliches. Die meisten Heiligenbildchen konnte man anheben. Darunter waren verschiedene Texte, Gedichte, Sprüche, mal schienen es Gebete zu sein. Manche waren auf Latein.

Eines der neun Felder war frei.

Ich bekam Lust, es zu füllen, kramte einen Bleistiftstummel heraus und skizzierte Cynthia. Ich fand, dass sie gut zu den vielen Heiligen passte.

Nur schade, dass ich keine Farben dabeihatte, zu gerne hätte ich ihre dunkelviolette Schleife gemalt.

Vielleicht konnte ich ja ein kleines Gedicht dazu schreiben.

Ich klappte Cynthias Bild hoch und schrieb ein Elfchen darunter.

violett
Cynthias Schleife
wie ihre Stimme
warmes Rot und blaues
Wasserglucksen

Das klang doch gar nicht schlecht und war schon das zweite Gedicht, dass ich am heutigen Tage geschrieben hatte. Seltsam! Es machte mir sogar Spaß.

Gerade verstaute ich das Breverl in meinem Täschchen, als Bömmellöh neben mir auftauchte. Er hatte beide Arme voller Gegenstände, die es bei uns nur in Antiquitätenläden gab.
  „Was willst du denn mit dem Schrott?", fragte ich ihn.
  „Kein Schrott", gab er pikiert zurück. „Das ist Anschauungsmaterial. Schließlich kann es nicht schaden, etwas über diese Zeit zu lernen – vor allem, was den Stand der Technik angeht." Er klappte den Metalldeckel eines Gerätes auf und zu, das aussah wie ein Kompass, während seine Augen begeistert wie grüne LEDs strahlten.
  „Und womit hast du das bezahlt?"

„Gar nicht!", erwiderte er. „Ich habe den Händlern gesagt, dass ich ein Gast von Wolfhan bin. Da haben sie mir Kredit gewährt."
„Dieser Wolfhan muss ja wirklich ein besonderer Typ sein. Es wird echt Zeit, dass wir ihn kennen lernen."
„Kein Problem", gab Bömmellöh zurück und wies mit dem Kinn auf die Straße am Lenneufer. „Da kommt er!"
Eine schwarze Kutsche hielt in einer Wolke aus Staub. Der Kutscher beruhigte die vier aufgeregt tänzelnden Rappen mit leiernder Stimme.
Gumbel stand plötzlich, grasgrün wie gestern, daneben und öffnete die Tür. Mit großem Hallo begrüßte er den Mann, der jetzt ausstieg, und sofort scharte sich eine kleine Gruppe um ihn.
Selbst auf die Entfernung fiel er auf wie ein Clown auf einer Beerdigung. Er trug einen langen offenen quietschgelben Frack, darunter eine sonnenblumengelbe Weste und dazu eine enganliegende Hose in der gleichen Farbe, schwarze Stiefel mit hohem Schaft. In der Hand hielt er einen zylinderähnlichen dunklen Hut, den er jetzt mehrfach schwenkte, um die Leute zu begrüßen.
„Gumbel wird uns sicherlich ankündigen", meinte Bömmellöh etwas nervös. „Ich hoffe, dass dieser Wolfhan Sinn für Humor hat und unser Spiel mitspielt. Und uns nicht gleich als Hochstapler verhaften lässt."
Ich konnte mir einen bissigen Kommentar nicht verkneifen: „Wer sich in einem Lügennetz verstrickt, wird von der Spinne gefressen!"
Bömmellöh starrte mich an: „Woher hast du denn *den* Spruch?!"
„Selbst ausgedacht."
„Hah!"
„Okay, irgendwo gelesen."
Jetzt grinste er diabolisch: „Du scheinst deinem Onkel in puncto Lügen in nichts nachzustehen."
„Wenigstens dichte ich niemandem eine Verlobte an!"
„Touché! – Oh, jetzt platzt die Bombe."
Ich sah zur Kutsche hinüber.

Gumbel flüsterte dem Neuankömmling etwas zu, woraufhin der in unsere Richtung schaute.

Dann kamen die beiden durch ein Spalier von Marktbesuchern auf uns zu.

Beim Näherkommen erkannte ich, dass Gumbels Begleiter noch sehr jung war, gerade einmal Anfang zwanzig, schätzte ich. Er sah gar nicht schlecht aus, lächelte und hatte scharfsinnig blitzende Augen. Die langen, zu einem Zopf gebundenen Haare gaben ihm etwas Verwegenes. Nur das faltenreiche Halstuch störte mich etwas, es sah aus wie eine abgeschnittene und völlig zerrupfte Krawatte.

Dann standen die beiden vor uns – grüner Grashüpfer und gelber Kanarienvogel.

„Ah, da ist ja meine ... Verlobte", zwitscherte der Kanarienvogel. Beim letzten Wort, das er besonders betonte, kniff er mir ein Auge. Bevor ich irgendetwas entgegnen konnte, ergriff er meine Hand und fügte leise hinzu: „Was für ein reizendes Antlitz, und darin was für süße Lippen." Mein Gesicht lief augenblicklich rot an, während er mir auch noch einen Kuss auf die Hand drückte. Irgendwie schaffte ich es, seinen schmatzenden Mund abzuschütteln. Ich warf Bömmellöh einen bitterbösen Blick zu. Jetzt wäre ein guter Zeitpunkt für seine Erwürgung gewesen. Ich spürte schon förmlich, wie sein Hals unter dem Druck meiner Finger nachgab wie ein schlaffer Luftballon. „Du ...", zischelte ich.

„Ah", unterbrach mich der Süßholz raspelnde Kanarienvogel, „und da ist ja mein Cousin." Sein Ton klang schelmisch und er machte eine nicht ganz ernst gemeinte Verbeugung vor Bömmellöh.

Bömmellöh schlug aufgeregt die Hacken zusammen und verlor dabei die Hälfte seines Gerümpels. Gumbel sprang hinzu und half ihm, die Sachen wieder aufzulesen.

Der Kanarienvogel nutzte die Gelegenheit, sich vor mir aufzuplustern und sprach melodisch: „Ich bin Wolfhan Jogang Goethen!"

Ich starrte ihn sekundenlang verstört an. Dann fand ich meine Sprache wieder: „Das ist ein Witz."

„Ich hoffe sehr, dass Witz und Eleganz mir eigen sind."

„Nein, ich meine, ein Scherz."

„Ich würd es niemals wagen, Euch, holde Dame, mit Scherz und Narretei zu plagen. Ich schwör, dies ist mein Name."

Ich wandte mich an Gumbel: „Redet der immer so?"

„Meistens", gab Gumbel zurück und lächelte zuversichtlich. „Aber man gewöhnt sich dran."

Ich wandte mich wieder dem gelben Spaßvogel zu: „Und du bist sicher, dass du nicht in Wirklichkeit Johann Wolfgang Goethe heißt?!"

Goethen runzelte eine Weile angestrengt die Stirn. Dann sprach er: „Hab nie gehört solch einen Namen noch getroffen solchen Menschen."

„Das ist auch nicht so wichtig", mischte sich jetzt Bömmellöh ein. „Wir haben Dringenderes zu besprechen. – Aber nicht hier!"

Der Grashüpfer und der Kanarienvogel verstanden den Wink. Gumbel machte sich sofort auf den Weg zum Haus hinauf. Goethen dagegen drehte sich zu mir um, hielt mir seinen Arm hin und sprach: „Mein schönes Fräulein, darf ich's wagen, mein Arm und Geleit Ihr anzutragen?"

Da ich ihn nur mit offenem Mund anstarrte und keine Anstalten machte, mich bei ihm einzuhaken, ließ er mich stehen, murmelte noch so etwas wie „Was wohl ein Nein bedeuten soll" und stapfte hinter Gumbel her.

„Das ist doch schon mal gut gelaufen", flüsterte Bömmellöh mir zu. „Jetzt müssen wir ihn nur noch von unserer Mission überzeugen."

Schnell holte er die Männer ein.

Ich starrte auf sein rotes Jackett, seine feuerroten Haare und dann auf die beiden anderen.

Ein Fuchs, ein Grashüpfer und ein Kanarienvogel.

Entweder befand ich mich hier inmitten einer Fabel.

Oder ich wurde langsam verrückt.
Oder es hatte mich tatsächlich eben jemand abgeschlabbert, der verdammte Ähnlichkeit mit dem größten deutschen Dichter aller Zeiten hatte.
Reichlich verwirrt folgte ich den dreien.

8

Um es vorwegzunehmen: Ich weiß nicht, ob er der *echte* Goethe war, der mich einfach ein bisschen verarschen wollte. Oder ob er ihm nur in vielen Punkten ähnelte.
Kommen wir lieber gleich zum Thema, der sogenannten *Mission* meines Onkels. Bömmellöh wartete, bis Gumbel gegangen war. Er wollte den Kreis der Eingeweihten so klein wie möglich halten. Dann legte er los.
Goethen nahm es erstaunlich gelassen auf – die ganze Geschichte, selbst das mit der Zeitreise. Natürlich wollte er den ZZS sehen – und war begeistert davon.
„Was für eine Kreation! Technik-Wunder! Sensation", war so in etwa sein Kommentar. Und er wollte gleich eine ganze Menge über die Funktionsweise wissen. So verloren sich mein Onkel und Goethen schnell in ein Fachidioten-Gespräch, das ich ziemlich langweilig fand. Aber irgendwann kamen wir doch wieder zurück ins traute Wohnzimmer – das mit dem gemütlichen Sessel (mein Platz) und dem kleinen Sofa (Goethens). Mein Onkel hockte auf einem Hocker (hey, schickes Sprachspiel) neben dem Kanonenofen.
Jetzt erzählte er Goethen von dem Erdbeben.

Das nun allerdings glaubte Goethen nicht.

„Niemand vermag es, ein Beben der Erde vorauszusagen. Selbst das Orakel von Delphi, das weise, vermag dieses nicht", wandte er ein.

„Wir schon", gab Bömmellöh zurück und versuchte, Wolfhan zu überzeugen. Das war nicht einfach, da er die entscheidenden Beweise, die Gedichte, zurückhalten musste. Denn wer weiß, was passieren würde, wenn Goethen sie zu sehen bekam. Womöglich würde er sich weigern anzuerkennen, dass sie von ihm waren, oder sie später dann gar nicht mehr schreiben. Wodurch wir dann in der Zukunft nichts mehr über das Erdbeben in der Vergangenheit wüssten und demnach die Reise gar nicht angetreten hätten. Also gar nicht *jetzthier* sein könnten. Das wäre dann ein echtes Zeit-Paradoxon und alles unglaublich kompliziert.

„Dann mach die Probe aufs Exempel", sagte Bömmellöh schließlich. „Es dauert nicht mehr lange bis vier Uhr. Wenn dann um vier Minuten nach vier die Erde in Altena bebt, weißt du, dass wir die Wahrheit gesprochen haben. Wenn nicht, kannst du mich als Lügner nackt durch die Stadt jagen."

Ich hoffte, mein Onkel wusste, was er da sagte.

Goethen schürzte die Lippen, überlegte eine Weile, dann sprang er auf und sagte stürmisch: „Die Wette biet ich!"

„Topp!"

„Und Schlag auf Schlag!"

Handschlag, die Wette stand.

Es wurde die langweiligste Stunde meines Lebens, noch langweiliger als Mathe.

Goethen und Bömmellöh hatten zusammen die große Standuhr aus der Diele ins Wohnzimmer geschoben und jetzt hockten wir davor wie die Kaninchen vor der Schlange. Immer wenn der Minutenzeiger klackend einen weiteren Sprung machte, wurde er von einem Seufzer begleitet – reihum von Goethen, Bömmellöh und mir.

„Erzähle mir doch noch etwas von der Zukunft", wünschte sich Goethen, um die Wartezeit zu überbrücken.

„Lieber nicht", gab Bömmellöh zurück, „ich glaube, niemand sollte zu viel über seine Zukunft wissen. Das könnte seine Entscheidungen in der Gegenwart beeinflussen."

„Du hast recht", entgegnete Goethen. Pause. „Werde ich heiraten?"

Ich stöhnte. Goethen warf mir einen Blick zu und zog aufreizend eine Augenbraue hoch.

„Mich jedenfalls nicht", schleuderte ich ihm verärgert entgegen.

Überraschend trafen ihn meine Worte mehr, als ich gedacht hatte. Sein Gesicht überzog sich mit Schatten und seine Augen blickten nachdenklich-traurig. Ich wollte etwas Versöhnliches erwidern, als Bömmellöh knurrte: „Still jetzt. Es ist vier!"

Die Standuhr tat vier dumpfe Schläge. In den vierten mischte sich von draußen der Klang einer Trompete. Sie blies ein trauriges Lied.

„Was ist das?", fragte Bömmellöh.

Goethen zog nachdenklich die Brauen zusammen, dann fiel es ihm ein: „Das ist, so scheint es mir, Trompeten-Ton vom Kanonier."

„Was?!" Bömmellöh stutzte.

Diesmal schaltete ich schneller als er: „Eberhard, der letzte Kanonier der Burg."

„Ah", nickte Bömmellöh, „dein Dämonenfreund."

Ich schnitt meinem Onkel eine Grimasse. „Ja, genau der." Und an Goethen gewandt fragte ich: „Warum trompetet er?"

Das Trompetensolo hörte auf.

„Na, seine Zeit ist um! Ein Gruß, bevor er –!"

BUMM!

Ich hatte noch nie eine Kanone live gehört, aber trotzdem schien mir dieser Donner lauter und bombastischer, als er eigentlich hätte sein sollen. Eher wie eine Explosion als wie ein gezielter Schuss.

Bevor ich fragen konnte, ob das normal war, begann die Erde zu beben.

Drei Augenpaare blickten gebannt zur Standuhr. Es war vier Minuten nach vier.

Bömmellöh grinste, bevor ihn der bebende Boden vom Hocker fegte.

Ich hielt mich krampfhaft im Sessel fest und zog den Kopf ein. Das Zimmer zitterte, als hätte es Schüttelfrost. Staub rieselte von der Decke und die Standuhr wackelte bedrohlich. Das Beben war genau wie jenes, das ich vor einer Woche in meiner Zeit erlebt hatte.

Ganz plötzlich hörte es auf.

Bömmellöh war aufgesprungen. „Los! Schauen wir nach, was draußen passiert ist!", rief er aufgeregt und sprintete schon los. Einen kurzen Blick warf ich auf Goethen, der mit bleichen Wangen auf die Standuhr starrte, dann folgte ich meinem Onkel.

Draußen war ein ziemliches Getümmel. Überall standen und tuschelten Leute aufgebracht vor den Häusern, warfen die Hände über dem Kopf zusammen oder murmelten Gebete vor sich hin. Die meisten aber strömten eilig hinauf zum Schlossberg, von wo der Knall gekommen war.

Vors Burgtor hatte jemand einen Ofen gestellt, aus dem es fürchterlich funkte, zischte und rauchte. Aus dem Qualm, der über den Boden waberte und allmählich durchs Tor hineinkroch, ragten vier armdicke Stangen. Erst als sich der Rauch verzogen hatte, erkannte ich, dass es gar keine Stangen waren, sondern Arme und Beine des Kanoniers, der wie ein Käfer auf dem Rücken lag. In seiner rechten Hand glimmte noch die Lunte, mit der er die Kanone gezündet hatte. Gott sei Dank schien Eberhard unverletzt. Nur sein Gesicht war Ruß verschmiert und er blickte zutiefst erschrocken. Immer wieder murmelte er: „D'Dämon, jetzt holt er mir!"

Seine dicke Berta hatte es nicht so gut überstanden.

Sie war der rauchende Ofen.

Ihr letzter Gruß an Altena würde wohl auch der letzte ihres eisernen Lebens sein. Sie sah jetzt mehr denn je wie ein dickes Abflussrohr aus, aber eines, in das ein paar böse Jungs ein Bündel Polenkracher gesteckt hatten. Die schwarze Öffnung qualmte und glühte, glich dem aufgerissenen Maul eines sterbenden Ungeheuers.

Eberhard bekam es jetzt auch mit, rappelte sich auf und schlang dann beide Arme um das Rohr. „Meene Berta, meene jute Berta", heulte er wie ein Kleinkind. Dann zogen ihn mehrere Männer von dem Trümmerrohr weg.

Inzwischen hatte sich eine dichte Traube am Burgtor gebildet, doch die meisten Leute hielten respektvoll Abstand von der manchmal noch rülpsenden Kanone. Bömmellöh nutzte die Gelegenheit und untersuchte den Ort des Geschehens mit geübtem Detektivblick.

Goethen tauchte neben mir auf. Er war nicht mehr ganz so bleich, aber immer noch ziemlich von der Rolle. „Wette verloren", presste er heiser hervor.

Mein Onkel trat zu uns, fuhr sich mit dem Daumen über den scharfen Nasenrücken – das macht er immer, wenn er nachdenkt – und sagte: „Außer dass das Pflaster ein wenig versengt ist und die Kanone völlig hinüber, kann ich nichts Besonderes feststellen. – Aber ...", er sah erst Goethen, dann mich an, „... es steht fest, dass die Explosion der dicken Berta das Erdbeben ausgelöst hat."

„Explosion", murmelte ich. „Also genau wie beim Bau des Erlebnisaufzugs vor einem Jahr."

Bömmellöh nickte und in seinen Augen funkelte es – wie immer, wenn er eine erste Spur hat.

9

Renaissance

Schau! Ruinen stehn; Karosse
Morsch am Rade; Staub im Schlosse;
Nacht ist finster; Nachtigall
Singt, belebt mit Zauberschall.

Melodie verweht den Schleier
Grauen Stillstands; sieh, der Weiher
Wellen wirft; Vergangenheit
Drängt herein, verdrängt die Zeit.

Rade dreht sich nun; Karosse
Fährt; davor vier edle Rosse;
Fährt und hält, ganz ohne Laut;
Weiß bekränzt entsteigt die Braut.

Wirr stehn Lanzen, Schilde, Knappen;
Klirren! Blitzen auf zwei Wappen;
Raunen rollt; im Raunen Namen,
Schaudernd; folgenschweres Ahnen.

Dort, das Kampffeld! Nicht mehr friedlich,
Schatten, zwei, so unterschiedlich:
Einer leidenschaftlich liebend;
Einer kaltherzig durchtrieben.

Hufe knallen, Schwertgewitter
Berstet Schilde, Eisensplitter
Schwirren, reißen Wunden bitter,
Bitter kämpfen beide Ritter.

Kampfglück wechselt im Turniere;
Wer wird siegen? Wer verlieren?
Wem wird bald der Preis vermählt?
Diesen Tag tropft Blut aufs Feld.

Einer taumelt, einer wankt,
Bebt die Braut, sie hofft, sie bangt,
Pferde mühn sich um Geschick,
Augen funkeln, Sieg im Blick.

Kampfglück wechselt im Turniere;
Wer wird siegen? Wer verlieren?
Wem wird gleich der Preis vermählt?
Da! Ein Hieb! Ein Reiter fällt.

Glocke schlägt; zurück die Zeit,
Drängt hinfort Vergangenheit;
Einmal noch hallt heller Schrei;
Ausgehaucht; der Spuk vorbei.

Schau! Ruinen stehn; Karosse
Morsch am Rade; Staub im Schlosse;
Morgengrauen; Nachtigall
Schweigt; nur Stille überall.

(WJG)

Das aufgeregte Palaver, das anschließend in Goethens Heim zu hören war, kannst du dir sicherlich vorstellen, weshalb ich es hier jetzt nicht näher beschreiben muss. Wichtig ist nur, dass wir zu keinem echten Ergebnis kamen.

Bömmellöh und Goethen hatten zwar noch versucht, mit Eberhard zu sprechen, aber außer wirrem Dämonenzeugs nicht viel aus ihm herausgekriegt. Ich hatte es vorgezogen, dem letzten Kanonier der Burg nicht zu nahe zu kommen, und mich deshalb lieber unter die Leute gemischt.

Bömmellöh und Goethen hatten immerhin so viel herausgefunden, dass wir uns die Ursache für die Explosion der dicken Berta zusammenreimen konnten.

Sie war explodiert, weil Eberhard sie nicht sachgemäß geladen hatte: zu viel Schießpulver – zu wenig Achtsamkeit. Das Letztere wohl aufgrund des Auftauchens und Verschwindens eines Seelen raubenden Dämons.

Ich schluckte. Wenn das wirklich der Grund für die Explosion gewesen war (und nicht etwa das beträchtliche Alter der Kanone, wie die Leute meinten), dann war es indirekt mein Verschulden. Das würde bedeuten, dass die dicke Berta noch heile wäre, wenn ich nicht da gewesen wäre. Mit anderen Worten: Keine Zeitreise – keine Explosion! Und kein Erdbeben!

Ich schluckte noch einmal. Ich sollte in Zukunft wohl doch etwas vorsichtiger sein und überlegen, was ich *jetzthier* tat. Sonst hätte ich bald vielleicht gar keine Zukunft mehr, also in der Zukunft, die eigentlich meine Gegenwart … ach, lassen wir das!

Gumbels Proviantkorb gab noch genug her für ein schmackhaftes Abendessen und danach ging ich zu Bett, denn der Tag war abenteuerlich genug gewesen.

Goethen hatte mir mit den Worten „Für meine Verlobte nur das Beste" sein Zimmer überlassen, was ich mit der schlichten Antwort „Du mich auch" quittiert hatte. Er hatte nur seine Ledermappe und sonstiges Schreibzeug aus dem Sekretär geholt und sich dann in dem bescheidenen Gästezimmer einquartiert, während es sich Bömmellöh auf dem Sofa im Blauen Salon – so nannte Goethen das Wohnzimmer – gemütlich machte.

In meinem Zimmer (solange ich *jetzthier* war, betrachtete ich es als das meinige) lag ein Nachthemd auf dem Bett – noch so ein Ding, von dem ich mir geschworen hatte, niemals auch nur in seine Nähe zu kommen. Aber wenn ich nicht in dem Kleid oder in meinen eigenen Klamotten schlafen wollte, blieb mir wohl nichts anderes übrig, als das nach Lavendel und Rosmarin riechende Ding anzuziehen.

Als ich im Bett lag, verschränkte ich die Arme hinter dem Kopf und dachte nach. Es war schon die zweite Nacht, die ich in der Vergangenheit verbringen würde. Das war an und für sich schon verrückt genug, aber hinzu kam die Sache mit dem Erdbeben. Auslöser dafür war offensichtlich das Explodieren der Kanone gewesen. Ganz ähnlich wie in der Zukunft. Da würden es die Sprengungen für die Tunnelarbeiten sein. Bei dem Erdbeben vor einer Woche allerdings war nichts explodiert. Irgendetwas passte da also noch nicht ganz zusammen. Vorerst blieb der Schlossberg aber ein wichtiger Anhaltspunkt und es wäre sicherlich gut, ihn und die Burg morgen gründlich zu untersuchen.

Dann könnte ich auch Cynthia einen Besuch abstatten. Die Begegnung mit ihr zählte zu den angenehmen Erlebnissen des heutigen Tages. Ich dachte an die anderen Menschen, die mir begegnet waren: Eberhard, der abergläubische Kanonier, der die nächstbeste Kanone auf dieses Haus richten würde, wenn er wüsste, wer sich darin aufhielt. Und Goethen, nun ja, der war wirklich ein Fall für sich. Ich wusste noch nicht, was ich von ihm halten sollte. Aber eines war klar: Das Zusammensein mit ihm würde garantiert genauso spannend und verrückt werden wie das mit meinem Onkel.

Da ich noch nicht müde war, suchte ich nach etwas zu lesen.

An dieser Stelle sollte ich vielleicht erwähnen, dass ich sehr gerne lese. Im Grunde verschlinge ich Bücher wie andere Currywurst-Pommes. Aber die Bücher, die hier im Zimmer standen, waren nun so gar nicht mein Fall.

Die Schatulle mit Goethens Gedichten fiel mir ein. Also stand ich noch einmal auf, schlich in den Blauen Salon, in dem mein Onkel so laut schnarchte, als wolle er die hässliche Tapete von der Wand schälen. Die Schatulle fand ich in den Tiefen seiner Reisetasche.

Als ich am Öllämpchen im Flur vorbeikam (Goethen bestand darauf, dass es die ganze Nacht brannte), hörte ich ihn im Gästezimmer leise vor sich hin sprechen. Es klang nach Versen, die er wie Edelsteine auf ihre Qualität prüfte. Deutlich hörte ich die Worte „Das ganze Städtchen rollt und kracht, hm, rollt, grollt, hm hm ...". Aha, er schrieb also an dem Erdbeben-Gedicht, das uns überhaupt erst in diese Zeit geführt hatte. Gut so, dann gab es da schon mal kein Paradoxon.

Zurück im Bett rückte ich mir die brennende Kerze auf dem Nachttischchen näher heran, legte das Portemonnaie daneben und öffnete es. Sphinx würde sich bestimmt über ein bisschen Ausgang freuen. Meist krabbelte sie sowieso nur wenige Zentimeter herum, suchte sich eine gute Jagdposition, um nach vorbeifliegenden Mücken Ausschau zu halten, und verschmolz mit dem Hintergrund.

Ich kramte in der Schatulle herum und blieb am Gedicht „Renaissance" hängen.

„Das ist Französisch und bedeutet *Wiedergeburt*", sprach der Meisterdetektiv in mir.

Okay, ein kurzes Spiel.

„Ich weiß, Holmes", gab ich zurück. „Das habe selbst ich in der Schule gelernt."

„Die Schulen der Zukunft scheinen besser zu sein als ihr Ruf."

„Holmes!"

„Ja, Watson?!"

„Lass es gut sein!"

Spiel-Ende.

Mit einem Räuspern war ich wieder ganz bei mir. Ich sollte vielleicht einmal darauf achten, dass sich die vielen Figuren in meiner Fantasie nicht allzu selbstständig machten.

„Klingt außerordentlich vernünftig", mischte sich der unsichtbare Detektiv wieder ein.

„Gar nicht beachten", seufzte ich, „lies lieber das Gedicht." – Ich sprach schon wieder mit mir selbst.

Jetzt also endgültig: Spiel aus!

Das Gedicht gefiel mir.

Ich konnte mir die Szenerie sofort vorstellen. Bröckelige Türme, überwucherte Mauerreste, ein gepflasterter Hof, der die Zeit der Ritter (selbst die der Kanoniere) überdauert hat. Wind weht Staub über die Trümmer. Eine morsche Kutsche liegt schon seit Ewigkeiten in einer Ecke. Das zerbrochene Rad wird von einer Windböe angestupst. Ein magisches Lied webt sich durch die Speichen, durchdringt die Ruinen, zieht den Schleier aus Staub und Zeit von allem und gibt die Bühne für ein grandioses Turnier frei: Zwei Ritter kämpfen um die Gunst einer Frau. Die Geister erwachen und stürzen sich aufeinander. Meine Fantasie ließ sogar die Geräusche real werden.

Ich hörte Scheppern, Keuchen, Klirren, Schlachtrufe, Stampfen, Raunen. Kichern. – Moment mal! Kichern? Das kam doch gar nicht im Gedicht vor. Ich ließ das Blatt sinken und lauschte in die Nacht hinaus.

Das Kichern hörte ich wirklich.

Von draußen aus dem Garten. Und erst jetzt wurde mir bewusst, dass ich auch die anderen Geräusche tatsächlich gehört hatte.

Draußen trieb sich irgendwer herum.

Leise blies ich das Licht aus und schwang mich aus dem Bett, tappte zum Fenster, öffnete es und lehnte mich hinaus.

Erst sah ich nicht viel, denn die Nacht war dunkel. Es fehlten einfach die so vertrauten Straßenlaternen und Lichter der Häuser. Doch allmählich gewöhnten sich meine Augen an die Dunkelheit.

Der Garten lag wie eine Wildnis aus Schatten vor mir. Bäume. Sträucher. Raschelnde Büsche. Aus dem Rascheln wurde ein Wispern und einer der Schatten löste sich plötzlich von seinen Wurzeln, huschte durch den Garten zum hinteren Zaun, warf dabei scheppernd eine Blechkanne um und kicherte. Andere Schatten wurden lebendig, wuselten durchs Unkraut, ließen Zweige knacken, raunten und flüsterten miteinander, brachen morsche Zaunlatten ab, sensten damit die Blumen um. Kicherten.

„Was soll denn das?!", entfuhr es mir etwas zu laut.

Draußen wurde es still, dann warf mir jemand eine Ladung Dreck ins Gesicht.

Prustend und spuckend ging ich in Deckung.

Draußen kicherte es nur umso lauter.

„Na, wartet!", murmelte ich. „Euch zeig ich's!"

Auf allen Vieren kroch ich durch das Zimmer zum Stuhl, wo meine Sachen lagen, und kramte mein Smartphone hervor. Auf dem Display überprüfte ich kurz den Akku – halb voll –, schaltete die Fotofunktion mit dem Blitz ein und schlich wieder ans Fenster. Draußen rumorte es noch lauter als vorhin.

Aus der Deckung heraus – auf eine zweite Ladung Dreck war ich gar nicht scharf – hielt ich das Gerät über die Fensterbank, richtete es aus und, *flash!*, ein gleißender Blitz zerriss für einen Augenblick die Schattenlandschaft in kleine Schnipsel. Danach war die Dunkelheit um einiges tiefer.

Draußen war es schlagartig ruhig geworden, dann hörte ich ein Chaos aus Rumpeln, Krächzen, Jammern, Knacken, Knistern, Rascheln und Wimmern, das sich hastig entfernte. Die Gestalten schienen sich in Richtung Burg zu verkrümeln. Nach einer Weile war nichts mehr zu hören.

Befriedigt schloss ich das Fenster, tappte zurück zum Bett, setzte mich auf die Bettkante und wollte gerade einen Blick auf das Foto werfen, als ich in den Lauf einer Waffe starrte. Aus dem Flur fiel etwas Licht herein und tauchte das Metall in fieses Rot.

Meine Nackenhaare stellten sich aufrecht und ich hob automatisch die Hände in die Höhe.

„Mein Fräulein, Ihr verwirrt mich halb, erstaunt mich ganz. Wird dies ein Menuett oder ein andrer Tanz?!", wisperte eine heisere Stimme. Ich erkannte sie trotzdem: Goethens.

Langsam nahm ich die Arme herunter, sprach ihn aber vorsichtig an: „Was wollen Sie hier?" (Unwillkürlich hatte ich ihn gesiezt, bei der auf mich gerichteten Pistole konnte Höflichkeit nicht schaden.)

„Ich hörte einen beträchtlichen Radau", flüsterte er und klang fast krächzend wie eine Krähe. „Er schien aus Eurer Kammer zu kommen." Seine Haare standen ihm wirr vom Kopf ab.

„Es war jemand im Garten", entgegnete ich.

„Ah!", machte die Krähe und spannte den Hahn. Der Lauf zielte immer noch auf mich. Kalter Schauder lief meinen Nacken hinab. Was wussten wir über diesen Mann? Vielleicht war er ein durchgeknallter irrer Dichter, der gleich ein Blutbad anrichten würde? Und zwar mit meinem Blut.

Flucht nach vorn. „Nicht schießen! – Ich bin keine Gefahr. Die waren im Garten."

„Was?!" Er stammelte jetzt: „Nein, ... tut mir leid, ich ... aber nein, doch ... nun dann –" Er drückte ab.

Ich wartete auf den Schlag der Kugel. Den Schmerz. Das Blut. Doch alles blieb aus. Genau wie der Knall. Stattdessen züngelte eine kleine Flamme am Lauf der Pistole und setzte die Kerze neben mir in Brand.

Das Kerzenlicht erschien mir hell wie ein Blitz.

Goethen blickte mich an und in seinen Augen sah ich etwas ganz anderes, als ich erwartet hatte. Kein Wahnsinn, sondern schlichte Furcht. Und er war sichtlich verlegen: „Ich wollte Euch nicht erschrecken. Schon gar nicht mit einer Pistole. Im Gegenteil, ich hasse diese Kugel-Spucker. Dies hier ist nur ein Steinschloss-Feuerzeug und völlig harmlos."

Er hielt es hoch und bei Licht betrachtet wirkte es nur noch halb so gefährlich.

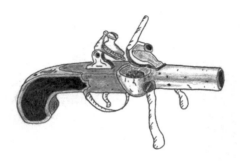

„Nachts habe ich immer eines griffbereit. Bei Dunkelheit fühle ich …", er zögerte kurz, „… mich nicht sonderlich wohl. Aber jetzt sagt mir, was sich im Garten abgespielt hat. Ich – oh!" Sein Blick fiel auf das Gedicht neben dem Kerzenständer. „Was ist das? Ein Gedicht? Schreibt Ihr etwa Poesie?"

Was draußen vorgefallen war, schien ihn nun gar nicht mehr zu interessieren. Er griff nach dem Papier.

Oh, Mist, fiel mir wieder ein. Er sollte seine eigenen Gedichte ja nicht zu Gesicht kriegen. Ich griff danach, doch er war schneller. Er hielt das Blatt näher ins Licht. „Renaissance", murmelte er. „Ein interessanter Titel."

„Gib es mir bitte", knurrte ich und schaffte es jetzt doch, eine Ecke zu fassen. Er sah mich an. „Ich … äh … schreibe, dichte noch nicht lange. … Es ist nicht gut."

„Gut genug für einen Blick ist es sicherlich", entgegnete er und richtete die Augen wieder auf die Zeilen.

Wenn er sie genauer betrachtete, würde er seine Handschrift erkennen, dachte ich und begann, an dem Papier zu zerren.

Das Blatt zitterte zwischen unseren Händen hin und her und dann kam mir jemand zu Hilfe.

Sphinx.

Während ich am Fenster gewesen war, musste sie auf das Blatt gekrochen sein und hatte perfekt Papier und Schrift auf ihrer Haut nachgeahmt. Jetzt öffnete sie ein Auge. Es sah aus, als würde eines der Worte lebendig werden und Goethen vorwurfsvoll anstarren.

„Hah!", schrie er auf und ließ das Blatt los. „Potz Pergament! Der Böse Blick!" Entsetzt kreuzte er die Finger vor dem Gesicht, stürmte aus meinem Zimmer und verkroch sich in seinem.

„Potz Pergament, der Goethen rennt", murmelte ich grinsend und ließ das Minichamäleon auf meinen Finger krabbeln. „Danke, Sphinx, das hast du prima gemacht." Sie schmiegte sich an meine warme Haut und ich streichelte sanft über den winzigen Kopf. „Dafür hast du dir eine extra Fliege verdient."

Genüsslich schmatzend machte Sphinx es sich in ihrem Lederheim gemütlich. Ich verschloss es und verstaute danach Goethens Gedicht wieder in der Schatulle. Sicherheitshalber brachte ich sie auch zurück in Bömmellöhs Reisetasche. Mein Onkel schnarchte noch immer wie ein Berserker.

Auf dem Rückweg hörte ich aus Goethens Zimmer keinen Muckser mehr. Im Bett fiel mir mein Handy ein. Vielleicht hatte ich ja ein brauchbares Foto der nächtlichen Ruhestörer gemacht. Ich betrachtete neugierig das Display. Inmitten von Büschen und Blumen standen mehrere Jungen. Kleine Jungen, mit dreckverschmierten Gesichtern. Einige blickten erschrocken drein, aber der, der am nächsten war, besaß die Frechheit, mir die Zunge rauszustrecken.

An und für sich war die ganze Angelegenheit also nichts Besonderes. Da waren halt ein paar Jungs, die nachts durch die Gärten streunten und ein bisschen Party machten.

Nur eines fand ich echt merkwürdig:
Sie waren alle nackt.

10

B astelt und baut
Ö fter
M al
M iese
E rfindungen
L istige
L ustige auch
Ö cht
H eftig!

G eistreich
O der
E infach nervig?
T extet und dichtet
H erum
E r schweigt
N ie

(Noch ein Gedicht, Merle Schiller)

Irgendwie gefiel es mir allmählich, diese kleinen Wort-Dinger zu produzieren. Ich weiß nicht, ob das an der reizlosen Umgebung lag oder an Goethen, der mich, ständig dichtend, umschwirrte.
 Egal! Es machte jedenfalls Spaß und ließ ein wenig vergessen, dass man *jetzthier* weder über PC und Internet noch über Fernsehen oder Smartphone verfügte. Ich bin nicht gerade ein Handy-Junkie, aber trotzdem brauche ich es. Man will ja schließlich auf dem Laufenden bleiben, was die Freundinnen so erleben, und außerdem gibt es so viele Dinge, die man damit machen kann. Fotos zum Beispiel.

Am Frühstückstisch zeigte ich Goethen und Bömmellöh das Foto von den Jungs, das ich in der vorigen Nacht aufgenommen hatte.

„Setz dir Perücken auf von Millionen Locken, setz deinen Fuß auf ellenhohe Socken, darunter bleibst du immer, was du bist", kommentierte Goethen.

„Nackt!", setzte Bömmellöh hinzu.

Dann lachten beide. Ich fand sie albern, aber so sind die Erwachsenen halt.

„Im Ernst", unterbrach ich sie, „warum treiben sich diese schmutzigen Jungs nachts hier herum?"

„Vielleicht wollten sie nur ein bisschen Klingelmännchen spielen", gab mein Onkel zurück.

„Nackt?"

„Na ja, vielleicht sind sie sehr arm."

„Wohl eher pervers."

Bömmellöh zog nur die Schultern hoch und strich sich Marmelade auf sein Brot.

Goethen dagegen hatte nur noch Augen für mein Smartphone. „Was ist das für ein absonderlicher Guckkasten?", fragte er neugierig. Er war wieder ganz so, wie ich ihn gestern Nachmittag kennen gelernt hatte: energiegeladen, leidenschaftlich in eine Sache vertieft (momentan war diese Sache mein Smartphone), leicht arrogant und immer wieder feinste Worte, Verse und Reime von sich gebend. Seine Haare, inzwischen war ich mir ziemlich sicher, dass er keine Perücke trug, waren wieder zu einem ordentlichen Zopf zusammengebunden und sein bleiches Gesicht mit der ein wenig lang geratenen Nase hatte etwas Markantes an sich. Allerdings lag irgendwie ein leichter Schatten darauf, als wäre etwas von der gestrigen Furcht zurückgeblieben. Trotzdem sprach er nicht eine Silbe über den Vorfall mit dem Pergament.

Ich erklärte ihm die Bedienung des Handys und ließ ihn dann ein wenig daran herumspielen. Wenigstens hielt er dann mal die Klappe. „Was machen wir heute?", fragte ich Bömmellöh.

„Wif kepfen och tumpf Bukf", antwortete Bömmellöh mit vollem Mund.

„Was?"

Er schluckte. „Wir gehen hoch zur Burg."

„Meinst du, wir finden dort einen Hinweis auf das Erdbeben?" Bömmellöh zog wieder die Schultern hoch. „Ich hoffe es."

„Zum Sehen geboren, zum Schauen bestellt. Hinaus zu den Toren, den Bildern der Welt", sprach Goethen begeistert und konnte sich kaum sattsehen an den Fotos, die ich gestern Morgen vom Bergrücken aus gemacht hatte. Ja, wenn ich mich nicht täuschte, glitzerte sogar eine Träne in seinem Augenwinkel. Er war wirklich ergriffen von dem, was er sah. „Dies ist ein unglaubliches Wundergerät", sagte er schließlich und reichte mir das Smartphone zurück. „Ihr könnt Euch glücklich schätzen, werte Merle, aus einer solchen Zukunft zu kommen, in denen die Bilder so klar und realistisch sind, wie sie nicht einmal der beste Maler schaffen kann. Es muss eine wahrlich machtvolle Zukunft sein."

„Das stimmt", bestätigte Bömmellöh. „Allerdings haben auch wir so unsere Probleme. Und nicht alle können durch die Technik gelöst werden."

„Aber diese überbordende Technik", Goethen wies noch einmal auf das Smartphone, „und auch deine Zeitmaschine, Bömmellöh", jetzt wies er Richtung Schuppen, „sind schon gewaltig. Mit so etwas können wir nicht aufwarten. – Und ich dachte immer, Gumbels Laterna magica wäre schon etwas Besonderes."

„Laterna magica?" Mein Onkel war mit einem Mal Feuer und Flamme. „Davon habe ich schon einmal gehört. Ein Gerät, mit dem man Bilder projizieren kann, stimmt's?!"

Goethen nickte. „Kann sich aber mit Fräulein Merles Wunder-Guckkasten nicht messen."

„Ich würde trotzdem zu gerne mal eine sehen", bat Bömmellöh.

„Oh, das kann ich einrichten. Gumbel ist stets erfreut, wenn er einen seiner berühmten Laterna-Abende gestalten kann."

„Fein!", rieb sich Bömmellöh die Hände. „Aber vielleicht sollten wir uns jetzt zur Burg aufmachen. Ich möchte in diesem Fall gerne einen Schritt weiterkommen. Und ich ahne, dass viel mehr dahinter steckt, als wir uns vorstellen."

Es war noch so früh am Tage, dass die erste Dämmerung sich ganz vorsichtig vortastete, aus Angst, die grausame Nacht könne ihr gewaltig auf die zarten Finger klopfen.

Den Weg zur Burg hinauf schwiegen wir und man hörte nichts als das hohle Klappern unserer Schuhe auf dem Kopfsteinpflaster.

Die Burg hatte im Dämmerlicht mehr Ähnlichkeit mit einem hingekotzten Steinhaufen als mit einem stolzen Gebäude. Schon die beiden ersten Tore, die Friedrichs- und die Dorotheen-Pforte, die den Besucher heutzutage majestätisch Stück für Stück in ein Zauberreich des Mittelalters geleiten, waren nicht mehr als zwei öde Holztüren, die schief und knarrend in den Angeln hingen. Der untere Burghof schien einem Messi zu gehören, der Matsch, Klumpen und Staub sammelte. Der Durchgang zum oberen Burghof war finster wie bei einer Grufti-Party.

Dahinter präsentierte sich die Burg mehr schlecht als recht.

Das Pflaster glich einer Müllkippe, mehrere Mauern waren nur noch Reste und reckten ihre Stümpfe in die Höhe wie die schlechten Zähne eines Assis. Der Dicke Turm hatte nur ein provisorisches Dach und seine Mauern waren noch rußgeschwärzt von einem Brand, der schon Jahrzehnte zurücklag. Auch der Pulverturm sah anders aus, kleiner und flacher als in meiner Gegenwart. Der alte Palas wirkte nicht gerade Vertrauen erweckend, überall bröckelte Mörtel aus den Mauerritzen und von den glaslosen Fensterrahmen blätterte der Lack, als hätte das Holz einen üblen Sonnenbrand. Den neuen Palas gab es noch gar nicht. An seiner Stelle standen mehrere Baracken.

Alles war kleiner, schmutziger und das genaue Gegenteil von imposant. Es stank nach Pisse, verfaulten Äpfeln und Schweiß.

Trotzdem wimmelte es im Hof und den angrenzenden Gebäuden von Lebewesen. Und ich meine jetzt nicht die Ratten, die von räudigen Hunden gejagt wurden. Durch vergitterte Scharten glotzten Gefangene, in dunklen Nischen hausten zerlumpte Gestalten und aus Ritzen im Mauerwerk drang das Stöhnen von Alten und Kranken. Denn in dieser Zeit diente die Burg als Gericht und Gefängnis, Armen- und Waisenhaus.

Auf dem Hof liefen überall Kinder herum – genauso schmutzig wie der Hof selbst –, kreischten und lachten, grölten und umringten eine dickliche Gestalt. Cynthia schien der ganze Trubel nichts auszumachen, im Gegenteil sie genoss es sichtlich, lachte, machte derbe Späße mit den Größeren, streichelte die Kleineren und verteilte an alle, was sie in ihrem Korb hatte. Erst als dieser leer war, verschwanden die Kinder durch die unterschiedlichsten Öffnungen, Löcher und Spalten in die Tiefen des Gemäuers.

Während Bömmellöh Pflaster und Mauern untersuchte, Goethen aus den Gefängniswärtern brauchbare Infos herauszuquetschen suchte, schlenderte ich zu Cynthia hinüber – möglichst, ohne mit meinem Kleid im Müll zu versinken.

„Merle, wie schön", begrüßte sie mich freundlich. „Leider ist mein Korb schon leer."

„Danke, Cynthia", erwiderte ich, „ich habe gerade erst gefrühstückt. Außerdem bin ich nicht zum Essen hier."

Cynthia nickte geflissentlich. „Hab's schon gehört. Ihr stellt Untersuchungen zu dem Erdbeben an."

Ich nickte.

Sie wies auf Bömmellöh, der mit einer Lupe (die er immer bei sich trug, da sie einen Jackettknopf ersetzte) eine, äh – ich glaube, es war eine tote Ratte – betrachtete. „Ist er wirklich ein Mechanikus und Criminalist?"

Ich stutzte einen Moment. Etwas altmodische Worte für einen Erfinder und Detektiv, dachte ich, aber es kam der Sache recht nahe. „Kann man so sagen! Er hat zuhause schon einige vertrackte Fälle gelöst."

„Und als Mechanikus kann er gut mit Werkzeugen umgehen und Dinge reparieren?!"
„Ja."
„Interessant."
„Wieso?"
„Oh, aus keinem besonderen Grund. Ich meine nur, schau dich doch einmal hier um. In dieser Burg gibt es nichts, was noch heile wäre. Einen Mechanikus könnten wir allerorten gebrauchen."
Ihr Blick streifte kurz den Korb, der an ihrem rechten, zuckenden Arm hing. Ich hätte zu gerne gewusst, an was für einer Krankheit sie litt.

Ich wollte sie fragen, als mein Blick auf eine kleine Person fiel, die sich jetzt aus dem Dicken Turm in den Burghof wagte und allmählich zum Hoftor schlich. Auffällig drückte sie sich in den Schatten der Mauer.

Unvorsichtig trat sie jetzt in einen Lichtfleck und ich erkannte sie.

Es war der Anführer der dreckigen Jungs von letzter Nacht.

Und er war immer noch nackt.

„He!", rief ich ihn an, doch da spurtete er schon in den Durchgang zum unteren Burghof.

„Entschuldige Cynthia, aber ich muss da etwas klären", warf ich ihr zu und wirbelte herum.

Ich hetzte den nackten Jungen durch das Obere Tor, am Kommandantenhaus vorbei und schließlich über den Messi-Burghof. Kurz vor dem Unteren Tor hatte ich ihn fast eingeholt, konnte ihn beinahe berühren, als eine schwankende Gestalt aus einer dunklen Nische torkelte.

„He, Fräulein, nich so stürmisch, wa!", hörte ich noch ein Lallen, dann rannte ich mitten in den letzten Kanonier hinein. Wir gingen beide zu Boden – Eberhard mit einem ausgesprochen unschönen Berliner Fluch, ich mit einem eher modernen (aber ebenso deftigen) Schimpfwort.

Dass ich mir bei dem Sturz ein wenig das Kleid aufriss, war nicht so tragisch. Dass ich dabei das Täschchen mit meinen Sachen verlor, war allerdings echt contrageil, denn es rutschte Eberhard genau vor die rote Kartoffelnase.

Unglücklicherweise rappelte er sich auch noch schneller auf als ich. Ehe ich nach meinem Täschchen greifen konnte, hatte er schon seinen Riecher hineingesteckt.

Seine zunächst noch glasigen Triefaugen wurden zu nüchternen Triefaugen, weiteten sich so groß wie Kürbisse. Kürbisse voll panischer Furcht, kurz vor dem Zerplatzen.

Etwas irritiert folgte ich seinem Blick und schluckte. Das Täschchen hatte sich geöffnet und das Display meines Smartphones eingeschaltet. Zu sehen war ausgerechnet er selbst – zusammen mit der noch unversehrten dicken Berta.

Ach du Scheiße!

Gleich würde er einen Mordsradau machen, mit dem weinfleckigen Finger auf mich zeigen und zum zweiten Male seine Dämonen-Litanei kreischen. Doch dieses Mal hatte ich keine Kapuze, unter der ich mich verstecken konnte.

Ich sah mich schon gehäutet auf dem Scheiterhaufen liegen, mit einem letzten Seufzer an meine Haut denkend, die nun in Eberhards Berliner Wohnung als Bettvorleger dahinfaulte, und dann endlich mein armseliges Leben aushauchen.

Schon reckte er den Kopf zu mir herüber, schon fixierte mich sein Blick, schon riss er das Maul auf, –

– als eine weitere Gestalt in mein Blickfeld kam. „Eberhard, mein Guter", brummelte sie versöhnlich und schlug dem überraschten Kanonier auf die Schulter. „Ich freu mich, Eberhard", sprach Cynthia im schnellen Plauderton weiter, „dass wir uns noch einmal sehen, bevor du abreist. Ich bin ganz betrübt, dass du nun bald nicht mehr da sein wirst, um mit mir an lauschigen Sommerabenden ein Glas Aufgesetzten zu trinken. Den Klang deiner dicken Bertha werde ich ebenso vermissen wie den deiner Stimme mit dem hübschen Berliner Akzent. Sage mir doch, was du vorhast, wenn du in Berlin ankommst. Bestimmt wird man dich gleich zum Hauptmann befördern, wegen deiner treuen Dienste hier in Altena. Schließlich warst du der letzte Kanonier auf der Burg. Ich finde, so einen Mann sollte man gleich zum General machen. General Eberhard von Walthersau! Klingt doch gut, findest du nicht? Darauf sollten wir nachher noch einen letzten Schnaps trinken. Ach, was sag ich, jetzt sofort. Wie es der Zufall will, habe ich noch ein Fläschchen von meinem guten Schlehenbrand dabei …"

Wie ein Wasserfall fielen die Worte aus Cynthias Mund, prasselten auf das Burgpflaster, hüpften und turnten lustig herum, umflossen gurgelnd den Kanonier und spülten schließlich wie ein angenehmer Sommerregen alle seine Gedanken fort.

„Meene dicke Berta", stammelte er noch ein-, zweimal, dann füllten sich seine Augen wieder bis zum Rand mit glasigem Nebel. Und als seine Nase die Witterung von Cynthias Schlehenschnaps aufnahm, wurden auch seine letzten Erinnerungen an mich fortgerissen. Cynthia hakte den Kanonier unter und schob ihn dabei von mir weg. Und während sie immer noch weiter auf ihn einredete, hielt sie mir hinter ihrem Rücken mein Täschchen entgegen. Ich nahm es schnell und ließ es in den Falten meines Kleides verschwinden. Verblüfft schaute ich den beiden hinterher, und als sich Cynthia an der nächsten Burgpforte noch einmal umdrehte und mir verschwörerisch ein Auge kniff, plumpste mir ein Riesenstein vom Herzen.

Puh!

Das war gerade noch mal gut gegangen. Ich wusste zwar nicht, was Cynthia von meinem Smartphone mitbekommen hatte, aber eines war sicher, sie war eine echte Freundin, die mir die Haut gerettet hatte, die nun nicht als Dämon-Trophäe in einer Berliner Wohnung enden würde. Und ich wurde den Gedanken nicht los, dass in dieser kleinen Person viel mehr steckte, als man vermutete.

Als ich aus der Burg trat und nach dem dreckigen Jungen Ausschau hielt, lagen die nackten Tatsachen in aller Deutlichkeit vor mir – in Form gähnender Leere auf der gepflasterten Straße. Von dem Nackten war nicht das kleinste Zipfelchen zu sehen. Und das nicht nur im übertragenen Sinn.

11

Sagenkranz

Wunderkraft	Herz	Anschlag	Tränen	Schützen
Sprach	Klusenstein	Einhard	Scheu	Hirsch
Wald	Zweifelmut	Quelle	Lenne	Tiergarten
Zeit	Neblig	Einsam	Rieseln	Schreck
Engel	Zwölf	Läuten	Angst	Hünengrab

(Chinesisches Wortgitter, mal was andres; Merle Schiller)

Wir befanden uns in einer Sackgasse. Daran gab es nichts zu rütteln. Bömmellöhs Nachforschungen hatten nichts, aber auch gar nichts ergeben. Und Goethens Befragungen der Gefängniswachen ließen sich mit drei Worten zusammenfassen: BUMM – ZISCH – RUMPEL. Und meine persönliche Fehde mit den nächtlichen Ruhestörern ruhte ebenfalls (ups, schon wieder ein Wortspiel). Das derzeitige Fazit sah also folgendermaßen aus:
Erfolg in Sachen Erdbeben: null.
Erfolg in Sachen nackter Jungen: null.
Erfolg, mein Smartphone richtig wiederzubeleben: null.
Erfolg, dem plappernden Goethen zu entkommen, der seine ganze Aufmerksamkeit wieder auf mich richtete: null Komma null.

Irgendwann tauchte Gumbel auf und lud uns in seiner etwas steifen Art zu einem gemeinsamen Abend ein: „Edle Dame, werte Herren, just habe ich einen neuen Altenaer Sagenkranz in Wort und Bild fertig gestellt und möchte ihn Ihnen heute Abend im geheimnisvollen Lumini meiner Laterna magica präsentieren."

Goethen schwang seine Antwort wie eine Fahne voller Verse: „Zufrieden jauchzet Groß und Klein; da bin ich Gast, da darf ich's sein."

„Phänomenal!", entgegnete mein Onkel.
„Wenn's sein muss!", fügte ich hinzu.

So machten wir uns also am frühen Abend auf den Weg zu Gumbel. Bömmellöh trug sein Outfit der letzten Tage, ich hatte das Kleid geflickt und ausgebürstet und meine langen Haare zu einem Knoten gesteckt. Goethen hatte sich ziemlich herausgeputzt. Zwar trug er noch immer seinen Vogel-Anzug und auch den dunklen, zylinderförmigen Hut, allerdings hatte er diesmal den gelben Frack gegen einen dunkelblauen mit goldenen Knöpfen getauscht. Auch das Halstuch war neu und nicht ganz so faltig wie das alte. Die braunen Haare hatte er diesmal gepudert – was *jetzthier* wohl Mode war – und im Nacken lose zusammengebunden, so dass sie wie Wellen zwischen die Schulterblätter flossen. Dazu funkelten seine braunen Augen lebhaft und voller Vorfreude.

Am Gürtel baumelte ein verziertes Rapier. Auf meine Frage, ob er damit umgehen könne, antwortete er nur mit einem flüchtigen Nicken. So hatte sich Goethen von einem stolzen Kanarienvogel in eine zwitschernde Blaumeise verwandelt, die einen Hauch von Gefährlichkeit ausstrahlte. Und ich wusste nicht recht, ob er mir nun gefiel oder nicht. „Irgendwie crüß", würde meine Freundin Sin sagen. Eine Mischung aus „crazy" und „süß". Okay, Sin ist immer ein bisschen überdreht, aber in diesem Fall hatte sie nicht ganz unrecht. Ich scheuchte diesen Gedanken weg wie eine lästige Fliege.

Verwundert war ich über Gumbels Haus. Für Altenaer Maßstäbe war es riesig und strahlte eine gewisse Großmäuligkeit aus, obwohl das Wetter dem Ganzen mit Schmutz und Moos schon ganz schön was aufs Maul gegeben hatte. An der Giebelseite führte eine ausgelatschte Steintreppe zur Eingangstür hinauf, die von ehemals polierten, jetzt stumpfen Säulen flankiert wurde. Alles in allem wirkte das Gebäude wie ein schon etwas trockenes, überreifes, aber noch schmackhaftes Stück Gouda.

Das Haus verfügte über einen prachtvollen Anbau aus Stein und Glas, der als Orangerie diente, eine Art großer Wintergarten, in dem nicht nur die Eidechsen in der Sonne lagen. Durch die Scheiben konnte ich kleine Palmen und blühende Sträucher erkennen. Etwas traurig machte mich der Standort von Gumbels Haus, denn es befand sich genau dort, wo heute – also in meiner Zeit – ein schattiger Baum in einem winzig kleinen Garten neben dem Köster-Emden-Haus (unserer Stadtgalerie) seine Äste ausstreckt. In der Zukunft würde es also nicht mehr existieren.

Einer der Hausangestellten öffnete uns die Tür, Leonard hieß er und wirkte genauso stolz wie sein Name. Ein Löwe, dessen Mähne grau und dünn geworden war. Noch dazu hatte der alte Mann sie zu einer etwas schrägen Frisur gezwungen. Vom Mittelscheitel ausgehend war die linke Haarseite kurz und fedrig. Die rechte dagegen, lang und gebogen, reichte wie eine silberne Brücke bis auf die Schulter hinab. Die ebenfalls gebogene Nase ragte wie ein scharfer Mauervorsprung aus dem Gesicht. Hätte dort ein fratzenhafter Wasserspeier gesessen, hätte es mich nicht gewundert. Leonard trug ein Livree und ein goldgefasstes Monokel im rechten Augen. Mit steifer wortloser Verbeugung begrüßte er uns und führte uns in das Herzstück des Hauses, den Laterna-magica-Saal.

Der Raum war groß, kreisrund, mehr als drei Meter hoch und mit einer kuppelartigen weißen Decke versehen. Die dunkle Holzvertäfelung der Wände wurde durch Gemälde verziert – ähnlich wie in Goethens Haus, aber viel größer und prachtvoller. Einige der Landschaften sahen sehr realistisch aus, manche Bergansichten mit den tiefen Schluchten wirkten geradezu bombastisch.

Ein Drittel der kreisrunden Wand war allerdings völlig ohne Schmuck und nur mit einem glatten weißen Putz bestrichen. Und vor dieser weißen Fläche stand Gumbel.

Aber was für ein Gumbel.

Er hatte sein Grashüpfer-Outfit gegen ein Pinguin-Kostüm getauscht: schwarzer Frack mit langen Schwänzen, dazu eine schwarze seidige Röhrenhose, ein weißes Hemd mit versteckter Knopfleiste, glänzende Lackschuhe. Auf dem Kopf saß ein hoher schwarzer Zylinder. In den Händen, die in weißen Stoffhandschuhen steckten, hielt er eine Sammlung loser Zettel. Am auffallendsten aber war die weiße langmähnige Lockenperücke, die ihm heute das Aussehen eines Silberpudels gab, den das Frauchen in einen schwarzen Anzug gestopft hatte.

Irgendetwas störte mich allerdings an diesem Bild. Und dann hatte ich es. Flüsternd beugte ich mich zu Bömmellöh hinüber: „Ich habe ja von Modegeschichte keine große Ahnung, aber irgendwie passt dieser schwarze Frack nicht ganz *jetzthierher*, oder?!"

Mein Onkel sagte nichts, zog aber den Kopf zwischen die Schultern und grinste verlegen.

„Bömmellöh", sagte ich drohend. „Das ist auf deinem Mist gewachsen?!"

Bömmellöh räusperte sich. „Nun, du weißt doch, dass ich Gumbel überzeugen musste, meine Schuhbotschaft jahrhundertelang in seiner Kanzlei zu verwahren. Dafür habe ich ihm etwas gegeben. Eine Information. Über die Zukunft."

„Du hast was?!"

„Herrgott, nun starr mich nicht so an, als hätte ich ihm Oma verkauft. Dieser Gumbel ist total vernarrt in Mode. Will immer auf dem neuesten Stand sein, am liebsten sogar seiner Zeit voraus. Da habe ich ihm das mit dem Frack und dem Zylinder erzählt und dass das der letzte Schrei sei bei mir zuhause. Quasi sogar so neu, dass es schon wieder ein alter Hut sei."

„Womit du noch nicht einmal gelogen hast."

„Siehst du, jetzt verstehst du mich. Ich musste es ihm sogar aufzeichnen, und er hat dann alles sofort bei seinem Schneider in Auftrag gegeben. Und? – Schau ihn dir an! Es steht ihm doch ausgezeichnet."

„Ja, bis auf die Perücke."

Bömmellöh kicherte. „Das nennt man halt wissenschaftliche Freiheit."

„Wohl eher Schadenfreude."

„Konnte es mir wirklich nicht verkneifen", prustete Bömmellöh los, verstummte aber, als ihn die anderen Gäste strafend ansahen. Ja, wir waren nicht alleine hier. Auf den gepolsterten Stühlen hatte sich eine gehörige Anzahl von mehr oder weniger dicken Hinterteilen niedergelassen. Anscheinend war alles, was zu dieser Zeit in Altena Rang und Namen hatte, da. Zumindest ließ die teuer aussehende Kleidung darauf schließen. Ich selbst kam mir in meinem Kleid wie eine Dienstmagd vor. Aber es waren auch einfache Leute anwesend. Cynthia zum Beispiel winkte mir aus der hinteren Reihe zu. Sie behielt selbst hier im Raum ihre Umhangkapuze auf.

Goethen plauderte gleich mit irgendwelchen jungen, ziemlich aufreizend gekleideten Damen, die ihn mit klimpernden Wimpern anschnatterten. Ich spürte einen Stich. Kaum waren andere hübsche Mädchen da – und diese beiden waren verdammt hübsch –, ließ er mich einfach stehen.

„Das ist doch wohl nicht dein Ernst", flüsterte eine Stimme in meinem Kopf. „Du bist doch nicht etwa eifersüchtig auf diese dummen Gänse!"

„Recht hast du! Nimm ihnen Schminke und Schmuck weg und sie sehen aus wie alte runzlige Schildkröten!" Die letzten Worte hatte ich tatsächlich laut gesprochen. Die beiden betagten Frauen vor mir rissen die Köpfe herum und funkelten mich böse aus ihren Knitterfratzen an.

Ich wurde knallrot und beschäftigte mich eindringlich mit einer Fluse, die mir ganz plötzlich in den Schoß gefallen war.

Bömmellöh neben mir kicherte, bis er meinen Ellbogen in den Rippen spürte.

Gumbel räusperte sich und das Murmeln im Saal verstummte. Leonard und zwei andere Männer nahmen besondere Plätze ein. Der eine, Raimund, war klein und drahtig, besaß ein No-Face, aber ein pfiffiges Leuchten in den blauen Augen. Der andere, Amadeus, setzte sich an einen Pyramidenflügel und hieß nicht nur, sondern sah auch genauso aus wie ein Musiker: dünn und zartgliedrig, weiche Gesichtszüge, wilde Lockenmähne wie ein Model im Sturm.

Leonard löschte die Kerzen und stellte sich an ein seltsames Gerät in der Mitte des Raumes. Es sah ein bisschen aus wie eine Dampflokomotive ohne Räder, die man mit einem fetten Teleskop gekreuzt hatte. Herausgekommen war die Mutter aller Filmprojektoren, die Laterna magica. (Eine zweite stand auf Schienen daneben.) Ich hatte nicht gedacht, dass sie so groß waren und dampften wie eine Lok. Statt mit Kohlen fütterte Leonard sie mit farbigen Bildern, die auf große Glasscheiben gemalt waren.

Leonard schob das erste Bild hinein.

Gumbel selbst begann mit volltönender Stimme zu sprechen. Sofort, als hätte man bei ihm einen Schalter umgelegt, änderten sich seine Gestik und seine Sprache. Beides wirkte gar nicht mehr steif, sondern eher wie bei einem Märchenerzähler aus *Tausendundeine Nacht*, der auf dem Marktplatz von Samarkand die Menschen verzaubert.

Auch wenn seine Show ungezwungen und spannungsvoll wirkte, überließ Gumbel nichts dem Zufall, was man an dem Skript sieht, das er mir geschenkt hat.

Anweisungen für Leonard (Laterna Magica 1 u. 2), Raimund (Effekte) und Amadeus (Musik)

Die Sagen vom Einhardsbrunnen

In alter Zeit lebte auf dem Klusenstein, der den Schlossberg überragt, ein <u>frommer Mann</u>. Er vollbrachte sein Tagewerk in Einsamkeit und im Gebet. Zuweilen suchten Leute aus Altena und der Umgebung den alten Einhard, so hieß der Einsiedler, auf, um ihn um Rat zu fragen. Und Einhard half mit Demut und Weisheit.

Leonard: Bild Einhard betend (LM1)

So sehr Einhard seinen einsamen Wohnsitz auch liebte, so sehr war es ihm zuwider, <u>Trinkwasser</u> zu holen. Denn es gab am Klusenstein keine Quelle und so musste der Alte jeden Tag den steilen Weg hinab zur Lenne steigen, um seinen irdenen Krug mit Wasser zu füllen. Und ebenso musste er jeden Tag mit dem <u>vollen Krug</u> den Berg wieder hinaufsteigen. Das war beschwerlich und von Tag zu Tag mühte er sich mehr.

Einhard (Blick n. links) mit Krug (leer/weiß)

Einhard (Blick n. rechts) mit Krug (voll/blau)

Eines Sommertages, als die <u>Hitze über Fluss und Berg</u> flimmerte, stieg Einhard wieder mit seinem Krug zur Lenne hinab, füllte ihn und machte sich an den Aufstieg. Doch heute fiel ihm das Gehen besonders schwer und die Hitze senkte sich in seine Glieder wie Blei. Fast hatte er den Platz seiner Hütte erreicht, als er über eine Wurzel stolperte. Der Krug <u>entglitt</u> seinen Händen und <u>zerschellte</u> auf einem Stein. Das kostbare Wasser versickerte zwischen den Felsen.

Leonard: Fluss-Berg-Bild
Raimund: bewegt seidene Vorhang-Projektionsfläche (Flimmern)

Leonard: ~~Fluss-Berg-Bild~~
R.: Klirren + Wasser ins Publikum spritzen

Da fiel Einhard auf die Knie, <u>weinte bitterlich</u> und sprach: „Ach Herre Gott, morsch sind meine Knochen

Amadeus: gefühlvolle Musik (Pyramidenflügel)

und alt meine Glieder. Der tägliche Weg zur Lenne hinab übersteigt meine Kräfte. Verzeih, wenn ich klage, aber kannst du nichts tun für deinen treuen Diener?"

Kaum hatte der Alte die Klage gesprochen, da vernahm er das Plätschern einer <u>Quelle</u>. Ein klares Rinnsal sprang genau dort ans Tageslicht, wo der Krug zerbrochen und das Wasser zwischen den Felsen versickert war.

L.: LM1 Bild Quelle; R.: dreht mit Hilfe eines Drahtes die bewegl. Wellen am Quellen-Bild; A.: fröhliche Melodie

Einhard dankte dem Herrn und von nun an schöpfte er sein Wasser aus der Quelle, die unweit seiner Hütte aus dem Berge trat und erquickend ihre Bahn zur Lenne hinabzog. Fortan nannte man die Quelle den Einhardsbrunnen.

Das Wasser des Brunnens aber war köstlich, klar und erfrischend. Und es gab Tage, an denen besaß es besondere Kraft, <u>Heil und Wunder</u> zu wirken.

Leonard: LM2: neben Quelle erblühen Wunder; danach: Dunkel/Stille
Raimund: öffnet Behälter (Tannenduft verbreitet sich)
Amadeus: Flötenmusik (Dur)

In den <u>Wäldern</u> der Wulfsegge und des Klusensteins lebte einst ein armer Holzfäller mit Namen Hannes. Seine Frau war im Kindbett gestorben und so zog er den einzigen Sohn alleine groß. Der Sohn <u>liebte den Wald</u>, in dem er aufgewachsen war, und die kleine Hütte, umgeben von machtvollen <u>Bäumen</u>, erschien ihm wie der Garten Eden. Doch der Vater wollte die Hütte verlassen, um in die Stadt zu ziehen. Die Arbeit als Zöger versprach ihm mehr Lohn als jemals zuvor. Am <u>Tage des Umzugs</u> durchstreifte der Sohn ein letztes Mal die heimischen Wälder und es wurde ihm ein trauriger Abschiedsgang.

Leonard: Bild Bäume (LM2)

A.: Flötenm. (Moll) R.: bewegt LM2 auf Rollen (Bäume werden kleiner; dann aus)

Endlich kam er an die Quelle des <u>Einhardsbrunnens</u>, ließ sich dort nieder, trank einen Schluck und seufzte:

L.: Bild Quelle u. junger Mann (LM1)

„<u>Oh, wär</u> ich ein Reh doch,   Amadeus: Flötenlied
wär ich in der Näh noch
von Bäumen und Kraut
und was mir vertraut."

Kaum hatte die letzte Silbe seine Lippen verlassen, der
letzte Tropfen der Wunderquelle dieselben benetzt, <u>da</u>   Überblendung: LM1 j.
<u>verwandelte</u> er sich in einen jungen Hirsch, der freudig in   Mann, LM2 Hirsch,
die Wälder <u>davonsprang</u>.   R.: mit Draht bewegl.
                                                                                                    Hirsch-Beine drehen

Sein Vater aber suchte ihn tage- und nächtelang,
rief sich die Kehle heiser, doch fand er den <u>Sohn nicht</u>.   Amadeus: Flöte traurig,
So verließ der Holzfäller Hannes mit gebrochenem   dann still
Herzen die Wälder, zog in die <u>Stadt</u> und verdiente im   L.: LM1 j.: ~~Mann~~,
Drahtziehgeschäft sein Geld. Das Schicksal wollte   LM2 ~~Hirsch~~
es so, dass er dabei unvorstellbar <u>reich</u> wurde. Nach   Raimund: Geld-Klimpern
vielen Jahren zog es ihn wieder zurück in die Heimat
und er kaufte ein Gutshaus und dazugehöriges Land am
Nettenscheid.

Eines frühen Morgens ging Hannes auf die <u>Jagd</u>. Als   L: LM1 Jäger mit noch
er den Waldsaum betrat, läutete die <u>Glocke</u> in der Kapelle   gesenkter Flinte; Raimund:
des Klusenbergs, und er blieb stehen. Die Glocke erschien   Glocke (1x)
ihm plötzlich wie ein warnendes Zeichen und er zweifelte
eine Weile, ob er weitergehen solle. Doch da schlugen
die Hunde an, sie hatten ein Wild aufgestöbert und ihn
packte das <u>Jagdfieber</u>. So lief Hannes weiter und bald   Amadeus: Jagdhorn-Lied
trat aus dem Unterholz heraus ein stolzer Hirsch mit
einem prachtvollen Geweih. <u>Der Jäger hob seine Flinte</u>   L.: mit Draht bewegl.
und machte sich zum Anschlag bereit. Zum zweiten Mal   Flinte auf Bild anheben
schlug die <u>Glocke</u>, doch der Jäger hörte nicht auf sie. Der   R.: Glocke (2x)
<u>Schuss</u> krachte und traf das Tier. <u>Aufheulend</u> flüchtete   R.: Pistole abfeuern.
der verletzte Hirsch. Hannes aber ging es durch Mark und   A.: Wimmern einer
Bein, denn der Ruf des Tieres hatte wie ein menschlicher   Bratsche; geht in traurige
                                                                                                     Melodie über

Schrei geklungen. Er folgte dem Tier, und als die <u>Glocke</u> vom Klusenberg zum dritten Mal schlug, heulte der <u>Hirsch</u> wieder, doch diesmal klang es dem Jäger wie klagende Worte. Eine unbeschreibliche Angst erfasste Hannes, denn er spürte, dass er etwas Entsetzliches angerichtet hatte. Beim vierten Läuten der <u>Glocke</u> fand er das <u>sterbende Tier</u> nahe der Einhardsquelle.

Raimund: Glocke (3x)

Leonard: LM1 Bild verletzter Hirsch

Raimund: Glocke (4x)
Amadeus: ~~Musik~~

Als er sich zu ihm herabbeugte und die zitternde Flanke streichelte, <u>verwandelte sich</u> der Hirsch zurück in den einst jungen Mann und starb. Mit Schrecken erkannte Hannes in ihm den verloren geglaubten Sohn.

Leonard: LM2 (Überblendung) sterbender Mann

Noch heute heißen die <u>Orte</u>, an denen der Jäger die Glocke gehört hatte, wie die Gemütsstimmungen, die er dort verspürt hatte: Zweifelmut, Anschlag, Angst und Schreck.

Leonard: LM1 u. LM2 sanft ausblenden

Hannes <u>begrub</u> unter Tränen seinen Sohn bei den Bäumen, die er so geliebt hatte. Und er klagte: „Ach, wäre ich doch nie von hier fortgezogen. Wäre ich doch ein bescheidener Holzfäller geblieben. Mein Sohn würde noch leben." Und am <u>Grab</u> seines Sohnes tat er den Schwur, diese Wälder nie mehr zu verlassen und sie und die Menschen zu schützen mit seiner ganzen Kraft.

Leonard: LM1 Grab
Raim.: LM2 Hannes

L.: Grab sanft ausblenden

Die Nacht verbrachte er dort in <u>trauerndem</u> Schweigen. Als er sich im Morgengrauen erhob und die letzten Tränen mit dem Wasser der Einhardsquelle fortwusch, da spürte er die Bürde, die er sich durch seinen Schwur selbst auferlegt hatte. Aber er verspürte auch neue Kraft und <u>sein Körper</u>, der zuvor schon stark und groß gewesen war, wuchs in die Breite und Höhe. Ein echter <u>Hüne</u> war aus ihm geworden und er hielt seinen Schwur und schützte die

Amadeus: leise Bratsche

Raimund: LM2 auf Rollen bewegen, so dass Hannes wächst.: Musik schwillt an

Wälder und die Stadt Altena vor allen widernatürlichen Feinden. Er vertrieb die Weißen Frauen aus den Nebeln der Lenne, jagte den Knüppelhund mit der klirrenden Kette. Er half den umherirrenden Wanderern in finsteren Nächten gegen den kopflosen Mann. Ja, er rang sogar mit einem Teufel und zwang ihn zu Boden.

LM2 Hüne H. bleibt;
R.: Bühnen-Nebel;
L: LM1 Schreckgestalten
auf Nebel projizieren; A.:
Bratsche gruselig. L: LM1
Teufelsgestalt am Boden
liegend

Auch wenn er sein Leben scheu und zurückgezogen verbrachte und in den Wäldern verschwand, ehe die Menschen ihm ein Danke sagen konnten, wurde er von den Altenaern geachtet. Den starken Hans nannten sie ihn liebevoll. Als er starb, suchte man für ihn ein besonderes Grab, denn er war inzwischen so riesig geworden, dass kein Friedhof seiner Leiche Platz bieten konnte.

Amadeus: ~~Bratsche~~
Leonard: ~~LM1~~
Raimund: ~~Nebel~~;
LM2 Bild Hüne sanft aus

Sie fanden eine Stelle am Fuße des Tiergartens und begruben ihn dort feierlich. Selbst die Lenne bezeugte dem Hünen Respekt, verließ ihr gewohntes Bett und änderte ihren Lauf in eine huldvolle Biegung.

Leo.: Bild Fluss-Hügel
Amadeus: Trauermarsch
(Pyramidenflügel)

Noch heute fließt die Lenne zwischen Tiergarten und Wixberg einen großen Bogen und der Name des umflossenen Landes zeugt von dem einstigen starken Beschützer. Denn Hüngengrab oder Hüngengraben nennt man es.

Amadeus: wechselt zu leichter Gangart

Man sagt, vor langer Zeit habe man die Einhardsquelle mit einem gemauerten Rund, das von zwölf Engeln getragen wird, eingefasst, um die Wunderkraft des Wassers zu ehren und zu schützen. Doch das Becken ist längst zerbrochen, die Quelle versiegt und die Engel sind von Wetter und Wind zernagt. Heute weiß niemand mehr, wo sich die Quelle befand.

L: LM1 Bild Quelle
Raimund: LM3: 12 Engel,
die farbenprächtig und riesig
in die Raumkuppel über
die Quelle projiziert werden
(Schlussbild)

Und hier endet der Sagenkranz vom Einhardsbrunnen.

Als das Schlussbild mit den Engeln an die Kuppeldecke geworfen wurde, ging ein erstauntes Raunen durchs Publikum. Dann wurde es mehrere Herzschläge lang ganz still im Raum, bis endlich tosender Applaus losbrach. Gumbel verbeugte sich mit strahlendem Gesicht, wobei ihm der Zylinder vom Kopf rutschte und in die erste Stuhlreihe rollte. Jetzt sah er aus wie ein Pinguin mit Pudelfrisur.

Ich klatschte auch – nicht aus Höflichkeit, sondern weil seine Show echt gediegen gewesen war.

Niemals hätte ich gedacht, dass einfache projizierte Bilder so eine Wirkung erzielen konnten. Selbst ich, die ich doch von bewegten Bildern verwöhnt war, hatte mich der Wirkung nicht entziehen können. Anders als bei einem Beamer wirkten die Bilder der Laterna magica nicht starr, sondern flackerten – erst recht, wenn sie von dem Nebel reflektiert wurden. Dadurch wirkten die Figuren, als würden sie sich bewegen. Meist waren die Bilder nicht gestochen scharf, sondern gerade an den Rändern leicht verschwommen und verzerrt, was aber ungemein meine Fantasie anregte.

Zusammen mit den Effekten und der Musik war Gumbels Vorstellung so spannend wie ein Kinofilm auf riesiger Leinwand in 3D – etwas, das ich *jetzthier* nicht für möglich gehalten hätte.

Nachdem die Gäste weg waren, ließen wir den Abend in Gumbels Orangerie ausklingen. Es war ein wunderbar warmer und atmosphärischer Wintergarten mit mediterranen Pflanzen, antiken Marmorstatuen, ein paar Terrarien mit exotischen Tieren und bequemen Korbsesseln. In der hinteren Ecke stand ein kleiner, unscheinbarer Brunnen, von dessen oberster Stufe das Wasser ganz sanft in eine geschwungene Schale tröpfelte.

Ich ließ das kühle Wasser durch meine Finger rieseln, stellte mich dann zwischen Brunnen und einen blühenden Rosenstock und schloss die Augen. Das Plätschern war wie das Trommeln einer verschwundenen Zeit und der Duft der Rosen erinnerte mich an den Blumenladen meiner Mutter. Ich fragte mich, ob sie und mein Vater mich gerade vermissten. Dann fiel mir ein, dass das ja nur möglich wäre, wenn Bömmellöh und ich nicht mehr zurückkehren würden. Ein seltsamer Gedanke, der meine Haut kribbeln ließ. Denn natürlich wollte ich nach Hause, in meine Zeit, zu meinen Freundinnen. Aber irgendwie musste ich zugeben, dass mir Goethens Zeit immer besser gefiel und ich rein gar nichts dagegen hatte, noch ein bisschen *jetzthier* zu bleiben.

Ich öffnete die Augen und legte den Kopf in den Nacken.

Bei Tageslicht durchfluteten sicherlich Wellen aus Licht die ganze Orangerie. Jetzt, in der Nacht, sah man durch das Glasdach den Sternenhimmel und zwar so hell, wie ich ihn noch nie zuvor gesehen hatte. Die ganze schwarze Kuppel war übersät mit Billionen flimmernder LEDs – und ich hoffte, dass niemand den Stecker zog.

Der Mond schob sich durch das Sternenmeer wie ein dicker Mann in einem leuchtenden Boot.

„Vollmond", seufzte Goethen, der plötzlich neben mir stand und die helle Lichtscheibe betrachtete. „Füllest wieder 's liebe Tal still mit Nebelglanz, lösest endlich auch einmal meine Seele ganz."

„Klingt irgendwie traurig, wie du das sagst", gab ich zurück und musterte sein bleiches Gesicht. Es sah tatsächlich so aus, als würde ihn etwas bedrücken.

„Ach, Merle, wenn Ihr wüsstet!", seufzte er noch einmal. „Ein voller Mond bedeutet doch nur, dass seine Anmut in den nächsten Tagen mehr und mehr schwindet, bis nur noch Schwärze übrig bleibt. Wie ein üppiger Käsen, der lecker ausschaut. Doch wenn die Katze dran kaut, ist er ein Käse gewesen."

„Ich glaub, Katzen kauen keinen Käse."

Er sah mich an, zog eine Augenbraue hoch: „Das war eine Metapher."

„Ja, aber eine schlechte."

Jetzt verzog er die Mundwinkel zu einem Grinsen. „Dein Onkel hat recht. Du bist viel klüger, als du dich gibst. Und viel poetischer."

Damit drehte er sich um und ließ mich mit Mond, Rosen und Brunnen allein.

Poetischer?

Ich glaube, das hatte noch niemand zu mir gesagt. Und ehrlich gesagt, konnte ich auch jetzt nichts damit anfangen.

Irgendwann machten wir uns auf den Rückweg zu Goethens Haus.

Die Stadt war still, aber die Nacht summte noch vom Zirpen der Grillen. Die Luft war lau und wie dafür gemacht, den Spaziergang zu genießen. So gingen wir stumm, aber zufrieden den Berg hinauf.

Vor meinem inneren Auge zogen noch die Bilder der Laterna magica vorbei und in meinem Ohr schwebten Worte von Riesen, verzauberten Hirschen, kopflosen Männern und Steinengeln.

Bis Geräusche spitz und stachelig den Zauber zerrissen.

Knacken von Holz, gefolgt von Kinderkichern.

Die nackten Jungs, schoss es mir durch den Kopf.

„Die schnapp ich mir", rief ich den beiden Männern zu und spurtete an ihnen vorbei. Mit einem Satz sprang ich über Goethens Gartenzaun, dann sah ich sie.

Es waren die gleichen wie letzte Nacht.

Es schien etwa ein Dutzend zu sein – alle klein, alle dreckig und wieder einmal alle nackt.

Mond und Sterne beleuchteten eine Szenerie der Verwüstung. Der Garten glich dem Zimmer meines kleinen Bruders, nachdem er alle seine Spielzeugkisten ausgeschüttet hatte. Den Zaun zum Hang hinauf hatten sie nun endgültig zu Kleinholz zerlegt. Einen Moment lang starrten sie mich schweigend an. (Der Anführer grinste breit und frech wie ein Ghetto-Honigkuchenpferd und zeigte mir sogar – ich konnte es kaum fassen – den erhobenen Mittelfinger.) Dann sprinteten sie kreischend und johlend auseinander, verdrückten sich in das verwilderte Gelände oberhalb des Gartens.

Ich hechtete hinterher. Der Anführer machte in seiner Coolness einen Fehler und wartete zu lange. Schon war ich hinter ihm und griff nach seiner Schulter.

Doch blitzartig drehte er sich weg und ich griff in die Luft. Ich setzte nach und bekam ihn am Ohr zu fassen.

„So, du mieser kleiner Randalierer", schnauzte ich ihn an. „Jetzt ist Schluss mit dem Rotz. Ich werd dich –"

Weiter kam ich nicht, denn der Junge riss den Kopf herum, es machte *knack*, dann sprang er ins Unterholz. Eine Weile raschelte es noch, dann war es still.

Ich war viel zu perplex, um ihm nachzulaufen, denn in meiner Hand hielt ich den Beweis, dass ich das Ganze nicht geträumt hatte.

„Pfui", sagte Goethen, der an meiner Seite auftauchte. „Was für ein gruseliger Scherz."

Bömmellöh erblickte meine Trophäe, dann mein entsetztes Gesicht. „Ich glaube, das ist echt", raunte er Goethen zu.

Wir starrten auf das Ding in meiner Hand, das der Vollmond mit nervösem Licht beschien.

In meiner Hand lag eindeutig ein Ohr.

Es war warm wie ein menschlicher Körper und pulsierte.

Aber es war ganz aus Stein.

12

„Es ist ein Ohr."
„Ein Stein."
„Ein Ohr."
„Nein."
„Es hat *knack* gemacht, als ich es ihm abgerissen hab."
„Das beweist gar nix."
„Es war vorher an diesem Jungen. Und der Junge lebte. Dann war es ab."
„Alles nur Tricks."
„Ich weiß, was ich gesehen habe. – Außerdem pulsierte es. Es ist ein Ohr."
„Es hat aufgehört zu pulsieren. Es ist ein Stein, der aussieht wie ein Ohr."
„Da liegt es nun, das arme Ohr. Ich bin so klug als wie zuvor."
Mit seinen Versen brachte Goethen unsere mitternächtliche Diskussion auf den Punkt. Wir hatten beide recht und beide unrecht.
Den Kopf voller verrückter Bilder, Szenen und Worte gingen wir schlafen. Ich schlief ziemlich unruhig, wachte mehrmals auf, weil ich dachte, ich hätte etwas gehört. Aber draußen rührte sich nichts. Nur aus Goethens Zimmer schien manchmal ein trauriges Seufzen zu kommen. Aber das kann ich mir auch eingebildet haben.
Als wir uns am Morgen trafen, hatte sich also zu unseren Rätseln ein weiteres gesellt: das seltsame Ohr. Erfolgsmeldung bei der Auflösung dieses Rätsels: ebenfalls null Prozent.
Das Frühstück verlief ziemlich still. Goethen, der für seine Verhältnisse schweigsam war, verzog sich schon bald wieder in sein Zimmer. Und mein Onkel stand mit jenem Stirnrunzeln auf, das förmlich schrie: „Hey, Erfindung, ich komme! Gedankenrädchen rattert!"
Ich blieb mit dem Ohr alleine.

Irgendwann stand ich auf, steckte es zu meinem Smartphone in das Handtäschchen, bürstete den Staub der letzten Nacht von meinem Kleid, brachte meine Haare in eine – hoffentlich – zeitgemäße Frisur und ging nach draußen. Es war ein schöner Spätsommertag, die Schwalben flogen noch einmal über den Fluss und schnappten nach den letzten Mückchen, bevor sie ihre Winterreise antreten würden, die Grillen zirpten und die Sonne strahlte warm vom meeresblauen Himmel.

Ich beschloss, meine Pläne zu ändern. Eigentlich hatte ich Cynthia in der Burg besuchen wollen. Aber jetzt dachte ich, wie toll es sein könne, ganz die Zeit (und damit meine ich nicht die Uhrzeit) zu vergessen. Und wo ging das besser, als mitten in der Natur? Denn die musste ja genauso aussehen wie in meiner Zeit, oder?!

Also stapfte ich munter den Berg hinauf. In der Höhe der Burg begegnete mir die Hundemeute wieder, die vorgestern durch die Stadt gejagt war. Diesmal stürmten sie aus dem Burgtor den Abhang hinunter und folgten dabei kläffend dem schwarzen Pudel, der stolz eine tote Ratte im Maul trug.

Wem's Spaß macht, dachte ich nur, ließ die Burg hinter mir und kletterte immer höher. Ich kam bald ins Schwitzen, denn der Pfad war sehr steinig und immer wieder blieb mein Kleid an Büschen hängen. Trotzdem tat es einfach gut, mein klopfendes Herz zu spüren und nicht daran zu denken, wo, pardon, wann ich mich befand.

So kam ich schließlich am Gipfel des Klusensteins an und setzte mich schnaufend auf ein paar Felsbrocken, die wie riesige Spielsteine herumlagen.

Als ich nach einer chilligen Sonnenpause die Augen öffnete, riss es mich sofort wieder in die Realität. Denn die Umgebung sah in dieser Zeit sehr wohl anders aus.

Es fehlten Häuser. Klar. Und alles, was mit Technik zu tun hat. Auch klar. Aber es fehlten auch Bäume. Und zwar massenhaft. Die Natur um Altena war an manchen Stellen so kahl wie auf dem Mars. Überall gähnten öde Grasflächen, auf denen lumpige

Büsche vor sich hin vegetierten. Mein Geschichtslehrer fiel mir ein und was er uns über die Stadt der Schmiede und Zöger erzählt hat. Zur Zeit der großen Eisendrahtherstellung hatte man um Altena herum viele Bäume abgeholzt. Teilweise als Bauholz, zum größten Teil aber, um daraus Holzkohle für die Schmieden und Drahtrollen zu machen.

Erst jetzt registrierte ich auch die Geräusche von Hämmern und knarrenden Wasserrädern aus den vielen engen Tälern. Und in der Ferne sah ich Rauch aufsteigen – vielleicht von Kohlenmeilern.

Ich seufzte. Wenn ich dem *Jetzthier* mit seinen ganzen Rätseln schon nicht entfliehen konnte, dann konnte ich mir auch noch mal das Ohr genauer anschauen.

Im hellen Tageslicht wirkte es unecht. Grau und leblos. Es klackte, als ich es auf einen tischhohen Felsen legte. Stein auf Stein.

„Hm, Sandstein", murmelte eine Stimme – oder war ich es selbst? „Sandstein, wie er gerne von Steinmetzen verwendet wird."

Es *war* meine Stimme und es war *mein* Spiel, aber diesmal hatte es von selbst begonnen.

„Holmes?", raunte ich.

„Wer sonst?!", erwiderte er. „Doch zurück zu dieser Auricula auris – Ohrmuschel", setzte er genüsslich hinzu. „Es ist keine überragende, aber durchaus eine solide Steinmetzarbeit. Aufgrund des Stils würde ich schätzen, dass es zu einer Skulptur gehört, die mehrere hundert Jahre alt ist."

„Das kann nicht sein", entgegnete ich verärgert. „Ich habe den ... äh, Besitzer dieses Ohrs noch gestern Nacht gesehen. Es war ein Kind, höchstens elf, zwölf Jahre alt."

„Du meinst, es sah aus wie zwölf. Trotzdem kann diese Figur viel älter sein."

Ich beugte mich vor, um das Ohr genauer zu betrachten.

„Es *muss* älter sein", fuhr er unbeirrt fort, „und zwar aufgrund dieser schwarzen Verfärbungen, typisch für Sandstein, wenn er Feuchtigkeit ausgesetzt ist. Und hier in der Rille wächst sogar

Moos." Wenn man genauer hinsah, konnte man es wirklich nicht übersehen.

„Aber wieso lebte es dann?"

„Diese Frage sollten wir zunächst zurückstellen, da wir noch nicht genügend Informationen gesammelt haben, sie zu beantworten."

Ich stöhnte, Holmes' Gerede ging mir gerade tierisch auf den Senkel. (Moment, es war doch mein eigenes Gerede, oder?!)

„Wir sollten herausfinden, woher der Stein für dieses Ohr kommt." Er schwieg kurz. „Hm, sieht ganz danach aus, als wären die Steine dieser Ruine aus dem gleichen Material."

Ich drehte mich um. Erst jetzt wurde mir bewusst, dass ich mitten in zerstörten Mauern saß. Auch der Felsen, auf dem das Ohr lag, war in Wirklichkeit ein Steinquader.

„Dann könnte dieser nackte Junge irgendwo hier rumstehen!" Elektrisiert sprang ich auf und suchte die Umgebung ab.

Das von Holmes nachgerufene „Warte!" ignorierte ich.

Ich suchte ziemlich lange und ziemlich genau. Aber außer Steinen, Sandsteinen und anderen, Büschen, Gras und ein paar Bäumen fand ich nichts.

Ich fragte mich, was für ein Gebäude hier gestanden hatte. Gumbels Sagenvortrag fiel mir ein. Die Kapelle vom Klusenberg! Das wäre möglich. Doch was nützte mir das?!

Als ich zu dem Ohr zurückging, hielt ich die Luft an. Ich sah einen Schemen. Er stand vor dem Steinblock und seine Umrisse sahen aus, wie ich mir Holmes vorstellte.

„Das kann nicht sein", murmelte ich. „Er ist nur eine Figur in meiner Fantasie."

Holmes hob den Kopf: „Stimmt! Aber heißt das, dass ich nicht real bin?!" Sein breites Grinsen sah ich so deutlich wie meine eigenen Hände.

In diesem Moment dachte ich, dass ich verrückt werde. Bisher waren diese ganzen Fantasiegestalten und Romanfiguren, in deren Rollen ich manchmal schlüpfte, einfach nur ein Spiel gewesen.

Eines, mit dem ich mich bestens unterhalten hatte. Aber seit ich *jetzthier* war, wurden sie irgendwie realer. Und schlimmer noch, ich spielte nicht nur, sie zu hören, ich hörte sie wirklich. Und jetzt sah ich sie sogar schon.

In diesem Moment klingelte mein Smartphone.

Toll, dachte ich, jetzt werde ich total bekloppt.

Ich schloss die Augen und stopfte mir die Finger in die Ohren. Atmete dreimal tief durch. Dann machte ich Augen und Ohren wieder auf. Der Holmes-Schemen war nicht mehr da. Das Klingeln schon.

Widerstrebend griff ich nach meinem Smartphone und sah aufs Display. WhatsApp. Eine Sprachnachricht. Im 18. Jahrhundert? Zögernd tippte ich sie an.

Es rauschte.

Doch dann im Rauschen: „Merle?" Ziemlich leise und weit entfernt: „Kannst du mich hören?"

„Bömmellöh?"

Knistern. Dann war der Empfang besser.

„Ja klar, wer sonst?!"

„Du kannst mich hören? Über WhatsApp? Direkt?"

„Jepp."

„Äh."

„War keine Absicht, dich zu erschrecken. Hab den ganzen Tag dran gewerkelt. Unsere beiden Handys haben jetzt eine Direktverbindung. So ähnlich wie ein Walkie-Talkie."

„Na toll! Und wofür?"

„Weiß nich, aber schaden kann's nicht, oder?!"

Damit legte er auf.

Boah, mein Onkel war echt verrückt, aber auch ziemlich genial. Eine Telefonverbindung im Jahr 1772. Das konnte ja nur ihm gelingen.

13

Am nächsten Morgen ließ uns ein sehr aufgeregter Gumbel in sein Haus rufen. Das heißt, genauer gesagt, in seine Orangerie. Die sah aus wie nach einem Bitchfight. Pflanzen ausgerissen. Blumenkübel verbeult. Einer Marmorstatue den Kopf abgerissen. Eine Scheibe zerschlagen. Ein Korbsessel hing zerfleddert wie ein altes Buch im Kronleuchter und ein säulendicker Palmstamm war in der Mitte gespalten. Wer auch immer dieses Chaos angerichtet hatte, musste die Kraft eines Berserkers haben.

Wir waren zu viert: Gumbel, sein Diener Leonard, Bömmellöh und ich. Goethen war zu Hause geblieben, hatte uns nur durch seine geschlossene Zimmertür mit heiserer Stimme zugeraunt: „Sei gefühllos! Der sorgenschwere Tag dehnt die Klauen, stürzt und schlägt hinterlistig sie dir in die Schultern." Was wohl so viel heißen sollte wie: „HDF, Alter, mir geht's scheiße. Mach heut 'nen Chilligen!"

Doch zurück in die Orangerie.

„Ein formidables Tohuwabohu", brummte Gumbel.

„Arr, wenn ich mich einmischen dürfte, Sire?", Leonard hüstelte verlegen. Gumbel nickte ihm zu. Leonard sprach mit einem eigenwilligen Dialekt und blinzelte dabei selbstsicher durch sein Monokel: „Das war ein Bigfoot."

„Was soll denn das sein?", fragte Gumbel.

„Eine Affenart", antwortete Bömmellöh. „Ein riesiger Affe, der in den Wäldern Nordamerikas leben soll. So etwas Ähnliches wie der Yeti."

„Arr, größer als der Yeti", warf Leonard ein. „Manche glauben, er sei eine Art von Mensch."

„Und wie soll der aus Amerika hierhergekommen sein? Per Kurier?" Gumbel blieb skeptisch. „Ich glaube, Leonard, du nimmst meine Sagen- und Schauergeschichten zu ernst." Aber die Orangerie sah durchaus so aus, als hätte hier ein Yeti gewütet.

Der aufgeregte Diener hatte heute Morgen seinen Herrn aus dem Bett gerüttelt, um ihm die Verwüstung zu zeigen. Gumbel hatte, schockiert, sofort Bömmellöh holen lassen. Denn dieser habe, wie er sich ausdrückte, „als *Mechanikus et Criminalist* genau die richtige Profession, um diese unschöne Sache zu enträtseln."

Wir untersuchten also den Tatort. Ich fand Blumenerde. Und darin einen Abdruck. Einen riesigen Abdruck.

Bömmellöh inspizierte ihn genauer. „Mindestens Schuhgröße 63", raunte er mir zu.

„Ich bleibe dabei", kommentierte Leonard, „es war ein Bigfoot."

Bömmellöh richtete sich auf und sprach laut: „Wenn es sich wirklich um einen Bigfoot handelt, meine Herren, *warum* trägt er dann Schuhe?!"

Gumbel und sein Diener sahen den Detektiv erstaunt an. Dann den Sohlenabdruck mit dem derben Profil, der aussah, als stamme er von einem überdimensionalen Soldatenstiefel. Das war in der Tat merkwürdig.

Während mein Onkel die beiden Männer befragte, ob sie in der Nacht etwas Verdächtiges gehört hätten, untersuchte ich weiter den Wintergarten. Neben einer umgefallenen Götterstatue fand ich ein rostiges Eisengitter im Boden. Und darunter uralte Treppenstufen

„Was ist das?", fragte ich laut.

Gumbel stutzte kurz, dann antwortete er: „Nur eine Verbindung zum darunter liegenden Souterrain. Die ist aber schon seit Jahren nicht mehr en usage."

„En was?"

Gumbel runzelte kurz die Stirn, bevor er erwiderte: „En usage, in Benutzung."

Manchmal nervte mich Gumbels gespreizte Ausdrucksweise. Aber auf seiner Sagen-Party hatte ich schon bemerkt, dass fast alle, die etwas auf sich hielten, gerne französische oder lateinische Brocken in ihre Gespräche einstreuten. Ich beherrschte mich also und fragte nur: „Sind Sie sicher?"

„Natürlich bin ich sicher", gab er beleidigt zurück. „Ich beherrsche das Französische!"

„Ich meinte, ob Sie sicher sind, dass dieser Zugang nicht mehr benutzt wird. Hier sind nämlich frische Spuren und abgeblätterter Rost."

Sofort umringten mich die drei und starrten auf die verbogenen Angeln. Darunter, auf der ersten Stufe, zeigte sich die verwischte Spur eines riesigen Stiefels.

„Arr, dorthin ist der Bigfoot also verschwunden", kommentierte Leonard, wofür er einen strafenden Blick seines Herrn erhielt.

„Ha!", meinte Bömmellöh und zerrte an dem Gitter. Es quietschte und der Rost stob in kleinen roten Wölkchen auf. Mit funkelnden Augen sah er mich an: „Wer zuerst? Du oder ich?"

„Ich", gab ich zurück, denn für ein kleines Abenteuer bin ich immer zu haben. Außerdem war sich mein Onkel sicher, dass uns dort unten nichts passieren würde, sonst hätte er mich niemals vorgelassen. Leonard organisierte schnell mehrere Laternen, dann stiegen ich, Bömmellöh und Gumbel hintereinander in einen feucht-muffigen Gang hinab. Die Kerzen in den Laternen verbreiteten nur Lichtpfützen, die geräuschlos auf den Boden platschten.

Der Gang war niedrig, aber lang, erstreckte sich in eine Richtung unterm Haus, in die andere unter der Orangerie. Spuren fanden wir keine mehr, obwohl der Boden an manchen Stellen feucht und dreckig war. Außer ein paar Abdrücken von ganz normalen Schuhen, die aber wohl nichts zu bedeuten hatten, war nichts zu sehen. Wir untersuchten zunächst die Seite unterm Haus. Hier gab es verschiedene Türen, die in unterschiedlich große Kellerräume führten. Manche dienten als Lagerräume und Rumpelkammern, waren mit Staub wie mit Schnee bedeckt, in dem sich lichtscheue Asseln tummelten. Andere, vor allem die Vorratskammern für Wein und Speisen, wurden wesentlich häufiger betreten und sahen aus wie geleckt. Wir gingen bis zu einer zweiten, geräumigen Treppe, die nach oben ins Haus führte. An ihrem Ende versperrte die Kellertür mit dicken Eichenbohlen und einem urgewaltigen Schloss den Weg. Sie ließ sich nur von der anderen Seite mit einem ebenso monströsen Schlüssel öffnen. Da es hier keine Beschädigungen gab, hatte der Unbekannte diesen Weg wohl nicht gewählt.

„Gehen wir in die andere Richtung", sprach Bömmellöh.

„Dort gibt es nur einen Raum", entgegnete Gumbel. „Am Ende des Ganges liegt mein kleines Sanktuarium." Der Stolz in seiner Stimme war unüberhörbar.

„Und was soll das sein?", fragte ich gelangweilt.

Gumbel drängelte sich an mir vorbei, erfasste die Klinke der unscheinbaren Kellertür und sprach feierlich: „Das ist mon petit Heiligtum. Alles, was ich für meine Laterna-magica-Abende benötige. Voilà!" Er warf die Tür auf, die erstaunlich gut geölt war und völlig geräuschlos aufschwang und einen Raum von der Größe einer Doppelgarage offenbarte.

Wir traten ein.

Kerzen beleuchteten wundervoll geschnitzte Regale. Alle vollgestopft mit Schachteln, kleine, große, längliche, ovale, verschnörkelte, manche mit verzierten Deckeln verschlossen. Alle waren mit einer feinen Handschrift beschriftet. In den offenen sah ich Glasbilder säuberlich sortiert. An einer Wand stand eine ausgediente Laterna magica, daneben in einer Art Vitrine Linsen, Objektive, Röhren, Gewinde und andere Ersatzteile. Ein stabiler Tisch stand in der Mitte des Kellers, darauf eine größere Schachtel. Ich erkannte die Bilder, die uns Gumbel beim letzten Laterna-Abend gezeigt hatte. Es war recht hell im Raum, denn es gab einen Lichtschacht, durch den Sonnenschein fiel. Er beleuchtete Gumbels schwarzen Frack – komplett mit Hosen, Weste und Fliege –, der an einem Haken hing. Darunter standen die auf Hochglanz polierten Lackschuhe und der schwarze Zylinder. Ich musste grinsen, als ich an Gumbel in diesem Outfit dachte. Nur seine Silberpudel-Perücke fehlte.

Bömmellöh streifte enttäuscht durch den Raum.

Hier gab es überhaupt nichts Außergewöhnliches.

Von der Vielzahl der Glasplatten mit den tollen Bildern einmal abgesehen.

„Nichts", murmelte er zerknirscht. „Vielleicht ist der Randalierer doch von draußen gekommen. Dieser Raum ist eine Sackgasse." Und schon war er wieder draußen.

Gumbel sah ihm mies gelaunt hinterher. Er hatte wohl etwas mehr Begeisterung erwartet. Sein Heiligtum eine Sackgasse, das war nicht das, was er hören wollte.

Eingeschnappt stapfte er hinterher.

Ich drehte mich noch einmal um. Ich dachte, ich hätte ein Geräusch gehört. Da war ein leises Tröpfeln, das von oben zu kommen schien. Und noch etwas, das ich nicht einordnen konnte, eine Art Zischen. Vielleicht von dem Brunnen in der Orangerie über dem Lichtschacht.

Das Letzte, das ich bemerkte, bevor auch ich rausging, war eine kleine Wasserpfütze auf dem Steinboden unter Gumbels Frack.

Nichts, was eine nähere Untersuchung erfordert hätte.

Am Abend bezogen wir Posten.

Ich oben auf der Empore, von wo aus ich einen klasse Blick durch die Orangerie und auf das Bodengitter hatte. Bömmellöh unten auf der anderen Seite des Wintergartens, zwischen Brunnen und Terrarium. Mein Onkel war den ganzen Tag über ziemlich angepisst gewesen, Entschuldigung, aber dieser Ausdruck trifft es am besten. Er ist sonst ein geduldiger Mensch, besonders wenn es um seine Fälle geht. Aber diesmal nahm er die Rätsel, die sich weigerten gelöst zu werden und sich dazu noch vermehrten wie die Karnickel, ziemlich persönlich. Vor allem von diesem unbekannten Randalierer mit den seltsam großen Stiefelabdrücken fühlte er sich quasi ans Bein gepinkelt. Deshalb wollte er heute Nacht in der Orangerie Wache schieben und hoffte, dass der Unbekannte noch einmal zuschlug.

Ich war mir dessen nicht so sicher, nahm aber gerne an der geplanten Observierung teil, weil mich zu diesem Zeitpunkt tierische Langeweile plagte. Ich hatte keine Lust zu lesen oder etwas zu schreiben, den Zeichenstift hatte ich nach ein paar sinnlosen Strichen in die Ecke geworfen. Sphinx ließ sich nicht dazu bewegen, ihr Portemonnaie zu verlassen, und Cynthia hatte ich den ganzen Tag noch nicht gesehen. Goethen war immer noch nicht aus seiner Dichterbude gekrochen, wo er schon den zweiten Tag einen Wettbewerb im Dauerseufzen mit sich selbst austrug.

Der Tag war also alles in allem luschig und lausig wie eine Doppelstunde Chemie gewesen. Ich sehnte mich nach einem schönen Film, ein wenig Surfen im Internet, Treffen in der Eisdiele mit Kathi oder wenigstens WhatsApp mit Sin.

Aber all das lag über 200 Jahre in der Zukunft.

Der Abend konnte nur besser werden.

Dunkelheit hing weich und schwarz über dem Glasdach wie ein langes Abendkleid, bestickt mit funkelnden Pailletten. Die Zeit verging geräuschlos und quälend, nur den Brunnen hörte ich von unten leise plätschern. Alle halbe Stunde meldete sich Bömmellöh durch sein Handy-Walkie-Talkie.

„Irgendetwas Auffälliges?"
„Nein!"
„Nicht die kleinste Spur?"
„Nein!"
„Nicht mal ein winziges Fitzelchen!"
„Herrgott, nein! Und bei dir?"
„Zero, null, nichts!"
Gefühlte hundert Mal.

Als der abnehmende Mond den Himmel wie eine angefeilte Silberbrosche ein Abendkleid schmückte, bemerkte ich, dass man von der Empore hinauf zu Goethens Haus sehen konnte.

Dann sah ich ihn. Den Verseschmied höchstpersönlich. Er schien ein Buch in der Hand zu halten und schlich leicht gebückt durch seinen Garten, verschwand dann irgendwo am Berghang.

„Was macht der denn mitten in der Nacht da draußen?", fragte ich mich.

„Dichter sind unberechenbar", gab mir Holmes zur Antwort.

Ich drehte mich um. „Du schon wieder?"

„Wer sonst?!" Diesmal sah ich ihn nicht, was mich beruhigte.

„Aber ungewöhnlich ist es schon, dass er sich zwei Tage lang einschließt, Tränen vergießt wie ein Schlosshund und erst in der Nacht, wenn der Mond aufgeht, zu einem, Gumbel würde sagen, plaisir de promenade aus seiner Hütte kommt." Seine Stimme hörte ich ziemlich deutlich und sie klang meiner gar nicht mehr so ähnlich, was mich wiederum beunruhigte. Ich versuchte, nicht darauf zu achten.

„Was willst du damit sagen?"

„Ich stelle nur fest. Sammle Fakten, mehr nicht. Die Schlüsse kannst du selbst ziehen."

„Oho, sind wir heute etwas schlecht drauf, Holmes?!"

„Da ich nur eines deiner Fantasieprodukte bin, bist du es wohl selbst."

Bam! Gedisst von der eigenen Fantasie. Aber Holmes beziehungsweise ich hatte recht, ich war inzwischen wirklich mies drauf. Der Hintern tat mir weh, mein rechtes Bein war eingeschlafen und in der Orangerie tat sich immer noch nichts. Ich suchte mir eine gemütlichere Position und – schlief ein.

„Pst!" Meine Augenlider waren so schwer.

„Pst!" Es zischte wie von Schlangenzungen in mein Ohr.

„Pst!" Jemand pikste mich in die Seite.

Ich rappelte mich auf.

„Da unten tut sich etwas!", flüsterte Holmes. Hatte der mich jetzt tatsächlich in die Seite gestochen? – Ich musste geträumt haben.

Als ich über die Brüstung hinunterspähte, war ich mit einem Schlag hellwach. Unter dem Gitter war etwas. Etwas Großes. Drückte das Gitter hoch und glitt in die Höhe. Gewaltig. Fell leuchtete auf. Pelziger Kopf. Starke, muskulöse Arme. Mehr konnte ich im Schatten nicht erkennen, aber „Bigfoot" kam der Sache ziemlich nahe, fand ich.

„Bömmellöh", wisperte ich ins Smart-Talkie, „es ist da."

Aber von der anderen Seite kam nur Rauschen, dann: „Arr." Pause. „Ach, arr!" Machte der jetzt Leonard nach?! „Arr, oh, nein, eijeijei! Verdammt und verschiss–!" Jetzt hörte ich ein übel lautes Klirren. Scheppern. Aber nicht aus dem Smart-Talkie. Es war laut genug, dass es die ganze Orangerie mit Krach füllte. Und nicht nur ich hörte es. Das Ding unter mir hörte es auch, stieß ein unwirsches Grunzen aus und verschwand wieder in dem Schacht.

„Fuck!", fluchte ich und sprintete die Treppe hinunter. Noch überwog die Sorge um meinen Onkel, aber als ich ihn relativ unbeschadet inmitten von zertrümmerten Glasscheiben sah, machte sie Ärger Platz. Erst recht, als ich seine Erklärung hörte.

„Er hat mich angeklopft."

„Wer?"

„Der Gecko."

„Der Gecko?!"

„Ja, der aus Gumbels Terrarium. Hat gegen die Scheibe geklopft. Klang wie Morsezeichen."
„Aha, und was hat er gemorst?"
„Brks grmbl wrst raus."
„Raus?! – Und da hast du ihn rausgeholt."
„Jepp."
„Und dann?"
„Dann habe ich ausprobiert, ob er wie Sphinx die Farbe wechseln kann, und ihn vor verschiedene Hintergründe gehalten."
„Aha."
„Und dabei ist er mir aus der Hand gerutscht und in meine Hose gekrabbelt. Sind ziemlich schnell, die Biester. Hat angefangen, mir die Beinhaare auszurupfen."
„Crazy."
„Hat dir schon mal ein Gecko die Beinhaare ausgerupft?"
„Nicht wirklich."
„Hat ganz schön weh getan. Na ja, da habe ich das Gleichgewicht verloren und bin ins Terrarium geknallt."
Er unterbrach sich kurz und sah sich um. Scherben überall.
„Schöne Bescherung, was?!"
Er wirkte ziemlich verlegen.
„Du spinnst echt total", raunzte ich ihn an, „und außerdem hast du das Ding verpasst."
„Welches Ding?"
„Na das, was aus dem Treppenschacht geklettert ist."
Sein Gesichtsausdruck wechselte sofort von Verlegenheit zu Enttäuschung. „Wie sah es aus?"
„Wie ein Bigfoot!"
„Is nich wahr?!"
„Doch! Allerdings konnte ich außer Pelz und Riesengröße nicht viel erkennen. – Und bei dem Krach, den du gemacht hast, ist es sofort wieder im Schacht verschwunden."

Aus der Enttäuschung wurde Zerknirschtheit, dann Verärgerung, schließlich grimmige Entschlossenheit, als er brummte: „Los! Hinterher!"

Wir hatten keine Zeit, Laternen zu holen, also benutzte ich die Taschenlampenfunktion meines Smartphones.

Die Suche war gründlich und lang.

Das Fazit jedoch kurz und knapp: Wir fanden wieder nichts.

Zwar glaubte ich, in Gumbels Laterna-Raum wieder ein Zischen zu hören. Diesmal klang es ein bisschen so, als würde jemand leise seufzend Luft ausstoßen. Aber außer dem Technik-Schnickschnack, den vielen Bilderkästen und seinem Frack, der inzwischen von den ersten Strahlen des Tages zur Hälfte in Licht getaucht wurde, gab es dort nichts.

Diese ganze Zeitreise erschien mir immer mehr wie eine zerbrochene antike Vase, die in Scherben am Boden lag und sich einfach nicht mehr zusammenfügen ließ.

Als wir aus dem Schacht traten, erfüllte zarte Morgensonne die Orangerie. Gumbel stand neben dem zerschlagenen Terrarium und blickte entsetzt. Leonard kommentierte: „Arr, der Bigfoot!"

„Genau der!", log Bömmellöh, ohne rot zu werden.

Ich grinste und pflückte ihm den Gecko aus dem kupfernen Haarschopf.

14

Am nächsten Abend lagen wir wieder auf der Lauer.

Goethen war auch dieses Mal nicht dabei. Zwar hatte er seinen Seufzerwettbewerb abgebrochen, aber gesellig war er immer noch nicht. Er hatte irgendetwas gebrummelt und nach einem Wanderstock gegriffen.

„Wo willst du hin?", fragte ich ihn.

Er antwortete mit abwesendem Blick: „Dem Schnee, dem Regen, dem Wind entgegen, im Dampf der Klüfte, durch Nebeldüfte. Immer zu! Immerzu! Ohne Rast und Ruh!"

„Jau! Viel Spass auch", gab ich zurück.

Dann war er weg.

Er schneite erst wieder herein, als es dunkel war und wir zu Gumbel aufbrachen. Er sah erschöpft aus, hungrig, blass, aber irgendwie auch gefasst. Er griff nach der angebrochenen Flasche Wein auf dem Küchentisch, stopfte mehrere Geflügelpasteten in seinen Gehrock und stapfte in sein Zimmer. „Gehe zu Bett", murmelte er kauend. Die Tür knarrte wie eine meckernde Ziege.

„Jedem das Seine", sagte Bömmellöh nur und trabte mit einem großen Paket unter dem Arm hinaus.

Wir hatten den ganzen Nachmittag daran gearbeitet. Mein Onkel hatte sich eine kleinere, ausrangierte Laterna magica von Gumbel ausgeliehen, dazu mehrere Linsen und Prismen und daraus einen brauchbaren und vor allem tragbaren Scheinwerfer gebastelt. Auf Hebeldruck gab sie ein sonnenhelles Gleißen von sich – genug, um einen Bigfoot zu Asche zu verbrennen. Na ja, ich übertreibe, aber sie war auf alle Fälle hell genug, den ungebetenen Gast im dunklen Keller zu verfolgen. Vielleicht erschreckte ihn das Licht auch, so dass wir ihn fangen konnten. So etwas in der Art schwebte jedenfalls meinem Onkel vor.

Die Nacht war nicht mehr jung, als wir Posten bezogen.

„Und lass diesmal den Gecko in Ruhe", ermahnte ich meinen Onkel, bevor ich auf die Empore kletterte. Er brummelte irgendetwas Unverständliches.

Auch diesmal wurde die Wartezeit lang. Ein kleines Spiel wäre eine willkommene Abwechselung. Die Nacht war nicht so klar wie gestern, der Mond war noch unförmiger, als hätte man ihn mit einem Hammer demoliert. Trotzdem konnte ich den Berg und den Wald erkennen. Die Bäume warfen unheimliche Schatten auf den Nachtboden. Ich hörte mich räuspern.

„Da ist er wieder", flüsterte mein unsichtbarer Gesprächspartner.

„Wer?"

„Dein Dichter."

Goethen verließ gerade das Haus und bildete einen bizarren Schattenriss vor dem Mond.

„Er ist nicht mein Dichter", knurrte ich zurück.

„Schon gut, schon gut. Wollte nicht persönlich werden. Ich frage mich sowieso, was für eine Art von Dichter er ist."

„Wie meinst du das?"

Die Antwort war nicht nötig. Ich sah es selbst. Der Schattenriss Goethens war nicht nur bizarr. Er wirkte, als hätte ihn ein Windstoß in Fetzen zerrissen, die hinter ihm herflatterten. Und die Hände erinnerten an Klauen mit spitzen Krallen. Das Spiel aus

Licht, Wind und Schatten dauerte nur einen Augenblick, dann schlich dort wieder ein verträumter Poet – mit einer Schreibfeder in der Hand, glaube ich. Zwei, drei Schritte nur, dann wurde er eins mit dem Schattenmeer des Waldes.

„Was treibt der nur schon wieder?", murmelte ich.

„Eine Frage, die Ihr vielleicht lösen solltet." Stimme und Sprechweise meines unsichtbaren Spielgefährten hatten sich verändert. Es war jetzt eindeutig eine Frauenstimme, und der Tonfall war vornehm, altmodisch, passte in dieses Jahrhundert oder in das davor. Meine Fantasie nahm eine Bewegung auf der Empore wahr und dort, wo ich eben noch Holmes vermutet hatte, saß nun eine Frau in einem raschelnden Satinkleid. Diesmal war es mehr als nur ein Schemen. Ihr Gesicht war atemberaubend schön und ihre blonden Haare mit glitzernden Nadeln hochgesteckt. Ein paar Strähnen waren zu Korkenzieherlocken geformt und rahmten zwei glasklare hellblaue Augen ein. In all der Schönheit lag aber auch eine gewisse Kühle, ja sogar Kälte. Erst als das Mondlicht auf dem Diamanten funkelte, der eine Zahnlücke füllte, erkannte ich eine meiner weiblichen Lieblingsfiguren: Mylady de Winter – schön und entschlossen, entsprungen dem Zeitalter der Musketiere. Sie scheute keine Gefahr, nein, diese Frau brachte sie. Aber gerade, weil sie so anders ist, hatte sie mir schon immer gefallen. Mit ihrem messerscharfen, skrupellosen Verstand wäre sie für Holmes eine würdige Rivalin gewesen.

Es machte Spaß, mich in ihre Rolle zu versetzen.

„Ihr meint, er hat ein Geheimnis, Mylady?"

„Wie alle Männer von brillantem Verstand."

„Und was könnte das sein?"

„Ich weiß es nicht, doch vermute ich, dass es weiter reicht, als Mondenschein auf seiner bleichen Haut offenbart."

„Das könnte sein", bestätigte ich und fragte mich, ob alle Dichter nachts bei Mondenschein in die Welt hinausziehen. „Und wenn wir *jetzthier* nicht schon genug zu tun hätten, könnten wir dieses Geheimnis näher untersuchen."

„Vielleicht löst ein Rätsel das andere. Und vielleicht müsst Ihr nur auf die rechte Gelegenheit warten und dann entschlossen die Initiative ergreifen. Mit List und Täuschung."

Bevor ich sie fragen konnte, was sie damit meinte, verblasste Mylady. Nur der Diamant funkelte noch eine Zeitlang. Und verwandelte sich.

In ein helles Licht, das unten in der Orangerie hin und her geworfen wurde, weil mein Onkel offensichtlich mit etwas kämpfte. Wie gebannt starrte ich hinab.

Bömmellöh stand neben dem Loch im Boden. Das Gitter war achtlos in eine Ecke geschleudert worden. Auf der letzten Treppenstufe erhob sich die pelzige Gestalt von gestern. Sie erschien mir im Vergleich mit dem ringenden Bömmellöh noch größer. Mein Onkel versuchte, sich gegen behaarte Pranken zu wehren und gleichzeitig die Laterna zu öffnen. Aber ihm gelang es nur, ab und zu auf den Hebel zu tippen, so dass immer wieder kurze rasende Lichtblitze über die Gestalt huschten. Das Wechselspiel von Licht und wogendem Schatten verwirrte mich. Manchmal sah ich glatte schwarze Haut, wo eben noch räudiges Fell gewesen war, dann wieder ein bärtiges Gesicht, das sich in nichts aufzulösen schien. Riesenhafte Pranken wichen sekundenlang feinen Fingergliedern aus bleicher Haut.

Der Kampf dort unten lief dabei nicht lautlos ab, sondern die Orangerie war erfüllt vom Keuchen und Fluchen meines Onkels und dem Knurren und Brüllen dieses Biests. Manchmal mischten sich leise, fast melodische Töne hinzu, als würde jemand ein Lied summen.

Ich riss mich von dem Spektakel los und eilte meinem Onkel zu Hilfe.

Als ich unten ankam, gelang es ihm, den Hebel ganz umzulegen. Licht schoss mir wie eine Flut entgegen. Ich schloss instinktiv die Augen und hörte das Monster erst aufbrüllen, dann heulen, schließlich jammern wie ein beleidigtes Kleinkind.

„Wow!", rief mein Onkel. Als ich wieder sehen konnte, taumelte er – selbst noch halbblind – den Treppenschacht hinunter. Ich stürzte hinterher.

„Es ist nach links", krächzte er.

„Gut", murmelte ich. Denn dann konnte es sich nur im Laterna-magica-Raum verstecken. „Konntest du sehen, was es ist?"

„Nein. Ich war viel zu sehr damit beschäftigt, meine Haut zu retten."

„Aber der Trick mit dem Scheinwerfer hat funktioniert. Das Licht hat das Biest verscheucht."

„Sieht ganz danach aus."

Wir erreichten die Tür.

Wir lauschten.

Wir hörten Rumoren und Poltern.

Bömmellöh hielt die Laterna im Anschlag, ich griff nach der Klinke.

„Auf drei. Eins. Zwei. Drei!"

Ich riss die Tür auf, Bömmellöh legte den Hebel um.

Das Licht stürmte wie eine Horde Orks in den Raum und schlug jeden Schatten in Fetzen. Dann trampelte es auf allem herum: Regalen, Kästen, dem Tisch, einem runtergefallenen Kistchen, am Boden verstreuten, zerbrochenen Glasbildern. Und dem schwarzen Frack, der am Haken unter dem Lichtschacht leicht hin und her baumelte.

Das Biest, Monster, der Bigfoot, der Pelzschatten war nicht dort. Davon fehlte jede Spur.

„Das gibt's doch gar nicht", knirschte Bömmellöh. „Es muss hier sein. Es gibt sonst keinen Ausgang."

Mir kam ein verrückter Verdacht. „Sei mal still."

Mein Onkel starrte mich an, war aber folgsam.

Die Stille, die sich ausbreitete, war plötzlich so mächtig wie das Licht.

Aber es war nicht ganz still. Ich hörte wieder jenes seltsame Seufzen von gestern. Als würde jemand leise ausatmen.

Aber diesmal blieb es nicht bei einem einzelnen Atmer. Es reihte sich Zug an Zug. Leise, tief und ruhig. Wie wenn man schläft.
Ich ging durch den Raum.
Auf den Lichtschacht zu.
Der Frack bebte ganz sanft.
„Es ist der Anzug."
„Das kann nicht sein!"
„Aber doch, sei mal ganz leise. – Es hört sich an, als ob er …"
„… schnarcht?!"

15

Es war verrückt, aber es war so.

Der Anzug war unser Täter. Auch wenn wir nicht wussten, wie das möglich war. Während ich den Scheinwerfer gehalten hatte, hatte mein Onkel einen staubigen Koffer aus Gumbels Regal gezogen und Frack, Hose, Weste und alles sonstige Zubehör fein säuberlich hineingetan. Obenauf kamen Lackschuhe und Zylinder. Als er den Deckel verriegelte, schien der Koffer auszurasten. Als würde der Anzug wie wahnsinnig gegen sein Gefängnis treten. Doch irgendwann beruhigte er sich, und wenn man lauschte, konnte man sogar ein feines Atmen durch die Lederwand hören. Der Anzug war eingeschlafen.

„Schlafen – schnarchen – schlafen! Vielleicht auch träumen!", murmelte Bömmellöh.

„Ist das nicht von Shakespeare?"
„So ungefähr."
„Seit wann liest du Shakespeare?"
„Seit ich ihn in Goethens Bücherschrank gefunden habe."
„Aha."
„Und woher kennst du's?"
„Schulaufführung."
„Aha. – Und bringt uns das jetzt weiter?"
„Nicht wirklich", gab ich zu und ging hinaus.

Als wir mit unserer Beute Goethens Garten erreichten, kroch die Morgensonne gerade aus ihrer Kiste. Vögel begrüßten sie mit fast ohrenbetäubendem Gezwitscher. Erschöpft, aber erfolgreich traten wir in die Küche und genehmigten uns ein ordentliches Frühstück.

„Was fangen wir jetzt mit diesem Ding an." Ich wies auf den Koffer.

„Ich werde es eingehend untersuchen."

„Glaubst du, du bekommst heraus, warum dieser Frack ...", ich zögerte.

„...schläft?", bot Bömmellöh an.

„Ich wollte eigentlich *lebt* sagen. Immerhin ist er vor dem Schnarchen durch den Keller gestiefelt. Und er hat mit dir gekämpft. Allerdings sah er von der Empore ganz anders aus. Eher wie ein pelziger Schatten oder so."

Bömmellöh nickte. „Du meinst *Bigfoot* trifft es schon ganz gut?!"

„Ja. – Da fällt mir ein: Die Schuhabdrücke passen nicht zu den schwarzen Lackschuhen im Koffer."

„Ist mir auch schon aufgefallen. Diese Schuhe haben höchstens Größe 42."

„Und die Abdrücke hast du auf 63 geschätzt."

Wir schwiegen einen Augenblick. „Meinst du, wir haben den Richtigen?"

Bömmellöh hob verlegen die Schultern. „Ich glaube nicht, dass hier so viele Anzüge frei herumlaufen."

„Das meine ich nicht. Im Ernst, ein Anzug, der sich selbstständig macht, wie verrückt ist das denn?!"

Er kniff die Augen zusammen. „Nicht verrückter als eine Zeitreise, ein unerklärliches Erdbeben, nächtliche nackte Jungs, ein steinernes Ohr."

Und ein Dichter, der sich bei Mondenschein wie ein Dieb in die Nacht schleicht, fügte ich in Gedanken hinzu.

„Du hast recht", gähnte ich. „Jedenfalls kann ich heute nicht mehr klar denken. Ich glaub, es ist Zeit für eine Portion Heiaheia."

Mein Onkel nickte.

Den Rest des Tages war mein Onkel nicht mehr zu sehen. Er hatte sich in Goethens Schuppen eingeschlossen und experimentierte mit dem Anzug herum.

Ich verbrachte also wieder einmal einen Tag alleine im Jahr 1772. Spätnachmittags ging ich in den Garten. Es war ein angenehmer Spätsommertag, nicht zu warm, nicht zu kalt, mit einem Himmel voller weißer weicher Wattewolken. Überraschenderweise saß Goethen auf einer Bank unter dem Apfelbaum. Er wirkte, als schwebe er in einer anderen Dimension. Myladys Worte klangen mir im Ohr. Vielleicht war es an der Zeit, ein bisschen mehr über ihn herauszufinden. Die Umstände schienen günstig. Niemand würde uns hier stören.

Ich setzte mich neben ihn.

Er zuckte zusammen. „Merle, Ihr habt mich erschreckt."

„Tut mir leid." Er sah schlecht aus und bleich wie ein Stück Kreide. Seine Kleidung war dreckig, tagelang getragen, seine Haare ungepflegt und auf seinem Kinn sprossen Bartstoppeln.

Er tat mir leid. Etwas nagte an ihm. Aber was? – „List", hauchte mir Mylady ins Ohr. Ich räusperte mich: „Wolfhan, du siehst sehr blass aus. Was ist mit dir los?" – „Das nennst du List?", wisperte Mylady enttäuscht. Ich ignorierte sie.

Goethen sah mich lange an, mit seinen braunen Schokoaugen. Dann begann er, seine Stimme war leise und rau: „Sie war so schön und jung wie Ihr."
Ich glaub, mir schoss die Röte ins Gesicht.
„Aber sie liebte mich nicht. Kalt war ihr Feuer."
Oje, ein Liebesabenteuer! Das wollte ich eigentlich nicht hören.
„Zu spät", kicherte Mylady hämisch.
„Sie liebte mich nicht", seufzte er noch einmal.
„Doch er hing an ihr", prophezeite Mylady.
„Wie an einem Zauberfädchen."
„Siehst du."
„Blöde Kuh." Ich verbannte Mylady aus meinen Gedanken. Goethen seufzte noch einmal: „Wie an einem Zauberfädchen, das sich nicht zerreißen lässt, hielt das liebe lose Mädchen mich so wider Willen fest."
Aha, unglückliche Liebe, dachte ich.
„Es war im Mai. In Wetzlar, da lernte ich sie kennen. Lotta, oh, liebliche, quirlige Lotta! Mein Herz entflammte sofort."
„Was bei ihm nichts Besonderes ist", mischte sich Mylady wieder ein. „Ich kenne solche Typen."
„Scht!", machte ich, woraufhin mich Goethen irritiert ansah.
„Nicht du!" Er fragte nicht nach, wen ich sonst meinen könnte.
„Sie liebte einen anderen, doch ich wollte nicht Verlierer sein. Ich dachte, mit Poesie würde ich sie gewinnen. Mein Herz quoll förmlich über vor Empfindungen und Worten. – Poesie."

Plötzlich war es sehr still unter dem Apfelbaum.
„Damit hast du sie rumgekriegt."
Er sah mich traurig an: „Nein, nichts passierte, denn ich traute mich nicht. Kein Wort kam mir über die Lippen. Ich war ein Hasenfuß, eine Memme, ein …"
„… Loser", ergänzte ich.
Er stutzte. „Kein schlechtes Wort", überlegte er, „auch wenn es englisch ist. Es stimmt, ich wagte es nicht. Noch nicht. Mein Herz

war noch nicht stark, meine Poesie nicht kraftvoll genug. Doch ich wusste einen Weg. Ein Kuss. Ein Kuss nur und alles würde gut. Und so ging ich in jener Nacht hinaus. Doch alles kam anders."

Er kratzte sich unbewusst am Hals, um den er wieder ein faltenreiches Tuch gebunden hatte. Er schien tief in Erinnerungen zu versinken, und es waren keine angenehmen, das sah man ihm an. Als würde ein Gewittersturm über sein Gesicht ziehen.

„Was ist dann passiert?", fragte ich leise. Ich spürte, dass er kurz davor war, mir sein Geheimnis zu verraten.

Doch er sprang plötzlich auf, als hätte ihn eine Wespe gestochen. „Dunkel, dunkel!", schrie er, „alles ist dunkel! – Licht!"

Als wären wir in einem Freilufttheater, riss in diesem Moment die Wolkendecke auf und herrlichstes Sonnenlicht überflutete den Garten, schwappte sogar weit unter den Apfelbaum.

Goethen fuchtelte hektisch mit den Armen. „Nein, nein!", tobte er, hielt sich die Hand schützend vors Gesicht und stolperte ins Haus. „Dunkel, dunkel", hörte ich ihn noch aus dem Flur krächzen, dann saß ich alleine unter dem Apfelbaum.

„Alter Schwede, was war das denn?!", murmelte ich. Doch eine Erklärung fand ich nicht.

Ich muss an dieser Stelle ein etwas unschönes Thema ansprechen: das Scheißhaus. – Gut, die Leute *jetzthier* nennen es etwas feiner *Abort* und eigentlich passt dieser Name ganz gut, denn er liegt weit *ab* von jedem behaglichen *Ort*. Allerdings trifft meine Bezeichnung den Zustand jenes Bretterverschlags am Ende von Goethens Garten viel genauer. Es ist nur so groß wie ein kleiner Aufzug, aber hier drin gibt's nur eine Sache, die sich bewegt und zwar ausschließlich abwärts in eine tiefe stinkende, Fliegen verseuchte Grube. (Jedes versiffte Rasthausklo riecht dagegen wie ein Rosengarten und würde den Preis *Beautiful WC* gewinnen.) Auf einen schmalen Balken kann man (wenn man Glück hat, nur auf Holz) seinen Hintern platzieren und sein Geschäft verrichten.

Besonders in der Nacht ist ein Besuch des Scheißhauses eine echte Glückssache, doppeltes Glück, erstens heil dort anzukommen und zweitens es sauber wieder zu verlassen. Aus diesem Grund versuchte ich, nächtliche Besuche zu vermeiden. Nun hatte ich aber an diesem Abend zu viel von dem leckeren Apfelwein getrunken, so dass ich nach Einbruch der Dunkelheit noch einmal dringend aufs Klo musste.

Ich hatte kein Öllämpchen mitgenommen, damit mich niemand in dem blöden Nachthemd sehen konnte, das mir schlabberig um die Fußknöchel schlotterte. Daher war ich froh, dass wenigstens die Sterne auf Goethens Garten herabschienen. Der Mond hatte sich aus Anstand hinter eine fette Wolke verzogen.

Ich blieb nicht lange im Scheißhaus, aber doch lange genug, dass sich draußen etwas veränderte: Die fette Wolke war fort und der Mond schien auf zwölf kleine Gestalten, die geräuschvoll durch den Garten turnten. Ich hielt die Luft an, um die zwölf nicht auf mich aufmerksam zu machen (und wegen des bestialischen Gestanks).

Durch eine Ritze in der Tür konnte ich die Jungs genauer betrachten: Sie waren klein, viel kleiner, als Jungen in ihrem Alter eigentlich sein müssten. Ich schätzte sie auf zehn, elf Jahre. Alle trugen kleine Rucksäcke auf dem Rücken. Ansonsten waren sie wieder einmal alle nackt und ziemlich schmutzig.

Ein echtes dreckiges Dutzend.

Genau genommen wirkte ihre Haut grau und schwärzlich, als hätten sie gemeinsam im Schlamm gewühlt. Ihr Anführer, dem ich das Ohr abgerissen hatte, war etwas größer und stand mir am nächsten. Er besaß ein grobes Gesicht, das verbliebene Ohr stand wie eine neugierige Muschel vom Kopf ab, das andere lag in meiner Nachttischschublade – zu Stein erstarrt. Die Wunde, die es hinterlassen haben sollte, war nicht mehr als ein zackiger, grobkörniger Riss. Kein Blut, kein Schorf!

Wenn ich ihn mir recht betrachtete, kann sein ganzer Körper aus Stein gewesen sein. Lebendiger Stein! Ein eisigkalter Schauer rieselte mir den Rücken hinunter bis zu meinen nackten Füßen und fand mit einem Schwall, Fliegen gespickt, wieder den Weg hinauf. Aus Versehen atmete ich ein.

Ich unterdrückte ein Husten.

Der Kopf des Anführers ruckte zu mir herum. Er kniff die Augen zusammen, konnte mich aber nicht sehen. Er wandte sich wieder den anderen zu und pfiff auf zwei Fingern. Dann marschierte das dreckige Dutzend wie kleine Jungs, die Soldaten spielten, den Hang hinauf.

Das Mondlicht strich über ihre Rücken.

Ein zweiter Schauer rollte mir über den Körper und schien unten in die Grube zu plumpsen: Sie trugen keine Rucksäcke. Das waren kleine, sandsteinfarbene Flügel, die unentwegt schwirrten, wie Hummelflügelchen.

Ich sog überrascht die Luft ein, wobei eine Fliege ihren Weg in meinen Rachen fand. Ich würgte und spuckte und wankte einen Schritt zurück. Nur der Donnerbalken verhinderte, dass ich in die Scheißegrube stürzte. Mich aufrappelnd öffnete ich die Tür.

Luft! Glurk! Brörp! Äh, das war die Fliege.

In vollen Zügen genoss ich die frische Nachtluft.

Jetzt wollte ich sehen, wohin das dreckige Dutzend marschierte.

Sie brachen zuerst durch die Reste, die von Goethens Gartenzaun noch übrig waren, und schlugen sich dann ins Dickicht am Hang. Leise folgte ich ihnen, was nicht schwer war, weil sie die ganze Zeit über tuschelten und quengelten wie eine Schar Kindergartenkinder.

Es ging vielleicht dreißig Meter einen Trampelpfad hinauf. und das Dickicht machte seinem Namen alle Ehre – weder konnte man Goethens Garten noch sein Haus noch etwas von Altena sehen.

Niemals hätte ich hier so etwas vermutet: Ein aus dem Hang herausragender Felsen – vielleicht drei Meter hoch, völlig überwuchert mit Efeu und Schattenpflanzen. Unter dem Felsen ein schmaler, ein Meter hoher Spalt im Gestein.

Und durch diesen Spalt verschwand gerade der vorletzte der nackten Jungs. Der Anführer drehte sich zu mir um, ließ seine Flügelchen noch einmal aufsummen und grinste breit. Diesmal drehte er mir eine Nase und ich hörte deutlich „Hundsfott!" aus seinem knarrenden Maul. Dann schlüpfte er durch den Spalt.

„Fuck!", rutschte es mir raus und ich wollte hinterher. Doch der Spalt war viel zu schmal für mich. Sehen konnte ich auch nichts, aber ich hörte Tapsen und Murmeln dahinter, das sich entfernte. Der Hall ließ auf einen größeren Raum schließen.

Eine Höhle hinter Goethens Garten.

Na, wenn das nicht das Versteck dieses dreckigen Dutzends war, würde ich freiwillig mein Smartphone vergraben. Ha! Ich würde morgen bei Tageslicht wiederkommen, mit der nötigen Ausrüstung – und dann würden diese kleinen kackdreisten Perversen ordentlich kassieren.

Bevor ich zurückging, hörte ich eine Stimme über dem Felsen, etwa dort, wo der Weg zur Burg hinaufführen musste.

Jemand war dort auf einem nächtlichen Spaziergang, und wer dieser jemand war, war so leicht zu beantworten wie die Zuschauerfragen bei manchen Live-Shows im Fernsehen.

Goethen sang vor sich hin. Ich verstand nur die Schlusszeile:

„Und sie beißt mich, beißt mich, beißt mich!"

„Ach, Lotta", seufzte er noch, dann war er verschwunden.

Ich musste grinsen. Da hatte jemand einen Kuss erwartet. Doch die liebliche, quirlige Lotta hatte ihn gebissen.

So kann's gehen, dachte ich vergnügt und tapste ins Bett.

16

Lied der Portechaise-Träger

Heraus zur Wirtshausstube
Kommt wer mit vollem Bauch.
Der is so blau, der Bube.
Oh, vornehm isser auch.
Och Meister, du bis fein,
Ach Meister, steig ma ein!
Hopp hopp, trab an!
Tripp trapp sodann!
Arr, Scheiß vorm Schritt!
Egal, muss mit!

Jetzt willer noch 'nen Apfel!
Halt an beim Apfelmädchen.
'nen Groschen für 'nen Apfel.
Und weiter geht's durchs Städtchen.
Och Meister, du bis fein,
Ach Meister, Schädel rein!
Hopp hopp, trab an!
Tripp trapp sodann!
Arr, Scheiß beim Schritt!
Egal, muss mit!

Jetzt willer noch 'nen Schnaps!
Hier beim Wacholdermann
Dem Herrn ein Gläschen Schnaps,
Für uns die ganze Kann!
Och Meister, du bis fein,
Ach Meister, Plauze rein!
Hopp hopp, trab an!
Tripp trapp sodann!

Ach, Scheiß am Schritt!
Egal, muss mit!

Jetzt willer noch 'ne Brezel!
Komm rüber, Brezelfrau.
Sein Magen is ein Rätsel,
Der frisst und frisst wie Sau.
Och Meister, du bis fein,
Ach Meister, lass ma sein.
Hopp hopp, trab an!
Tripp trapp sodann!
Ach, Scheiß im Schritt!
Egal, muss mit!

Sind da! – Wie kannst nich blechen?!
Ey Meister, Meister, weiß'e,
Das wird sich bitter rächen.
Hehopp! Hier inne Scheiße!
Och Meister, nich so fein,
Jepp, inne Scheiße rein!
Hopp hopp, trab an!
Tripp trapp sodann!
Schnell weg, schnell weg!
Der bleibt im Dreck!

(Aufgeschnappt und notiert von Merle Schiller)

Am nächsten Morgen sah ich sofort nach der Höhle. Ich hatte nicht geträumt, es gab sie tatsächlich. Leider passte auch bei Tageslicht nicht einmal mein Kopf hinein. Ich betrachtete den Felsen. Er bestand gar nicht aus einem einzigen Stein, sondern aus mehreren großen Brocken, die ineinander verkeilt waren. Vielleicht ließ sich ja einer davon weghebeln.

Das probierte ich den ganzen Morgen. Mit verschiedensten Werkzeugen. Leider nur mit dem Erfolg, dass meine Arme aufgeschürft, meine Schuhe dreckig und mein Kleid zerrissen war.

„Verfluchter Mist!"

Aus der Höhle kam ein mehrstimmiges Echo, das wie Kichern klang.

„Ich krieg euch noch", knirschte ich durch die Zähne. Wenn ich wenigstens in die verdammte Höhle reinsehen könnte! – Moment mal, wofür hatte ich eigentlich ein Smartphone? Also den gleichen Trick wie vor einigen Nächten, Handy durch den Spalt, Kamerafunktion, klick! Als ich es wieder herauszog, sah ich – nichts! Der Spalt machte einen Knick und ich hatte nur Felsgestein im digitalen Rahmen.

Vielleicht könnte ich das Smartphone an einen Stock binden oder –

Ein freches Grinsen huschte über meine Lippen.

Bömmellöh. Es sollte mich wundern, wenn der nicht ein passendes Gerät dabei hatte.

Mein Onkel half mir nur widerwillig. Der Anzug beanspruchte immer noch seine ganze Aufmerksamkeit. Allerdings war er in der Sache noch keinen Schritt weitergekommen. Der Anzug hatte die ganze Zeit geschlafen.

Ich konnte ihn schließlich doch überreden, mir eine seiner Minikameras fertig zu machen.

„Und wie willst du sie in diese Höhle hineinbringen?", fragte er etwas mürrisch.

Ich grinste und sah auf die Funkkamera, die nur so groß wie ein Centstück war. „Ich werde sie jemandem auf den Rücken schnallen, der unglaublich klein, schlau und flink ist."

Es brauchte etwas, bis es bei Bömmellöh klickte: „Sphinx!"

Ich nickte. Jetzt grinste auch mein Onkel. „Dann brauchen wir ein winziges Geschirr, damit sie die Kamera bequem tragen kann und beim Klettern nicht behindert wird. Ich glaube, ein kleiner Höhlenausflug wird meinem Minichamäleon gefallen."

Leider waren Tragegeschirr und Kamera erst am frühen Nachmittag einsatzbereit. Die ersten Versuche mit Sphinx in meinem Zimmer allerdings waren klasse. Die Kamera schien sie überhaupt nicht zu stören. Und mein Onkel hatte sie mit meinem Smartphone gekoppelt. (Also die Kamera, nicht Sphinx.) Über eine Distanz von wenigen Metern hatte ich ein verflucht scharfes Bild, von allem, was Sphinx vor die Linse kam. Jetzt musste ich sie nur dazu bringen, nicht nur nach Insekten Ausschau zu halten.

Ich war noch mitten in der Dressur, als es an meine Zimmertür klopfte. Schnell schob ich Sphinx in ihren Lederstall.

Ein Diener stand im Türrahmen, verbeugte sich steif und sagte vornehm: „Werte Dame, auf Empfehlung von Herrn Gumbel möchte der Herr Georg Wilhelm von Lent, seines Zeichens Landrat der hiesigen Lande, Sie und Ihren Verlobten Goethen nebst Ihrem Onkel für heute Abend herzlichst zu einer kleinen Feierlichkeit in der Burg Holtzbrinck einladen."

„Äh?!"

„Darf ich dies als Zustimmung werten?"

Eine kleine Feier? Im Jahr 1772? – Warum nicht! Ich knickste ein wenig unbeholfen, wobei mein Kleid wie eine alte Papiertüte raschelte.

Der Diener warf einen spöttischen Blick auf den schmutzigen Fetzen, zog verächtlich die Nase kraus und fügte hinzu: „Mein Herr bittet darum, sich in standesgemäßer Garderobe vorstellig zu machen."

„Was soll das denn heißen?", murmelte ich, als er weg war.

„Na, dass du dir was Anständiges anziehen sollst", bemerkte Bömmellöh, der die ganze Zeit über im Flur gestanden hatte.

„Und was? Sag bitte nicht, ein neues Kleid?!"

„Ich fürchte doch!"

„Oh nein!"

Der Beginn der Feier rückte näher und ich hatte mich immer noch nicht entschieden, welches Kleid ich anziehen sollte.

Goethen hatte mir eine größere Auswahl Kleider bringen lassen und ich wollte gar nicht wissen, wer schon alles darin gesteckt hatte, also welche von seinen …

„Liebschaften?", schlug Mylady vor.

Freundinnen.

„Hah!", spöttelte Mylady und ließ mich allein.

Ich wählte schließlich ein rubinrotes Kleid mit einem Reifrock, der nicht ganz so wild mit Draht und Fischbein ausstaffiert war. Trotzdem konnte ich mich darin mehr schlecht als recht bewegen. Die mit flatternden Bändern verzierten, hochhackigen Schuhe bewältigte ich so einigermaßen. Ich seufzte. Irgendwie würde ich es schon hinkriegen und ich war einfach zu neugierig, wie man in diesem Jahrhundert feierte.

Meine Haare steckte ich mit einigen aus Elfenbein geschnitzten Nadeln und Kämmen hoch. Dann durchwühlte ich das Kistchen, das Goethen den Kleidern beigelegt hatte. Es enthielt Schminke.

Der Kerl denkt auch an alles, dachte ich.

„Was nicht anders zu erwarten war", flüsterte die Mylady in mir.

Ich legte ein wenig Rouge auf, Lidschatten, Lippenstift. Fertig.

Es klopfte.

Goethen stolzierte herein. Er keuchte, als er mich ansah. „Sacrebleu, Merle, Ihr seht fantastisch aus."

Das Kompliment musste ich ihm stillschweigend zurückgeben. Die Veränderung zu gestern war phänomenal: Aus der hässlichen Raupe war ein bizarrer Nachtfalter geworden. Er war rasiert, das Haar zum Zopf geflochten und gepudert. Seine Kleidung war nicht nur sauber, sondern glitzernd wie ein Sternenhimmel und – bis auf das deplatziert wirkende, giftgelbe Halstuch – ganz in Dunkelblau; dazu trug er schwarze Stiefel und das Rapier. Er reichte mir den Arm, aus dessen Ärmel blütenweiße Rüschen wie Quallen quollen. (Hey, was für eine Wortkombination!)

„Moment", ich holte mein zum Kleid passendes Ridikül (inzwischen weiß ich, dass *jetzthier* diese kleinen Täschchen so heißen) vom Bett. Auch wenn ich sie heute Abend sicherlich nicht brauchen würde, ließ ich meine Sachen nicht gerne unbewacht.

Als ich mich umdrehte, fiel mir die hübsche goldene Brosche auf seiner linken Brustseite auf. Sie war wie ein kleiner Drache geformt und passte gut zu den goldenen Knöpfen seines Fracks.

Diesmal nahm ich den angebotenen Arm und ließ mich hinausführen.

„Hoch lebe das Brautpaar!", scholl es uns aus dem dunklen Flur entgegen.

„Onkel", zischte ich und wollte ihn, da ich gerade keine Bürste zur Hand hatte, wenigstens mit sehr unfeinen Worten bewerfen, als Bömmellöh ins Licht trat.

Er trug den schlafenden Anzug.

„Bist du bescheuert?"

„Wieso, gefällt dir meine Frisur nicht?"

„Ach, hör doch auf! Du weißt genau, was ich meine. Dieser Anzug!"

Goethen sah abwechselnd von mir zu Bömmellöh.

„Meine Versuche haben nichts gebracht. Deshalb teste ich ihn jetzt am lebenden Objekt."

„Aber du kannst ihn doch nicht einfach anziehen!"

„Warum nicht?! Ich finde, er steht mir ausgezeichnet, betont meine schlanke Figur, und meine roten Haare kommen auch zur Geltung."

„Und deine Dummheit auch. Was passiert, wenn dieses Monster erwacht?"

Er musterte mich von oben bis unten. „Ich glaube, dir bekommen diese Kleider nicht. Seit du sie trägst, bist du richtig spießig geworden."

„Was?!"

Eingeschnappt rauschte er ab.

Boah!, dachte ich. Ich und spießig. Wer hatte mir denn diese Rolle eingebracht?!

„Ich mag, was immer Ihr auch seid", sagte Goethen und schenkte mir ein frivoles Lächeln.

„Ach, leck mich!", herrschte ich ihn an und ließ ihn stehen.

„Ganz, wie Ihr wünscht, Fräulein Merle. Sagt mir bloß, wo!", hörte ich ihn noch hinter mir unken, dann stolperte ich auch schon in diesem blöden Reifenkleid durch den Flur und kam mir vor wie ein Sumoringer auf Stöckelschuhen.

Als ich draußen war, schickte ich ein paar Flüche in den Himmel, die garantiert *nicht* spießig waren.

Bis wir unten im Tal anlangten, hatte ich sowohl meine Laune als auch das Sumoringer-Kleid einigermaßen im Griff. Trotzdem fragte ich mich, wie all die Frauen das stundenlang aushalten konnten. Dabei trug ich noch nicht einmal ein Korsett, in das sich manche bis zur Ohnmacht hineinquetschten. Was sie wohl zu Mädchen in Jeans oder Leggins sagen würden?

Auf dem Weg hinunter hatte Goethen mir erklärt, warum die Feste *jetzthier* meist schon am Nachmittag begannen. Kerzen waren teuer, und je größer die Gesellschaft, die man einlud, desto mehr brauchte man. Und wer etwas auf sich hielt, verwendete bei seinen Feierlichkeiten keine stinkenden Talglichter oder qualmende Öllampen.

Es war also noch schön hell, als wir den Innenhof der Burg Holtzbrinck betraten. Das Gebäude sah fast genauso aus wie in meiner Zeit. Gepflasterter Innenhof. Längliches Haupthaus aus Bruchstein. Geschrumpftes Türmchen mit imposantem verschieferten Dach. Zahlreiche Fenster mit Ziergittern. Grün gestrichene Holzläden. Nur der Eingang war beeindruckender mit seinem geschnitzten Eichenportal.

Mehrere Diener standen in farbiger Livree mit gepuderten Perücken und hoch erhobener Nase vor dem Eingang, doch sie wirkten nicht halb so würdevoll wie Leonard.

Sie musterten mich mit neugierigem, Bömmellöh mit abschätzigem Blick. Der Anzug passte eben einfach nicht in diese Zeit, auch wenn ihn einige der Gäste schon von Gumbel kannten.

Und dann kam er, Gumbels Auftritt.

Dieser Mann überraschte mich immer wieder. Diesmal war es nicht nur seine Kleidung, sondern die Art seiner Ankunft. Er ließ sich nämlich, obwohl der Weg von seinem Haus hierher nicht weit war, in einer Portechaise tragen. Dieser schmale, hohe Kasten (von der Form her erinnerte er mich an Goethens Scheißhaus) besaß Fenster und eine verzierte Tür. Im Inneren befand sich ein Sessel, außen waren zwei Tragestangen angebracht, an jedem Ende ein kräftiger Träger.

Die waren voll im Flow und hatten sichtlich Spaß, Gumbel ordentlich durchzuschütteln. Sie trugen praktische Lederklamotten und Dreispitze über den verschmitzten Gesichtern. Die Schäfte ihrer Stiefel reichten weit übers Knie. Vermutlich als Schutz gegen das, was sie im Refrain lauthals besangen. Schon von Weitem hörte man ihr durch die Gassen gegröltes Lied.

Kurz vor dem Eingangsportal stoppten sie mit einem Ruck, der Gumbel innen gegen die Scheibe klatschen ließ. Ich hörte sein gedämpftes Fluchen. Doch die Träger grinsten nur und der vor-

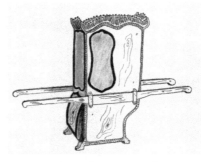

dere kniff mir ein Auge. Der hintere öffnete in der Zwischenzeit die Tür. Dann hoben die beiden ruckartig die Portechaise an und schleuderten Gumbel wie einen tuppelnden Kolibri heraus.

„Verfluchte Dreckskerle", schimpfte Gumbel, „ich hätte euch nicht schon im Voraus bezahlen sollen. Das nächste Mal werde ich euch was anderes als Münzen in eure fetten Ärsche schie…" Den Rest schluckte er runter, da er mich bemerkte. Diesmal trug er Frack und eingenähte Weste in Violett mit schillernden Silberfäden, das fransige Lätzchen sah aus wie ein Brustgefieder und die Perücke glich einem Fächer abstehender Federn. Er klopfte mit schnellen Bewegungen den Schmutz von der Kleidung, so dass er einem flatternden Kolibri noch ähnlicher sah.

Er verbeugte sich. „Sie sehen bezaubernd aus, werte Merle, wenn ich mir diesen *compliment* gestatten darf."

„Solange es nur bei einem *compliment* bleibt", mischte sich Goethen schnippisch ein – er klang tatsächlich ein wenig eifersüchtig –, griff nach meinem Arm und schob mich zur Tür.

Als ich mich ihm zuwandte, streifte mein Blick wieder die Brosche.

Hing die nicht auf der linken Seite? Jetzt trug er sie rechts.

Warum hatte er sie umgesteckt? – Ach, egal!, dachte ich und betrat den Festsaal.

Düfte, Bilder und Musik nahmen mich gefangen wie eine neu entdeckte Tropeninsel.

17

„Wahrlich ein Schmaus für die Augen."
„Und Ohren, nicht wahr?!"
Schillernder Kolibri und nachtblauer Falter umschwirrten mich wie Wespen eine Honigschnitte.
„Umpf nich fu vageffen", fügte mein Onkel schmatzend hinzu, „den Gaumen." Genüsslich schob er sich den Rest des Kanapees in den Mund.

Ich rollte entnervt die Augen. Aber ja, sie hatten alle drei recht. Es war ein wahres Feuerwerk an Fest, so wie man es sonst nur in Historienfilmen sieht, in denen die Hauptfiguren in den aberwitzigsten Kostümen herumlaufen. Nur dass dieses Fest echt war, sicherlich nicht so groß wie in richtigen Palästen, aber doch sehr prachtvoll.

Es gab mehrere Feierräume. In dem größten wurde gegessen und vor allem getanzt. Und der beherrschende Tanz war das Menuett, bei dem sich die Damen und Herren mit kleinen tippelnden Schritten und ausholenden Armbewegungen in Form eines großen Z aneinander-miteinander-zueinander bewegten.

Obwohl es eine mir fremde Art zu tanzen war, wirkte es doch irgendwie cool. Und der ganze Saal war voller Begeisterung. Und irgendwie sprang der Funke auf mich über. Es reizt mich, die Atmosphäre in einem menuettartigen Gedicht zu beschreiben:

(Die Damen →)
Oh! **Ballkleid.** **Rauschen.** **Gold.** **Frisur.** **Smaragd.** **Musik.**
Perlenglut. *Flüstern.* *Samtig.* *Masken.* *Blühen.* *Hu!* **Ah!**
Voll. **Lichter.**
Töne. **Wogen.**
Verströmen. **Duft.**
Herz. **Verschweben.**
Edel. **Rosen.**
Moschus. **Süß.**
Ha! **Uh!** **Glühen.** **Lippen.** **Farben.** **Knistern.** **Silberhaut.**
Magie. **Kristall.** **Geschmack.** **Gischt.** **Augen.** **Wirbeln.** **Ho!**
(← *Die Herren*)

Während ich so ins bunte Treiben schaute, fiel mein Blick auf Goethen. Und auf die goldene Brosche, die jetzt auf seiner linken Schulter hing. Warum steckte er sie ständig um? Und welcher Idiot trägt eine Brosche auf der Schulter?!

Bevor ich ihn fragen konnte, drängte mich die tanzende Menge an die Seite und ich verlor ihn aus den Augen. Ich sah ihn erst wieder, als ich zusammen mit meinem Onkel in einen kleinen Salon geriet, in dem gespielt wurde.

Die kleinen Räume rund um den Tanzsaal herum wurden nämlich verschieden genutzt. In einem wurde musiziert, im anderen geraucht oder ein Brettspiel-Turnier veranstaltet.

Dort, wo ich mich jetzt befand, spielte man Blindekuh.

Ja, du lachst, aber was bei uns nur Kinder spielen, ist *jetzthier* ein beliebter Zeitvertreib junger Erwachsener. Warum, das sollte ich noch am eigenen Leibe erfahren. Zunächst hatte ich durchaus Spaß, als ich mit den anderen im Kreis stand und wir gemeinsam den Spieler mit den verbundenen Augen in die Irre lockten. Es ging darum, ihn ein wenig zu necken und zu knuffen, mit falschen Stimmen zu foppen oder einfach zu verwirren, dass er gar nicht mehr wusste, wo oben und unten war. Wenn er aber dann doch jemanden schnappte und erriet, wen er da gekrallt hatte, wurde er erlöst und ein neues Opfer ausgesucht.

Irgendwann war leider ich dran.

Ich wehrte mich zwar, aber chancenlos. Schon hatte ich das Tuch vor den Augen und wurde im Kreis gedreht, bis mir schwindelig war.

Puh. Da musste ich wohl durch.

Ich atmete tief durch und machte gute Miene zum Spiel. Am Anfang war es noch ganz lustig, da man mich nur ein wenig mit Geräuschen in verschiedenste Ecken lockte, wo ich manchmal gegen Möbelstücke stieß, umgedreht wurde und wieder weiter zockelte. Hier und da kniff mich jemand freundschaftlich in den Arm oder zwickte mich ins Bein und zwischen allem gab es Glucksen, Lachen und Prusten, wenn ich wieder mal ins Leere griff.

Doch dann wurde es plötzlich ganz still um mich herum. Und ich hörte nur noch leises Flüstern. Beinahe konnte man meinen, ich wäre ganz allein im Raum.

Irgendwie schienen alle den Atem anzuhalten.

Ich hatte das Gefühl, dass sich mir jemand näherte, aber wenn ich um mich tastete, fühlte ich nur Luft.

Ganz plötzlich küsste mich jemand.

Auf den Mund.

Ich war so perplex, dass ich stillhielt.

Raunen ging durch den Saal.

Der jemand ließ sich Zeit.

Dann Kichern und Oh-là-là-Rufe.

Endlich erwachte ich aus meiner Starre, riss mir das Tuch vom Gesicht und starrte in Goethens ertappte Miene.

„Ich hab's doch gesagt, das ist ein Schürzenjäger", murmelte mir Mylady ins Ohr.

„Spinnst du?!", zischte ich wütend.

Seine Überraschung mischte sich mit Verlegenheit.

„Ich bin doch kein …", mir gingen die Worte aus vor Ärger.

„… Flittchen!", kam mir Mylady zu Hilfe.

Zischen und erstauntes Raunen ging durch die Menge. (Hatte ich das jetzt etwa laut gesagt?)

Erst später habe ich erfahren, dass das Blindekuh-Spiel auch *Küsse Rauben* hieß. Kein Wunder, dass es gerade die jungen Leute so gern spielten.

Aber ich wollte nun mal nicht einfach so geküsst werden und schon gar nicht von einem verrückten Dichter, auch wenn er heute äußerst charmant rübergekommen war.

Die Wut kochte so sehr in mir hoch, dass ich ihm eine Ohrfeige gab.

„Richtig so!", ereiferte sich Mylady.

Jetzt sah er aus wie ein begossener Pudel.

Aber leid tat er mir nicht.

„Du hast sie doch nicht alle!", giftete ich ihn an. „Noch gestern hast du mir von deiner Möchtegernfreundin aus Wetzlar erzählt und heute küsst du mich?! – Lotta, oh, liebliche, quirlige Lotta! Mein Herz entflammte sofort", imitierte ich ihn.

Goethens Gesicht wurde puterrot.

„Was würde deine liebliche Lotta wohl dazu sagen, was du hier machst."

Die Worte trafen wie Giftpfeile.

„Prächtig geschossen, Merle", wisperte Mylady zynisch, „mitten ins Herz."

Die Wirkung war wirklich erstaunlich.

Goethens Gesicht veränderte sich schlagartig, wie ein Orkan eine Landschaft zerreißt und nur dunkle Abgründe zurücklässt. Alle Überraschung, alle Verlegenheit war plötzlich wie weggefegt. Übrig blieben nur Schmerz und etwas anderes, das ich nicht genau bestimmen konnte. Aber es wirkte auf mich wie etwas Dunkles, Verborgenes, seit Urzeiten Schlummerndes, das jetzt erwachte und bereit war, ans Tageslicht zu kriechen.

Goethen bebte am ganzen Körper, dann spuckte er Verse wie bittere Galle aus: „Was soll euch Wahrheit? – Dumpfen Wahn packt ihr an allen Zipfeln an."

Ich verstand die Worte nicht ganz, aber ich spürte ihre Wirkung wie eine Hand, die an meinem Herzen zupfte.

Und noch etwas nahm ich wahr, etwas, das eigentlich nebensächlich war, sich aber später noch als wichtig herausstellen sollte: Die goldene Brosche krabbelte von Goethens Schulter wieder auf seine Brust zurück. Schlagartig wurde mir bewusst, was dieses Schmuckstück eigentlich war: Sphinx. Als Goethen mich abgeholt hatte, musste sie ausgebüxt sein. Irgendwie schienen die goldenen Knöpfe sie zu irritieren. Sphinx imitierte deren Farbe – nur an den falschen Stellen.

Goethen sprang zitternd zu einer Tür, die nach draußen führte. Er fasste die Klinke, riss noch einmal den Kopf zurück und brüllte wie ein verletztes Tier in den Raum: „Stürm, stürm, Winterwind, und zerreiß sie, und heul sie tausend Jahr um den Erdkreis herum und noch tausend, bis die Welt in Flammen aufgeht, und dann mitten mitten mit ihnen ins FEUER!"

Bei den letzten Worten riss er die Tür auf und ein eiskalter Nachtwind wehte herein – so heftig, dass er alle Kerzen im Raum zuerst wie einen Fackelbrand entfachte, um sie dann zischend auszublasen.

Mit einem Mal wurde es in der Burg Holtzbrinck stockdunkel.

Und hinter mir brach ein Riesenlärm aus. Aber das war mir egal. Ich war zornig auf Goethen und ich wollte ihn nicht einfach so davonkommen lassen. Also raffte ich mein Kleid und lief hinter ihm in die Nacht hinaus.

Nur am Rande meines Bewusstseins nahm ich Bömmellöhs Stimme wahr, die zwischen Klirren von Geschirr, Aufjaulen von Leuten und Bersten von Holz immer wieder ausrief: „Ach du Scheiße, ach du große Scheiße!"

Die Dunkelheit draußen empfing mich mit … mit Dunkelheit eben, die erstaunlich dicht und dick wirkte, fast wie ein Teppich, obwohl ich deutlich am Himmel die Sterne funkeln sah. Und irgendwo in einer Ecke den eingedellten Mond, der von Nacht zu Nacht kleiner wurde, als ginge ihm mehr und mehr die Luft aus.

Nur vage konnte ich Goethens Gestalt erkennen. Er hastete den Berg hinauf. Ich hinterher. Allerdings musste ich mich von den hochhackigen Schuhen trennen und lief auf Seidenstrümpfen weiter.

Aus zwei Gründen folgte ich Goethen. Zum einen wollte ich ihm ordentlich den Marsch blasen – wie mein Vater sagen würde. Und zum Zweiten musste ich Sphinx wieder einfangen. Wer weiß, was der Dichter in seinem aufgebrachten Zustand mit ihr anstellen würde, wenn er sie entdeckte.

Goethen hetzte an seinem Haus vorbei und hielt jetzt auf die Burg zu. Vor dem Tor stellte sich ihm ein neugieriger Hund in den Weg und knurrte. Goethen beachtete ihn gar nicht und schlug sich nach rechts auf den Waldweg. Als ich das Tor erreichte, stand der schwarze Pudel noch davor, als hätte er auf mich gewartet. Er bellte kurz und wedelte mit dem Schwanz. Ich verschnaufte einige Sekunden und verfluchte innerlich das Kleid, das mich bremste wie ein Fallschirm.

„Zieh es aus", riet eine Stimme in mir. Holmes, wenn ich mich nicht täuschte.

„Das kann auch nur ein Mann sagen", zischelte Mylady. „Lass es an und benutz deinen Verstand."

„In Ordnung", murmelte ich. Es gab eigentlich nur eine Möglichkeit, wohin Goethen gehen konnte. Zur Ruine. Wenn ich mich recht erinnerte, gab es nirgendwo eine Abzweigung. Ich zerrte unten am Reifrock, bis ein großes Stück rundherum abriss, und rannte los.

„Geht doch", sagten Holmes und Mylady zusammen.

Vielleicht sollte ich doch allmählich einen Psychiater aufsuchen. Aber im Moment wollte ich nur diesen unverschämten Typen einholen.

Der schwarze Pudel begleitete mich.

Dann verlor ich Goethen aus den Augen. An der Ruine verschwand auch der Pudel.

Hier oben war es heller als im Tal, der Mond tröpfelte sein Licht wie eine durchgerostete Gießkanne auf das Ruinenfeld und gab den herumliegenden Steinen das Aussehen von bleichen Schädeln. Wenn ich nicht noch so zornig gewesen wäre, hätte es mich ganz schön gegruselt.

Den Dichter sah ich nicht. Aber er musste hier irgendwo sein. Vielleicht konnte ich ihn hören. Ganz still lehnte ich mich an die Trümmerwand und lauschte. Der Wald schwieg, aber ich vernahm ein leises Kratzen, das irgendwie von unten kam. Im ehemaligen Kapellenraum entdeckte ich einen eisernen Ring am Boden, zog daran, aber es bewegte sich nichts.

Mist, bestimmt war das ein versteckter Eingang in so eine Art Krypta.

Ich legte das Ohr auf den Boden. Ja, ich hörte Rascheln und Knistern und Murmeln.

Goethen war dort unten.

Was trieb er? Mitten in der Nacht? Nach einem heftigen Gefühlsausbruch?

Wenn ich doch nur einen Blick hinunterwerfen könnte.

Moment mal, das konnte ich!

Sofern Sphinx noch auf ihm herumturnte. Sie trug nämlich immer noch die Minikamera. Und ich hatte mein Smartphone dabei. Schnell kramte ich es aus dem Ridikül und loggte mich in die Funkverbindung der Kamera ein.

Endlich hatte ich ein Bild.

Ein steinerner Raum. Überladene Regale. Alte Bücher, lederne Folianten, Pergamente, Schriftrollen. Ein Tisch mit seltsamen Instrumenten, gebogenen Gläsern, Experimentierschälchen, kupfernen Leitungen und Kartuschen.

Mittendrin stand ein Totenschädel.

„Was soll das, eine Hexenküche oder so was?", murmelte ich.

„Sieht eher nach einem Alchemistenlabor aus", kommentierte Holmes.

„Ich pflichte ihm bei", gab Mylady ihren Senf dazu.

„Könntet ihr in meinem Kopf mal die Schnauze halten?!", zischelte ich scharf.

„Tzz", machten die beiden und verschwanden.

Sphinx bewegte sich etwas und der Blickwinkel veränderte sich. Goethens Hand tauchte auf. Sie hielt einen Federkiel und kritzelte fahrig in ein Buch. Die linke Hand wischte immerzu durchs Bild, so als würde er ein unhörbares Lied dirigieren. Sphinx krabbelte weiter, die Hände verschwanden. Dafür tauchte Goethens Brust auf und im Hintergrund ein Dutzend Phiolen. Mehrere Kerzen beleuchteten den Inhalt, schimmernde Flüssigkeiten, die meisten schwärzlich, doch einige blutrot – und pulsierend.

Abgefahren. Und gruselig.

Sphinx krabbelte weiter und richtete die Kamera auf Goethens Gesicht.

Ich sog erschrocken die Luft ein.

Seine Haut war kreidebleich, seine Miene verzerrt. Die sonst braunen Augen funkelten schwarz wie Teerklumpen. Auf seinen Lippen waren dunkle Flecken, als hätte er aus einer der Phiolen getrunken. Er atmete hastig und riss sich mit einer rasenden Bewegung das Tuch vom Hals.

Sphinx' Kamera fing den entblößten Hals ein. Dort, wo die Halsschlagader pulsierte, präsentierten sich zwei kleine kreisrunde Einstiche. Wie Mückenstiche. Oder entzündete Zeckenbisse. Sie lagen nicht weit auseinander. Etwa zwei Finger breit. Oder so weit wie ... Moment, Zecken-*Bisse* ... Bisse ...

Unwillkürlich fuhr ich mit der Zungenspitze über meine Schneidezähne.

Ich schluckte.

In etwa so weit, wie menschliche Eckzähne auseinander liegen.

Goethens Liedzeile der letzten Nacht schoss mir durch den Kopf: „Und sie beißt mich, beißt mich, beißt mich." Plötzlich fielen alle Puzzlesteinchen an ihren Platz. Und ein grausiges Bild formte sich.

Ich sprang auf. Ich hatte plötzlich nur noch das Bedürfnis, nach Hause zu kommen. Tut mir leid, Sphinx, dachte ich noch, aber hier wird's mir zu gefährlich. Schon hastete ich den Berg hinunter. In meinem Kopf spulte sich eine Endlosschleife mit den folgenden Satzfetzen ab: ein Dichter, der das Tageslicht scheut wie der Teufel das Weihwasser; ein Verrückter, der sich nachts in eine entweihte Krypta verkriecht; ein Labor mit Phiolen voller Blut; ein mysteriöser Biss; und entzündete Bissspuren an seinem Hals.

Es war nicht Lotta, die ihn gebissen hatte.

Es war etwas anderes gewesen.

Und nun gab es keinen Zweifel: Goethen war ein Vampir!

18

In einem Punkt waren wir uns einig.
Goethen mied meine Anwesenheit – vermutlich wegen des Kusses. Und ich mied die seine – weil er ein Dichter-Vampir war. (Okay, vielleicht auch ein wenig wegen des Kusses.)
Es war nicht unbedingt Angst, die ich ihm gegenüber empfand, eher eine Unsicherheit, denn, sei mal ehrlich, wüsstest du, wie man mit einem Vampir umgehen soll?! Diesbezügliche Ratgeber sind doch eher rar und außerdem machte diese neue Info das Geflecht aus Rätseln und Geheimnissen nur noch verworrener.
Ich brauchte ein klärendes Gespräch.
Also suchte ich meinen Onkel, ich fand ihn im Schuppen.
„Bömmellöh, ich müsste mal dringend mit dir über Goethen sprechen." Dann riss ich die Augen auf. „Wie sieht's denn hier aus?"
Der Schuppen war ein einziges Chaos. Okay, das war er auch vorher schon gewesen, trotzdem schien sich das Durcheinander noch vergrößert zu haben. Und einige Dinge, die vorher noch ganz gewesen waren, lagen nun zertrümmert herum.
„Was?!", fragte Bömmellöh etwas verwirrt, sah sich um und murmelte: „Das war *er*!"

„Wer *er*?"

Er wies auf sich selbst, meinte aber den Anzug, den er seit gestern Abend nicht mehr abgelegt hatte. „Ich nenne ihn Henry", fügte er hinzu.

„Wie bitte, du hast dem Anzug einen Namen gegeben?"

„Erschien mir passend. Schließlich führt er ein Eigenleben. Dann verdient er auch einen Eigennamen."

„Und warum ausgerechnet Henry?"

„Das ist nur sein Vorname. Sein vollständiger Name lautet Henry Jekyll."

„Äh. Das musst du mir näher erklären." Ich setzte mich auf ein umgedrehtes Weinfass. Mein Onkel lehnte sich an das Rad der jetzt mit faustgroßen Einschlaglöchern übersäten Kutsche.

„Du kennst doch die Geschichte von Dr. Jekyll und Mr. Hyde?!"

„Wer kennt die nicht. Ein verrückter Wissenschaftler, der einen Trank erfindet, mit dem er sich verwandelt: vom guten Dr. Jekyll in den bösen Mr. Hyde."

„Glänzend zusammengefasst", kommentierte Bömmellöh, dann begann er langsam auf- und abzugehen. „Nun, mit diesem Anzug verhält es sich ähnlich. Solange er diese Gestalt hat, die du jetzt vor dir siehst, ist er ganz friedlich."

„Was Anzüge ja meistens sind."

„Richtig. Aber unter bestimmten Umständen verwandelt er sich. Und zwar in jenes Wesen, das wir schon teilweise in Gumbels Orangerie sehen konnten und das für die dortigen Verwüstungen verantwortlich ist."

„Der Anzug verwandelt sich also in einen Bigfoot."

„Wie? – Äh, nein. Er verwandelt sich in die böse, monströse, gewalttätige Version seiner selbst."

„Und was soll das sein?"

„Das werde ich dir noch zeigen, aber nicht jetzt."

„Warum nicht?"

„Weil ich erst seit gestern Abend weiß, wie er funktioniert. Es ist das Licht. Vielmehr die Dunkelheit."

„Erklär weiter."

„Gestern Nacht, als du und Goethen zusammen die Party verlassen habt."

„Wir haben sie nicht *zusammen* verlassen."

„Na schön, also als Goethen die Feier verließ, da hat doch ein Windstoß alle Kerzen ausgeblasen. Es wurde stockdunkel in der Burg Holtzbrinck. – Und da hat sich der Anzug verwandelt."

„Ich habe dich ziemlich wild fluchen hören."

„Verständlicherweise. Schließlich steckte ich ja mittendrin in Henry, als er sozusagen den Mr. Hyde rausließ. Und dann ging ein Tohuwabohu sondergleichen los."

Ich erinnerte mich an den Krach.

„Der Mr.-Hyde-Mantel hat getobt und auf alles eingeprügelt, was ihm in die Quere kam."

„Mit dir darin?!"

„Jepp! Interessanterweise ist mir selbst nichts passiert. Der Anzug hat mich zugleich gegen Verletzungen geschützt, während er alles andere in Schutt gelegt hat. Ich brachte ihn erst wieder unter Kontrolle, als jemand ein Licht angezündet hat."

„Ich hab dir doch gesagt, dass es keine gute Idee ist, den Anzug zu tragen."

Bömmellöh grinste. „Du weißt doch, dass ich nur selten auf Ratschläge höre. Bis auf zerbrochenes Geschirr, verbogene Kronleuchter und zu Mus zertrampelte Möbel ist ja nichts weiter passiert. Menschen wurden nicht verletzt. Und ich weiß nun endlich, wie er funktioniert."

Ich rieb mir nachdenklich das Kinn. „Bei Licht Dr. Jekyll. Schlafend. Bei Dunkelheit Mr. Hyde. Rumtobend. Klingt zwar verrückt, aber zumindest steckt eine gewisse Logik darin. Und was hat den Anzug so werden lassen? Auch irgendeine Zaubermixtur?"

Bömmellöhs Grinsen erlosch. „Das ist mir immer noch ein Rätsel. – Aber ich werde es schon noch herausfinden. Werde heute noch ein paar Experimente durchführen und dann ..."

„... den Anzug hoffentlich wieder ausziehen."

„Was?! – Ja, ja. Natürlich. Obwohl es sich gut –"
„Bömmellöh!"
„Ja, ja, schon gut. Natürlich werde ich nach Abschluss meiner Forschungen das Ding wieder ausziehen. So!" Er räusperte sich und fasste mich schärfer ins Auge. „Jetzt zu dir. Du wolltest etwas von mir. Du hast gesagt, du wolltest etwas mit mir besprechen. Über Goethen. Was gibt's?" Er sah mich erwartungsvoll an.

Mit einem Mal fiel es mir schwer, über das Ganze zu sprechen. Obwohl ein Dichter-Vampir doch eigentlich ganz gut zu einem verrückten Dr.-Jekyll-Anzug passte.

„Ich ... äh", ich wusste nicht, wie ich anfangen sollte, „ich wollte nur sagen, Goethen ist ein ..."

„Ja?"

Außerdem war da die Sache mit dem Kuss, die mir irgendwie peinlich war. Vielleicht war mein Onkel doch nicht der richtige Gesprächspartner. Zumindest nicht in diesem Moment. Er war doch viel zu sehr mit seinem Henry-Anzug beschäftigt. „Ich wollte nur sagen, Goethen ist ein guter Dichter, aber ein hundsmiserabler Tänzer."

Bömmellöh starrte verdutzt. „Äh?! Sonst nichts?"

„Nö."

Ich drehte mich um und zog die Schuppentür hinter mir zu. Ich wusste, mit wem ich über die ganze Angelegenheit sprechen konnte. Mit einer Frau. Cynthia. Sie war die einzige, die mir im *Jetzthier* als Gesprächspartnerin einfiel. Irgendwie hatte ich Vertrauen zu ihr. Und ich musste einfach mit jemandem reden. Trotzdem sollte ich vorsichtig sein und mir genau überlegen, was ich ihr verraten konnte, wollte, musste.

Im Innenhof der Burg war niemand zu sehen. In dem großen Saal allerdings quietschten die Spinnräder, die von zahlreichen Kinderhänden am Laufen gehalten wurden. Es waren ausnahmslos Teens, die hier schufteten – vom Alter meines kleinen Bruders bis hin zu fast erwachsenen Jugendlichen. Alle hatten müde Augen, waren schmutzig und trugen zerrissene Kleidung.

Mit meinem alten, geflickten Kleid passte ich ganz gut hierher. Die mühselige Spinnarbeit war eine bewährte Beschäftigung (Schule war eher ein Luxus) für die Bastarde und Bälger, wie man unten im Tal sagte, und brachte dem Waisenhaus ein paar Münzen ein. Allerdings war ich sicher, dass die Aufseher, die ständig irgendwo herumschnüffelten, einen beträchtlichen Teil davon in die eigene Tasche steckten. Zumindest beobachteten die Kinderaugen die Erwachsenen misstrauisch.

Nur Cynthia schien ausnahmslos das Vertrauen aller Kinder zu haben. Wieder einmal fand ich sie inmitten der Schar. Sie saß selbst am Spinnrad, ließ es hin und her surren und sang dazu ein Lied.

„Hab keine Eltern, hab kein Geld,
Bin ganz allein auf dieser Welt.
Doch wenn ich spinn, dann spinn ich mir,
Doch wenn ich sing, dann sing ich mir
Ein Mütterchen, ein Väterchen.

Die hab'n ein Herz aus purem Gold.
Die wachen, wenn der Donner grollt.
Die trösten, wenn die Träne rollt.
Die sind mir immer, immer hold,
Das Mütterchen, das Väterchen.

So spinn ich, spinn ich immer weiter.
Die Spindel summt die Träumerei'n.
So sing ich, sing ich immer weiter.
Und sing mich in den Traum hinein
Zum Mütterchen, zum Väterchen."

Ich durchforschte heimlich den Raum mit Blicken. Aber nirgends entdeckte ich ein paar kleine nackte Jungs mit winzigen Flügeln auf dem Rücken. Nach ihrem Abgang in die Höhle waren sie nicht mehr aufgetaucht.

Als Cynthia mich bemerkte, warf sie mir ein Lächeln zu, stand auf und rief den Kindern zu: „Wenn ich wiederkomme, bringe ich euch ein wenig Zuckerwerk mit." Begeisterter Jubel übertönte kurz das sture Surren der Spinnräder.

Cynthia hakte mich mit den Worten „Na, meine Amsel, du siehst so aus, als bräuchtest du jemanden zum Reden" unter. Ich spürte das Zucken ihres rechten Armes, als wäre er von einem verborgenen Uhrwerk angetrieben worden.

Sie führte mich hinauf in eine kleine Turmkammer, die ganz ihr gehörte. Ein Bett stand hier drin, ein geflochtener Schaukelstuhl, ein kleiner Tisch mit einem Gebetbuch darauf. An der Wand war ein als Regal dienendes Brett, auf dem sie mehrere Breverl wie Fotos einer Ahnengalerie aufgereiht hatte.

„Du hast sicherlich nichts dagegen, wenn ich den bequemeren Platz nehme", sagte sie, schob mir einen dreibeinigen Hocker zu und setzte sich selber in den Schaukelstuhl. „Aber meine Knochen sehnen sich nach etwas Entspannung."

Ihr rechter Arm schien etwas heftiger zu zucken.

Als ich hinsah, erklärte sie: „Das Alter, da entwickeln manche Körperteile ein Eigenleben."

Ich nickte und setzte mich. In einer dunkleren Ecke des Zimmers stand ein Körbchen und auf weichen Kissen lag der schwarze Pudel. Er hopste auf mich zu und leckte mir die Hand. „Ist das dein Hund?"

„Irgendwie schon. Er ist mir zugelaufen. Und seit ich ihm etwas zu naschen gegeben habe, betrachtet er mich als sein Frauchen."

„Hat er einen Namen?"

Cynthia lachte. „Weil mich seine Augen an die meines Vaters erinnern, habe ich ihn Heinrich genannt."

„Hallo Heinrich", sagte ich und streichelte ihn. Er sah mich an. Seine Augen waren tatsächlich etwas Besonderes – irgendwie tiefgründig und wissend sahen sie aus, fast menschlich. Bellend sprang er Cynthia in den Schoß. „Hoppla, nicht so stürmisch, mein Kleiner." Dann blickte sie mich an. „Jetzt sag mir aber, was du auf dem Herzen hast."

Ich holte tief Luft und erzählte.

Von all den seltsamen Ereignissen, dem nächtlichen Auftauchen der nackten Jungs, dem steinernen Ohr, der verborgenen Höhle, von dem Vandalismus in Gumbels Orangerie, unseren nächtlichen Observierungen, der Entdeckung des Dr.-Jekyll-Anzugs und den Experimenten meines Onkels. Im Grunde verschwieg ich nur, dass wir aus der Zukunft kamen und das Wie und Warum unserer Reise. Ich erzählte von meiner ersten Begegnung mit Goethen, seinen seltsamen nächtlichen Ausflügen, seiner Veränderung, von seinem Kuss und seinem geheimen Versteck. Ich endete mit meiner Befürchtung, dass Goethen ein Vampir sei.

Cynthia hörte die ganze Zeit ruhig zu und kraulte dabei den Pudel.

Dann sprach sie: „Das sind seltsame und wunderliche Dinge, die du mir berichtet hast. Die Frage ist, was dir solches Unbehagen bereitet: dass es diese Dinge gibt oder dass du ihre Rätsel noch nicht ergründet hast."

Das war eine gute Frage, die ich momentan nicht beantworten konnte. „Glaubst du denn an solche Dinge?"

„Ich glaube, dass es auf der Welt viele sonderbare Dinge gibt, die wir nicht erklären können, und doch sind sie da. Wir können versuchen, sie zu leugnen, sie zu verscheuchen, doch sie werden in anderer Form wieder auftauchen. Wir müssen einfach mit ihnen leben, auch wenn wir manches lieber aus unserem Denken streichen würden."

Sie hatte die letzten Worte unerwartet heftig gesprochen. Doch schnell hatte sie sich wieder im Griff und fuhr sanfter fort: „Erin-

nere dich an den Abend bei Gumbel. An seinen Vortrag. Das waren nicht einfach nur schöne Abendgeschichten, es waren Sagen."
„Und das bedeutet?"
„Es bedeutet, dass ein Kern in ihnen wahr ist."
„Du meinst, es hat hier in Altena tatsächlich einmal verschrobene Einsiedler, kopflose Männer, Riesen und Hirschmenschen gegeben?"
„Ich sage nur, dass ein Teil von diesen Geschichten wahr ist. Welcher Teil das ist, wissen wir nicht."
Ich dachte eine Weile nach, dann sprach ich das aus, was mich momentan am meisten beschäftigte: „Aber von Vampiren hat Gumbel nichts erzählt. Und das macht mir Angst. Was ist mit Goethen? Ist er wirklich ein Blutsauger? Beunruhigt dich dieser Gedanke nicht?"
Cynthia seufzte. „Unser Dichter ist in der Tat ein seltsamer Mensch. Ich kenne ihn schon etwas länger, da er immer wieder mal hier in Altena auftaucht. Meistens schleppt er einen Sack voll Verse, Weltgedanken und Rätseln mit sich herum und streut sie unter die Leute wie ein Bauer Saatkörner auf dem Feld. Und wenn dann eine Sache aufkeimt und man mit ihm darüber näher sprechen möchte, ist er schon wieder verschwunden. Er ist und bleibt unergründlich. Ich kenne ihn natürlich nicht näher, da müsstest du seinen Freund Gumbel fragen, aber eines ist, denke ich, klar: Goethen lebt ganz für die Dichtung und Poesie."
Ein wenig Hoffnung keimte in mir auf. „Du meinst, er ist kein Vampir?"
„Das weiß ich nicht. Aber ich kann mir nicht vorstellen, dass er irgendjemandem schaden will."
Hm, das half mir nicht wirklich.
Ich nagte an meiner Unterlippe.
Cynthia betrachtete mich eine ganze Weile schweigend. Da der Pudel immer noch auf ihrem Schoß saß und es in der kleinen Kammer sowieso schon recht warm war, legte sie ihre violette Halsschleife ab und öffnete den Umhang. Dabei verrutschte die

Kapuze, die sie immer und überall zu tragen schien, ein wenig und gab ein paar weitere Haarsträhnen frei. Sie waren schwarz bis silbrig grau und lockig wie Späne, die jemand aus feinem Metall gedreht hatte. Mein Blick fiel auf den Halsausschnitt. Ihre Haut war weiß wie Wachs. Eine Schmuckkette verschwand unter dem Dekolleté.

„Eines verstehe ich nicht", sagte sie nach einer Weile. „Dieser Kuss von Goethen scheint dich ziemlich erzürnt zu haben."

„Allerdings und verwirrt hat er mich auch."

„Aber warum? Ihr seid doch miteinander verlobt."

Ich schnitt eine Grimasse, die hervorragend in eine Gollum-Ausstellung gepasst hätte.

„Oh", erwiderte Cynthia. „Also nicht?!"

Ich schüttelte den Kopf. „Das hat sich mein Onkel ausgedacht. Hat manchmal etwas verrückte Ideen."

„Aha, das dachte ich mir schon bei unserm ersten Treffen. Dann seid ihr auch nicht mit Goethen verwandt?!"

„Nein."

„Warum seid ihr dann hier?"

Ich überlegte einen Augenblick, dann gestand ich: „Wir untersuchen das Erdbeben. Dort, wo wir herkommen, haben wir auch Schwierigkeiten mit Erdbeben. Und wir wollen herausfinden, woher es kommt und was man dagegen tun kann.

„Und woher kommt ihr wirklich?"

„Von weit her, sehr weit. Aber ich glaube, es ist besser, wenn ich dir das nicht sage. Du würdest mir sowieso nicht glauben."

„Schon gut, Merle. Ich muss auch nicht alles wissen." Sie lächelte sanft. „Was den Kuss angeht, du musst selbst entscheiden, wie du damit umgehst. Ob du ihm eine Bedeutung beimessen willst oder nicht."

Und genau das wusste ich nicht. Ich war zornig über die Art und Weise, na klar. Aber ich musste zugeben, dass er einem kleinen Teil in mir gefallen hatte.

„Goethen ist ein besonderer Mensch mit einer umwerfenden Ausstrahlung. Aber er hat auch den Ruf eines Herzensbrechers. Also tue nur das, was du wirklich willst, und lass dich in nichts hineindrängen."

Hm, dachte ich, das deckt sich ein wenig mit dem, was Mylady mir gesagt hat.

„Naturellement! Mylady hat immer recht", warf Mylady ein.

Ich räusperte mich. „Da ist noch etwas. Seit ich hier bin, höre ich ... nun ich ... ich höre Stimmen. In meinem Kopf. Meistens denke ich, ich spreche selbst, aber irgendwie wirken die Stimmen so echt, als wären da tatsächlich andere Menschen, die unsichtbar neben mir stehen."

„Und das macht dir Angst?"

„Ja. Vor allem habe ich Angst, verrückt zu werden."

„Bevor du hierherkamst, hast du diese Stimmen nicht gehört?"

„Erst war es nur ein Spiel, aber jetzt kommen und gehen die Stimmen, wann sie wollen."

Sie beugte sich ein wenig vor. Der Stoff an ihrem Dekolleté wölbte sich. Es musste ein großes Schmuckstück sein, das sie an der Kette trug.

Ihre Stimme klang sehr zuversichtlich, als sie weitersprach: „Vielleicht hat es ja einen Grund, warum du sie hörst. Vielleicht helfen sie dir und deinem Onkel, das Geheimnis des Erdbebens zu lösen. Du hast hier schon viele seltsame Erscheinungen erlebt. Vielleicht gehören deine Stimmen auch dazu. Vielleicht ist alles auf wundersame Weise miteinander verbunden."

Auch diesen Gedanken hatte ich schon selbst gehabt, aber es tat gut, ihn aus Cynthias Mund zu hören.

„Außerdem bist du damit nicht alleine. Es hat in der Vergangenheit immer wieder Menschen gegeben, die Stimmen hörten. Meist war es ein Zeichen für ihr Einfühlungsvermögen, ihre besondere Natur, ja, Wunderhaftigkeit. Johanna von Orléans zum Beispiel glaubte, die Stimme der Jungfrau Maria zu hören, die ihr Anweisungen gab, in den Krieg zwischen Frankreich und England einzugreifen. Sie hat den Kampf entscheidend beeinflusst. Und Hildegard von Bingen hörte die Stimmen von Engeln. – Also mach dir nicht zu viele Sorgen. Ich glaube, es ist ein Zeichen, dass du etwas ganz Besonderes bist. Akzeptiere diese Stimmen, dann werden sie dich bereichern."

„Was nicht so ganz einfach ist."

„Die wirklich wichtigen Dinge im Leben sind nie ganz einfach."

19

Sphinx!
Siedend heiß fiel mir das arme Minichamäleon ein.
Ich muss gestehen, dass ich erst daran dachte, als ich von der Burg wieder hinabschlenderte. Und sofort machten sich Gewissensbisse breit. Ich musste sie wiederfinden. Aber wie sollte man ein kaum münzgroßes Tier in der Ruine wiederfinden? Noch dazu eines, das perfekt mit dem Hintergrund verschmelzen konnte? Das war schwieriger, als die Nadel im Heuhaufen zu finden. Ich konnte nur hoffen, dass sie noch irgendwo in Goethens Versteck war. Aber selbst da würde die Suche schwer werden. Vielleicht konnte mir mein Onkel helfen, denn einen Joker hatten wir: Sphinx trug immer noch die Kamera, vielleicht konnte mir das übertragene Bild verraten, wo sie war. Aber hier auf der Straße wollte ich mein Smartphone lieber nicht einschalten.
Ich sprintete den Abhang hinunter und ging, warum, weiß ich nicht, noch einmal in mein Zimmer. Auf dem Schreibtisch lag unberührt das geöffnete Portemonnaie.
Ich schaute hinein.
Ein Schimmern, ein Flimmern wie bewegte Luft, dann kroch ein kleiner Schemen heraus.

„Sphinx", rief ich erleichtert. „Du bist da!"
Mir fiel ein Riesenstein vom Herzen. Die nächsten Minuten schmuste ich einfach nur mit ihr. Sphinx schien es genauso gut zu tun wie mir. Als ich ihr die Minikamera abnahm, wechselte sie mehrmals die Farbe. Das machte sie nur, wenn sie sich freute.

„Du bist ein verdammt schlaues Tierchen", sagte ich zu ihr, „hast dich von Goethen erst getrennt, als er wieder hier war. Beachtliche Leistung!"

Es klopfte.

Ich schob Sphinx wieder in ihren Stall, schloss ihn sorgsam und rief: „Herein!"

Goethen stand im Türrahmen.

Sein Gesicht lag im Schatten. Trotzdem konnte ich erkennen, wie zerknirscht er wirkte – wie nach einer missglückten Blutsaugerparty. Ich brachte vorsichtshalber den Schreibtisch zwischen ihn und mich. Er schien es nicht zu bemerken.

Er räusperte sich und sprach mit verlegener, heiserer Stimme: „Werteste Merle, ich muss mich bei Euch wegen des gestrigen Affronts entschuldigen. Ich weiß nicht, was über mich gekommen ist. Es war unverzeihlich, Euch bei dem Fest in diese kompromittierende Lage zu bringen."

Wie er so mit hängenden Schultern dastand, wirkte er eigentlich nicht wie ein bestialischer Vampir, eher wie ein schlapper Zombie nach durchzechter Nacht.

„Hm", erwiderte ich nur.

„Richtig, lass ihn zappeln", mischte sich Mylady ein.

„Und mit dem, was Ihr zu mir sagtet, hattet ihr recht. Noch ist die Wunde, die mir das Schicksal schlug, kaum verheilt, noch hat die Erinnerung das Bild der verehrten Lotta kaum verdrängt, da …"

„Da was?" Er sprach mir etwas zu sehr um den heißen Brei herum.

Er kam ins Stolpern: „Aber ... aber es kam ... es war diese berauschende Stimmung beim Fest, diese fröhliche, ansteckende, gute Laune. Dazu Euer Kleid, Euer Esprit und Eure ..."
„Da was?" Ich blieb hartnäckig.
Er stockte. Dann wurde er tatsächlich rot. Ganz leise, fast flüsternd, fügte er hinzu: „Da kam es über mich. Ich ließ mich hinreißen zu ... diesem Kuss."
Jetzt trat er einen Schritt vor. Der Türschatten gab den Blick frei auf sein papierbleiches Gesicht und auf seine Lippen.
Sie waren immer noch mit dunklen Flecken benetzt.
Als wäre Blut unauslöschlich eingetrocknet.
Ich schluckte. Mit diesen Lippen hatte er mich gestern geküsst, bevor das Blut – ich schauderte.
Eine Weile standen wir uns gegenüber und keiner sagte etwas. Fieberhaft suchte ich nach einem passenden Gedanken, aber diese Flecken starrten mich eiskalt an und blockierten mein Denken.
„Nutze die Gelegenheit", flüsterte mir Holmes plötzlich ins Ohr, „etwas über sein Verschwinden gestern Abend herauszufinden. Vielleicht erzählt er irgendetwas über sein Versteck. Über sein Geheimnis."
Die Flecken ätzten sich in meine Netzhaut wie Säure.
„Du hast da was", rutschte es mir heraus.
Er stutzte, dann kramte er tatsächlich einen winzigen Taschenspiegel aus seiner Weste und betrachtete sich darin. „Oh", sprach er verlegen, „das ist, das ist ... äh ... Verzeiht, so kann ich nicht unter die Leute ..."
Er drehte sich um und hastete hinaus.
„Du hast da was", äffte Mylady mich nach.
„Chance vertan", kommentierte Holmes.
„Mir doch egal", herrschte ich die beiden an, „und verzieht euch aus meinem Kopf!"
Verärgert setzte ich mich auf die Bettkante.
So viel zum Thema: Die Stimmen akzeptieren.

Ich stand vor der Höhle und überlegte, wie ich hineingelangen könnte. Die Sache mit Sphinx und der Kamera hatte ich vorerst verschoben, denn das kleine Chamäleon war nach seinem großen Ausflug so müde, dass es pausenlos schlief.

Es war inzwischen später Nachmittag und ich wollte meinen Kopf nicht mit blutsaugenden Dichtern belasten. Lustlos warf ich kleine Steine durch die Höhlenöffnung, hoffend, dass ich die nackten Jungs damit herauslocken konnte. Aber es flog kein Stein zurück, nicht mal ein Schimpfwort. In der Höhle war es still wie auf dem Friedhof.

Mein Onkel stand plötzlich neben mir. „Ah, da bist du."
„Trägst du immer noch den Anzug?!", gab ich mürrisch zurück.
„Nur noch heute."
„Und hast du schon herausgefunden, warum er lebt?"
„Nein."
„Hast du überhaupt irgendwas herausgefunden?"
„Ich denke, ich weiß jetzt, wie ich Henry kontrollieren kann."
„Klingt, als wärt ihr, du und *Henry*", ich sprach den Namen absichtlich giftig aus, „jetzt best friends!"
„Könnte man so sagen. Und ich will dir zeigen, dass er uns sehr nützlich sein kann."
„Aha, soll er das Geschirr zerschlagen, damit wir uns den Abwasch sparen können?"
„Nein", gab er ungerührt zurück, „er soll uns helfen, in die Höhle zu kommen."
Jetzt wurde ich doch hellhörig.
„Habe ich mir gedacht, dass dich das interessieren wird."
„Wie soll das gehen?"
„Wir treffen uns heute Abend nach der Dämmerung", sagte er und drehte sich schon wieder um, „im Schuppen. Das ist wichtig, hörst du, du musst mich dort abholen, wenn es ganz dunkel ist."

Damit verschwand er auch schon zwischen den Büschen und ließ mich rätselnd zurück.

Nach der Dämmerung! Was für eine bescheuerte Zeitangabe. Aber ich öffnete genau dann die Schuppentür, als der letzte Lichtstrahl sich vom Himmel verzischte.

Der Schuppen war durch alles, was dieses Jahrhundert so an Beleuchtung hergab, in helles Licht getaucht. Mitten im Flackerschein stand Bömmellöh und strahlte mich an. Im Arm hielt er seine umgebaute Laterna magica, die uns schon einmal gute Dienste geleistet hatte.

Er drückte sie mir in die Hand. Das Gehäuse war ziemlich warm, weil darin schon das Licht brannte.

„Wir gehen jetzt zur Höhle", sagte er bestimmt. „Ich gehe vor und du hältst den Fokus immer genau auf mich."

Ich drehte die Laterna, der Scheinwerfer erfasste ihn grell.

„Henry muss immer im Licht sein, klar?!"

„Klar!" Mir dämmerte, was mein Onkel vorhatte. Allerdings fragte ich mich, ob es wirklich funktionieren würde.

Wir verließen den Schuppen. Draußen war es bis auf ein bisschen Sternenlicht dunkel wie in der Schuldisco, wenn die Tekner-Zwillinge nur das Kuschellicht anmachen. Der Mond war noch nicht aufgegangen.

„Perfekt!", freute sich Bömmellöh. „Halt mich immer gut im Licht."

„Jaja. Wie ein Supertalent bei RTL."

„Bitte keine Witze. Die Sache wird ernst."

„Okay. Dann eben etwas romantischer: Das perfekte Anzug-Dinner."

„Du machst immer noch Witze."

„Tschuldigung, ab sofort werde ich dein Date mit Henry nicht mehr stören."

„Haha!"

Wir erreichten den Höhleneingang.

Bömmellöh stellte sich vor den größten Steinbrocken, der den Eingang verkeilte, und umfasste ihn mit den Händen. Erst jetzt fiel mir auf, dass er weiße Samthandschuhe trug. „Woher hast du die?"

„Die steckten in Henrys Tasche."

„Aha, und jetzt."

„Auf mein Kommando blendest du das Licht aus und dann –"

„– gibt's ein echtes Blind Date."

„Wir werden sehen!" Er atmete tief durch. „Jetzt!"

Ich betätigte die Blendklappe. Dunkelheit. Zuerst sah ich nichts. Allerdings hörte ich sofort Schnauben und Knurren wie von einem Urzeitlöwen. Dazwischen Bömmellöhs angestrengtes Keuchen.

Dann hatten sich meine Augen an die Lichtverhältnisse gewöhnt. Der Schatten vor mir war riesig – viel größer als Bömmellöh, der mit dem Anzug einen Kampf auszufechten schien.

Dann erkannte ich noch mehr.

Henry hatte sich verwandelt und mein Onkel sah aus, als wäre ihm in Sekundenschnelle ein Fell gewachsen.

Dieses bestand zum größten Teil aus einem voluminösen Pelzmantel, schmutzig, die einzelnen Haare aufgerichtet, als stünden sie unter Strom. Ein schäbiges Halstuch ersetzte die Fliege, und eine grimmige Mütze aus Wolfsfell hatte den Platz des Zylinders eingenommen. Unter dem Pelz hing eine speckige Lederhose. Derbe Handschuhe, die Tierklauen ähnelten, vervollständigten das Bild – und gewaltige Stiefel.

Das passt, überlegte ich, mindestens Größe 63.

In Bömmellöhs Keuchen mixte der Mr.-Hyde-Mantel ein furchterregendes Knurren. Er schien von einer unbändigen Wut erfüllt.

Doch jetzt hatte mein Onkel ihn unter Kontrolle gebracht und richtete all die Wut und Kraft gegen den Stein.

Er hob ihn hoch und schmetterte ihn an die Seite. Rumpelnd rutschten die anderen Steine nach und begruben meinen Onkel unter sich.

Ich schrie auf und richtete den Scheinwerfer auf den Geröllhaufen.

„Um Gottes willen, kein Licht!", schrie Bömmellöh durch die Staubwolke.

Natürlich! Sonst würde sich Mr. Hyde zurückverwandeln und Bömmellöh wäre schutzlos. Hastig riss ich die Laterna in die andere Richtung.

Dann brachte ich mich in Sicherheit.

Denn aus dem Geröllhaufen flogen Gesteinsbrocken gefechtsartig in alle Richtungen. Und die Staubwolke summte dazu wie ein Hornissenschwarm.

Manchmal sah ich einen Arm oder ein Bein herausstoßen, einen Handschuh einen Stein zertrümmern, einen riesigen Stiefel, der Felsen zu Krümeln zerstampfte.

Dann endlich rief mein Onkel, er klang erschöpft: „Jetzt, Merle. Licht! Mehr Licht!"

Ich richtete den Fokus auf ihn. Die Staubwolke strahlte grellgrau zurück. Dann tauchte allmählich, wie eine Gestalt im schwindenden Morgennebel, mein Onkel auf. Zunächst der Zylinder, darunter der rote Haarschopf, das grinsende Gesicht, die Fliege – dann der Rest von Henry und Bömmellöh.

Mein Onkel sah sehr zufrieden aus. „Das war zwar anstrengend", sagte er, „aber ich habe, glaube ich, nicht einen einzigen Kratzer abgekriegt. Na, und das Resultat kann sich sehen lassen."

Er wies mit dem Daumen hinter seinen Rücken.

Der Blick auf die Höhle war frei.

Der Eingang maß jetzt gut einen Meter in der Breite und war so hoch wie ein Mensch.

„Klasse!", sagte ich und stutzte, weil Bömmellöh begann, sich auszuziehen. „Äh, was wird das jetzt?"

„Na, ich lege Henry schlafen", antwortete er, „und dann sehen wir uns deine Höhle an."

„In Unterzeug?!"

„Warum nicht?! – Ist doch sonst keiner da. Und mehr als deine nackten Jungs dadrin hab ich immer noch an."

Ich schüttelte grinsend den Kopf. „Ich kenne keinen verrückteren Menschen als dich."

Bömmellöh hatte Henry jetzt vollständig ausgezogen und auf dem Boden vor der Laterna zusammengelegt. Im gleißenden Licht atmete der Anzug sanft.

Bömmellöh richtete sich auf, kniff mir ein Auge und kommentierte: „Verrückt, aber trickreich."

Dann marschierte er, nur mit Unterhemd und -hose bekleidet, in die Höhle.

In der Höhle war es dunkel, es roch feucht und ich hörte ein regelmäßiges leises Plitschen.

„Licht wäre nicht schlecht", kommentierte mein Onkel.

„Hast du nichts mitgebracht?"

„Steht draußen."

„Na dann", erwiderte ich, denn mein Handy-Akku hatte nicht mehr viel Saft, „muss es wohl sein."

Ich schaltete die Taschenlampe auf unterste Stufe.

Sanftes Licht floss durch die Höhle.

Sie war nicht so groß, wie ich erwartet hatte. Etwa die Ausmaße einer Doppelgarage, auch nicht viel höher.

Dafür war sie viel schöner. Die Wände funkelten in Regenbogenfarben. Tropfsteine hingen von der Decke, feucht und glitzernd wie polierte Marmorzähne. Immer wieder löste sich ein Tropfen und fiel plitschernd in ein steinernes Becken voller Wasser.

Ich leuchtete in jede Ecke.

Die Enttäuschung war groß: keine nackten Jungs.

Mein Onkel war der einzige leicht bekleidete Mensch hier drin.

Er kratzte an den Wänden herum. Natürliches Felsgestein. Das einzige von Menschen Gemachte war das steinerne Becken in der Höhlenmitte. Es war fast kreisrund, bestand aus einer zwei Meter durchmessenden, etwa knietiefen Schale, die auf einem ebenso hohen Sockel ruhte. Insgesamt reichte es mir also bis zur Hüfte und hatte verdammte Ähnlichkeit mit einem alten Brunnen.

Der Sockel war zwölfeckig und von jeder Ecke ragte eine kleine Säule auf, die vielleicht zwanzig Zentimeter über den Beckenrand hinausragte.

Ich trat näher und pfiff durch die Zähne.
„Da also seid ihr!"
„Hast du was entdeckt?"
„Mh."
Schon stand Bömmellöh neben mir.
„Das ist interessant", zischte er erstaunt. „Und unerwartet."
Die zwölf Säulen waren gar keine.
Es waren Figuren.
Zwölf nackte Steinfiguren mit kleinen Flügeln auf dem Rücken.
„Das sind deine nackten Jungs", sagte Bömmellöh.
„Nein", gab ich zurück und war über meine Worte selbst erstaunt. Doch blitzartig hatte ich mich an Gumbels Sagen erinnert und die Puzzlesteine waren an die richtige Stelle gefallen.
„Das sollen zwölf Engel sein."
„Häh?!"
„Na, die zwölf Engelsfiguren, die die Wunderquelle vom Klusenberg bewacht haben."
„Äh."
Mein Onkel war doch sonst nicht so begriffsstutzig.
„Wir haben den Einhardsbrunnen entdeckt."
„– – "
Ha, diesmal hatte ich das letzte Wort.
Die nächste halbe Stunde untersuchten wir Höhle und Brunnen.

Bömmellöh hatte mir anfangs nicht geglaubt, dass die Steinengel und die nackten Jungs ein und dieselben sein sollten. Doch als ich das Steinohr hervorkramte und es dem Engel-Boss an den Kopf hielt, verstummte er. Das Ohr passte nahtlos an die Bruchstelle, die am Steinkopf zurückgeblieben war.

Allerdings rätselten wir, wie sich diese Figuren in den letzten Nächten in Altena hatten herumtreiben können.

„Vielleicht hat es mit –" Weiter kam ich nicht, denn vom Höhleneingang erscholl ein tiefes kehliges Knurren.

Und dann stand Henry im Raum. Vielmehr Mr. Hyde.

„Scheiße!", rutschte es meinem Onkel heraus. „Das Licht in der Laterna muss ausgegangen sein!"

Der Pelzmantel sah sich in der Höhle um. Dann entdeckte er uns und kam grollend näher.

„Und jetzt?!"

Raus konnten wir nicht. Mr. Hyde versperrte uns geschickt den Weg. Dann stieß er sich den Kopf, äh, ich meine, die Pelzmütze an einem Tropfstein und riss ihn heulend ab. Sein speckiges Holzfällerhemd hob und senkte sich wie bei einem wütenden Brustkorb. Er holte zum Wurf aus.

„Halt!", rief Bömmellöh. „Nicht werfen!" Mr. Hyde verharrte in der Bewegung. „Ha, er hört auf mich", sprach mein Onkel stolz.

– Für ungefähr zwei Sekunden, dann schleuderte der Pelz den Tropfstein nach uns.

Ich duckte mich, der Stein zischte haarscharf vorbei, platschte in das Brunnenbecken. Eine große Welle spritzte auf und schwappte über Schalenrand und Engelsfiguren.

Mr. Hyde tobte weiter und riss schon den nächsten Tropfstein ab.

„Wir brauchen Licht! Viel Licht!", schrie Bömmellöh.

Okay. Ich opferte meine letzten Akkureserven, hielt Mr. Hyde mein Smartphone entgegen und tippte den Button.

Zunächst wurde es ganz dunkel, dann flammte ein Blitz auf – grell wie eine kleine Sonne.

Der Mr.-Hyde-Mantel stoppte mitten im Wurf. Eine Sekunde lang wirkte er wie eingefroren. Dann fiel er keuchend in sich zusammen, bis nur ein Häufchen schicker Anzug auf dem Höhlenboden lag.

„Paralysiert", kommentierte Bömmellöh. „Das war ziemlich knapp. Ich hole besser schnell den Koffer."

„Und zieh dir was an, dreckiger Perverser!", krächzte eine Stimme hinter uns.

Wir fuhren herum.

Steinerne Augen glotzten uns an und ein Maul verzog sich zu einem frechen Grinsen. Dann reckte der Engel-Boss seine Hand vor, zeigte auf mich und krähte: „Und du, blöde Zicke, gib mir endlich mein Ohr zurück!"

Ich war viel zu überrascht, um ihm zu widersprechen. Kommentarlos reichte ich ihm das Steinohr. Er griff hastig danach, tunkte es in das Wasser und knetete es sich an den Kopf. Es verschmolz nahtlos.

Ich sah zu Bömmellöh hinüber und vollendete meinen Satz, den Henry unterbrochen hatte:

„Vielleicht hat es mit dem Wasser des Einhardsbrunnen zu tun."

„– – –"

Wieder blieb mein Onkel sprachlos.

2 : 2, was das letzte Wort anging.

20

höhlentropfen, plitsch,
sammeln in der schale, plitsch,
stone-grin spiegelt sich

(Haiku; Merle Schiller)

„Stone-grin, aha!" Der Name passte wie die Faust aufs Auge: Steingrinsen. Trotzdem ärgerte mich sein arroganter Tonfall. Ich wies auf einen kantig-dümmlichen Kerl, der neben ihm stand und ständig mit den Fingern schnippte. „Und der hier? Rock-snap?" Stone-grin stemmte die Hände in die Hüften, setzte sein Steingrinsen auf und antwortete: „Nein, das ist Rockfinger. Rock-snap ist der dort drüben." Er zeigte auf einen muskulösen nackten Jungen, der jetzt demonstrativ seine Finger in der Faust knacken ließ. Noch ehe ich mich von meinem Erstaunen erholen konnte, rasselte Stone-grin die restlichen Namen herunter: „Flügelfalte, Angelmouth, Kieselschnäuzer, Lichtsteinchen, Knirsch…" Was danach kam, konnte ich mir nicht mehr merken. Er beschloss seine Aufzählung mit: „Und zusammen sind wir –"

„– das Dreckige Dutzend!", schnitt ich ihm das Wort ab.

Er stutzte. „Eigentlich wollte ich sagen: die Heroischen Zwölf. Aber *Dreckiges Dutzend* klingt irgendwie…

„Cool?"

„Wieso cool? Wir sind doch besonders heiße Typen! – *Eigensinnig* wollte ich sagen, wir sind sehr eigensinnig."

Dann drehte er sich zu den andern um und krähte: „Habt ihr gehört, Jungs? Ab sofort sind wir das Dreckige Dutzend."

Allgemeiner steinerner Jubel.

„Und jetzt gehen wir wieder raus und suchen nach dem Richtigen."

„Hey", hielt ich sie zurück, „was soll das heißen, *dem Richtigen*."

„Na, wir haben einen Auftrag."

„Von wem?"
„Von Meister Einhard."
„Einhard? Der heilige Mönch?"
„Unser Meister, genau. Er hat uns gemacht."
„Und welchen Auftrag hat er euch gegeben?"
„Er sagte: Wenn die Zeit käme, dass uns das Wasser wieder lebendig macht, müssten wir den Weg zur Höhle frei machen –"
„Aha", mischte sich jetzt mein Onkel ein. „Deshalb habt ihr Goethens Zaun zerhackt und den Trampelpfad angelegt? Damit wir die Höhle entdecken?"
„Non, non, nischt ihr", summte jetzt ein anderer, er hieß Pierre de Soie. Er hatte nicht nur einen französischen Namen (der übrigens Seidenstein bedeutet, hab's nachgeschlagen), sondern sprach auch mit solch einem Akzent – und zwar immer ein bisschen abfällig.
„So?!"
„Wir sollten einen Kämpfer finden, un homme martial, einen eschten Krieger!"
„Und alles, was wir gefunden haben", sprach jetzt wieder Stone-grin, „ist ein schwächliches Mädchen und ein Trottel in Unterhosen."
„Ich muss doch sehr bitten", empörte sich Bömmellöh. „Ihr habt doch selbst keine Hosen an."
Doch das Dreckige Dutzend hatte sich schon unfreundlich umgedreht und zockelte zum Ausgang.
In mir kochte Zorn auf. Diese miesen kleinen Stein-Nerds hatten mich geärgert, beschimpft, an der Nase herumgeführt, mit Dreck beworfen und mir den Stinkefinger gezeigt. Und jetzt wollten sie mich einfach stehen lassen. Nicht mit mir. Ich fischte den von Henry geworfenen Tropfstein aus der Schale (seltsamerweise lag noch ein zweiter darin) und schrie: „Hey, Steinfresse!" Dann warf ich.
Ston-grin drehte sich um und, kracks!, krachte ihm der Tropfstein ins Gesicht.

Das Steingrinsen verschwand. Er knirschte mit den Zähnen, was wie Sand in einem Getriebe klang. Dann stürzte er sich auf mich. Die anderen folgten ihm.

Dann geschah etwas Seltsames.

Als ich meine Hand in das Becken getaucht hatte, hatte sich ein Kribbeln in meinen Fingern breitgemacht. Ich hatte das Gefühl, als würde das Wasser meinen Arm hinaufkriechen. Dann flammte – ganz kurz nur – ein Chor aus vielen Stimmen in meinem Ohr auf und verstummte wieder. Als Stone-grin angriff, hörte ich plötzlich eine deutliche Stimme in mir – nicht Holmes und auch nicht Mylady. Diese war neu, eindeutig eine Frau, aber eine, die ziemlich viel Power hatte, denn sie klang zielstrebig, entschlussfreudig und befehlsgewohnt: „Nach rechts!"

Ich folgte automatisch – und Stone-grins Schlag ging an mir vorbei.

„Links!"

Der zweite Schlag verfehlte mein Gesicht.

„Runter. Rolle zur Seite."

Rockfinger und Rock-snap liefen ins Leere.

„Und jetzt, wehr dich!"

Es gab ein wüstes Handgemenge. Aber da ich den Anweisungen der Stimme folgte, teilte ich mehr aus, als ich abkriegte. Mehr als ein paar blaue Flecken waren es für mich nicht.

Für das Dreckige Dutzend sah die Sache ganz anders aus. Nach wenigen Minuten, vielleicht waren es auch nur Sekunden, war der Kampf beendet und die nackten Steinjungen zählten ihre zerschlagenen Nasen, zerbröselten Zähne und gebrochenen Steinglieder.

Keuchend lagen sie am Boden.

Ebenso keuchend stand ich über ihnen und brüllte: „So, wer ist jetzt das schwächliche Mädchen?"

„Ich ... also ich fühl mich alt und schwächlich", stöhnte Ur-Erz, der Älteste der Zwölf, dem ein Teil seines Steinbartes weggebrochen war.

„Nich schlecht, für'n Mädchen", brummelte einer, er hieß Briskbrock, mit frechem Glanz in den Augen.

Einer der Steinbengel erhob sich mühsam und schleppte sich zum Wasserbecken. Er tauchte mehrere Steinzacken, die normalerweise seinen Körper zierten und beim Kampf abgeknackt waren, in das Wasser und fügte sie wieder an seinen Körper. Danach wusch er sich durchs Gesicht und sah ziemlich erfrischt aus. „So, Jagged ist wieder da", murmelte er, dann warf er Stone-grin einen Blick zu: „Ich glaub, wir müssen reden, Stony."

Stone-grin nickte, und nachdem alle ihre Wunden mit dem Brunnenwasser geheilt hatten, zogen sie sich in eine Ecke zurück.

Eine ganze Weile klang es, als würden kleine Kiesel einen Abhang hinunterklackern.

Mein Onkel trat neben mich: „Das war ziemlich beeindruckend. Wusste gar nicht, dass du so gut kämpfen kannst."

„Ich auch nicht", gab ich zurück.

Irgendwann umringte uns das Dreckige Dutzend. Und ich weiß nicht, ob mir das jetzt besser gefiel als der Kampf vorhin. Denn plötzlich hatte sich das Verhalten der Zwölf grundlegend geändert. Sie schmiegten sich an mich wie junge Katzen, schnurrten und gurrten und tätschelten mich mit ihren Steinhänden wie kleine Kinder ihre Mutter.

Bömmellöh grinste. „Wenn ich das deiner Mutter erzähle: Merle kuschelt mit zwölf nackten Jungs."

„Halt bloß den Rand", gab ich unwirsch zurück und schob den Engelboss etwas von mir weg: „Was soll das, Stone-grin?!"

Stone-grin stemmte die Hände in die Hüften: „Wir sind uns zwar nicht einig, ob du die Kriegerin bist, auf die wir warten sollten, aber fürs Erste nehmen wir das mal an. Wir sind jetzt deine Knappen. Wir tun alles, was du uns befiehlst."

„Wirklich alles?"

„Na ja, fast."

„Dann erzählt mir jetzt alles, was ihr über diesen Brunnen und Meister Einhard wisst."

„Okay."
„Und setzt euch irgendwohin. Dieses Geschmuse macht einen ja verrückt."
„Okay."
„Na los!"
Tatsächlich hockten sie sich im Halbkreis auf den Boden und schauten zu mir auf, als wären sie die bravsten Schüler der Welt und ich ihre absolute Lieblingslehrerin.
Und dann erzählten sie im Wechsel.
Es war allerdings nicht sehr viel, was sie wussten.
Dieser Einhard hatte die Zwölf aus alten Steinquadern der Kapelle vom Klusenberg geschaffen (deshalb glich das Steinohr also den Brocken dort oben) und mit dem Brunnenwasser belebt. Kurz vor seinem Tod gab Einhard ihnen einen Auftrag. Dann versteinerten sie wieder.
„Was für ein Auftrag?"
„Wir sollten die Quelle bewachen."
„Aber wie sollte das gehen, wenn ihr versteinert wart?"
„Einhard war ein weiser Mann", erklärte Ur-Erz und kraulte sich den reparierten Bart. „Er wusste, die Quelle würde uns zum rechten Zeitpunkt zum Leben erwecken."
„Und zack", Rockfinger schnippte mit den Fingern, „stehen wir hier, wie du siehst."
„Moment", schaltete sich jetzt mein Onkel ein. „Ihr wart doch bis vor wenigen Tagen leblos?"
„Genau!"
„Aber wer hat euch dann lebendig gemacht?"
Die Zwölf zuckten mit den Schultern.
Mir fiel etwas ein, ich sah in das Brunnenbecken. „Da liegt noch ein Tropfstein drin."
„Der von eben."
„Nein, den von eben habe ich Stone-grin an den Kopf geworfen. Der hier ist schon eher hineingefallen."

Bömmellöh nahm den Tropfstein heraus und suchte an der Decke nach der Bruchstelle. „Da! Fast genau über der Mitte des Beckens. Das sieht so aus, als wäre der Tropfstein präpariert worden. Damit er bei einer heftigen Erschütterung abfällt, zum Beispiel bei …"

„… einem Erdbeben", beendete ich seinen Satz. „Das passt! Am Abend nach dem Beben haben mich diese Steinwilden mit Dreck beworfen."

Jagged kicherte, dass die vielen Zacken an seinem Körper wackelten.

Ich warf ihm einen strengen Blick zu, dann riss ich den Kopf herum und starrte Bömmellöh an. Ihm musste derselbe Gedanke durch den Kopf schießen. Fast gleichzeitig sprachen wir: „Dann wusste Einhard von dem Erdbeben!"

Wir staunten uns an.

„Also steckt hinter dem Beben", murmelte mein Onkel, „viel mehr, als wir vermuten."

„Ja, aber was?" Ich sah die nackten Jungs an, doch die zuckten nur wieder mit den Schultern.

Ich versuchte, ihnen noch mehr Infos abzuringen, aber nur wenig war brauchbar. Einhard hatte in ihrem Beisein nur selten etwas erzählt.

„Irgendwas von einer großen Bedrohung für die Stadt", sagte Kieselschnäuzer. Er hatte einen leichten Schatten über der Oberlippe, der einem Schnurrbart ähnelte, und sein Tonfall klang ein wenig versnobt. „Von einem Dichter."

„Und einem Denker", ergänzte Ur-Erz.

Ich wurde hellhörig. „Was für Dichter und Denker?"

„Der eine tickte nicht richtig und der andere war böse", sagte Jagged.

Ich konnte kaum an mich halten. „Wie böse?! Ist er zum Beispiel Leuten an die Kehle gesprungen und hat ihnen das Blut aus dem Körper gesaugt?!"

Jetzt starrten mich nicht nur sämtliche nackte Jungs, sondern auch mein Onkel an.

„Knurps kralm", knarzte Knirsch, der nur solche Laute von sich gab.

„Was hat er gesagt?", fragte ich Jagged.

„In was für einer Welt du eigentlich lebst", übersetzte der.

„Schon gut. Vergessen wir das. Wisst ihr noch mehr über diese Dichter und Denker?"

„Einhard nannte einen Namen", überlegte Ur-Erz. „Von dem Denker, glaube ich."

„Und, wie hieß er?"

„Äh, hab ich vergessen."

Ich seufzte. „Erinnert sich irgendwer an den Namen?"

Schweigen.

Zweiter Versuch: „Erinnert sich irgendwer an irgendwas?"

Zögerlich meldete sich der kleinste der Zwölf, Lichtsteinchen. Seine Steinhaut war so hell, als würde sie leuchten.

„Ja?!"

Mit piepsiger Stimme flötete er: „Ich weiß noch, wie wir Bauer Hubberts Kühe mit Kuhfladen beworfen haben."

„Das weiß ich auch noch", schrien die andern durcheinander.

Steinhirne! Wirklich wichtige Dinge können sie sich nicht merken, aber den letzten Scheiß, den behalten sie sich.

Ich wagte trotzdem einen dritten Versuch: „Okay, sonst noch irgendetwas, das uns weiterbringen könnte?"

Nein.

Überhaupt konnten sie sich nur an das erinnern, was sie in ihrer lebendigen Phase mitbekamen. Zu Stein erstarrt hörten und sahen sie nichts.

Die Wirkung des Einhardsbrunnens schien nur ein paar Tage anzuhalten, weswegen wir sie heute wieder erstarrt gefunden hatten.

Immerhin wussten sie noch Folgendes: Das letzte Mal, das sie lebendig gewesen waren, war Einhard sehr schwach und todkrank gewesen. Er hatte ihnen den Auftrag gegeben, beim nächsten Erwachen nach einem stolzen Ritter Ausschau zu halten und ihm im Kampf gegen das Unheil beizustehen. Das musste inzwischen mehrere Jahrhunderte her sein.

Ich sah meinen Onkel an. „Irgendwie sind wir noch nicht viel weitergekommen."

„Och, nun sieh mal nicht so schwarz. Immerhin haben wir das Geheimnis deiner nackten Kerle gelöst. Aber jetzt hole ich erstmal Henrys Koffer. Und dann kannst du mir ja mal die Sache mit dem Blutsaugen erklären."

Ich schluckte. „Okay, aber das wird eine längere Geschichte."

„Macht nix, Zeit ist, glaube ich, das, wovon wir am meisten haben." Mit diesen Worten stapfte er hinaus und ließ mich mit zwölf Augenpaaren allein, die mich erwartungsvoll anstarrten.

„Und ihr", herrschte ich sie an, „glotzt nicht so blöd aus der Wäsche und trollt euch."

„Gerne", erwiderte Stone-grin, „aber was ist *trollen*?"

„Boah, ihr sollt abhauen."

„Abhauen können wir gut", Rocksnap rollte mit den kraftvollen Schultern.

„Aber was sollen wir kaputthauen?", fragte jetzt Briskbrock, der fast genauso muskulös wie Rocksnap war und einen ausgeprägten Stiernacken besaß.

„Ihr sollt nichts kaputthauen, ihr sollt einfach hinausgehen ..."

„... und nicht blöde aus der Wäsche schauen", fügte Stone-grin hinzu.

„Jetzt habt ihr's!", sagte ich erleichtert.

„Dreckiges Dutzend", kommandierte er, „Abmarsch!"

Wie eine Bande entlaufener Wasserspeier marschierten die Zwölf hinaus und ließen mich allein.

Endlich, denn es gab da noch etwas, das ich unbedingt klären musste.

21

Als ich allein war, sagte ich zu mir selbst: „Danke für die Hilfe!"
„Gern geschehen", antwortete die Kriegerstimme.
„Und wer bist du?"
„Ich bin Kartera, ich bin Prinzessin und Amazone. Beste im Kampfe und Kriege auf meinem Eiland bin ich, ja. Ich bin geboren zur Schlacht, zur Schlacht einst werde ich sterben. Nehme es auf mit jeglichem Knaben und Knappen und Ritter."
„Oh, ein wenig arrogant, die Schlampe", mischte sich Mylady ein.
„Ich mag sie", kommentierte Holmes.
„Könntet ihr beiden euch mal einen Moment da raushalten?", zischte ich.
„Der Genießer schweigt und lauscht", erwiderte Holmes.
„À contrecœur", schnappte Mylady.
Aber die beiden gaben tatsächlich Ruhe.
„Nun, äh, Kartera, *du* hast mich so gut kämpfen lassen, stimmt's?!"
„So ist es."
„Äh, kann ich dich sehen?"

„Ich bin dein Teil, du kannst mich sehen, wenn du es möchtest."
Ich schloss die Augen und konzentrierte mich. Ich stellte mir eine Amazonen-Prinzessin vor.
Als ich wieder hinsah, stand Kartera tatsächlich vor mir. Noch nicht so fest und körperlich wie jemand Echtes, eher wie eine durchscheinende zweidimensionale Projektion, aber doch sichtbar.
Sie sah umwerfend aus.
Mittelgroß, muskulös und doch weiblich. Die langen schwarzen Haare hatte sie zu einem Zopf geflochten, auf ihrer Stirn glänzte ein feines Silberdiadem. Ihre Kleidung ähnelte den Abbildungen von altgriechischen Soldaten in meinem Geschichtsbuch. In der Hand trug sie ein Kurzschwert und am anderen Arm einen Rundschild.
„Wow!", sagte ich.
„Ich deute dies als Kompliment, als Laute des Dankes", gab Kartera zurück und lächelte.
„Bilde dir nicht zu viel darauf ein", schnippte jetzt wieder Mylady dazwischen. Auch sie materialisierte sich als Projektion vor meinen Augen. „Ihre Rede ist voll von diesen banalen Füllwörtern. Ansonsten ist sie ein wenig spröde."
„Ich bin was?!"
„Spröde", kam nun auch noch Holmes dazu. „Eigentlich bedeutet es: hart, aber bei Druck zerspringend; auf Personen übertragen meint es: abweisend, verschlossen, widerspenstig."
„Ich bin nicht widerspenstig!"
Die drei grinsten mich an.
Ich sah sie jetzt alle – ein wenig flimmernd wie heiße Luft über Sommerasphalt. Sie waren so unterschiedlich, wie man es sich kaum vorstellen kann.
Holmes etwas steif auf einen altmodischen Gehstock gestützt, in elegantem dunklen Anzug, ein mantelähnlicher Überwurf auf den Schultern und auf dem Kopf ein schwarzer Zylinder. Seine graugrünen Augen waren stechend und man sah geradezu, wie hinter

der hohen Stirn ein präzises Logik-Uhrwerk arbeitete. Mylady, genauso kühl und schön wie ihr grünes Satinkleid, die hellblauen Augen kaum merklich in Bewegung und doch unablässig die Umgebung checkend. Und Kartera, eine Kämpferin, die einem Fantasyroman entsprungen sein könnte. Abgesehen davon, dass Kartera schwarzhaarig und Mylady blond war, waren auch ihre Gesichtszüge ganz unterschiedlich. Karteras waren herb-schön, ein wenig kantig und kraftvoll. Myladys dagegen grazil, bleich, sinnlichrote Lippen, um die aber eine Spur Grausamkeit spielte, in den Augen funkelte beständig der Satz: Unterschätze mich niemals. Kartera wirkte ehrlich und wahrhaftig, sie würde niemals etwas Unrechtes dulden. Beide Frauen waren starke Persönlichkeiten und Holmes schien das voll und ganz zu genießen.

Warum gerade diese drei?

Ich wusste es nicht, aber ich hatte eine Ahnung: „Das Wasser, das Wasser der Einhardsquelle bewirkt das alles. Als ich in das Wasser hineingriff, spürte ich ein Kribbeln und hörte eine Art Chor aus vielen Stimmen. Ihr seid drei davon, vermutlich die stärksten und die klarsten, die mein Unterbewusstsein hervorbringt. Ich bin wie eine Laterna magica: Mein Unterbewusstsein malt die Bilder auf Glas und das Wasser ist wie das Licht, das diese Bilder projiziert."

„Klingt logisch", bestätigte Holmes.

„Oui", sagte Mylady.

„So sei es", schloss Kartera.

„Dann bleibt die Frage, *warum* das Wasser dies alles bewirkt."

Etwas anderes fiel mir schlagartig ein.

Dieses Kribbeln in den Fingern hatte ich doch schon einmal gespürt. Gumbels Haus. Die Orangerie. Der Brunnen. Als ich meine Hand hatte hineingleiten lassen, hatte es auch gekribbelt. Ich hatte gedacht, dass es von meiner besonderen Stimmung oder dem atemberaubenden Anblick des Sternenhimmels kam. Aber – Moment! Wenn es wirklich das Wasser gewesen war, würde das bedeuten, dass es aus der gleichen Quelle kommen musste wie

das Wasser hier in der Höhle. Dann läge hier vielleicht auch die Lösung für das Henry-Rätsel.
Ich musste sofort mit meinem Onkel sprechen.
Meine drei Fantasiebegleiter verschwanden.

Nachdem sich Bömmellöh schnell im Haus umgezogen hatte, kam er mit dem Koffer wieder. Henry hatte die ganze Zeit paralysiert auf dem Höhlenboden gelegen. Jetzt hob ihn mein Onkel auf, legte ihn in den geöffneten Koffer und schloss den Deckel. Der Koffer knuffte nur kurz hin und her, dann beruhigte er sich.
„Eins verstehe ich nicht", sagte ich zu Bömmellöh. „In dem Koffer ist es doch dunkel. Dann müsste Henry sich doch eigentlich in den Mr.-Hyde-Pelz verwandeln."
„Eigentlich", antwortete mein Onkel. „Aber ich vermute, dass Henry sich in dem Koffer so wohl fühlt, weil er aus dem gleichen Material wie er selbst besteht. Leder und Stoff. Ich würde sogar so weit gehen, dass er für Henry so eine Art Baby-Wiege darstellt."
Ich zog kritisch die Augenbrauen hoch: „Aber am Daumen nuckelt er noch nicht."
„Wer weiß!?"
„Ich habe übrigens eine Lösung für Henrys Eigenleben gefunden. Das Wasser!" Ich zeigte auf den Brunnen. „Ich glaube, dass es das gleiche ist wie in Gumbels Orangerie."
„Du meinst, es gibt eine Verbindung zwischen dieser Quelle und dem Springbrunnen?"
Ich nickte.
„Interessante Theorie." Bömmellöh betrachtete intensiv den Einhardsbrunnen, vor allem das Rinnsal, das über eine Kerbe im Brunnenrand rieselte und in eine Steinrinne im Höhlenboden tropfte. Die Rinne verschwand irgendwo in der Felswand. „Lässt sich schnell überprüfen." Er rannte mit dem Koffer aus der Höhle und tauchte schon drei Minuten später mit einem Tintenfass wieder auf.

Inzwischen hatte ich die Laterna vor dem Becken platziert, der Einhardsbrunnen erstrahlte in hellem Licht.

„Hier. Gib mir zehn Minuten. Bis dahin bin ich unten in der Orangerie. Dann kipp die Tinte in das Wasser. Wenn eine Verbindung besteht, müsste es nach einer Weile unten ankommen."

„Okay."

Er ging zum Ausgang, drehte sich aber noch einmal um. „Äh, wenn du hier fertig bist, solltest du vielleicht mal draußen nach deinen zwölf Knappen schauen."

„Wieso?"

„Äh, schau's dir selbst an. Auf mich hören sie nicht."

„Das wird ja wohl noch ein bisschen Zeit haben."

„Wie du meinst."

Damit war ich wieder alleine. Ich hatte keine Lust, jetzt schon die Höhle zu verlassen. Mir war eben am Brunnen etwas aufgefallen, das ich mir unbedingt noch näher anschauen wollte. Ich wartete die zehn Minuten ab, dann goss ich die Tinte ins Becken. Das Wasser färbte sich tiefschwarz, zog wie ein dünner Bleistiftstrich die Rinne entlang und verschwand schließlich unter der Felswand. Den Rest würde Bömmellöh erledigen.

Ich kniete mich hin und betrachtete einen auffälligen Steinquader am Sockel des Beckens. Er hatte etwa die Größe eines flachen Schuhkartons und auf seiner Oberseite waren jetzt im hellen Licht eingeritzte Zeichen zu erkennen:

Ans S. Hachs.

Klang ein bisschen wie der Adressat einer Briefanschrift. Aber was hatte das mit dem Einhardsbrunnen zu tun?

Ich fuhr mit der Hand über den Stein. Die Oberseite fühlte sich glatt an, in drei Seitenflächen aber waren feinste Rillen gezogen. Die vierte war leicht gebogen wie ...

... bei einem Buch.

Ein steinernes Buch.

Mein Gehirn arbeitete auf Hochtouren. Vielleicht funktionierte die Einhardsquelle nicht nur bei Statuen, sondern auch bei einem Steinbuch.

Ich schöpfte eine Handvoll Wasser und verteilte es sorgsam auf dem Steinquader.

Es gluckerte leise, umhüllte den ganzen Stein wie glänzendes Geschenkpapier. Dann veränderte sich das Aussehen des Buchs. Ganz leicht nur.

Es blieb ein *Stein*buch.

Aber es wurde tatsächlich ein *Buch*.

Die Schrift war sichtbarer geworden. Unter dem Namen tauchte ein Titel auf.

„Von Dichtern und Denkern."

Hastig griff ich zu. Vielleicht standen hier drin die Antworten, die uns das Dreckige Dutzend nicht geben konnte.

Das Buch war schwer, allerdings nicht so schwer, wie ich befürchtet hatte. Die Steinseiten waren jetzt biegsam wie Papier. Die schätzungsweise fünfzig Seiten fühlten sich an wie dickes grauweißes Pergament. Und alle waren mit feiner schöner Schrift beschrieben.

Leider verstand ich kein einziges Wort.

Zwar konnte ich jeden Buchstaben lesen, aber die Wörter ergaben keinen Sinn. Als wäre das Ganze in einer fremden Sprache geschrieben.

„Mist", fluchte ich, „da muss jemand helfen, der sich mit Worten bestens auskennt." Leider fiel mir nur einer ein. Und dem traute ich momentan nicht über den Weg.

„Egal", murmelte ich, „ich nehme es jedenfalls mit."

Als ich vor der Höhle stand, funkelten die Sterne hell. Bömmellöhs Bitte fiel mir wieder ein. Ich sollte mich um die zwölf beknackten Nackten kümmern.

Da saßen sie. Friedlich in Goethens Garten, aufgereiht wie Perlen an einer Kette.

Aber sie waren nicht mehr nackt.

Sie trugen Kleidung, allerdings nicht wie normale Menschen. Hosen als Mützen, Strümpfe als Handschuhe, Schuhe an den Flügeln, Schnupftücher in den Ohren. In Mäntel und Jacken, die vor Kurzem noch edel gewesen sein mussten, hatten sie Löcher gerissen, um neben den Armen auch noch die Füße hindurchzustecken.

„Was macht ihr da?", fragte ich.

„Na, wir üben das Nicht-blöd-aus-der-Wäsche-Gucken", entgegnete Stone-grin. „Wäsche haben wir schon. Aus dem Haus, wo du schläfst. Aber mit dem Nicht-blöd-Gucken klappt's noch nich so gut."

„Das sehe ich."

Irgendwie war es ja ganz witzig, was die Zwölf da anstellten. Es gab nur ein Problem. Alle Kleidungsstücke kamen aus Goethens Fundus.

„Oh, oh, das wird Ärger geben!"

Und schon hörte ich seine Stimme aus dem Haus: „Ja, blas mir in den Hobel. Wo ist meine Kleidung?"

Er musste das Kichern der Zwölf gehört haben, denn schon streckte er den Kopf heraus. „Nein, was seh ich? Meine Kleider, schön, Stiefel mein und Gewand in fremder Hand." Und als er näher raste: „In Ketten meine Augäpfel! Ich will's nicht sehn, sie sind verhunzt!"

Wütend blieb er vor dem Dreckigen Dutzend stehen. „Ihr wildes Pack, was habt ihr mit meiner Kleidung gemacht?"

Stone-grin stand auf und riss demonstrativ einen von den schönen Goldknöpfen von dem Justaucorps, das er trug. „Passend gemacht!", fügte er schelmisch hinzu.

Goethen schlug die Hände über dem Kopf zusammen. „Ihr seid Wilde, Banausen, Barbaren!"

Jagged und Flügelfalte – der Pechvogel unter den Zwölfen, was der geknickte rechte Flügel bewies – näherten sich dem Dichter und streckten die Hände aus, als wollten sie von seinem Gewand auch noch etwas abreißen.

Goethen kreischte: „Zurück, zurück, unsinniger Hauf! –" Flügelfalte entgegnete mit engelsgleicher Stimme: „O hätt ich Flügel, flög ich auf."

„Hast du doch!", schrien elf im Chor.

„Ja, geht aber nicht", flötete Flügelfalte zurück und ließ den kaputten Flügel flattern.

„Ich falle dem Wahnsinn anheim", murmelte Goethen, dann brüllte er die Steinjungen an: „Was habt ihr nur getan?!"

„Wir haben nur das gemacht, was *sie* gesagt hat!"

Zwölf schmutzige Steinfinger zeigten auf mich.

Miese kleine Verräter.

Goethen wirbelte zu mir herum. In seine Wut mischte sich tiefste Fassungslosigkeit. „Ihr, Merle, Ihr steckt dahinter? Oh, welch Abgrund. Ihr, Anführerin dieses Schaustellerpacks, dieser Gurkentruppe, dieses Arschgelumps?!"

„Hö, hö, hö", pfiffen ihn die Zwölf aus.

„Das hätte ich nicht von Euch gedacht, Merle?! Aber bestimmt ist das die Rache für meinen Kuss. Und das, obwohl ich mich bei Euch entschuldigt habe. Ihr seid eine treulose, herzlose Maid."

„Äh ..."

„Schändlich! Schamlos! Höllischer Fluch!" Er redete sich in Rage und sein ganzes Aussehen veränderte sich. Sein Gesicht wurde noch bleicher. Seine Augen, blutunterlaufen, schienen aus den Höhlen zu springen, die Wundmale an seinem entblößten Hals schimmerten giftgrün.

Und dann bleckte er die Zähne.

Ich starrte auf weiße Eckzähne. Die waren doch spitzer als vorhin!? Jetzt geht er mir an die Kehle, jetzt saugt er mich aus.

Ich tat das Erste, was mir einfiel.

Ich drückte ihm das Steinbuch in die Hand. „Hier, für dich. Ein Versöhnungsgeschenk! Habe ich extra für dich besorgt. Ausdruck meiner Zuneigung." Was faselte ich denn da? – Egal, es schien zu wirken. Goethen fixierte das Buch, musterte das ungewöhnliche Material, las den Namen, den Titel. Seine Augen weiteten sich. Dann riss er es mir aus den Händen und rannte zurück ins Haus. Puh, Glück gehabt. Aber das Buch war erst mal weg.

„Was für eine Wurst, dein Verlobter!", tropfte es Angelmouth giftig von dem süßen Mund.

„Was?!" Ich funkelte ihn an. „Halt bloß dein Maul!"

„Huh!", tönten die Zwölf im Chor.

„Ach, haltet doch alle die Klappe! Ihr habt mir das doch eingebrockt. Und jetzt zieht endlich diese affigen Klamotten aus."

Ein steinernes Jubeln erfüllte die Nacht, dann flogen Kleidungsfetzen in alle Richtungen.

„Hurra!", schrie das Dreckige Dutzend. „Es geht doch nichts über gepflegtes Nacktsein!"

Dann umringten sie mich wie eine Kindergartenschar.

„Stör ich?!", mischte sich mein Onkel ein.

„Hör auf zu grinsen!", herrschte ich ihn an.

Er grinste weiter: „Vielleicht schickst du deine Fans mal irgendwohin, damit wir uns in Ruhe unterhalten können."

Ich sah auf die Quälgeister hinab. „Geht und ärgert jemand anderes." Schon als ich es ausgesprochen hatte, bereute ich es.

„Wen sollen wir ärgern?" Stone-grins Frage war nicht an mich gerichtet.

Die Elf sahen ihn den Bruchteil einer Sekunde an, dann klang es wie ein Schlachtruf beim Fußball: „Goethen! Goethen! Goethen!"

Und schon stürmten sie aufs Haus zu.

„Ach du Scheiße!", fluchte ich. „Na, der wird explodieren. Aber ehrlich gesagt: Is mir egal!"

22

Wir befanden uns wieder in der Höhle.

Ich erzählte meinem Onkel sofort von dem Fund (und Verlust) des Steinbuchs.

„Mh, ich denke, du hast recht und dieses Buch könnte uns wirklich weiterhelfen. Und du konntest nichts davon lesen?"

„Nicht ein einziges Wort kam mir bekannt vor."

„Manche Dichter verwenden bestimmte Verschlüsselungen, um ihre Texte vor unerwünschtem Zugriff zu schützen."

„Wie ein Code?"

„Genau. Vielleicht ist Goethen genau der Richtige, um uns zu helfen."

Ich kniff unwillkürlich die Brauen zusammen.

Mein Onkel musterte mich kritisch. „Was ist eigentlich zurzeit mit dir und Goethen los? Ihr benehmt euch ... irgendwie merkwürdig."

„Nicht jetzt. Ich erzähle es dir später. Sag mir erst, was du über das Wasser herausgefunden hast."

„Wie du meinst. Es gibt tatsächlich eine Verbindung. Kaum, dass ich unten ankam, tropfte es schon schwarz aus dem Springbrunnen."

„Okay", murmelte ich, „das erklärt meine Stimmen."
„Deine was?"
„Erzähle ich dir auch später."
„Merle, Merle, du scheinst dir *jetzthier* einige Geheimnisse zugelegt zu haben."
Diesmal grinste ich ihn an: „Ich kenne einen Detektiv, der meistens einen ganzen Sack voll davon hat."
„Sticht! Zurück zum Wasser. Ich habe noch einmal den Brunnen, die Orangerie und die Kellerräume darunter untersucht. Erinnerst du dich noch an Gumbels Archivraum für seine Laterna-magica-Bilder?"
„Dort hing der Anzug."
„Genau. Er hing unter dem Lichtschacht, der direkt in die Orangerie hinaufführt. Fast direkt unter dem Springbrunnen."
„Moment", fiel mir ein, „der Fußboden in dem Raum war nass und ich hab leises Tropfen gehört."
„Bingo! Das Wasser ist aus dem Springbrunnen. Der hat einen Ablauf, eine alte Rohrleitung, die durch den Keller zur Lenne geht. Aber diese Leitung ist defekt, nur ein kleines Loch, aber direkt über dem Anzug."
„Das bedeutet also, dass Wasser vom Einhardsbrunnen auf den Anzug getropft ist."
„Und da dieses Wasser irgendwie eine besondere Kraft hat, hat es Henry zum Leben erweckt."
„Und warum ist er nicht immer ein friedlicher Anzug, sondern verwandelt sich bei Dunkelheit in einen Berserker?"
Bömmellöh lehnte sich an die Brunnenschale. „Dafür habe ich etwas länger gebraucht. Aber als ich mir die Sache bei Tageslicht vorstellte, war es klar."
„Spann mich nicht auf die Folter."
„Der Anzug hängt halb im Licht, das durch den Lichtschacht fällt, und halb im Schatten. Licht und Dunkelheit teilen sich dasselbe Wesen und machen aus ihm einen friedlichen Dr.-Jekyll-Anzug bei Tag und einen bösen Mr.-Hyde-Pelz bei Nacht."

Er beugte sich vor und raunte: „Oder wie es dein Verlobter ausdrücken würde: Zwei Wesen ruhen, ach, in seiner Brust."

„Du riskierst eindeutig zu viel", sprach ich drohend. „Und außerdem hat dieses Ding keine Brust."

„Stimmt, aber das Prinzip bleibt das gleiche."

Das Wasser der Einhardsquelle war also für die seltsamen Dinge verantwortlich. Fast genauso, wie es Gumbel in seinem Sagenkranz erzählt hatte: Wesen, die sich in etwas anderes verwandelten, unerklärliche Stimmen, die andere vielleicht für Geister oder Weiße Frauen halten würden, ein wandelnder Anzug, den man leicht für einen Kopflosen halten konnte. „Aber warum tauchen diese Dinge gerade in dieser Zeit auf?"

„Auch dafür gibt es eine gute Erklärung", meinte mein Onkel. „Leonard hat mich drauf gebracht, als er mit mir übers Wetter plaudern wollte." Vor Jahrhunderten ist die Quelle versiegt und seitdem nicht wieder entsprungen. Aber 1772, so hat es mir Leonard erzählt, war ein unglaublich verregnetes Jahr. In den letzten Monaten muss sich der Klusenberg regelrecht mit Wasser vollgesogen haben. Deshalb ist die Quelle wieder aktiv."

„Dann bleibt als Letztes die Frage, warum das Wasser dies alles bewirkt."

Bömmellöh nickte, dann schüttelte er den Kopf. „Ich weiß es noch nicht. Aber ich werde Proben nehmen, sowohl vom Springbrunnen unten als auch hier von der Quelle. Und ich werde sie eingehend untersuchen. Aber nicht hier."

„Wo dann?"

„Ich habe mich falsch ausgedrückt. Ich meine, nicht *jetzt*hier."

„Du meinst, wir reisen zurück in unsere Gegenwart?"

„In unserer Zeit habe ich viel mehr Möglichkeiten für eine chemische Analyse. Außerdem denke ich, wir haben hier alles untersucht, was möglich war. Jetzt sollten wir in unserer Zeit weiter forschen."

„Aber die Sache mit den Erdbeben haben wir noch immer nicht rausgefunden."

„Das stimmt, doch ich glaube, bevor wir nicht genau wissen, was es mit dem Wasser auf sich hat, kommen wir nicht weiter. Und mit den beschränkten Mitteln dieses Jahrhunderts kann ich das nicht herausfinden."

Ich nickte. Das bedeutete Abschied. Ich hatte mich sehr an das Leben *jetzthier* gewöhnt (erstaunlicherweise), aber allmählich freute ich mich doch auf zuhause. Auf all die Bequemlichkeiten, die technischen Spielereien, auf mein Leben, meine Freundinnen und auf eine herrliche heiße Dusche. Aber es machte mich auch ein wenig traurig, dies alles zurückzulassen. Es war wie ein grandioser Urlaub gewesen, in dem ich so viel Neues kennen gelernt hatte. Und irgendwie war die Vergangenheit viel interessanter gewesen, als ich mir jemals im Geschichtsunterricht hätte vorstellen können. Einiges hier würde ich wirklich vermissen.

„Bevor wir abreisen", sagte ich zu meinem Onkel, „will ich noch drei Dinge erledigen."

„Und welche?"

„Mich von Cynthia verabschieden."

„Das sollte schnell gehen."

„Das Steinbuch zurückholen."

„Goethen wird es uns sicherlich geben."

„Das glaube ich nicht."

„Warum?"

„Das ist Punkt drei auf meiner To-do-Liste: Wir müssen eine Lösung für das Goethen-Problem finden."

„Das da wäre?"

„Goethen ist ein Vampir."

„– – –"

Jetzt stand es 3 : 2 für mich in puncto Sprachlosigkeit.

Noch in der Nacht erzählte ich meinem Onkel von meinen unangenehmen Begegnungen mit dem Dichter, seinen nächtlichen Wanderungen, seinem geheimnisvollen Versteck, von den Bissspuren an seinem Hals, den blutbefleckten Lippen und seinem extremen Wutausbruch wegen der zerfetzten Kleidung.

Bömmellöh hörte ruhig zu, dann sprach er nachdenklich: „Goethen ist zweifellos eine ziemliche Nervensäge, dazu sehr rätselhaft, und manchmal denke ich, er läuft nicht ganz rund. Aber ein Blutsauger?!"

„Was soll er sonst sein?"

„Hm, wir sollten ihn auf alle Fälle beobachten. Vielleicht können wir ihn zwingen, uns sein Geheimnis zu offenbaren. Und falls er gefährlich ist, müssen wir ihn wohl unschädlich machen. Außerdem würde ich auch gerne mal in das Steinbuch hineinsehen. Vielleicht ergibt sich noch eine Gelegenheit. Wir sollten sowieso noch ein, zwei Tage mit unserer Rückreise warten, erst dann hat die Sonne die Akkus per Solarzellen am ZZS wieder voll aufgeladen."

„Und uns Goethen hoffentlich nicht leer gesaugt."

„Du übertreibst. Außerdem werden deine nackten Freunde ihn schon in Schach halten."

Womit er recht behalten sollte.

Der nächste Morgen begann laut.

Mit wüsten Beschimpfungen irgendwo im Haus. Dazwischen knirschendes Kichern. Goethen und das Dreckige Dutzend. Geschah ihm recht.

Ich stand auf, zog mich an und ging – der Krach im Haus war unerträglich – sofort in den Garten.

Es war kühler als gestern. Wind war aufgekommen, trieb weiße Wolkenfetzen wie Segelboote vor sich her und raschelte mit dem Laub der Baumkronen.

Vor der Tür im Garten stand, ziemlich ratlos, ein Bote in gediegener Uniform. Er war sichtlich froh, mich zu sehen, um nicht zu den Streithammeln ins Haus zu müssen. „Wertes Fräulein, Sie sind doch das junge Fräulein Schiller, nicht wahr?!"

Ich nickte. „Warum wollen Sie das wissen?"

Er verbeugte sich. „Frau Borges schickt mich, Ihnen eine Nachricht zu bringen. Sie sei untröstlich, aber sie müsse Altena verlassen. Ihrer Schwester gehe es nicht gut und sie müsse aufbrechen, sich um sie zu kümmern. Aber sie wolle es nicht unversucht lassen, Ihnen persönlich Worte des Abschieds zukommen zu lassen."

Warum sprachen diese Boten immer so geschwollen? Ich verstand gerade so viel, dass Cynthia sich von mir verabschieden wollte.

„Wenn Sie geschwinde hinabeilen", sprach der Bote weiter, „müssten Sie die Postkutsche noch erreichen, bevor sie abfährt."

Ich spurtete den Hügel hinab und nahm diesmal den Weg zur alten Steinbrücke.

Ziemlich außer Puste kam ich dort an. Kurz vor den Bögen aus behauenen Bruchsteinen, die schwungvoll über die Lenne führten, stand eine schwarze geräumige Kutsche. Die Pferde waren schon angeschirrt und stampften ungeduldig mit den Hufen. Der Kutscher auf dem Bock gestikulierte heftig mit einer kleinen rundlichen Frau. Ihr anthrazitfarbenes Kleid flatterte im Wind, der Umhang mit der Kapuze umgab sie wärmend und die violette Halsschleife leuchtete wie Bonbon-Reklame.

„Nein!", sagte Cynthia gerade in unnachgiebigem Tonfall. „Ich steige erst ein, wenn ich mit meiner Freundin gesprochen habe."

Heinrich hüpfte bellend um ihre Füße.

„Ich hoffe, das ist sie", brummte der Kutscher mit einem bösen Blick auf mich.

„Cynthia", fiel ich der gutmütigen Frau in die Arme. Sie erwiderte die Umarmung. „Du musst weg?!"

Cynthia nickte und in ihren Blick mischte sich Wehmut. „Ich muss zu meiner Schwester, die als Kammerdame auf Schloss Hohenlimburg arbeitet. Es geht ihr nicht gut, und ich werde die nächsten Wochen bei ihr bleiben."

„Verstehe", sagte ich und ein dicker Kloß war plötzlich in meinem Hals. „Aber wenn du wiederkommst,", ich holte seufzend Luft, „werde ich nicht mehr da sein. Wir wollen morgen zurück. Nach Hause."

„Oh", Cynthia wirkte betroffen. Heinrich sprang an ihr hoch und bellte. Sie nahm ihn auf den Arm und kraulte ihn. „Das bedaure ich. Ich mag dich sehr, Merle. Und ich hätte zu gern erfahren, wie es um deine Rätsel steht. Und um die Sache mit Goethen."

Ich überlegte, ob ich sie auf den neuesten Stand bringen sollte, aber der Kutscher drängte zum Einsteigen.

„Ich hoffe, wir treffen uns wieder", sagte Cynthia, hob den Hund in die Kutsche und drehte sich noch einmal zu mir um. Dann band sie ihre violette Schleife los und legte sie mir um die Schultern. „Eine kleine Erinnerung, damit du mich nicht vergisst." Ihr freier Hals schimmerte im Morgenlicht wie Schnee und die Schmuckkette daran wie Schnüre aus Eis.

Etwas schwerfällig stieg sie ein.

Mein Kloß war noch dicker geworden und drückte jetzt auf die Tränendrüsen. „Ich werde dich bestimmt nicht vergessen", murmelte ich. Die Tür schlug zu. Der Kutscher schnalzte. „Auch wenn ich dich nie wiedersehen werde."

Die Pferde schnaubten und setzten sich freudig in Bewegung. Cynthia lehnte sich zum Wagenfenster hinaus und rief: „Auf Wiedersehen, Merle. Und denk daran, es gibt so viele mögliche und unmögliche Dinge auf der Erde. Man muss sie einfach akzeptieren."

Schon holperte der Wagen über die Steinbrücke. Die Räder knallten in ein Schlagloch und die ganze Kutsche tat einen Satz. Cynthia hielt sich lachend fest, das bisher verborgene Schmuckstück hüpfte aus ihrem Ausschnitt.

Ich sah es deutlich. Es war in der Tat sehr groß. So groß wie eine Kinderfaust. Es war ein Kristall. Mehr als das, es war ein Prisma.

Das Zeitprisma.

„Das gibt's doch nicht", sagte ich erstaunt. Ich wollte hinterherlaufen, doch schon war Cynthia im Inneren verschwunden und der Kutscher ließ die Peitsche knallen. Es dauerte nicht lang, bis die Kutsche fort war. Nur eine Weile hörte ich noch das Rattern auf dem unebenen Boden, dann war auch das Vergangenheit.

„Diese Zeit hier steckt voller Rätsel", murmelte ich. „Gerade hat man ein Geheimnis gelüftet, stolpert man über ein neues." Cynthia besaß das Zeitprisma. Falls es nur dieses eine Prisma gab, dann bedeutete das, Cynthia steckte in dieser ganzen Sache mit drin – und womöglich viel tiefer, als ich gedacht hätte. *Warum* besaß sie das Prisma? Wusste sie, *was* da um ihren Hals hing? Und *wann* würde sie es Goethen geben? Denn der musste es zu seinen Gedichten in die Schatulle legen und im Haus verstecken. Es sei denn, er würde vorher in einem Blutrausch als Vampir entlarvt und mit einem hölzernen Pflock an den nächsten Baum genagelt. Dann würde sich aber unsere ganze Reise nicht ereignen und ich stünde niemals hier, um mir Gedanken zu machen. Oh! Mir schwirrte der Kopf.

„Mon Dieu, was für Verwicklungen. Geh nach oben und trink einen Sherry, Chérie, das beruhigt die Nerven!", wisperte Mylady durch das Schwirren hindurch.

„Behalt einen klaren Kopf", summte Holmes, „nur die Logik hilft weiter und die besagt: Wenn du mit zu vielen Unbekannten konfrontiert wirst, dann halte dich an das Bekannte."

„Lasse dich nicht vom Schicksal bestimmen, handele selber", raunte jetzt auch noch die Amazonenprinzessin.

Okay! Ich würde nach oben gehen und ich würde *handeln* und dann würde ich den *bekannten* Dichter mit einer ihm noch *unbekannten* Seite von mir *konfrontieren*, einer Bad-Cop-Merle, die ihn zwingen würde, die Wahrheit über sein Geheimnis zu sagen und das Steinbuch zurückzugeben. Und das würde ganz bestimmt meine *Nerven beruhigen.*

Und dann würden wir ja sehen, ob ich Punkt zwei und drei von meiner To-do-Liste streichen konnte oder als blutleere Hülle im Jahr 1772 endete.

Das waren zwar ziemlich viele „Würdes", aber egal!

Grimmig schlug ich die Faust in die hohle Hand und stapfte den Hügel zu Goethens Haus hinauf.

23

Ein letztes Wort von Hand und Mund nur,
Dann rührt sie zitternd sich, die Kreatur.

(WJG)

Ich *hätte* das alles getan, wenn ich Goethen gefunden hätte. Denn als ich oben ankam, war er nicht mehr da. Ich fand nur meinen Onkel und das Dreckige Dutzend, zusammen, in einer Szene, die in jeden Kindergarten gepasst hätte. Okay, in fast jeden. Denn die zwölf Jungs saßen in der Küche auf Bänken, Hockern, Töpfen und einem Butterfass. Das Feuer im Ofen knisterte und beleuchtete das Gesicht meines Onkels, der im Schneidersitz auf dem Tisch hockte.

Bömmellöh erzählte gerade das Märchen von zwölf Steinziegen und einem bösen Werwolf. Das Dreckige Dutzend hing gebannt an seinen Lippen.

„Das kleinste und hellste Steinzicklein aber", sprach er gerade.

„Das bin ich", krähte Lichtsteinchen begeistert.

„… nun das – ah Merle, wo Goethen ist, weiß ich nicht", unterbrach er sich, „aber ich habe eine Möglichkeit gefunden, die Zwölf zu beschäftigen. Sie sind ganz versessen auf Märchen."

„Weiter, weiter, weiter!", riefen die Steinjungs im Takt.

Ich nickte Bömmellöh zu und der setzte seine Erzählung fort: „Also, das kleinste und hellste Steinzicklein suchte nach einem Versteck. Da aber die besten Verstecke schon alle von seinen Brüdern besetzt waren …"

„Das sind wir!", riefen die anderen Elf.

„… verbarg es sich in einer Uhr."

„War die auch aus Stein?", rief Briskbrock dazwischen."

„Na klar, bei den Steinziegen war alles aus Stein und die Uhr war … eine steinerne Sonnenuhr. Darin versteckte sich also …"

Ich schloss die Küchentür und nutzte die Gelegenheit, in Goethens Zimmer zu schlüpfen.

Er war nicht da.

Umso besser! Dann konnte ich mich ein wenig umsehen.

Es war ein einziges Chaos.

Überall lagen Papierfetzen, manche fein beschriftet, andere voller Tintenkleckse. Pergamentrollen, Kleidungsstücke – die, die nicht vom Dreckigen Dutzend ruiniert worden waren –, zerbrochene Federkiele, Bücher – geschichtet, gestapelt, achtlos geworfen, aufgeschlagen, mit und ohne Eselsohren. Und über allem – wie Zucker auf einer Martinsbrezel – äh, Zucker! Wahrscheinlich hatte er Zuckergebäck von Landrat von Lents Party gebunkert und während seiner Dichterstunden in sich hineingestopft.

„Ganz schön schlampig, der Gute", kommentierte Mylady das Durcheinander.

„Das Genie beherrscht das Chaos", meinte Holmes.

„Wahnsinn liegt oft ganz nah beim ausgeprägten Genie doch", fand Kartera.

Ich stöberte ein wenig hier, ein wenig da, aber das Steinbuch fand ich leider nicht. Entweder hatte er es mitgenommen oder versteckt.

Auch nach einer ausgeweiteten Suche – ich war in der Burg, im Wald und bei der Kapellenruine gewesen – stieß ich weder auf das Buch noch auf den Dichter. Also beschloss ich, einen, vielleicht letzten, Spaziergang durch das 1772-Altena zu machen – und ich genoss es. Erst als die Sonne unterging, kehrte ich in Goethens Haus zurück. In der Küche aß ich in aller Gemütlichkeit und fand schließlich meinen Onkel im Blauen Salon. Zusammen mit dem Dreckigen Dutzend hatte er die Zeitmaschine wieder hierhergeschafft. Gerade überprüfte er die vielen verschiedenen Uhren, die unter dem Zahnarztstuhl in einem Kasten als Zeitlieferant dienten.

„Hast du Goethen gesehen?"

„Nein."
„Wo sind die zwölf Steinkids?"
„Die sind gerade nach draußen in den Garten gerannt. Schrien etwas von einer Wiederentdeckung und dass sie jetzt weiter ärgern könnten."
Ruckartig sah er auf.
„Denkst du das Gleiche wie ich?"
„Goethen!"
Wir rannten hinaus. Ein halber Mond und eine Schar Sterne beleuchteten ein bizarres Szenario. Die Steinjungs hatten Holzscheite angesteckt und hüpften laut krähend auf das hölzerne Plumpsklo zu.
Jemand saß darin.

„Jetzt sag nich, der hat sich den ganzen Tag in dem Scheißhaus versteckt?!"
„Ich glaube doch."
„Und das Steinbuch?"
„Wird er bei sich haben, denke ich."
Mein Onkel und ich hielten uns ein wenig im Hintergrund, während das Dreckige Dutzend jetzt den Abort umringte.

„Der Dichter, der Dichter, mit dem Äse sitzt er auf dem Pott. Wie ein Gott", sangen sie und schlossen einen undurchdringlichen Kreis um das Scheißhaus. Mit den brennenden Hölzern in der Hand sahen sie ein bisschen wie zwölf perverse Geschworene kurz vor der Lynchjustiz aus. Selbst wenn Goethen noch hätte verduften wollen, wäre er jetzt nicht mehr herausgekommen.

„Gerumms im Geräms!", hörte man es aus dem Bretterverschlag fluchen. Die zwölf Steinjungs trommelten begeistert auf das Häuschen.

„Diese Brut ist mir nicht gut", murmelte Goethen noch, da wurde auch schon das Häuschen angehoben. Der Dichter, der auf dem Donnerbalken saß, wurde mit in die Höhe gehoben.

Vielleicht bildete ich es mir nur ein, aber ich glaube, man sah nicht nur seine nackten Beine.

„Alle Dichter haben Eier, nur nicht Goethen – der hat Klöten!", kicherten die Zwölf.

„Räudige Ranzratten!", schimpfte der Dichter. „Lasst mich runter, ihr spackiges Speckpack!"

Das Dutzend hob ihn stattdessen noch höher und schrie: „Hoch den Pott, hoch den Pott! Sehn wir doch den nackten Gott."

„Verruchte Flitzpiepen!", brüllte Goethen so laut, dass ein Hund in der Nachbarschaft bellte.

Bömmellöh und ich konnten uns ein Grinsen nicht verkneifen.

Das Dreckige Dutzend stimmte nun das Portechaise-Lied an und trug den Dichter schaukelnd durch den Garten.

Aber Goethen sprach jetzt selbst ein paar Verse, als wolle er ein ganzes Stadion voller Menschen verfluchen. Seine Stimme klang beschwörend und unheimlich.

„Wer sie nicht kennte,
Die Elemente,
Ihre Kraft
Und Leidenschaft,
Wäre kein Meister
Über die Geister."

„Scheibenkleister!", krakeelten die Zwölf und rüttelten kräftig an dem Scheißhaus.
Das brachte Goethen aus dem Takt.
„Verschwind –"
Noch ein Rüttler.
„Ver…"
Der nächste Rüttler warf Goethen gänzlich aus dem Konzept. Er brüllte und murmelte zugleich, verschluckte Buchstaben und betonte andere völlig merkwürdig. Und Angelmouth machte sich einen Spaß daraus, ihm immer wieder dazwischenzufunken.
Es klang etwa so:
Goethen: „VerrOttet und zersplIttert!
Das Holz!
ZerroTTet und vEsplitteRt!
Es schmolz –"
Angelmouth: „Sein Verstand
Wie Eis im Sand."
Goethen: „VerSPlattert, zerRattet, zerrÜttet,
vErspLottert!"
(Das Holz des Aborts wirkte mit einem Mal rissig und alt.)
Angelmouth: „Oje, er stottert!"
(Und auch wieder nicht.)
Goethen: „VerDAMMT!"
Jetzt flog die Tür heraus wie ein Chinaknaller. Dann flog Goethen hinterher – die eine Hand wütend um das Steinbuch, die andere in die noch herabgelassenen Hosen gekrallt. Rasend ließ er das Buch fallen und schnappte sich einen der flüchtenden Steinjungen (es war Flügelfalte), schüttelte ihn und brüllte, wobei er reichlich Spucke auf ihn verteilte: „Sag deinem Hauptmann: Vor Ihro Kaiserliche Majestät hab ich, wie immer, schuldigen Respekt. Er aber, sag's ihm, er kann mich im Arsch lecken."
Stille.
Dann berstendes Lachen, als Flügelfalte ihm verstohlen auf den nackten Hintern glotzte.

Goethen schleuderte ihn zu Boden, klaubte das Steinbuch auf und schrie die Steinjungs an: „Waren's einst auch zwölf Engel, niedlich und putzig, sind's jetzt nur noch Bengel, rotzfrech und SCHMUTZIG!"

Das letzte Wort donnerte er heraus, als wären die Laute Schlammspritzer, die sich über die Steinjungs ergossen. Die zwölf sahen wie die schlimmsten Dreckspatzen eines Sumpfkindergartens aus.

Goethen raffte von seiner Hose, was er fassen konnte, und stolperte davon, den Klusenberg hinauf.

„Ziemlich beeindruckende Vorstellung", kommentierte mein Onkel, während er die förmlich herausgeblasene Klotür und die schmutztropfenden Steinjungs musterte.

„Jetzt reicht's!", sagte ich und stemmte die Hände in die Hüften. „Los, Rocksnap und Rockfinger, holt die Laterna magica aus der Höhle. Jagged, du besorgst das Feuerzeug aus Goethens Kammer und du, Lichtsteinchen, suchst im Haus nach einer neuen Kerze."

Die Jungs wollten gerade lospreschen, als Stone-grin sie zurückhielt: „Moment! Du magst ja hier die Erwartete sein, aber der Boss vom Dreckigen Dutzend bin immer noch ich!"

Ich sah ihn an und schürzte die Lippen: „Du willst doch wohl nicht die große Show verpassen?"

„Welche Show?"

„Na, wir werden Goethen ordentlich in den Arsch treten."

Sofort machte sich das Steingrinsen in seinem Gesicht breit. „Jungs, ihr habt gehört, was Merle gesagt hat. Also macht voran, sonst mach ich euch Beine!"

„Du hast sie wirklich im Griff!", kommentierte Bömmellöh beeindruckt.

„Na ja, für den Moment vielleicht."

„Ich denke, du hast einen Plan?"

„Yes! Und ich denke, wir sollten Henry dabeihaben."

Mein Onkel nickte und holte den Koffer.

Als wir uns alle wieder versammelt hatten, marschierten wir zur Ruine auf dem Klusenberg. Wenn es nicht Nacht gewesen wäre, hätten wir sicherlich einen schillernden Anblick geboten: Vorneweg ein Mädchen in geflicktem Kleid, dahinter ein hochgewachsener Mann, einen ramponierten Lederkoffer in der Hand, hinterdrein eine lustige Schar nackter, geflügelter Steinjungen, die eine scheinwerferartige Laterna magica trugen.

Alle auf der Jagd nach der Wahrheit – wie immer die auch aussehen mochte, denn nach der Scheißhaus-Szene waren mir ernste Zweifel an meiner Vampir-Theorie gekommen.

24

Als wir die Ruine erreichten, zogen schnelle Wolkenfetzen über den Himmel und machten aus den Sternen Discolichter, die die herumliegenden Trümmer wie bleiche, tanzende Knochen in Szene setzten. Ich führte meine Truppe zu der versteckten Tür im Boden der ehemaligen Kapelle.

Dann übernahm mein Onkel.

Die Prozedur war so ziemlich die gleiche wie bei der Freilegung der Höhle: Licht auf Bömmellöh – Henry anziehen – über der Falltür in Position gehen – Licht aus – Mr.-Hyde-Onkel wütet wie ein Tier – die Tür fliegt scheppernd in eine Ecke – Licht an – den wieder friedlichen Henry im Koffer verstauen – alle vierzehn stapfen ganz normal die Treppe hinunter.

Unten kamen wir in einen kurzen kahlen Gang, dann standen wir vor einer Eichentür.

Dahinter Murmeln und Raunen.

Ich schob die Eichentür auf.

Knarrend schwang sie an die Seite, der Blick ins Innere war frei.

In der ehemaligen Krypta hatte sich Goethen häuslich eingerichtet. Sie sah aus wie eine dunkle, düstere Stube, in der der skurrile Dichter mit Tinte und Feder über mysteriösen Texten saß. Hinter ihm schimmerten die Blutphiolen im Schein mehrerer Talglichter.

Goethen starrte uns überrascht an.
Wieder waren dunkle Flecken auf seinen Lippen.
Das Steinbuch lag aufgeschlagen neben ihm.
Ich ging voran. Die anderen quollen in den Raum wie aufdringliche Fans in die Garderobe eines Stars.
Die Stimmung allerdings war insgesamt nicht gerade positiv.
„Jetzt haben wir dich!", sagte ich grimmig.
„Lasst mich in Ruhe!", gab Goethen schlecht gelaunt zurück.
„Damit du irgendwelche arme Leute aussaugen kannst?!"
„Häh?!"
Ich zeigte auf seine schmutzigen Lippen, dann auf die Phiolen hinter ihm. „Hast dich wohl gerade gestärkt. Mit welchem Blut? Von einem unschuldigen Mädchen? Oder einem kräftigen Bauern Marke Sauerland? Jetzt ist Schluss, fucking Vampir!"
Goethen starrte mich an, als sei ich blöde (und er war nicht der Einzige, der mich so anstarrte), glotzte auf seine Phiolen, sah dann wieder mich an. Ich sah förmlich, wie es hinter seiner Stirn ratterte. „Ich ein Blut-Trinker? Ein Lebenssaft-Säufer?"
Dann lachte er schallend, dass es in dem gewölbeartigen Raum wie von mehreren Personen widerhallte. „Meiner Treu, das ist gut, das ist wirklich gut. Ihr überrascht mich immer wieder, werte Merle. Ihr seid die fantasievollste Person, der ich je begegnet bin. Außer mir natürlich. Vielleicht solltet Ihr einmal eine Schauerballade dichten."
Ich war irritiert. Mein Onkel sprang mir zu Hilfe. „*Was* bist du, Wolfhan? Du benimmst dich seit Tagen sehr merkwürdig. Und die Szene eben in deinem Garten war alles andere als normal. Was ist los mit dir?"
Er seufzte. „Jedenfalls bin ich kein Vampir."
„Oh, schade", maulte das Dreckige Dutzend.
„Was machst du dann mit dem Blut in den Glasphiolen?"
„Blut?", er schüttelte den Kopf. „Nein, das ist Tinte. Sicherlich, einige recht extravagante Mixturen sind dabei, aber letztlich doch

nur Tinte, die ich ausprobiere, um ... meinen Zustand ...", er brach ab.

Ich gab noch nicht nach. „Und die Flecken auf deinen Lippen?"

„Auch Tinte. Leider habe ich die Angewohnheit, beim Schreiben am Federkiel zu kauen. Manchmal auch an der falschen Seite."

Überrascht, ein wenig verärgert, zugleich aber auch erleichtert, dass sich meine Theorie vom Vampir wohl doch selbst überholt hatte, brummelte ich: „Dann bist du nichts weiter als ein popeliger Dichter."

Goethen biss sich auf die Lippe. „Schön, wenn's so wäre."

„Dann erzähl uns jetzt endlich, was mit dir los ist."

Er seufzte und schwieg lange.

Dann sprach er: „Einverstanden, vielleicht ist es sinnvoll, dem wunden Herzen Luft zu schaffen."

Wir setzten uns im Kreis um ihn herum auf den Boden.

„Alles nahm seinen Anfang in Wetzlar mit Lotta."

„Nicht schon wieder", stöhnte ich.

Er kniff die Brauen zusammen. „Es ist aber so. Wenn ich mich nicht in Lotta verliebt hätte, wäre das alles nicht passiert."

„Ah", wisperten die zwölf Steinjungs.

„Ihr wisst doch, Merle, dass ich versucht habe, das Herz der Geliebten zu gewinnen. Leider liebte sie schon einen anderen."

„Oh", raunten die Zwölf.

„Könnt ihr mal damit aufhören?", ranzte Goethen sie an.

Die Zwölf kicherten.

Goethen versuchte, sie zu ignorieren. „Ich wollte es mit Poesie versuchen, aber ich vertraute nicht auf mich selbst. Ich wollte die beste, die schönste, die reinste Poesie schaffen, die möglich ist. Und deshalb beschloss ich, mich von der Muse küssen zu lassen."

„Das ist doch nur so eine Redensart", warf Bömmellöh ein.

Goethen schüttelte den Kopf. „Leider ist es das nicht. Aber es kam viel schlimmer."

Jetzt griff er nach einer Kugel, etwa so groß wie eine Bowlingkugel, aber ganz aus durchsichtigem Glas. Ein bisschen erinnerte sie mich an eine Schneekugel. „Ich werde euch zeigen, was vor gar nicht langer Zeit in Wetzlar geschah, als ich Euterpe, die Muse der Lyrik, um ihren Beistand anrief. Und da ihr wissen wollt, was mit mir los ist, werde ich euch dabei eine Kostprobe meiner ... Fähigkeiten geben." Die letzten Worte hatte er ziemlich traurig gesprochen, als wäre das, was er *Fähigkeiten* nannte, ein Fluch oder so. Er stellte die Kugel vor uns ab, blies alle Talglichter bis auf eines aus. Es wurde ziemlich dunkel im Raum. „Schaut auf die Glaskugel."

„Ich seh nix", krähte einer der Steinjungs.

„Ruhe!", herrschte Goethen sie an, dann begann er, in leichtem Singsang die folgende Strophe vorzutragen:

„Wetzlar liegt in stummer Ruh
Am Ende des Julei.
Das Wetter wacht gespannt dazu,
Als ob's elektrisch sei.
Diese Nacht ist wie gemacht
Für ein Rendezvous
Mit einer Muse, sanft und sacht,
Ach, Euterpe, du!
Komm, küss mich, küss mich, küss mich.
Ich wär so gern ein kühner Dichter,
Edler Schreiber,
Zarter Poet."

Während er sprach, flammte ein kleines Licht in der Glaskugel auf, flackerte und flimmerte, wurde größer, formte sich zu einem Bild, undeutlich noch, als würde jemand mit dem Fokus einer Kamera spielen, doch allmählich schärfte es sich. Ein sommerlicher Hügel in schummriger Nacht tauchte auf, ein Mann, der den Hügel hinaufstieg. Zoom auf den Mann. Goethen. Das Gesicht voller Erwartung. Seltsame beschwörende Gesten.

„Das Wetter knistert, sprüht und funkt.
Geheimnisvolles Elmslicht

Zuckt hin und her, zum Höhepunkt
Des Hügels. Dort im Elmslicht
Erscheint wie eine Himmelswache,
Du, schönste der neun Musen.
Das Dichterfeuer nun entfache
Lodernd mir im Busen.
Komm, küss mich, küss mich, küss mich.
Ich wär so gern ein kühner Dichter,
Edler Schreiber,
Zarter Poet."

Im wilden Schein blauer Blitze – Elmsfeuer – schwebte eine weiße Gestalt den Hügel hinab. Feenhaft. Dem Dichter entgegen. Ihr Gesicht so schön und lieblich, wie man es sich nur vorstellen kann.

„Sie spricht ganz lieb auf Griechisch: „Ευ!"
Das heißt so viel wie: Gut!
Doch was dann kommt, das ist mir neu.
Es spritzt hervor, mein Blut.
Was ich nie erwartet habe
Und mir den Tag vermiest,
Es ist ein Fluch und keine Gabe!
Kein Kuss! Verdammtes Biest!
Sie beißt mich, beißt mich, beißt mich.
Ich wär so gern ein kühner Dichter,
Edler Schreiber,
Zarter Poet."

Die Muse riss ein gar nicht schönes Maul auf. Scharfe Zähne wie von einem Vampir. Sie stürmte auf Goethen zu.
    An dieser Stelle zuckten alle im Raum erschrocken zurück.
    Denn das Bild der Muse sprang aus dem Glas heraus. Hinein in den Raum. Wie ein Wolf unter die ängstlichen Schafe. Sie warf

sich Goethen an den Hals und biss vor unseren Augen zu. Dann zog sie sich wieder in das Glas zurück. Goethen fuhr sich schmerzerfüllt an den Hals. Blut sickerte zwischen seinen Fingern hervor.

„Das Wetter kracht, als ob's mit Mu-
Nition geladen sei.
Elmslicht tanzt und blitzt dazu
Am Ende des Julei.
Mein Blut pocht heiß durch meine Adern.
Die Muse sagt nur: „Eʋ!"
Doch ich beginne laut zu hadern:
Du tickst doch nicht mehr treu!
Wie bissig, bissig, bissig!
Ich wär so gern ein kühner Dichter,
Edler Schreiber,
Zarter – zu spät!"

Sein Blut schwebte schwerelos in der Luft. Aus der Glaskugel zuckten unentwegt blaue Blitze, erfüllten den ganzen Raum. Die Luft roch plötzlich elektrisch aufgeladen. Ich konnte den Blick nicht von der Szene abwenden, während Goethen zur letzten Strophe ausholte:

„Seit jener Nacht, seit jenem Biss,
In Nächten Ohne-Mond,
Erst recht, wenn Elmslicht sichtbar ist,
Dann werd ich nicht verschont;
Durchrast mich dunkles Dichterfeuer,
Schafft wilde Poesie
Und wandelt sie in Ungeheuer,
In düstere Magie.
Sie disst mich, disst mich, disst mich.
Denn jetzt bin ich ein Dunkler Dichter,
Schauer-Schreiber,
Power-Poet."

Die Bilder in der Glaskugel liefen immer schneller, wie ein Zeitraffer, Tag, Nacht, Tag. Der Mond wuchs. Zum Vollmond. Nahm wieder ab. Während Goethen gequält die Verse sprach, veränderte sich der Dichter in der gläsernen Kugel. Je mehr es auf Neumond zuging, desto bleicher wurde sein Gesicht, fahriger seine Gesten, gebeugter sein Körper. Wie unter einer schweren Last. Er murmelte Worte, die sichtbar von seinen Lippen sprangen. Sie klatschen gegen die innere Seite der Glaskugel. Sickerten wie Säure durchs Glas. Schwirrten durch den Raum. Es waren Worte und doch zugleich Bilder. Wie ein Film in 3D, nein, mehr als das, 4D, denn die Wort-Bilder waren nicht nur zu sehen. Ich konnte sie fühlen, riechen, schmecken. Wie Salz und Pfeffer. Vanille und Rosenduft. Veilchen und Essig. Zimt. Kakao. Seetang, Zitrone, Lakritze. Geschmack, Duft – scharf, süß, würzig, prickelnd, weich. Samtig wie Blütenblätter. Qualmbeißend, feuerrau, frostkörnig und doch auch zärtlich, anschmiegsam wie Balsam auf der Haut.

Dann rissen die Bilder urplötzlich ab, das Licht in der Glaskugel erlosch und der Raum schlug sich in Dunkelheit.

„Wow!", sagte jemand in die Nacht (ich glaube, das war ich selbst).

Dann entzündete Goethen die Talglichter neu und schaute erschöpft in die Runde. Erstaunlicherweise schwiegen die Steinjungs – tief bewegt.

Mein Onkel ergriff als Erster das Wort: „Dunkler Dichter? Das bist du jetzt?"

Goethen nickte. „Seit jener Nacht, in der mich dieses kleine Biest von Muse biss, anstatt mich zu küssen, durchfließt mich die Dunkle Poesie. – Dunkel im Sinne von verborgen, versteckt, nicht böse. Und mit meinen Versen und Reimen erschaffe ich nicht nur eine geistige Welt, sondern auch eine wirkliche. Es ist, als ob das Wort *Poesie*, das nichts anderes bedeutet als *Erschaffung*, in mir Gestalt annimmt."

„Alles, was du dichtest, wird real?", fragte ich.

„Manches. Leider beherrscht mich die Dunkle Poesie mehr, als dass ich sie beherrsche. Aber mit jedem Zyklus erhalte ich mehr Kontrolle."

„Zyklus?", fragte Bömmellöh.

„Nun ja, genau beim Juli-Neumond hat mich Euterpe gebissen. Und daher schwindet meine Kraft, wenn es auf Vollmond zugeht, und sie wächst, wenn die Zeit dem Neumond entgegeneilt. So durchlaufe ich jetzt den zweiten Zyklus, nähere mich dem dritten Neumond. Und genau am Neumond ist meine Dunkle Poesie am stärksten."

„Und was bedeutet das mit diesem Elmsfeuer?"

„Das weiß ich selbst noch nicht genau, denn die Nacht der Muse war eine besondere Nacht. Die Luft war voller Elektrizität, voller Spannung, geladen wie eine Flinte voller Feuerwerk. Ein Elmsfeuer flammte auf in kleinen Funken und langen, schnörkeligen blauen Blitzen. Seitdem habe ich keine Nacht mit Elmsfeuer mehr erlebt, aber ich vermute, dass es meine Kräfte noch einmal verstärkt."

Er lehnte sich zurück und dachte eine Weile nach. „Als ich das erste Mal diese Kraft erlebte, das war beim August-Neumond, war ich völlig außer mir, panischer Schrecken vor mir selbst umfasste mein Herz. Die Dunkle Poesie schüttelte mich wie ein wilder Fuchs, der ein Kaninchen in seinen Fängen hat. Verse platzten förmlich aus mir heraus und steckten eine Scheune in Brand. Seitdem fühle ich mich, ich gebe es zu, unausgeglichen, wankelmütig. Ich suchte nach einem Ausweg, aber egal, wo ich auch forsche, welche Tinte ich mischte, in welches verstaubte Buch ich meine Nase steckte, nirgendwo fand ich etwas über die Dunkle Dichtkunst. Ich floh aus Wetzlar an den einzigen Ort, an dem ich bisher immer Ruhe erlebt hatte, hierher. Aber nun hat es neu begonnen und ich habe Angst, dem Wahnsinn zu verfallen. Deshalb entschuldigt bitte mein launenhaftes Auftreten in den vergangenen Tagen."

Lichtsteinchen klopfte ihm mitfühlend auf den Handrücken. Goethen bemerkte es nicht. „Aber jetzt endlich habe ich einen Schlüssel gefunden. Dank Euch, werte Merle, auch wenn ich die mutwillige Zerstörung meiner Garderobe immer noch nicht gutheiße!" Er funkelte das Dreckige Dutzend an. Lichtsteinchen zog seine Hand zurück.

Goethen packte das steinerne Buch. „Hier drin stehen die Antworten, die ich suche."

„Dann kannst du es lesen?"

„Der Text ist verschlüsselt. Aber ich habe den Code enträtselt. Zwar habe ich diese Schrift noch nicht ganz übertragen, aber ich weiß schon, dass der Verfasser Ans S. Hachs heißt und selbst ein Dunkler Dichter gewesen ist. Vor etwa 250 Jahren."

„Das ist dieselbe Zeit, in der uns der heilige Einhard erschaffen hat", raunte Ur-Erz. „Meister Einhard hat von diesem Hachs gesprochen und jetzt erinnere ich mich, dass er ihn einen Dunklen Dichter nannte. Aber da war noch mehr." Er sah aus, als versuchte er, dicke Steine von seinen Erinnerungen zu wälzen.

„Interessant", murmelte mein Onkel. „Darf ich einmal in dieses Buch hineinsehen?"

Goethen nickte.

Mit einem Mal wirkte er auf mich verändert, nicht mehr wie ein launenhafter Vampir, eher zart und zerbrechlich wie ein seltenes Stück buntes Glas, das im Licht geheimnisvoll schillert und im Schatten noch tiefere Geheimnisse birgt. Ein scheues Tier, das leicht verwundet werden kann.

„Tut mir leid, dass ich dich als Vampir verdächtigt habe", sagte ich. „Aber du hast dich auch einfach zu bescheuert benommen. Der Kuss, deine Flucht aus der Burg Holtzbrinck. Ah, da fällt mir ein: Als du an jenem Abend abgerauscht bist, hast du irgendwelche Worte gemurmelt, und als du die Tür geöffnet hast, wurden alle Kerzen ausgeblasen. Es war nicht der Wind, es war deine Dunkle Poesie?!"

Goethen nickte. „Tut mir leid, ich war so wütend, fühlte mich gedemütigt und erniedrigt, in den Staub getreten wie eine schäbige Kakerlake."

„Jetzt übertreibst du aber."

„Dichter übertreiben immer."

„Okay", lenkte ich ein, „ich hab's verstanden."

Eine Weile schwiegen wir alle, bis auf die Steinjungs, denen es nun doch zu langweilig wurde. Sie untersuchten neugierig tuschelnd den Raum. Nur Ur-Erz saß noch nachdenklich auf seinem Platz.

Bömmellöh schlug eine der letzten Seiten des Steinbuchs auf. „Hier ist ein Bild. Von einem Mann", sagte er erstaunt. Er hielt uns das Bild hin: Ein Mann mit kurz geschorenem Vollbart, sichelförmigem Kinn und stechenden Augen. „Der Name darunter ist nicht verschlüsselt." Bömmellöh machte eine Kunstpause und sah erst mich, dann Goethen an. „Ein gewisser Johann Heinrich Faust. Doktor Faust."

Ich runzelte die Stirn. „Faust? – Das ist doch –" Jetzt starrten wir beide Goethen an.

„Was ist?", fragte der.

„Sagt dir der Name irgendetwas?", fragte ich vorsichtig.

Goethen runzelte nachdenklich die Stirn, schüttelte den Kopf. *„Faust*!? – Nie gehört!"

Dann zuckten seine Augenbrauen wie zwei verliebte Lerchen in die Höhe. „Aber ein guter Titel für ein Drama."

Mein Onkel und ich sahen uns an. Bömmellöh schürzte die Lippen, ich zuckte mit den Schultern.

25

Poesie
Poesie des
Poesie des Dunklen
Poesie des Dunklen Dichters
Poesie des Dunklen Dichters wird
Magie

(Nach der Entdeckung von Goethens Geheimnis; Merle Schiller)

Elf Steinjungs begannen gerade, die Tinten-Phiolen zu entkorken. Da erwachte Ur-Erz plötzlich wie aus tiefer Trance. Seine Steinaugen funkelten. „Ich erinnere mich wieder. Doktor Faust. Von dem hat mein Meister gesprochen. Und immer, wenn er den Namen aussprach, schwang Angst in seiner Stimme mit. Und er bezeichnete ihn mit einem unheilvollen Wort."
„Welchem?"
„DämonDenker!"
„DämonDenker? Was soll das denn sein?"
Ur-Erz zuckte mit den Schultern.
Ich seufzte. Das Dreckige Dutzend war als Info-Quelle wirklich völlig unbrauchbar. Ich sah Goethen an: „Kannst du mit diesem Begriff etwas anfangen?"
Goethen schüttelte den Kopf. „Tut mir leid. Vielleicht steht etwas in dem Buch darüber, aber, wie gesagt, ich habe erst angefangen, den Text zu übertragen."
„Hm."
„Wir sollten jetzt lieber besprechen, was als Nächstes zu tun ist."
Bömmellöh räusperte sich. „Wir werden abreisen!"
Stille. Die Zwölf hatten damit aufgehört, sich gegenseitig mit Tinte zu übergießen, und wirkte überrascht. Goethen schaute niedergeschlagen aus. Er fixierte das Buch. „Und das wollt ihr mitnehmen?!"

Mein Onkel nickte.

„Gut", sagte der Dichter bestimmt, „dann komme ich auch mit!"

„Das geht nicht", entgegnete Bömmellöh. „Du kannst nicht einfach mit in unsere Zukunft kommen."

„Wieso nicht?! Ihr habt ja auch einfach die Gunst genossen, in meine Vergangenheit zu reisen", erwiderte Goethen schlagfertig und ich musste zugeben, sein Argument war stichhaltig. Weswegen mein Onkel wohl auch wortlos den Mund öffnete und wieder schloss.

„Und außerdem", argumentierte Goethen weiter, „habt ihr sonst niemanden, der euch das Steinbuch übersetzen kann."

„Wir ... äh ... wir werden jemanden finden."

„Brauchen wir nicht, wir haben ihn ja schon", mischte ich mich zum Erstaunen meines Onkels ein. „Ich finde, er kann ruhig mitkommen. Wer weiß, ob wir nicht einen Dunklen Dichter in der Zukunft brauchen können. Und wenn wir die Sache mit den Erdbeben erledigt haben, schicken wir ihn wieder *jetzthierhin*." Ich glaubte eigentlich nicht, dass wir Goethen wirklich brauchen würden, aber gerade erst hatte sich wieder ein wenig Vertrauen zwischen uns aufgebaut. Und ich wünschte mir, ihm ein wenig näher... äh, ich meine, ohne diesen ganzen Trouble ... also, äh, was ich sagen will, ich wollte mich eben noch nicht von ihm verabschieden müssen.

„Hältst du das wirklich für eine gute Idee?", fragte mein Onkel nach.

Ich nickte.

„Also gut, Wolfhan, dann nehmen wir dich mit."

Goethens Miene hellte sich auf.

„Wir kommen auch mit!", krähte Stone-grin.

Das komplette Dreckige Dutzend umringte uns wie ein zu allem entschlossenes Rugbyteam.

„Auf gar keinen Fall!", kommandierte ich. Das fehlte mir noch, zwölf Quälgeister zusammen mit meinem bescheuerten kleinen Bruder.

„Och, bitte!"

„Nein."

„Bitte, bitte, bitte."

„Nö!"

Zwölf Steinkehlen brüllten: „Sie aber, sag's ihr, sie kann uns im Arsch lecken!"

Damit wandten sie mir ihre nackten Hinterteile zu.

Ich drehte mich zu Goethen um: „Du hast einen sehr schlechten Einfluss auf sie."

Goethen winkte ab: „Was dir die zarten Geister singen, die schönen Bilder, die sie bringen, sind nicht ein leeres Zauberspiel."

Das letzte Wort löste sich als schillernde Seifenblase von seinen Lippen, schwebte durch den Raum und zerplatzte in Tausende winzige Sterne.

„Du redest eindeutig zu viel", schnitt ich ihm das Wort ab.

„Das mag sein", gab er zurück und grinste jetzt genauso breit wie mein Onkel.

Unsere Abreise verzögerte sich bis zum nächsten Tag.

Was erstens daran lag, dass mein Onkel noch einmal alle Facetten des Wunderquellen-Rätsels, wie er es nannte, überprüfen wollte. Zweitens, weil ich so lange brauchte, das Dreckige Dutzend zu überzeugen, dass sie in der Höhle für die nächsten 250 Jahre am besten aufgehoben wären. (Ich musste ihnen allerdings versprechen, sie in meiner Zeit wiederzuerwecken, wenn es spannend würde.) Und drittens, weil Gumbel sehr traurig war, dass wir alle drei zusammen abreisen würden (natürlich verschwiegen wir ihm, wohin bzw. *wannhin* wir reisen würden), und er deshalb noch ein ausgiebiges Fest mit uns feiern wollte.

Aber schließlich war das Dreckige Dutzend sicher (für alle anderen in Altena) als Steinsäulen in der Höhle verstaut. Die Höhle hatten wir dann – mit Henrys Hilfe – wieder zugeschüttet. Wir wussten ja nun, wo sie sich befand, und konnten sie in unserer Zeit ohne Probleme freilegen – was wir aber (trotz Versprechen) erst einmal nicht vorhatten. Alle Feste waren gefeiert, alle Abschiedsworte gesprochen und alle Sachen, die wir brauchten, in Bömmellöhs Reisetasche gepackt. Sphinx trug ich bei mir in der Tasche meines Hoodies, der mir seltsam fremd vorkam. Und Goethen hatte das Steinbuch unter seinen Arm geklemmt.

Er saß ziemlich aufgeregt mit glühenden Wangen auf der einen Seite des ZZS, den Bömmellöh mit zwei zusätzlichen Notsitzen ausgerüstet hatte. Ich setzte mich auf die andere Seite.

Mein Onkel ließ sich in den Hauptsitz fallen und überprüfte noch einmal die Anzeigen.

„Bereit?", fragte er in die Runde.

„Bereit!", antworteten Goethen und ich wie aus einem Munde.

„Na dann, tschüss Vergangenheit!"

„Ab in die Gegenwart", fügte ich hinzu.

„Zurück in die Zukunft!", meinte Goethen.

Bömmellöh und ich fixierten ihn.

„Was?! – Habe ich mir gerade ausgedacht. Guter Titel für …"

„… einen Film!"

„Was ist ein Film?"

„Ach, vergiss es!"

Bömmellöh drückte den roten Knopf und wir lösten uns in Zeitpartikel auf.

Zweiter Teil: Der DämonDenker

1

Wellen gischen
Und unten wühlt das Meer.
Darüber Winde zischen,
Streuen Salz auf Planken. Wer
Hält noch das Steuerrad?
Einer ruft: „Es muss – zu viel
Ist bereits gewagt!
Sie muss ans Ziel,
Durch Feind und Nacht,
Ans Ziel, die Silberfracht!"

(Erste Strophe der Ballade „Silberfracht", entstanden nach der rasanten Fahrt mit dem ZZS; WJG)

Unsere Rückfahrt, wenn man überhaupt von Fahrt sprechen kann, war schnell, heiß und holprig – eine Achterbahnfahrt durch die Wüste ist nichts dagegen. Als wir in unserer Zeit ankamen, ächzte der ZZS, Bömmellöh checkte die Zielzeit, die wir nur um 17 Sekunden verpasst hatten. Das heißt, wir kamen genau 17 Sekunden nach dem Zeitpunkt an, als ich (vor mittlerweile zwei Wochen, von meinem jetzigen Standpunkt aus betrachtet) diesen Raum, äh, diese Zeit verlassen hatte. So gesehen hätte ich mir fast selbst zuwinken können – ein verrückter Gedanke, wie alles, was mit Zeitreisen zu tun hat. Ich kämpfte diesmal nur mit einem leichten Schwindel, während Goethen ins Spuckbecken kotzte.

Sofort ging die automatische Spülung an, schlürfte das Erbrochene in den Ausguss und lauwarmes Wasser floss gluckernd in einen Becher.

„Ah", sagte mein Onkel zufrieden, „ich wusste schon, warum ich diesen Teil des Original-Stuhls erhalten habe."

Goethen schlabberte das Wasser aus dem Becher wie ein verdursteter Hund, drehte sich um und sah mich mit flackernden Augen an. „Oh, ist mir übel!"

Ich grinste. „Klarer Fall von Zeitreisekrankheit. Dagegen hilft nur Bömmellöhs Spezialmischung mit Kaninchenurin."

Goethens Augen wurden groß wie Tischtennisbälle.

„War nur ein Scherz", beruhigte ich ihn.

„Nö, war es nicht", konterte Bömmellöh.

Jetzt wurden *meine* Augen groß wie Tischtennisbälle.

„Ich hab gelogen", grinste er.

„Damals oder heute?", fragte ich misstrauisch.

Mein Onkel ergänzte sein Grinsen um ein Schulterzucken.

Ich beschloss, nicht weiter darüber nachzudenken, denn ich hatte anderes im Kopf: Raus aus dem Haus und ab in meine Zeit, mein Zimmer, meine Dusche. Also verabschiedete ich mich schnell und warf nur ein „Komme nachher noch mal wieder" in den Raum.

Im Hausflur belauschte ich noch kurz den Dialog zwischen den beiden Männern.

Bömmellöh: „So, ich gehe jetzt in mein Labor und untersuche die Wasserproben. Und du, Wolfhan, weißt, was du zu tun hast!"

Goethen (*von seiner Übelkeit erholt*): „Ein jeder tue, was er tuen kann. Doch der den Augenblick ergreift, das ist der rechte Mann. Das Gestern flugs nun abgestreift, ich schaue mir die Zukunft an."

Bömmellöh: „Oh, nein, du setzt dich hierhin und entschlüsselst das Steinbuch."

Goethen: „Grau, teurer Freund, ist alle Theorie, und grün des Lebens goldner Baum. Ich muss hinaus und sehen sie, die sonst nur Zeiten-Schaum."

Bömmellöh: „Hör auf zu dichten und tu die Arbeit, für die wir dich mitgenommen haben."

Goethen: „Dichter lieben nicht zu schweigen, wollen sich der Menge zeigen. Lob und Tadel muss ja sein!"

Bömmellöh: „Kein Wort mehr, du, du bleibst daheim! (*Nach einer Fernbedienung greifend:*) Sonst werde ich dich mit dieser Strahlenpistole paralysieren. Und, glaube mir, die Nebenwirkungen sind fürchterlich. Eine Zeitreisekrankheit ist nichts dagegen."
Goethen: „Oh, dann werde ich mich still und ruhig auf diese Sitzgelegenheit hocken und das Buch übersetzen."
Bömmellöh: „Prima!"
Ich schloss die Haustür hinter mir.
Meine Zeit!
Wie herrlich Altena doch auf einmal aussah, klang und roch! Ja, selbst der Geruch nach Autoabgasen war wie ein Parfüm, das mir laut entgegenschrie: „Du bist zurück!" Eine ganze Weile sog ich die herrlich unsaubere Luft in die Lunge. Dann drehte ich mich um und schlenderte den Bergpfad hinauf. Wie viel man doch auf einmal wahrnimmt, wenn man eine Zeitlang quasi in einer anderen Welt gewesen ist. Die vielen Häuser am Hang standen als treue Fans um die Burg herum. Geräusche von knatternden Fahrzeugen, zufallenden Türen, dem donnernden Zug waren der dazu passende Jubel und hätten mich fast umgeworfen. Ich nahm Dinge wahr, die mir vorher niemals aufgefallen wären. So entdeckte ich zum Bespiel, dass das Kopfsteinpflaster der Fritz-Thomee-Straße fast genauso aussah wie in Goethens Zeit. Und dann fiel mir ein, dass das das (hört sich an, als würde ich stottern) neueste Projekt unseres Bürgermeisters war. Um den mittelalterlichen Charakter Altenas zu betonen, hatte er hier das alte Kopfsteinpflaster, das man irgendwann in den 70ern einfach zuasphaltiert hatte, wieder freilegen lassen. Ein paar letzte Teerreste klebten noch hier und da, aber die würde man sicherlich noch entfernen. Denn in den nächsten Tagen sollte es ein großes Straßenevent geben. Ich fand, das Kopfsteinpflaster passte viel besser zu unserer Burg, die am Ende der Straße als dunkle, aber gutmütige Wächterin hockte.
Es war ziemlich duster, als ich das erste Tor erreichte.
Halt! Da war doch –

Eine massige Schattengestalt beobachtete mich aus dem dunklen Torbogen heraus.

Schlagartig erinnerte ich mich an die Begegnung vor fast zwei Wochen. (So lange war ich in der Vergangenheit gewesen.) Für mein unheimliches Gegenüber lag sie nur Minuten zurück.

Diesmal traute ich mich mehr und schritt auf das Tor zu.

„Wer sind Sie? Und was wollen Sie von mir?"

Die unförmige Schattenmasse antwortete nicht, sondern brodelte nur kurz auf. Ich riss mein Smartphone heraus und schaltete die Taschenlampe ein. Leider hatte der Akku endgültig den Geist aufgegeben.

Die dunkle Masse flüchtete ins Burginnere – auf sechs Beinen, wie es aussah.

„Hey!", rief ich noch, dann sprintete ich hinterher.

Ich holte den Schatten nicht ein, aber als wir am Kommandantenhaus vorbeiliefen, fiel kurz ein wenig Licht darauf. Er teilte sich in eine kleinere vierfüßige und eine größere Gestalt in Kugelform.

Überrascht blieb ich stehen.

Äh, die Gestalt sah ja fast aus wie Cynthia mit Heinrich. Bevor ich etwas unternehmen konnte, kam der Kassierer aus dem Kommandantenhaus geschossen: „Wir schließen!", knurrte er schlecht gelaunt.

„Und was ist mit den beiden, die vor mir durchgerannt sind?"

„Hab niemand gesehen", entgegnete er. „Und jetzt tschüss! Ich hab Feierabend."

„Jaja", brummelte ich und trottete nach Hause.

Irgendwie schienen die Rätsel aus der Vergangenheit mit uns gereist zu sein. Aber ich musste mich getäuscht haben. Cynthia und der schwarze Pudel konnten doch unmöglich hier sein.

Oder?

Nach einer knappen Stunde war ich schon wieder auf dem Rückweg zu Bömmellöh. Langeweile. Die Dusche war herrlich gewesen, doch die Handy-Lage enttäuschend. Nachdem der Akku halbwegs aufgeladen war, hatte ich in freudiger Erwartung auf Hunderte von Nachrichten das Smartphone eingeschaltet und mit großen Augen auf eine einzige trostlose Nachricht von Kathi gestarrt. Sie teilte mir nur mit, dass ihr langweilig war und sie immer noch im Auto Richtung Süddeutschland saß. Sin hatte sich auch noch nicht gemeldet. Verdammt! Doch was erwartest du, wenn für dich eine Ewigkeit, für deine Freundinnen aber nur eine Stunde vergangen ist? Was das soziale Netzwerk anging, waren Zeitreisen echt ein Krampf.

Einziger Hoffnungsschimmer: Alle Funktionen meines Smartphones schienen wieder normal zu laufen.

Zuhause war sonst nichts los. Mama war noch im Blumenladen. Papa – zunächst überrascht, dass ich ihn so überschwänglich begrüßte – korrigierte dann doch weiter an seinen Deutscharbeiten und mein kleiner Bruder ging mir schon nach zehn Minuten auf die Nerven.

„Très bon, dass wir noch da sind", sagte Mylady.

„Oh", stöhnte ich. „Ihr habt mir ehrlich gesagt nicht gefehlt. Ich dachte, ihr wärt im Jahr 1772 geblieben."

„Das wäre sehr unlogisch", mischte sich Holmes ein, „da wir ja nur ein Produkt deiner Fantasie sind."

„Und? Gibst du auch noch deinen Senf dazu?", fragte ich Kartera.

„Nein, Amazonen sprechen nur Worte, wenn sie notwendig."

„Eingebildete Schlampe", zischte Mylady.

„Stopp! Hört sofort auf zu streiten! Ihr macht mich wahnsinnig! Lasst mich in Ruhe und verschwindet!", herrschte ich sie an.

„Phh!", machten alle drei.

Noch so ein Problem, das sich leider nicht in Luft aufgelöst hatte. Cynthia hatte gesagt, ich solle die Stimmen in meinem Kopf akzeptieren, weil sie etwas Positives seien. Aber das leuchtete mir im Moment nicht ein. Sie waren im besten Falle lästig wie eine zusätzliche Hausaufgabe. Wenigstens wusste ich inzwischen, woher die Stimmen kamen – meine Fantasie produzierte sie und das Wunderwasser der Einhardsquelle machte sie hörbar.

Ich stand auf. Vielleicht hatte mein Onkel schon etwas herausgefunden. Kurze Zeit später stand ich vor seinem Labor.

Du weißt ja, dass mein Onkel ein kleines bisschen seltsam ist. So war auch sein Labor recht ungewöhnlich. Dort, wo zu Goethens Zeit die alte Remise stand, befand sich jetzt eine Mischung aus Gartenhäuschen und Garage. Darin stand der ganze Stolz meines Onkels: eine rote Vespa mit Ladefläche.

Warum ich jetzt auf einmal von Fahrzeugen spreche, wo ich dich doch in Bömmellöhs Labor führen wollte?

Ganz einfach, die Vespa *war* das Labor.

Vorne war die ganz normale Fahrerkanzel, in der zur Not zwei Personen Platz hatten. Hinten war die Ladefläche mit einem zeltartigen Aufbau aus dicker wasserdichter Plane. MOBBOR stand in präziser Schrift darauf. Das bedeutete MOB(iles) (La)BOR. Es war zwar nur wenig Platz darin, dafür aber war es mit topmoderner Technik ausgerüstet, die jeden Wissenschafts-Nerd in Ekstase versetzt hätte. Und so piepste, summte, fiepte, blinkte und puckerte es mir entgegen, als ich die Plane der Einstiegsluke zurückschlug und meinen Onkel auf einem bequemen Laborstuhl sitzen sah.

„Hallo Merle", brummte Bömmellöh und tippte auf mehrere Tasten eines funkelnagelneuen Laptops.

„Hast du schon was rausgefunden?"

„Nicht wirklich. Bisher befindet sich in dem Wasser genau das, was meistens drin ist: Wasser."

„Aha!"

„Aber ich habe noch so einige Untersuchungen parat." Er drehte sich zu mir um und lachte zuversichtlich. „Keine Sorge, wir werden diesem geheimnisvollen Wunderwasser schon auf die Spur kommen."

Ich nickte. „Wo ist Goethen?"

„Drin und übersetzt das Steinbuch."

„Ich schau mal nach. Vielleicht hat wenigstens er was Brauchbares entdeckt."

„Okay", schon tauchte der Rotschopf wieder in die digitale Welt ab.

Um es vorwegzunehmen: Goethen hatte nichts herausgefunden. Ja, er hatte noch nicht einmal etwas übersetzt. Er war nicht mal da. Stattdessen lag ein Zettel auf dem Tisch: „Auch auf die Gefahr hin, paralysiert zu werden, muss ich dem Drängen meines neugierig pochenden Herzens nachgeben und lustwandle ein wenig durch das Tal der Zukunft."

Im Klartext: Goethen war in die Stadt hinuntergegangen, um meinen Zeitgenossen auf den Geist zu gehen.

Na, das konnte ja heiter werden.

Ich beschloss sicherheitshalber, ihm zu folgen.

2

Wo sucht man einen Dunklen Dichter?
Mein erster Gedanke war: Dort, wo's Bücher gibt. Die Stadtbücherei an der Marktstraße – Fehlanzeige. Schon geschlossen. Also ging ich zum Buchladen an der Kirchstraße. Er war noch geöffnet, aber ohne Kunden. Die Verkäuferin meinte, sie habe vor fast einer Stunde jemanden vorbeigehen sehen, auf den meine Beschreibung zuträfe. Sie habe sich schon gewundert, warum der Mann in Kleidung herumlief, die eher ins 17. Jahrhundert passen würde.

„Ins 18.", rutschte es mir heraus. Sie sah mich säuerlich an. „Ist für so ein Kostümfest oben in der Burg", versuchte ich auszubügeln.

„Ah ja."

„Wohin ist er denn gegangen?"

„Die Straße runter!"

Kirch- und Lennestraße sind die einzige richtige Fußgängerzone, die wir haben, man kann sie nur rauf- oder runtergehen, deshalb war die Antwort gar nicht so übel.

Trotzdem fand ich Goethen nicht. Der Kerl interessierte sich für alles, also konnte er auch überall sein. Ich schaute durch jedes Schaufenster, in jeden Laden, der noch offen hatte, in alle Cafés und Restaurants auf dem Weg.

Und ich stellte fest, dass unsere Kleinstadt doch nicht so klein war, wenn man jemanden suchte.

Die Straßenlaternen gaben sich Mühe, einen trüben Oktoberabend aufzupeppen, hatten aber gegen den aufziehenden Lennenebel keine Chance. Ich wollte meine Suche gerade aufgeben, als mein Blick an einem kleinen Laden in einer Seitengasse hängen blieb.

Allerlei Krimskrams wurde dort verkauft.

Postkarten. Souvenirs. Süßigkeiten. Regenschirme. Tabakspfeifen. Kochgeschirr. Bilderrahmen. Seife. Stricksachen. Kinderspielzeug. Elektrogeräte.

Und Handys.
Na klar!
Goethen war doch total scharf auf meinen *Wunderkasten*. Er musste dort sein.
Durch die fast blinde Schaufensterscheibe sah ich ihn wild gestikulierend im Gespräch mit einem in die Jahre gekommenen Bubi. (Entschuldige, aber der Mann sah wirklich so aus. Du kennst diese Typen mit den aalglatten Gesichtern, den gezupften Augenbrauen und den turmhoch gegelten Haaren, die in ihrem sonnengebräunten Gesicht das Verkaufslächeln festgetackert haben? Nun, dieser hier musste einmal genauso ausgesehen haben, hatte seinen Typ überhaupt nicht verändert, nur hatte ihm das Alter so einige Schnippchen geschlagen.)
Er schien allerdings sehr interessiert an irgendetwas, das Goethen aus seinem Justaucorps zog. (Wir brauchten unbedingt unauffällige Kleidung für den Dichter, wenn er nicht wie ein bunter Hund auffallen sollte.)
Was es war, konnte ich nicht erkennen. Aber die Augen des Bubis funkelten. Gebannt lauschte, dann nickte er und schob ihm ein nicht mehr ganz neues Handy über den Tisch.
„Teufelskerl", kommentierte Holmes beeindruckt. „Er hat tatsächlich einen von diesen Kommunikationsapparaten erworben. Was er ihm wohl dafür angeboten hat?"
„Irgendwelchen Schund aus der Vergangenheit, n'est-ce pas?!", warf Mylady ein.
„Das werden wir ja erfahren, da kommt er schon." (Verflucht, jetzt hatte ich für einen Moment geglaubt, Holmes und Mylady stünden neben mir.)
Goethen kam aufgeregt herübergelaufen und hielt mir seine Alt-Erwerbung – *Neuerwerbung* traf es nun wirklich nicht – entgegen.
„Schaut mal, werte Merle, jetzt besitze ich auch so einen Wunderguckkasten. Man kann ihn auf- und zuklappen wie eine Tabaksdose."

„Ja, und viel mehr ist er auch nicht wert. Er ist, für unsere Verhältnisse, uralt. Er hat dich über den Tisch gezogen."

„Aber er kann auch diese tollen Bilder machen. Hier ist schon eines von Euch, verehrte Merle."

„Hör endlich mit diesem Verehrte-Merle-Quatsch auf, das sagt hier kein Mensch. Und außerdem bin ich auf diesem Foto nicht besonders schmeichelhaft getroffen."

Er ging gar nicht darauf ein, sondern entdeckte jetzt diverse Klingeltöne.

„Was hast du ihm eigentlich dafür gegeben?"

Er sah mich kurz an: „Ich habe ein paar Gegenstände aus meinem Jahrhundert mitgebracht, von denen ich dachte, dass sie mir von Nutzen sein könnten. Und eines davon ist, war ein Tunk-Feuerzeug."

„Tunk-Feuerzeug? Was soll denn das sein?"

„Das sind Zündhölzer mit einem speziellen Überzug, der sich entzündet, wenn man ihn in den Inhalt des kleinen Fläschchens tunkt. Ein Freund von mir versucht sich gerade an dieser Neuerung des Feuer-Entfachens. Allerdings ist sie, nun, dein Onkel würde sagen, noch im Stadium des Experimentierens."

„Du hast also eine noch nicht ausgereifte Erfindung aus dem 18. Jahrhundert gegen eine veraltete aus dem 21. getauscht?!"

„Mit diesen Worten könnte man es ausdrücken."

„Na, wer da wohl besser abgeschnitten hat?!"

„Och, ich bin zufrieden, dieses Tunk-Feuerzeug war nicht nach meinem Geschmack. Manchmal entzünden sich die Hölzer explosiv und der Inhalt des Fläschchens ist echt ätzend."

„Wow", sagte ich beeindruckt, „wo hast du so schnell Slang gelernt."

Er sah mich irritiert an.

„Äh, du meinst doch nicht, der Inhalt ist wirklich ätzend?"

„Doch, Schwefelsäure."

„Schwefelsäure? Bist du wahnsinnig? Der Typ hetzt uns gleich die Bullen auf den Hals."

Er schaute zurück. „Ist er auch Rinderzüchter?"
Ich seufzte. Ich musste ihm wirklich ein paar moderne Ausdrücke beibringen, wenn er in unserer Zeit überleben wollte. Fürs Erste beließ ich es bei „Lass uns hier ganz schnell die Fliege machen".
Das verstand er bestens.

Am nächsten Morgen saßen wir gemeinsam am Frühstückstisch. Ich war schon sehr früh herübergekommen. Bömmellöh wartete auf die Ergebnisse der chemischen Analyse und aß gemütlich ein Schinkenbrot. Goethen informierte uns über das Steinbuch.
Er hatte gestern Abend tatsächlich noch etwas von dem Text bearbeitet (natürlich nicht, ohne auch mit seinem Wunderguckkasten zu spielen).
„Der Code, den dieser Hachs verwendet, ist nicht einheitlich und manchmal wahrhaft schwer zu lösen", erklärte er uns gerade. „Aus diesem Grunde habe ich den Text diskontinuierlich übertragen."
„Was soll das heißen?"
„Ich habe nur die Stellen übersetzt, die leicht zu knacken waren. So entsteht zwar ein lückenhaftes Flickwerk, aber doch einige sehenswerte Ansätze."
„Lies vor."
„Der ... Das ... Die ... Du ... Da ... Dann ... Von dort ... Auch ... Die ... Im Besonderen ... Aber dem Dunklen Dichter ... Allerdings durch ... Dem ... Die Kraft ... Es kann ... Wo ... Das ... Hinterher ... Der ... Außerhalb des Bereichs ... Dass ... Ein Ritter mit dem Schwert ... Übrigens ... Den DämonDenker ... Nein.
„Soll das ein Witz sein?"
„Nun ja, es ist mir bisher nur gelungen, die Satzanfänge zu transferieren."
„Nicht dein Ernst?!"
„Doch."

„Dann mach dich endlich dran, weiter zu übersetzen."

„Liebreizende Merle, in Eurer Brust sitzt das peitschende Herz einer Sklaventreiberin."

„Und in deinem Kopf, mein lieber Goethen, ist genügend Stroh, um jeden Peitschenschlag zu dämpfen."

Goethen steckte geschlagen die Nase ins Steinbuch.

„Satz und Sieg: Merle Schiller", kommentierte mein Onkel.

Während der Wartezeit kam ich auf die Idee, ein wenig zu recherchieren. Also tippte ich verschiedene Namen in mein Smartphone.

Einen Ans S. Hachs kannte das Internet nicht.

Bei Doktor Faust dagegen, dessen Portrait das einzige Bild im Steinbuch war, wurde es interessant.

Johann Georg Faust, von manchen auch Heinrich Faust genannt, wurde 1480 in Süddeutschland geboren und führte ein ziemlich geheimnisvolles Leben. Die Leute damals bezeichneten ihn als sehr gebildeten, wissbegierigen Mann, aber auch als Wunderheiler, Alchemisten, Magier, Astrologen und Wahrsager. Immer wieder fiel der Ausdruck Schwarzmagier und die Leute waren zugleich fasziniert und voller Furcht vor ihm. Der Begriff *DämonDenker* tauchte allerdings nirgendwo auf. 1540/41 war dieser Doktor in einem Hotel im Breisgau unter mysteriösen Umständen verunglückt. Mehr historische Fakten gab's nicht.

Dafür aber umso mehr Gruselgeschichten, Sagen und Legenden über diesen Mann und niemand wusste wirklich, was echt und was nur erfunden war. Angeblich hatte er sogar Geister und Gespenster beschworen und sich mit dem Teufel eingelassen.

Ich schluckte.

Mir gruselte ein wenig, wenn ich an die lebendigen Steinjungs und den Mr.-Hyde-Anzug dachte. Henry Hyde schlummerte immer noch in dem Koffer, den Bömmellöh aus 1772 mitgebracht hatte und der jetzt unter der Werkbank in seinem Arbeitszimmer lag. (Ich glaube, mein Onkel führt immer noch heimliche Experimente mit ihm durch.) Und wenn es so etwas gab, dann gab es vielleicht auch Geister und Teufelsbeschwörer.

Jedenfalls muss dieser Doktor Faust etwa zur selben Zeit gelebt haben wie der Einsiedler Einhard, als er die Quelle entdeckt und die Steinjungs geschaffen hat.

Wie das Ganze aber zusammenpasste, und vor allem, welche Verbindung er zu Altena hatte, blieb mir schleierhaft.

Egal. Mir brannte noch ein anderer Name unter den Nägeln.

Wolfhan Jogang Goethen.

Die Suchmaschine verwies mich sofort auf den echten großen deutschen Dichter. Waren die beiden doch ein- und dieselbe Person? – Ich sammelte Daten und Wissen und verglich es mit dem, was ich über mein Gegenüber wusste.

Johann Wolfgang von Goethe wurde am 28. August 1749 in Frankfurt geboren, das heißt er war 1772 genau 23 Jahre alt. Ich blickte hoch: Das kam hin. Es gab noch eine ganze Menge Übereinstimmungen: Studium der Rechtswissenschaften in Leipzig und Straßburg. (Hatte Gumbel nicht erzählt, dass er mit Goethen zusammen in Straßburg Jura studiert hatte?!) Und dann die Sache mit Wetzlar: Auch der echte Goethe war dort gewesen, hatte von Mai bis September 1772 ein Praktikum am dortigen Reichskammergericht gemacht, sich unsterblich in Lotte (von *Lotte* zu *Lotta* ist's ja nur ein Fliegenschiss!!!) Buff verliebt. Die Liebe war unglücklich gewesen, weil Lotte schon vergeben war. Der echte Goethe hatte sich seinen ganzen Frust später dann von der Seele geschrieben. So war der Briefroman „Die Leiden des jungen Werther" entstanden – ein Riesenerfolg in ganz Europa. (Davon hatte ich schon mal in der Schule gehört. Würde der Goethen vor mir auch noch so etwas schreiben?)

„Lotte – Lotta ... unglücklich verliebt – Wetzlar", murmelte ich vor mich hin.

„Was sagtet Ihr?", schaute Goethen vom Steinbuch auf.

„Nichts, nichts."

Johann Wolfgang von Goethe hatte sich auch mit Faust beschäftigt und Legenden über diesen Doktor zu einem beeindruckenden Drama verarbeitet. War der Auslöser dafür das Steinbuch gewesen?

Vieles passte also, aber auf der anderen Seite nicht ein einziges Wort, dass Goethe sich jemals in Altena aufgehalten, dass er einen sehr guten Freund namens Gumbel gehabt, dass ihn eine Muse gebissen habe. Und schon gar nichts über die Dunkle Dichtkunst.

Waren sie also doch zwei ganz verschiedene Personen? Warum hatte man dann aber nie etwas über diesen Wolfhan Goethen gehört?

„Vielleicht ...", ich suchte nach einem Bild, das den echten Goethe im Alter von Wolfhan zeigte – und zog scharf die Luft ein.

Die beiden sahen sich so ähnlich wie Zwillinge.

„Er ist es", flüsterte Holmes in einer Ecke meines Hirns.

„Non, non", wisperte Mylady aus einer anderen.

„Ähnlich und nicht ähnlich, eher ein Schatten der eine vom andren", meinte Kartera.

Und sie hatte nicht unrecht: Irgendwie wirkte der Goethen gegenüber viel düsterer, leidender, aber auch leidenschaftlicher, und voller Energie, als würde unter seiner Schale etwas Machtvolles brodeln – was ja, wie ich inzwischen wusste, auch stimmte.

Irgendwie blieb es ein Rätsel.

Goethen bemerkte, dass ich ihn kritisch musterte: „Was starret Ihr so, werte Merle? Beging ich eine Taktlosigkeit?"

Ich stöhnte auf, es wurde wirklich Zeit, dass ich ihm ein paar moderne Ausdrücke beibrachte. „Also, kein Mensch in der heutigen Zeit spricht so."

„Wie spricht man dann?"

„Du kannst entweder sagen: *Was guckst du?* Oder, wenn's ein bisschen schärfer sein soll: *Glotz nicht so blöd.* Oder wenn es möglichst cool rüberkommen soll: *Hey, was läuft, Bro?* – Klaro?"

Goethen starrte mich an, als spräche ich Chinesisch, dann wiederholte er alle drei Sätze leise, lutschte sie auf der Zunge wie ein

Bonbon. Schließlich lächelte er und sagte laut: „Das Dritte gefällt mir wohl, also: Hey, was läuft, Broklaro?"
Ich stöhnte, Bömmellöh kicherte.
„Versuch die erste Variante."
„Was guckst du?"
„Schon besser?"
„Und?"
„Was und?"
„Na, was guckst du? Warum schaut Ihr mich so an?"
„Nichts."
„Nichts? – Der ganze sprachliche Aufwand für nichts?"
Ich zuckte mit den Schultern und wischte sein Bild von meinem Smartphone.
Goethen zog die Augenbrauen zusammen. Bevor er sich wieder dem Steinbuch zuwandte, meinte er: „Mir scheint, in Eurer Zeit redet man viel, ohne etwas dabei zu sagen."

Goethen arbeitete diesmal ziemlich ausdauernd, legte nur eine Pause ein, als das Buch wieder zu Stein wurde. Glücklicherweise hatte mein Onkel mehrere Flaschen am Einhardsbrunnen abgefüllt und mitgenommen. Hoffentlich tat das Wunderwasser auch in unserer Zeit seine Wirkung.
Vorsichtig tröpfelte er etwas über den Steinblock und wir warteten gespannt.
„Es funktioniert", sagte Bömmellöh erleichtert.
Tatsächlich wurde der Stein weicher, formbarer und verwandelte sich schließlich in ein Buch mit beweglichen Steinseiten.
„Es hat also trotz Zeitsprung nichts von seiner Wirkung verloren, was ich kurz bei meinen Untersuchungen befürchtet hatte."
Und so ging der Morgen vorüber.
Schließlich klappte Goethen das Buch zu und schlürfte genüsslich den Wein, den ihm mein Onkel hingestellt hatte. „Fürs Erste soll es genügen." (Es war nicht ganz klar, ob er damit seine Ergebnisse oder den Wein meinte.)

„Was hast du herausgefunden?"

Goethen räusperte sich, dann begann er: „Es war mir noch nicht möglich, alles zu transferieren, aber ich habe mein Wissen doch um einiges erweitern können. Dieser Doktor Faust muss ziemlich gerissen gewesen sein – und ein übler Geselle."

„Hast du herausgefunden, was das mit dem DämonDenker bedeutet."

„Nein, noch nicht. Die Geheimnisse über ihn müssen sehr wichtig sein, denn sie sind am besten verschlüsselt. Aber ich weiß, dass sie ihn bekämpft haben."

„Sie? Also mehrere?"

Goethen nickte. „Zum einen dieser Ans S. Hachs, der wie ich ein Dunkler Dichter gewesen ist. Aber auch über ihn habe ich noch nicht genügend Informationen. Diese sind ebenfalls sehr kompliziert verborgen. Er hat gegen diesen Faust gekämpft, so viel steht fest, und war verbündet mit einem Ritter, über den er eine ganze Menge geschrieben hat."

„Ein Ritter? – So richtig mit Rüstung und Schwert?"

„Beinahe, denn er lebte Anfang des 16. Jahrhunderts, als die Zeit der Ritter längst vorbei war. Sozusagen war er ein Relikt aus vergangenen Tagen und verdingte sich als fahrender Ritter, als Söldner und Kämpfer. Er war ein Baron und sein – ziemlich illustrer – Name lautete: Nikodemus Igorewitsch Leonhard Surumbar."

„Das hast du dir ausgedacht."

Goethen klopfte verärgert auf das Buch. „Nein, genauso steht es hier. Dieser Baron Surumbar, der zum verarmten Adel gehörte, zog durch die Lande, immer auf der Suche nach einem Dienstherrn, der ihm Schlachten und Gewinn bieten konnte. Das änderte sich erst, als er auf den Dunklen Dichter Hachs traf. Die beiden wurden Freunde und jagten fortan den geheimnisvollen Doktor Faust, der überall in Deutschland sein Unwesen trieb."

„Und haben sie ihn besiegt?"

„Das weiß ich nicht. Aber Hachs beschreibt, dass sie sich auf eine gewaltige Schlacht gegen Doktor Faust vorbereiteten, nicht weit von hier, in Hohenlimburg."

„Hohenlimburg?", unterbrach ich ihn. „Moment, irgendwie klingelt da was. Von irgendwem habe ich diesen Ortsnamen in den letzten Tagen gehört." Ich kam nicht drauf. Noch nicht. „Mach weiter."

„Nichts weiter. Genau an dieser Stelle folgt im Steinbuch nur noch die äußerst klug codierte letzte Seite, die ich noch nicht enträtseln konnte, und dann das Portrait von Faust."

„Hm", machte Bömmellöh.

„Hm", machte ich.

„Noch etwas ist wahrlich merkwürdig, vielleicht auch nur ein Übersetzungsfehler meinerseits, auch wenn ich das bei meinem Intellekt nur schwerlich für möglich halte."

Ich stöhnte.

„Der Ritter wird als sehr kauzig beschrieben. Und er soll etwas getragen haben, das ich noch nie gehört habe."

„Was?"

„Ein Bernstein-Gebiss."

„Zähne aus Bernstein? Wie eklig."

„Das gibt's doch gar nicht!" Mein Onkel war aufgesprungen, dann holte er die Reisetasche, die vollgestopft mit Material zum Fall „Erdbeben" war. Aufgeregt kramte er in einem Wust Zeitungspapier herum. Dann zog er einen kurzen Artikel hervor. „Hier ist es", rief er triumphierend. „Bei den Arbeiten am Erlebnisaufzug in Altena hat man ein bisher unbekanntes Grab entdeckt. Und darin fand man ein erstaunlich gut erhaltenes, stark mumifiziertes Skelett – vermutlich aus dem 16. Jahrhundert. Bekleidet mit den Resten eines Rittergewandes und mit einem prachtvollen Schwert als Grabbeigabe. Niemand weiß, wer das ist. Es gibt keinerlei Hinweise in historischen Quellen und das, obwohl dieses Skelett ein sehr ungewöhnliches Detail aufweist", jetzt sah er uns funkelnd an: „Ein Gebiss aus Bernstein."

„Wow!"

„Und der ordinäre Haushahn präsentierte sich als Phönix", murmelte Goethen.

„Also wissen nur wir, dass es sich bei dem Fund um diesen Baron Surub-Dingsbums handelt."

„Sieht so aus."

„Vielleicht sollten wir diesem Skelett mal einen Besuch abstatten."

„Eine sehr gute Idee. Und dreimal darfst du raten, wo es sich befindet."

„Hier auf der Burg natürlich."

Mein Onkel schüttelte den Kopf. „Das wäre naheliegend, weil es hier in Altena gefunden wurde. Und es soll auch dem Burgmuseum übergeben werden, wenn alle archäologischen Untersuchungen abgeschlossen sind. Aber zurzeit hat es die zuständige Archäologin in Gewahrsam und inspiziert es in ihrem Labor. Und das befindet sich …"

„… in Hohenlimburg", kombinierte ich.

„Treffer, versenkt", entgegnete Bömmellöh beeindruckt. „Genauer gesagt auf Schloss Hohenlimburg."

Schloss Hohenlimburg.

Jetzt machte es endlich klick und zwar so laut wie ein Münzautomat. „Jetzt weiß ich, wer mir von diesem Ort erzählt hat: Cynthia! Sie hat mir gesagt, dass sie zum Schloss fährt, um dort ihre kranke Schwester zu besuchen."

Die beiden Männer starrten mich erstaunt an.

„Wenn das ein Zufall ist", sprach Goethen, „dürft ihr mich Johann Wolfgang nennen."

Jetzt starrte ich erstaunt zurück.

3

Nur wenig später düsten wir Richtung Hohenlimburg.
Düsen ist vielleicht nicht ganz das richtige Wort, denn Bömmellöhs Vespa schaffte gerade mal achtzig Sachen. Aber ich glaube, für Goethen war es schnell genug. Während ich mich neben meinen Onkel in die Fahrerkabine gequetscht hatte, saß der Dichter hinten im MOBBOR und streckte dauernd den Kopf durch die Zeltöffnung in den Fahrtwind.

„Fantastisch! Phänomenal! Überirdisch! Göttlich!", jubelte er in den kalten Oktobertag hinaus.

„Na, unserm Dichter gefällt es aber", meinte Bömmellöh.

„Tja, ich schätze, so schnell ist in seiner Zeit kein Pferd."

In diesem Moment schwang sich Goethen nach draußen, turnte auf dem Gestänge des Laborzeltes herum und sang halb in der Luft hängend: „Es schlägt mein Herz. Geschwind, zu Pferde! Und fort, wild wie ein Held zur Schlacht. Ach! Schnell und schneller rast die Erde, als wär ich Blitz, der niederkracht!"

Im selben Augenblick knallte der Auspuff, die Vespa tat einen Satz noch vorne und die Tachonadel schob sich ruckelnd über die 100 hinaus.

Unsere Köpfe ruckten herum.

„Dunkle Poesie?", krächzte mein Onkel.

„Sieht ganz danach aus", keuchte ich zurück.

Es dauerte eine Weile, bis mein Onkel sein Gefährt wieder halbwegs unter Kontrolle hatte. Allerdings stolperte die Tachonadel jetzt über die 110 – ganz, ohne dass Bömmellöh das Gaspedal trat.

Goethen hing inzwischen flatternd wie eine bunte Flagge – und jubelnd – am Gestänge.

„Der kracht uns gleich auf die Straße", schimpfte Bömmellöh.

Ich warf einen Blick zurück: „Ja, oder –"

„– oder er zerschlägt mir mein ganzes Labor."

„Ja, oder er hetzt uns die Polizei auf den Hals."

„Wie jetzt?!"

„Wirf einen Blick in den Rückspiegel!"
„Auch das noch!"
Ein Polizeiwagen klebte uns an den Fersen, überholte uns und die rote Kelle ging raus.
Bömmellöh trat heftig auf die Bremse und endlich reagierte das Fahrzeug.
Ratternd und schnaubend hielt die Vespa auf dem Seitenstreifen. Einer der Polizisten stieg aus, näherte sich mit in die Hüften gestemmten Händen, klopfte ans Seitenfenster und wartete, bis Bömmellöh es aufgeklappt hatte. „Na, Meister, kommen wir von einer vorgezogenen Halloween-Party?!"
„Äh, nein, wir sind geschäftlich unterwegs", stammelte mein Onkel.
„Ach ja?! Mit dem Komiker da hinten?"
Goethen war heruntergesprungen und schlenderte näher. Oh Mann, vielleicht hätte ich ihm doch keine neuen Sachen aufschwatzen sollen. Er hatte sich an Bömmellöhs Schrank bedient: grüne Jogginghose, weißer Norwegerpulli mit röhrendem Elch, schwarzes Hardrock-Café-Basecap.
„Äh, das ist", begann Bömmellöh, „... unser Maskottchen. – *Roaring Moose*. Fanclub. Eishockey."
„Aha. Papiere, bitte."
Während Bömmellöh in seinem Jackett kramte, fragte Goethen: „Verehrte Merle, ist das einer von den Bullen."
Oh, hätte ich ihm das doch niemals erklärt!
„AUSSTEIGEN!", schrie der Polizist mit plötzlich hochrotem Kopf. „Und zwar alle!"
Jetzt standen wir an der Seitenplanke und warteten darauf, dass der Polizist seinen Kontrollgang beendete. „Garantiert überladen, die Karre", murmelte er, nachdem er einen Blick ins MOBBOR geworfen hatte.
„Soll ich kommen?", rief jetzt der andere aus dem Polizeiwagen.
„Nee, schaff ich schon. Du kannst aber mal das Kennzeichen prüfen."

„Wenn das so weitergeht", flüsterte ich, „kommen wir nie nach Hohenlimburg."

„Und ich muss aufpassen, dass ich nicht gleich Führerschein und meine Konzession als Detektiv los bin."

„Ich finde, unser Dichter hat uns die Suppe eingebrockt, dann kann er sie auch auslöffeln."

„Was meint Ihr damit?"

„Na, ich denke, du kannst bei dem da", ich wies auf den Polizisten, der jetzt prüfend gegen das Hinterrad trat, „noch mal deine Dunkle Poesie anwenden."

„Ein guter Vorschlag", fügte Bömmellöh hinzu. Der Polizist rappelte kopfschüttelnd am Zeltaufbau. „So wütend, wie der ist, legt der mir die ganze Karre still. Und das können wir absolut nicht gebrauchen."

„Aber ich kann nicht."

„Eben hast du es auch gekonnt."

„Aber ich weiß nicht wie. Es kam so über mich."

Der Polizist kam – übel grinsend – auf uns zu.

„Gleich kommt der Zorn des Gesetzes über dich. Und in unserer Zeit gibt es wieder die Folter."

„Wie barbarisch!"

„Also, mach irgendwas!"

Goethen trat nervös einen Schritt vor. „Mein hochverehrter Herr Polizeibüttel, mein Herz drängt mich, Ihnen etwas mitzuteilen."

Der Polizist wusste nicht, ob er das als Beleidigung auffassen sollte oder es mit einem Verrückten zu tun hatte. Aber er blieb aufmerksam vor Goethen stehen.

Der schloss kurz die Augen, dann blickte er dem Mann ins Gesicht und sprach mit sehr konzentrierter Stimme:

„Tiefe Stille herrscht im Haupte,
Ohne Regung ruht das Hirn.
Und belämmert zieht der Hüter
Des Gesetzes kraus die Stirn.
Keine Folter, keine Strafe!

Er lässt die Gesetze ruhn.
Er lässt ziehn sie wie die Schafe,
Die niemals was Böses tun."
Zuerst dachte ich, es würde nicht funktionieren und der Polizist ihm gleich eine scheuern. Doch dann legte sich die Stirn des Mannes erst in Falten, dann wurde sie glatt wie ein unschuldiger stiller See. Seine Lippen verbogen sich zu einem seligen Lächeln.

„Mäh!", brummte er aus tiefer Kehle, gab Bömmellöh seine Papiere zurück und glitt wie auf Federn an uns vorbei.

Als er die Tür des Polizeiautos öffnete, hörten wir seinen Kollegen besorgt fragen: „Was ist los?"

„Nichts", entgegnete der andere immer noch mit blökender Stimme. „Alles in Ordnung. Fahr weiter. Mäh!"

Goethen starrte dem Wagen entgeistert hinterher.

„Lief doch gar nicht schlecht", meinte mein Onkel.

„Zu Risiken und Nebenwirkungen fragen Sie Ihren Arzt oder Apotheker", murmelte ich.

Dann fuhren wir weiter. Allerdings verhielt sich unser Dichter jetzt mucksmäuschenstill – was durchaus angenehm war.

Spätestens aber als wir die steile Auffahrt zum Schloss hinauffuhren, war er wieder der Alte.

„Was für ein herrlich imposantes Gemäuer", raunte er.

Und damit hatte er recht. Das Schloss Hohenlimburg wirkt verglichen mit Burg Altena kompakter und leichter. Obwohl es als Schloss bezeichnet wird, ist es fast genauso alt wie unsere Burg.

Wir hielten auf dem halbleeren Parkplatz und gingen durch den ersten Steinbogen in ein düsteres Torhaus und schließlich hinein in einen ziemlich engen Burghof. Es war nicht viel los hier, nur ein paar Besucher streunten über die Wehrgänge, andere flüchteten vor dem einsetzenden kalten Oktoberregen in das geöffnete Kaltwalzmuseum.

Wir suchten nach dem Büro der Archäologin und fanden es in einer tiefen Mauernische.

Bömmellöh schellte laut und ausgiebig.
„Nimm die dämliche Kappe ab", zischte ich Goethen an. „Der erste Eindruck zählt." Er steckte die Kappe in die Hosentasche, strich sich übers gepuderte Haar und zupfte seinen Zopf zurecht.
Okay, das war auch nicht besser.
Aber schon ging die Tür auf.
Die Begegnung, die sich dann abspielte, war recht skurril. Sie ging so:
Tür auf. Eine hübsche Frau Anfang dreißig erscheint. Ihr Blick fällt erst auf mich, dann auf Bömmellöh, schließlich auf Goethen.
Frau: Goethe?!
Goethen: Kennen wir uns, verehrte Dame?!
Ich: Wohl kaum!
Frau (*zu mir*): Aber er sieht aus wie Johann Wolfgang von Goethe.
Ich: Ich weiß. Er … er …
Bömmellöh: … ist ein Schauspieler.
Goethen: Nein, Dichter.
Goethen (*nachdem er einen Tritt von mir erhalten hat*): Äh … Schauspieler.
Bömmellöh: Er recherchiert für ein Theaterstück. – Und Sie sind …?
Goethen: Bezaubernd!
Frau und ich: Was?
Bömmellöh: … Archäologin?
Frau: Äh, ja. Mein Name ist Carlotta Vonstein.
Ich (*aufstöhnend*): Schon wieder 'ne Lotta.
Frau: Wie bitte?
Ich: Nichts, nichts.
Goethen: Nichts kommt dem gleich. Sie sehen aus …
Frau: Ja?
Goethen: … wie die schönste Blume, die ich jemals in Gottes Garten gesehen habe.
Ich (*leicht eifersüchtig*): Echt jetzt?!

Frau (*kühl*): Sie sind ein Schwätzer.
Goethen: Nein, Dichter.
Bömmellöh: Schauspieler!
Goethen (*nachdem er einen Tritt von mir gekriegt hat*): Auu!!!
Die Frau unterbrach nun in geschäftsmäßigem Ton unsere kleine Vorstellung: „Wie kann ich Ihnen weiterhelfen? Falls Sie es nicht wissen, unser Museum ist wegen Umbauarbeiten geschlossen."

„Oh, wir möchten nicht ins Museum", erwiderte Bömmellöh, „das heißt schon, aber vor allem möchten wir zu Ihnen. Wir interessieren uns für die von Ihnen untersuchte Ritter-Mumie, die in Altena ausgegraben worden ist."

„Aha, und wieso?"

„Gestatten Sie, dass ich mich vorstelle: Mein Name ist Bömmellöh, Professor Bömmellöh, Leiter des Kriminal-Historischen Museums in Tena-Oberal."

„Noch nie davon gehört", meinte die Frau skeptisch.

„Das ist möglich. Wir sind noch in der Aufbauphase und zudem ein privates Museum, das sich vorwiegend mit der Geschichte der Kriminalistik beschäftigt. Zurzeit bereiten wir die Ausstellung *Mumien, Mitternacht und Mittelalter* vor und würden dazu gerne über die kürzlich von Ihnen gefundene Ritter-Mumie verfügen."

Habe ich schon erwähnt, dass ich immer wieder beeindruckt bin, mit welcher unverschämten Selbstsicherheit mein Onkel das Blaue vom Himmel herunterlügt?!

Allerdings schienen seine Worte bei Carlotta – ich nenne sie ab sofort so, da sie bei unserem Abenteuer noch eine wichtige Rolle spielte – auf Granit zu beißen.

Mir hatte ja schon gefallen, wie sie Goethen abblitzen ließ. Nun sah Carlotta Vonstein Bömmellöh misstrauisch an. Ha, die würde sich nicht so leicht ins Bockshorn jagen lassen. Eine Frau wie ich spürte das.

„Habe ich schon erwähnt", fügte Bömmellöh hinzu, „dass unser Museum über eine außergewöhnliche Sammlung mittelalterlicher

Totentanz-Skulpturen verfügt? Von der wir uns eventuell zu trennen gedenken."

Die misstrauische Maske schmolz dahin. „Treten Sie doch ein", sagte sie ziemlich freundlich. „Und kommen wir ins Gespräch."

So viel zu meinem Gespür. Wie schaffte mein Onkel das bloß immer, genau die richtigen Worte zu finden?!

„Intuition", flüsterte er mir im Vorbeigehen zu.

Ich ließ meinen Ärger an Goethen aus, als wir hinter Bömmellöh den Raum betraten: „Was schmachtest du die eigentlich die ganze Zeit an?!"

Goethen ließ den Blick nicht von Carlotta: „Sie ... ist so kraftvoll, so energisch, so edel und ... oh, was für ein Weib!"

„Du spinnst doch!"

„Jaja, immerzu spinnt das Schicksal seine Fäden", murmelte er wie in Trance.

„Ich fass es nicht."

Grummelnd ging ich hinein und zischelte Bömmellöh zu: „Wieso *Mitternacht*?"

„Weil's auch mit *M* anfängt", raunte der zurück.

„Du redest manchmal einen Müll!"

„Ha! *Müll* hätte ich auch nehmen können."

Ich schüttelte den Kopf und konzentrierte mich auf die Archäologin.

Goethen hatte, das muss ich zugeben, nicht unrecht, denn Carlotta war wirklich beeindruckend. Sie war schlank, mittelgroß, voller Energie. Ihre voluminösen hellbraunen Haare flossen ihr wie Wellen auf die Schultern und ihre Gesichtszüge waren schön und entschlossen. Ihre Kleidung (Rüschenbluse und elegant geschnittene Hose mit filigraner Gürtelschnalle) war ein Mix aus Vergangenheit und Gegenwart.

Das anschließende – lange – Gespräch und die Führung durch das Gebäude würden zu den langweiligsten Kapiteln dieses Buches werden. Deshalb erspare ich sie uns.

Nur eines war wirklich interessant:
Die Schwarze Hand der Hohenlimburg.
Aber davon möchte ich erst später berichten.

Ach ja, natürlich erlebten wir auch wieder einmal eine Enttäuschung: Die Ritter-Mumie bekamen wir nämlich nicht zu sehen. Die war gar nicht mehr hier, sondern auf dem Transport nach Altena. Dort sollte sie im Rahmen einer Ausstellung präsentiert werden. Morgen, am Samstag, sollte sie von Carlotta in Szene gesetzt werden. Die offizielle Eröffnung war dann am Sonntag. Unser Bürgermeister plante für den Halloween-Tag mehrere große Ereignisse.

Der aufregende Teil begann, als mein Onkel plötzlich ruckartig stehen blieb, mich unsanft in einen Stuhl drückte und sich aufgeregt an Carlotta wandte:

„Dürften wir um ein Glas Wasser bitten. Diese junge Dame hier ist, äh, ... schwanger."

„Was?!", stießen wir anderen gleichzeitig hervor.

„So jung", murmelte Carlotta.

„Von wem?", fragte Goethen.

„Idioten", zischte ich.

„Äh, ich meine, sie spielt, dass sie schwanger ist. In unserem Theaterstück. Also, sie probt, wissen Sie?"

„Und dazu braucht sie jetzt ein Glas Wasser?"

„Genau!"

Carlotta schaute uns der Reihe nach skeptisch an. „Sie sind alle ein wenig abgedreht, oder?!"

„Das ist richtig", gab Bömmellöh zu. „Wären Sie dann so freundlich?"

Kopfschüttelnd trippelte sie los, drehte sich aber noch einmal um: „Fassen Sie bloß nichts an, während ich weg bin."

„Bist du total bescheuert?", herrschte ich meinen Onkel an, als Carlotta weg war.

„Tut mir leid, mir fiel im Moment nichts Besseres ein. Aber das hier ist wichtiger! Schaut euch das Gemälde da drüben an. Fällt euch nichts auf?!"

Er wies auf ein gemaltes Portrait an der Wand zwischen Gipsbüsten und Zierspiegeln.

„Erkennt ihr ihn?"

Ich musste nicht näher an das Bild herangehen, mir blieb auch so die Luft weg: „Das ist Faust, Johann Heinrich Faust."

4

Feuer-Funken-Blick,
Wild der Bart und rot,
Flammenzungen-Haar,
Kraft wie Stahl-Genick.
Alles an ihm droht,
Spricht zu dir: du Narr!

(Über Faust; WJG)

Doktor Faust.
„Er muss eine Verbindung zu diesem Schloss haben."
Goethen wies auf eine Stelle des Portraits. „Dies dort im Hintergrund ist ein Lüsterweibchen."
„Lüster-was?"
„Lüsterweibchen."
„Was soll das sein?"
„Dieser Gegenstand im Hintergrund." Er zeigte noch einmal auf das Gemälde.
Nun schaute ich es mir doch genauer an.
Im Vordergrund war das Portrait von Faust zu sehen – fast so wie in dem Steinbuch. Den Hintergrund bildete irgendein Zimmer. Das, was Goethen so wichtig war, hing unter der Decke, eine Art Kronleuchter – allerdings der seltsamste, den ich jemals gesehen habe. Er bestand aus zwei Teilen: Dem Geweih eines Hirschen mit mehreren Halterungen für Kerzen. Und der geschnitzten Figur einer Frau mit extremer Oberweite. Ja klar, dass Goethen deswegen aus dem Häuschen war.
„Kaum siehst du ein paar Brüste, drehst du durch", wies ich ihn zurecht.
„Was? – Nein! Werte Merle, das ist es nicht, was mich in Aufregung versetzt." Er wirkte tatsächlich betroffen.
„Was dann?"

„Dieses Lüsterweibchen auf dem Portrait von Faust ist nicht das einzige hier im Schloss."

„Ach!" Ich fand ihn immer noch überdreht.

„Oben, in einem der Räume, die wir eben besichtigt haben, hängt auch eines. Und zwar ein richtiges, kein gemaltes."

„Was?" Ich konnte es nicht lassen, ihn zu ärgern.

„Ein LÜSTERWEIBCHEN!"

„Schon gut, schon gut, kein Grund zu schreien. Also, warum sollte uns das interessieren?"

Goethen sah mich mit großen Augen an. „Na, die Lüsterweibchen kommen in dem Steinbuch vor."

„Was?!" Okay, nun war ich doch etwas erstaunt.

„Es scheint mir, dass sie eine Art von Wappenzeichen oder Talisman Doktor Fausts gewesen sind."

„Und das sagst du erst jetzt?! Das müssen wir uns näher anschauen."

„Dann würde ich sagen", Bömmellöh lüpfte eine Augenbraue, „nichts wie hoch zum Lüsterweibchen."

„Klingt ein bisschen anzüglich."

„Egal, jedenfalls sollte uns Wolfhan dort ganz fix was über *Lüster*weibchen erzählen, bevor das *Laster*weibchen mit dem Wassertransport wiederkommt und zum *Läster*weibchen wird."

Ich stöhnte. „Du solltest die Sprachspiele anderen überlassen."

„In dieser Hinsicht muss ich der verehrten Merle beipflichten."

Während die anderen Räume eher so aussahen, als würde ein versnobter Butler gleich das gute Goldrand-Service neben die silbernen Tischleuchter stellen, wirkte dieser hier wie eine Bauernküche. Großer, Ruß geschwärzter Kamin, knarrende Eichenbalken an der Decke und Wände aus groben unverputzten Bruchsteinen. Wenn ich eben richtig zugehört hatte, dann war dies hier einer der ältesten Gebäudeteile.

Oben an einer dicken Kette zwischen den dunklen Balken hing dieses mysteriöse Lüsterweibchen.

In natura konnte man es viel besser betrachten. Es sah ziemlich merkwürdig aus: Das Geweih eines Hirsches hing waagerecht an einer Kette. An den Spitzen waren schmiedeeiserne Halterungen angebracht, darin steckten Kerzen. Vorne gingen die Geweihstangen in eine aufrechte Frauenfigur über. Mit den langen gewellten Haaren und der Krone auf dem Kopf erinnerte sie an Heiligenstatuen. Oder an eine Galionsfigur mit Geweih statt Schiffsrumpf.

„Okay, erklär mir noch mal, was es damit auf sich hat."

„Hier ist ein Schild", erklärte mein Onkel, bevor Goethen etwas sagen konnte. „Darauf steht, dass dies ein Leuchter ist, früher auch *Lüster* genannt. Und da daran eine weibliche Halbfigur sitzt, nennt man das Ganze *Lüsterweibchen*. Diese Art von Beleuchtung ist etwa seit dem 14. Jahrhundert bekannt und kommt in vielen verschiedenen Ausführungen vor, zum Beispiel auch mit Elchgeweihen oder Hörnern des Steinbocks."

„Aha", sagte ich und zu Goethen: „Was steht in dem Steinbuch?"

„Doktor Faust muss einen wahren Narren an diesen Lüsterweibchen gefressen haben. Überall, wo er eine Wohnung bezog, bevorzugte er diese Art von Beleuchtung", erklärte er.

„Sie waren also eine Art Markenzeichen von ihm. Aber warum?", überlegte Bömmellöh.

Goethen zuckte mit den Achseln. „Diese Frage konnte ich bisher noch nicht ergründen. – Aber es gibt einen kleinen Spruch, den ich schon übersetzt habe. Eine Gedichtstrophe. Ich werde sie euch vortragen."

„Moment! Ein Gedicht?!", warnte mein Onkel. „Vielleicht solltest du es besser nicht sprechen. – Dunkle Poesie."

„Oh, ja, ich werde es aufschreiben, das ist wohl sicherer." Er kritzelte etwas auf die Rückseite eines herumliegenden Flyers. Dann gab er Bömmellöh den Zettel. Die Augen meines Onkels blitzten – er hatte heute wohl einen Clown gefrühstückt. „Jetzt will ich Euch, wertes Publikum, mal meine Bühnen-Qualitäten zeigen."

„Oah, schieß schon los, du Möchtegerndichter."

Übertrieben feierlich sprach er:

„Bringe ins Dunkle helles Licht.
Oh, Lüsterweibchen, öffne hell,
Des DämonDenkers Kammerschwell."

Wir waren alle drei überrascht.
Aber am überraschtesten war mein Onkel.
Denn genau, als er die letzte Silbe gesprochen hatte, ertönte über ihm ein leises Knacken, ein feines Surren.
Dann glitt rasselnd das Lüsterweibchen von der Decke herab. Die Kette wurde immer länger, ergoss sich staubig aus einem in der Decke verborgenen Behälter. Bevor das Lüsterweibchen Bömmellöhs Kopf erreichen konnte, gab es ein weiteres Knirschen und Rappeln, das erst durch die Decke, dann durch eine der Wände lief.
Dann zog sich die Kette wieder nach oben. Das Lüsterweibchen schwankte leicht, während es seine Ausgangsposition einnahm, und hing wieder still, als wäre nichts geschehen.
Doch nun knackte es neben mir in der Wand, ein dumpfer Knall, dann war deutlich ein Türspalt in der Wand sichtbar.
„Eine Geheimtür", wisperte ich erstaunt.
Bevor ich sie näher untersuchen konnte, schnitt eine Stimme scharf durch den Raum.
„Was, zum Henker, haben Sie hier gemacht?!"
„Wir haben nichts angefasst", stammelte mein Onkel. „Ehrlich!"
„Und was ist das?" Carlotta wies auf den Türspalt.
Endlich gab ich mir einen Ruck, krallte meine Finger in die Ritze und zog eine dicke Steintür auf. Sie war erstaunlich leichtgängig. Ein muffiger, abgestandener Lufthauch wehte mir entgegen, wirbelte durch den Raum und riss Bömmellöh den Flyer aus der Hand. Er trudelte vor meine Füße, mechanisch hob ich ihn auf und steckte ihn in die Hosentasche.

Carlotta ließ das Glas Wasser fallen und starrte auf den schmalen Treppenabgang dahinter.

„Das ... das ... ist unmöglich."

Wir alle schauten hinein.

„Eher: abgefahren!"

„Und rätselhaft."

„Dringe tief zu Mauergrüften,
Schleiche rasch durch schwarze Lüfte;
Rätsel lockt und ruft mit Qual
Uns zur Lösung durchs Portal."

Kaum hatte Goethen diese Worte gesprochen, als ein mechanisches Flüstern aus den dunklen Tiefen heraufwehte.

„Neugierig?!", Bömmellöhs Augen funkelten mich an.

Ich nickte wie im Fieber und trat in den Gang.

„Halt!", meinte Carlotta. „Das geht so nicht! Sie haben hier nichts, aber auch gar nichts zu suchen. Das ist Sache von Archäologen."

„Ach, nun seien Sie nicht so", murrte Bömmellöh.

„Ohne uns hätten Sie den Gang niemals entdeckt", fügte ich hinzu.

„Und an Ihrer Seite, wackeres Weib, wird uns nichts geschehen", klimperte Goethen mit den Wimpern.

„Na schön", gab Carlotta nach. „Aber ich gehe vor! Sie tun genau das, was ich sage. Sie fassen nichts an! Und –", mit einem Blick auf Goethen, „halten Sie mir Ihren Schauspieler vom Leib."

„Klar!", kam es synchron aus zwei Kehlen.

„Och!", aus einer dritten.

Der Gang war modrig, holprig und ging immer weiter in die Tiefe. Er wirkte lieblos, einfach zu dem Zweck gebaut, das Zimmer oben möglichst schnell mit dem Raum unten zu verbinden. Carlotta hatte zwei Taschenlampen besorgt, die sich nun darum stritten, die besseren Bilder aus der Dunkelheit zu zerren.

Der Gang änderte sich.

„Wir müssen schon recht tief sein", sagte Carlotta nach einer Weile. „Und wenn mich meine Orientierung nicht im Stich lässt, etwa unter dem Bergfried."

„Das ist doch purer Felsen", meinte Bömmellöh. „Muss eine tierische Schufterei gewesen sein, diesen Gang herauszuschlagen.

„Da haben Sie recht. Aber ich glaube, hier hat man – was zum Galgen ..."

Vor uns lag plötzlich eine geräumige Höhle.

An manchen Stellen waren Back- und Bruchsteinmauern eingezogen – wohl, um gerade Wände zu schaffen, an denen Hunderte von Regalen standen.

Darin stapelten sich Dinge aus zwei Gruppen, die eigentlich gar nicht zusammenpassten:

Große und kleine Maschinenteile.

Knochen, Schädel und andere Überreste von Tieren.

Ich pfiff durch die Zähne.

„Das ist ... begann mein Onkel, sprach aber nicht weiter.

„Im ernsten Beinhaus war's, wo ich beschaute,
Wie Schädel Schädeln angeordnet passten;
Die alte Zeit gedacht ich, die ergraute,
Sie tickt und tackt und klickt hier drin am krass'sten."

Ließ Goethen sich hinreißen. Sofort begannen Maschinenteile zu rattern und zu klackern. Sekundenlang. Dann war es wieder ganz still.

Carlotta drehte sich erstaunt um.

„Pass auf, was du dichtest!", zischte ich Goethen zu.

„Tut mir leid", wisperte er kleinlaut zurück.

Carlotta schüttelte verständnislos den Kopf, dann ging sie langsam durch die atemberaubende Höhle.

Es sah aus, als hätte ein ziemlich durchgeknallter Uhrmacher seine Werkstatt mit einem Tierfriedhof gekreuzt. „Welcher Freak hat das hier angelegt?!"

Goethen wies zur Decke. „Da auch hier mehrere Lüsterweibchen an der Decke hängen, vermute ich unseren DämonDenker als Urheber."

Carlotta blieb stehen: „DämonDenker? – Wovon sprechen Sie eigentlich?"

„Öh, nichts", warf Bömmellöh ein. „Unser Wolfhan berstet schier vor Fantasie. Gehen Sie mit ihm in einen dunklen Raum und er sprudelt Bilder und Geschichten hervor wie ein schäumendes Sektglas Champagner."

„Oh, Bömmellöh", konterte Goethen, „welch poetischer Vergleich. Ich scheine einen guten Einfluss auf dich zu haben."

„Seien Sie still!", herrschte Carlotta die beiden an. Sie glaubte ihnen kein Wort. „Und passen Sie jetzt auf, wo Sie hintreten."

Vorsichtig bewegten wir uns durch die Höhle.

Der Staub lag zentimeterdick.

„Na, eine Putzfrau hatte unser DämonDenker jedenfalls nicht", flüsterte ich.

In der Raummitte befand sich ein großer Arbeitstisch. Darauf lagen mehrere halbfertige Lüsterweibchen.

Bömmellöh untersuchte eines, das einen Blick in sein Innerstes zuließ. Jetzt pfiff er durch die Zähne. „Hochinteressant. Dies hier ist eine kleine Maschine, eine Art Uhrwerk, aber ziemlich kompliziert. Fast wie ein mittelalterlicher Computer. Faust muss ein echtes Genie gewesen sein."

„Faust?!", fuhr ihn Carlotta an. „Meinen Sie etwa jenen Doktor Faust oben von dem Gemälde?!"

Bömmellöh biss sich auf die Lippen.

Goethen pfiff leise vor sich hin.

Und ich schaute konzentriert auf meine Fingernägel.

„Zum Blutbeil noch mal, wenn wir hier fertig sind", sagte Carlotta scharf, „werden wir uns ausführlich unterhalten."

Wir untersuchten den Raum weiter. Carlotta war bald so in ihrem Element, dass sie uns ganz zu vergessen schien. Ihre Augen glühten wie im Fieber und ihre Wangen waren rosig. Sie sah aus wie ein Kind, das seine neue Playstation ausprobierte. Goethen stöberte durch die Bücher in einem Regal und Bömmellöh nahm das Lüsterweibchen auf dem Tisch auseinander.

Ich wagte mich am weitesten in den dunklen Raum hinein.

In einer Nische entdeckte ich ein Regal voller Zahnräder und Getriebe. Zwischen künstlichen Gelenken hatte eine dicke Spinne ihr Netz gesponnen. Daneben lag ein …

„Fantastisch", rief mein Onkel aufgeregt. „Ich weiß jetzt, wie das Lüsterweibchen oben funktioniert. Diese Erfindung ist wirklich genial. Hier ist ein menschliches Ohr – bis ins kleinste nachgebaut aus Holz und Metall. Wenn das Lüsterweibchen oben auch mit so etwas ausgestattet ist, dann würde es mich nicht wundern, wenn die Reimstrophe wie ein akustisches Signal wirkte."

Schluck! Neben dem Spinnennetz lag ein menschlicher Schädel. Einfach gruselig, wie der mich anstarrte.

Carlotta, in die Begutachtung einer Tischuhr vertieft, hielt kurz inne. „Sie meinen, wie ein PIN-Code, der ein Programm aktiviert?!"

In einer der Augenhöhlen steckte etwas, eine goldfarbene Münze.

„Genau, in diesem Fall die Freigabe eines Räderwerks, das das Lüsterweibchen herablässt und die Geheimtür öffnet."

„Ungewöhnlich, nicht wahr?", meldete sich Holmes in meinem Kopf.

„Drück auf die Münze", mischte sich Mylady ein.

„Auf gar keinen Fall!", gab ich zurück.

„Wieso nicht!?", entgegnete Bömmellöh irritiert.

„Ach, nichts!"

„Nur wer es wagt, der wird gewinnen! Greif in den Schädel!", meinte Kartera.

Die Münze zog mich magisch an.

„Also gut, auf eure Verantwortung. Ich meine – ach, ist auch egal."

Ich berührte die Münze, sie klickte nach hinten.

Dann schob sich der Schädel zur Seite.

Nein, nicht der Schädel.

Die ganze Wand.

Dahinter wurde ein weiterer Raum sichtbar, viel, viel kleiner, die Decke niedriger, die Wände dunkel, die Luft muffig wie in einer Gruft.

Und genau das war es auch.

Eine Gruft.

Denn mitten im Raum, auf einer Art Tisch lag ein Skelett. Ein menschliches Skelett.

„Wow!", entfuhr es mir. Ich drehte mich um. Die Wand hatte sich so leise bewegt, dass die anderen die Veränderung in der Höhle noch nicht bemerkt hatten. Schnell musterte ich das Skelett. Was mir ziemliche Schauer über den Rücken jagte.

Es hätte gut in einen Steampunk-Film gepasst. Das Skelett hatte die Hände über dem Brustkorb gefaltet. Recht normal – für einen Toten. Aber jetzt kommt es: Das rechte Bein war ab dem Kniegelenk nicht mehr vorhanden, das heißt, es war schon noch da, aber nicht aus Knochen, sondern der komplette Unterschenkel war durch eine Eisenkonstruktion ersetzt. Selbst der Fuß bestand aus

Eisenzügen, Rädchen und Gelenken. Aber er war nicht etwa ein Klumpen Metall, sondern besaß eine gewisse Eleganz – wie von einem Kunstschmied gefertigt.

Noch gruseliger war der Schädel, denn auch hier war nicht alles so, wie es sein sollte: Der Unterkiefer bestand ebenfalls aus Metall. Mithilfe eines komplizierten Zahnradmechanismus und mehrerer Sehnen aus Draht war er mit dem restlichen Kopf verbunden. Fehlten eigentlich nur noch LEDs in den Augenhöhlen, dann wäre der mittelalterliche Terminator komplett gewesen.

Unter dem Skelett lagen weitere Zahnräder, Ritzel und Seilzüge. Wozu sie dienten, konnte ich nicht sagen, aber es sah fast so aus, als wären sie aus dem toten Körper herausgefallen.

Der Steintisch, auf dem das Skelett lag, war aus Marmor. Am Fußende befand sich ein Silberschild, in das eine krakelige Inschrift eingraviert war: „Meiner geliebten Clementia. 6. Januar" konnte man mühsam entziffern, dann eine Jahreszahl, die wohl „1543" heißen sollte. Darunter völlig unleserliche Zeichen. Und schließlich ein Name: „Faust".

„Wenn mich nicht alles täuscht", sagte ich aufgeregt zu den anderen, „habe ich gerade Fausts Geliebte entdeckt."

5

Etwa eine Stunde später saßen wir wieder in der Vespa und hatten eine Menge Zeugs, über das wir nachdachten.

Carlotta hatte kurz nach Entdeckung des Skeletts unsere Expedition abgebrochen. Das Ganze wurde ihr nun doch zu viel – vor allem mit drei unberechenbaren Laien, die die schönsten Artefakte zertrampelten, wie sie sich ausdrückte. Sie schob uns trotz Protest hinaus und schloss die Geheimtür hinter sich.

Was sich sofort als ein Fehler herausstellte. – Für sie.

Und als ein Joker für uns.

Natürlich wollte sie von uns wissen, wie man die Tür wieder öffnet.

Bevor einer von uns etwas antworten konnte, preschte mein Onkel vor: „Das ist eine streng vertrauliche Information unberechenbarer, trampelnder Laien, die wir nur unter gewissen Bedingungen preisgeben können."

Hoho, das saß! Carlotta stemmte die Hände in die Hüften, ihre Augen funkelten gefährlich: „Wie bitte?!"

Mein Onkel blieb hart und ruhig. „Wir möchten gewisse Zusicherungen."

„Sie mieses Henkerspack. Wollen Sie mich etwa erpressen?"

„Um nichts in der Welt. Sagen wir eher, es handelt sich um eine Abmachung. Wir sagen Ihnen, wie man die Tür öffnet ..."

„Ja?"

„... und dafür dürfen wir morgen früh beim Aufbau der Rittermumie in der Ausstellung dabei sein."

„Sie wollen, dass ich Sie noch vor der Eröffnung in die Ausstellung lasse, damit – "

„– wir uns die Mumie aus nächster Nähe ansehen können, ohne störende Publikumsscharen."

„Mehr nicht?"

„Mehr nicht!"

„Und ich habe Ihr Wort, dass Sie sich wie gesittete Beobachter verhalten – zurückhaltend, ruhig und ohne irgendwelches Chaos anzurichten?!
„Ehrenwort."
„Also gut, ich befürchte zwar, dass es ein Fehler ist, aber ich habe wohl keine andere Wahl."
Das war ein weiteres Mal, dass ich meinen Onkel bewunderte. Zur richtigen Zeit mit einer gehörigen Portion Unverfrorenheit ans Ziel gelangt. Was für ein Detektiv!
„Wo ist denn dieser Zettel mit dem Gedicht?" Bömmellöh suchte. Ich zuckte mit den Schultern (und hatte in dem Moment ehrlich vergessen, dass der Flyer in meiner Hosentasche steckte).
„Egal! Wolfhan, würdest du die Strophe wohl noch einmal aufschreiben?"
Kurzes Gekritzel, Übergabe, skeptisches Stirnrunzeln. Dann eine Probe. Es funktionierte. Wortlos führte Carlotta uns zum Ausgang. Der Abschied war in etwa so kühl wie die Begrüßung.
Aber wir hatten unser Ziel erreicht.
Ein Fuß in der Ausstellung.
„SpektaCoolär" hatten die Verantwortlichen das Riesen-Event genannt, das am kommenden Sonntag ganz Altena in Erregung versetzen sollte. Und das würde es auch – allerdings anders als geplant.

Wir fuhren mit der Vespa über regennasse Straßen.
Bömmellöh und ich hingen schweigend unseren Gedanken nach und ich fragte mich vor allem, wer wohl diese Geliebte war, die Faust in der versteckten Gruft zurückgelassen hatte, und warum sie teilweise aus so schauerlichen Ersatzteilen bestand. Und war es überhaupt möglich, dass im Mittelalter solche Prothesen gebaut wurden?
„Götz von Berlichingen", murmelte mein Onkel, als hätte er meinen letzten Gedanken erraten.
„Was?"

„Das war ein Ritter im 16. Jahrhundert, der im Kampf eine Hand verlor, die später durch eine für damalige Verhältnisse beeindruckende Prothese ersetzt wurde. Man nannte ihn deshalb auch den Ritter mit der eisernen Hand."

Ich suchte im Internet nach einem Bild.

„Und wer hat diesem Ritter die Prothese gebaut?"

„Das weiß man nicht genau. Manche munkeln, ein talentierter Schmied. Andere erzählen von einem unheimlichen Mann, der sich in den Geheimwissenschaften auskannte. Ein Mann wie …"

„… Doktor Faust?!"

„Ja. Vielleicht ist es kein Zufall, dass Faust und dieser Ritter zur gleichen Zeit lebten."

„Irgendwie wird unser Fall immer krasser."

„Mh, nach allem, was wir bisher herausgefunden haben, muss Faust für seine damalige Zeit ein Genie gewesen sein."

Das Kläppchen zwischen MOBBOR und Fahrerkabine öffnete sich und Goethen schaute herein: „Sprecht Ihr von mir? Ich hörte das Wort *Genie*."

„Nein."

„Ah."

Goethen fasste sich schnell: „Wie auch immer, ich nutzte die Zeit, noch einige Verse Hachsens zu übertragen und fand Illustres heraus."

„Aha."

„So, wie es Hachs beschreibt, hatte dieser Doktor Faust eine besondere Schwäche für alle Formen von Mischwesen."

„Mischwesen?"

„Wesen aus zwei normalerweise nicht zueinander passenden Lebensformen und in der Natur nicht vorkommende Vereinigungen."

„Äh", ich überlegte, was genau er damit meinte. „Zum Beispiel Fabelwesen wie ein Hippogreif? Halb Pferd, halb Raubvogel?"

„Nein, eher mit einer menschlichen Komponente."

„Ein Zentaur? Halb Pferd, halb Mensch?"

„Oder eine Sphinx?", warf mein Onkel ein.

„Eine Mischung aus Mensch und Löwe", überlegte Goethen.

„Nein, das trifft es auch noch nicht ganz. Es ist eher die Verbindung zwischen Mensch und Technik. Wie bei den Lüsterweibchen."

Ich schaute ihn stirnrunzelnd an. „Ein Mix aus einem Menschen und ... einer Lampe? Wie beknackt ist das denn?!"

„Na ja, diese Lüsterweibchen waren wohl eher kreative Modelle eines spielenden Geistes, aber bei dem Skelett seiner Geliebten schaut das schon anders aus. Man könnte es als Mischwesen menschlicher Art bezeichnen."

„Du meinst wirklich, es war Faust, der diese Kiefer- und Beinprothese erfunden und bei seiner Geliebten ... äh ... eingesetzt hat?"

„Das scheint mir die rechte Schlussfolgerung zu sein."

Irgendwie gruselte mir bei dieser Vorstellung. „Ich frage mich, was dieser Faust wirklich gewesen ist. Ein genialer Erfinder? Ein begnadeter Arzt? Ein verrückter Wissenschaftler?"

„Zauberer", warf Goethen in die Runde.

„Oder ein DämonDenker!", sagte Bömmellöh.

Ich sah ihn ein paar Sekundenlang nachdenklich an. „Was auch immer das ist."

Ich war nach Hause gegangen, wollte den Kopf frei kriegen, in dem zu viele Gedanken und Rätsel waren. Also leerte ich meine Taschen, legte alles auf den Schreibtisch, zog mir eine bequemere Hose an und griff nach dem Smartphone. Noch immer keine Nachrichten. Ich überlegte, ob ich Sin und Kathi von allem schreiben sollte, aber wo sollte ich anfangen? Und eigentlich hatte ich auch keine Lust dazu. Das Smartphone flog aufs Bett, den Schreibtisch wischte ich frei, um ein wenig vor mich hinzukritzeln.

Dabei fiel ein zerknülltes Stück Papier auf den Boden.

Was ...?

Ich hob es auf und strich es glatt.

Ach, die Lüsterweibchen-Strophe, vorne drauf der Flyertext. „SpektaCoolär" stand in geschwungenen Lettern darüber. Darunter viele kleine Fotos von den Aktionen, die übermorgen in ganz Altena stattfinden würden.

Auf einem war die Ritter-Mumie.

Ich griff nach einer Lupe.

Das Skelett wirkte wie aus einem Mumienfilm. Die Haut schien noch erhalten und die Zähne glänzten honigbraun. Zähne aus Bernstein. Was für seltsame Dinge es gab. Ein Kiefer aus Metall, eine eiserne Faust, ein Gebiss aus Bernstein. Ob es da einen Zusammenhang gab?

Hinter dem aufgebahrten Ritter standen Leute. Ich konnte den Bürgermeister Altenas erkennen. Und Carlotta, sie lächelte bescheiden. Und hinter ihr –

Das war nicht möglich!

Vor Schreck ließ ich die Lupe fallen.

Ich knipste die Schreibtischlampe an, um mehr Licht zu haben. Meine Hand zitterte, als ich das Bild noch einmal untersuchte.

Kein Zweifel.

In der Lücke zwischen Bürgermeister und Carlotta stand eine dickliche Gestalt. Sie trug ein anthrazitfarbenes Kleid und darüber einen mahagonifarbenen Umhang. Die Kapuze saß tief auf ihrem Kopf. Nur die violette Schleife fehlte. Ich würde das Gesicht jederzeit und überall wiedererkennen.

Cynthia.

Hinter Carlotta stand Cynthia Borges und spähte neugierig auf die Ritter-Mumie.

Sofort fielen mir die beiden Schatten von gestern wieder ein. Cynthia und Heinrich. Sie mussten es tatsächlich gewesen sein. Aber wie war das möglich? Wie kam Cynthia hierher? Ich meine, in diese Zeit?

„Das Zeitprisma", hallte Holmes in meinem Kopf.

Cynthia besaß ein Zeitprisma, das Herzstück für Bömmellöhs ZZS. Wieder stellte sich die Frage, ob es von diesen Dingern mehr als eines gab. Ich musste unbedingt meinen Onkel danach fragen. Auf jeden Fall hatte sie eins, und anscheinend konnte sie es benutzen.

Cynthia Borges war eine Zeitreisende.

Aber warum nahm sie keinen Kontakt zu mir auf?

Sie war doch eine Freundin.

Vielleicht konnte sie nicht, weil sie irgendwie in Gefahr war.

Ich holte das violette Halstuch, Cynthias Abschiedsgeschenk, aus der Schublade. Ich werde es umbinden, dachte ich, dann weiß Cynthia, dass ich sie erkannt habe. Also schlang ich es mir um den Hals und rannte hinaus.

Es regnete immer noch.

Vor dem Burgtor passierte es.

Die Erde begann zu beben.

Es klang, als würde der Berg kichern, dann knurren und stöhnen. Er schüttelte sich, und ich verlor das Gleichgewicht. Meine Hände knallten schmerzhaft auf das nasse Kopfsteinpflaster. Es fühlte sich hart und rau und seltsam warm an.

Dann klackerten die einzelnen Kopfsteine wie Murmeln aneinander und die Straße warf sich hin und her.

Dann war alles wieder vorbei.

Berg und Straße lagen still wie ein toter Fisch.

Nur Altena war in heller Aufruhr. Die Leute strömten auf die Straße, schrien durcheinander oder lachten hysterisch.

Mir kribbelte der ganze Körper, als würden tausende Ameisen durch meine Blutbahnen rascheln und zirpen. Benommen sah ich mich um. Alles wirkte normal. Doch ich musste wissen, ob es meinem Onkel gut ging. Schon beim letzten Beben hatte sein Haus bedrohlich gewackelt.

Als ich im Garten ankam, war ich erleichtert: Bömmellöh und Goethen kamen mir bleich, aber unverletzt entgegen.

„Habt ihr das Beben gespürt?", fragte ich gleich.

Beide nickten. „Und du?", fragte mein Onkel.

„Ich war oben vor dem Burgtor, da war's ziemlich heftig. Wie auf 'ner Achterbahn."

„Was ist eine Achterbahn?", fragte Goethen.

„Ein Zug auf Schienen, der rasend schnell rauf und runter fährt."

„Was für ein Zug? Ein Vogelzug?"

„Nein, ein Wagen."

„Eine Kutsche?"

„Ja, aber ohne Pferde."

„Ah, wie diese Automobile, die hier überall herumfahren?!"

„Genau!"

„Und wofür braucht man so eine Achterbahn?"

„Na, weil's Spaß macht."

„Lustwandeln auf Schienen."

„Na ja, so in etwa."

Goethen schien mit der Erklärung zufrieden und ging wieder ins Haus.

Mein Onkel und ich schauten ins Tal hinab.

„Das sieht alles recht unbeschädigt aus", sagte er.

„Hm, ich glaub, die Straße zur Burg hat am heftigsten gewackelt."

„Und was bedeutet das?"

„Keine Ahnung! Du?"

„Nicht wirklich", entgegnete Bömmellöh. „Komm, wir suchen nach einer möglichen Ursache. Bisher waren es ja immer Explosionen und Sprengungen. Aber eine Explosion habe ich nicht gehört."

„Vielleicht doch die Baustellen?"

Wir streiften eine ganze Stunde lang durch die verschiedenen Gassen, unterhielten uns mit Anwohnern und Leuten auf der Straße. Überall wurde das neue Beben schwer diskutiert. Aber eine Erklärung hatte niemand.

Als wir wieder oben ankamen, wussten wir Folgendes:

Es hatte keine Explosion gegeben. Keine Sprengung. Nicht mal einen Bagger, der eine Gasleitung gecrasht haben könnte. Überhaupt waren alle Baustellen fertig gestellt, da ja am Sonntag das große *SpektaCoolär* stattfinden sollte.

Es gab nur noch eine letzte kleine Baumaßnahme: An der Burg Holtzbrinck hatte man Sanierungsarbeiten beendet. Dabei war ein schweres Gerüst auf das uralte Kopfsteinpflaster im Innenhof geknallt. Aber das konnte ja wohl kaum die Ursache für das Beben sein und war außerdem viel zu weit weg von der Höhenburg.

Das Rätsel mit den Erdbeben zeigte uns also weiterhin den Mittelfinger.

Das einzig Gute war, dass das Kribbeln in meinem Körper inzwischen aufgehört hatte.

6

Am nächsten Morgen trafen wir uns schon früh. Mein Onkel summte ein Lied, während er den Frühstückstisch deckte. Goethen saß verschlafen daneben, die Augen klein wie Erbsen, und gähnte.

„Hast du etwa die ganze Nacht das Buch übersetzt?", fragte ich ihn skeptisch.

Er schüttelte müde den Kopf und Bömmellöh antwortete für ihn: „Wo denkst du hin? Unser Herr Dichter hatte Besseres zu tun."

„Wenn du mir nicht dieses herrliche Spiel abgeladen hättest, hätte ich meinen Dienst versehen können. So aber war die Versuchung stärker als der Geist", gab er mit leiser Stimme zurück.

„Du hast ihm was abgeladen?", fragte ich irritiert.

„Er meint, runtergeladen, ich habe ihm ein Spiel auf sein Handy gezogen und er hat die ganze Nacht gespielt."

Ich grinste: „Unser Dunkler Dichter ist wohl ein richtiger Zocker! Ein Game-Zombie!"

„Hört auf, mich mit solch abstrusen Namen zu betiteln!"

„Was hast du ihm denn draufgezogen?"

„Tetris. Wie du siehst, haben ihn die Klötzchen sehr beschäftigt."

„Stein auf Stein, Stein auf Stein, das Häuschen wird bald fertig sein", kicherte ich.

Goethen gähnte, fast fiel ihm das Kinn in die Marmelade. „Ein Maurer hätte es nicht besser spielen können als ich selbst." Er gähnte noch einmal.

„Vielleicht ist es besser, wenn du dich ein wenig hinlegst", meinte Bömmellöh. „Wir schaffen das mit der Ausstellung auch alleine und berichten dir später." Goethen starrte ihn mit verschleierten Augen an und gähnte wieder. „Vielleicht wäre es ganz wünschenswert, eine Weile in Morpheus' Armen zu ruhen."

Er erhob sich etwas wacklig und stapfte zur Küchentür hinaus.

„Äh, was sollte das jetzt?"

„Pst. Ich hab das nicht ganz ohne Hintergedanken gemacht", flüsterte Bömmellöh und wartete, bis sich die Tür zum Gästezimmer schloss, wo Goethen sein *Quartier der Zukunft*, wie er es nannte, bezogen hatte. „Ich denke, es ist besser, wenn wir beide allein zur Ausstellung gehen."

„Warum?"

„Wegen Carlotta. Die ist mir zu scharfsinnig und ich fürchte, unser poetisches Plappermäulchen würde Dinge ausplaudern, die sie besser nicht erfahren sollte."

„Apropos Carlotta. Woher wusstest du, dass sie auf diese Toten-Figuren abfährt?"

Bömmellöh grinste: „Weil ich mich vorher über unsere Archäologin informiert habe. Sie hat über den Totenkult im Mittelalter promoviert. Todesstrafen, Bestattungsriten, Beinhäuser, Folterinstrumente und all so ein Zeug."

„Ein Fan von allem, was tot ist."

„Auf jeden Fall sollte sie nicht mit einem Dichter zusammenkommen, der aus ihrer Sicht eigentlich seit Jahrhunderten tot sein müsste."

„Da könntest du recht haben."

„Außerdem können wir dann in Ruhe das hier ausprobieren."

Er griff unter den Tisch und zog einen silbernen Koffer hervor, öffnete ihn, und eine Mischung aus Helm und riesiger Brille wurde sichtbar.

„Was ist das? Ein Nachtsichtgerät?"

„Fast", er wies auf den großen Kristall zwischen Helm und Objektiv.

„Das Zeitprisma? Du hast es ausgebaut?"

„Um es hierfür zu verwenden. Das ist ein ZSG, ein Zeit-Sicht-Gerät."

Ich pfiff anerkennend durch die Zähne. „Damit kann man also in eine andere Zeit schauen. Krass! Dann lass uns in die Zukunft schauen und wir haben alle Rätsel gelöst."

„Wo bliebe da der Spaß? Und außerdem funktioniert es nur in die Vergangenheit."

„Ach."

„Ich leugne nicht, dass ich es auch in die Zukunft probiert habe. Aber da ging es nicht. Und ich habe sogar eine Erklärung dafür: Cynthias Anwesenheit."

„Gestern wolltest du mir nicht glauben, dass sie die Frau auf dem Foto ist."

„Was ich revidieren muss. Mittlerweile gehe ich fest davon aus, dass sich Cynthia in unserer Zeit befindet. Und dass sie das Zeitprisma dabei hat."

„Warte mal, ich denke schon die ganze Zeit darüber nach, ob es noch mehr von diesen Zeitprismen gibt."

„Das glaube ich nicht. Dieses so unscheinbar aussehende Ding ist die bemerkenswerteste Erfindung, die mir jemals untergekommen ist. Nach dem, was ich in dieser Kladde aus der Schatulle über das Thema Zeit gelesen habe, glaube ich, dass dieses Zeitprisma einmalig ist. Ein absolutes Wunderwerk, geschaffen von einem Genie in einem einzigen unwiederbringlichen Glücksmoment."

„Ja, aber wenn doch das Zeitprisma hier liegt und Cynthia ihres auch noch hat, dann sind es doch zwei?"

„Ich vermute etwas anderes."

„Aha, und was?"

„Erinnerst du dich, was ich dir über die Rückkopplung bei Zeitphänomenen erklärt habe."

„Du meinst diese Sache mit Goethens Gedicht aus der Schatulle, als sich Original und Kopie so seltsam vermischt haben?"

„Genau. Eigentlich dürfte es in unserer Gegenwart nur *ein* Zeitprisma geben. Goethen hat es vor Jahrhunderten in die Schatulle gesteckt, ich habe es beim letzten Erdbeben gefunden und für den ZZS verwendet."

„Cynthia hatte das Zeitprisma, als sie sich von mir verabschiedete. Sie muss es Goethen irgendwann gegeben haben."

„Richtig, aber wir wissen nicht, wann genau Cynthia das getan hat. Vielleicht in der Vergangenheit, vielleicht aber auch –

„– in der Zukunft?"

„Jepp. Vielleicht schon morgen, vielleicht in ein paar Tagen."

„Vielleicht auch gar nicht."

„Das wäre schlecht!"

„Warum?"

„Weil zurzeit, *jetzthier*, um bei diesem Ausdruck zu bleiben, zwei Zeitprismen existieren."

„Also doch!"

„Aber eigentlich auch wieder nicht."

Mir schwirrte der Kopf. „Wieso das denn?"

„Das Ganze ist ein Zeitparadoxon und hat mit uns zu tun."

„Spann mich nicht länger auf die Folter."

„Also: Cynthia muss in der Vergangenheit das Zeitprisma an Goethen übergeben haben, damit der es in die Schatulle legen und ich es finden konnte. Klar so weit?"

„Bis dahin schon."

„Und nun kommen wir ins Spiel. Wir beide reisen mithilfe dieses Zeitprismas in die Vergangenheit, treffen Goethen und nehmen ihn mit in unsere Gegenwart, noch *bevor* Cynthia ihm das Zeitprisma geben konnte."

„Danach ist Cynthia irgendwie mit ihrem Zeitprisma in unsere Zeit gereist und jetzt haben wir zwei: Cynthias Original und unsere Prisma-Kopie."

„Wie immer perfekt analysiert. Und weil wir jetzt Original und Kopie in der gleichen Zeit haben, kommt es zu dieser Rückkopplung und unsere Kopie funktioniert nur unzureichend."

Ich überlegte eine Weile, dann fiel mir etwas ein: „Wie kommt es dann aber, dass wir 1772 keine Probleme damit hatten? Da befanden sich die Kopie und das Original doch auch zusammen in der gleichen Zeit."

„Ein guter Einwand, Merle. Ich vermute, dass es mit der Nähe zwischen den beiden Prismen zu tun hat. Überleg mal, als wir aus 1772 abgereist sind, befand sich Cynthia mit dem Original in Hohenlimburg, also weit genug von unserem ZZS entfernt. Und bei unserer Ankunft wird sie auch nicht da gewesen sein. Sie hat dir doch erzählt, dass sie über die Dörfer getingelt ist, um ihre Waren zu verkaufen. Und in der Zeit dazwischen haben wir das Prisma nicht benutzt."

„Dann ist Cynthia *jetzthier* in unmittelbarer Nähe. Ich hatte also recht, ich hab sie gesehen und sie ist irgendwo oben auf der Burg."

„Ja. Wir müssen sie finden und unbedingt das Original-Prisma zusammen mit Goethen in die Vergangenheit schicken."

„Etwas, das ihm nicht gefallen wird."

„Etwas, das unerlässlich ist."

„Was passiert, wenn wir es nicht tun?"

Bömmellöh seufzte, dann verdüsterte sich sein Gesicht. „Ich fürchte, dann wird es zu einem viel größeren Zeitparadoxon kommen, als wir uns vorstellen können. Denn wenn in der Vergangenheit kein Zeitprisma in die Schatulle gelegt wird, kann ich es in der Gegenwart nicht finden, keinen ZZS bauen …"

„… wir können nicht nach 1772 reisen und werden den vielen Rätseln nicht auf die Spur kommen."

„Schlimmer noch: Ich fürchte, es könnte zu einer Zeitkatastrophe kommen."

Ich schluckte, weil ich ahnte, dass die folgende Antwort mir nicht gefallen würde: „Was soll das sein?"

„Ein Beben in der Zeit", Bömmellöh stockte einen Augenblick und draußen hörte man wie zur düsteren Untermalung eine Glocke schlagen, „das unsere komplette Zeitlinie auslöschen könnte."

Ich schwieg einen Augenblick, dann fragte ich heiser: „Wie viel Zeit bleibt uns, bis es zu dieser Katastrophe kommt?"

„Ich vermute, nur ein paar Tage."

„Dann müssen wir das Rätsel um die Erdbeben lösen?!"

„Ja. Die Beben sind der Dreh- und Angelpunkt der ganzen Geschichte. Aber ich glaube, dass alles zusammenhängt: der Dunkle Dichter – das Steinbuch – die unerklärlichen Phänomene in 1772 – die Beben in unserer Zeit – Cynthia und das Zeitprisma – die Ritter-Mumie – das Skelett in der versteckten Kammer – und nicht zuletzt dieser DämonDenker."

„Faust", murmelte ich. „Wir müssen mehr über ihn herausfinden."

„Ich hoffe, das werden wir, wenn wir die Ritter-Mumie untersuchen. Aus diesem Grunde habe ich das ZSG entwickelt."

Ich pfiff durch die Zähne. „Du hoffst, dadurch mehr über die Mumie zu erfahren. In der Vergangenheit. Genial."

Bömmellöh grinste. „Und wie immer kann ich vor dir nichts geheim halten." Er klappte den Silberkoffer zu und erhob sich.

„Also los. Werfen wir – im wahrsten Wortsinn – einen Blick in die Vergangenheit."

„Und sind live dabei, wie aus einem Ritter eine Mumie wird."

Carlotta sah umwerfend aus.

Nicht einfach wie jemand, der Geschichte *liebt*, sondern wie eine, die Geschichte *lebt*. Sie hatte die Haare hochgesteckt und dazu ein faltenreiches Kleid mit Rüschenkragen angezogen. Neben den Autos auf dem Burgparkplatz wirkte es zwar ziemlich oldschool, aber im Jahr 1772 wäre es der Hit gewesen.

„Der Fotograf will gleich noch ein paar Bilder machen", erklärte sie, doch das Funkeln in ihren Augen war irgendwie zweideutig.

„Wo habt ihr euern Schauspieler gelassen?", fragte sie nebenbei, als sie uns ins Burgmuseum führte.

„Och, Textprobe", sagte Bömmellöh leichthin.

„Ah", erwiderte Carlotta nur.

Wir durchquerten den dunklen Raum im Eingang des großen Museumsrundgangs, der mir immer wie eine finstere Zeitschleuse vorkommt. Dann ging's in den großen Rittersaal mit den Sitznischen unter den Fenstern. Diesmal saßen dort Leute, die geschäftig an Lichtspots, Hinweisschildchen und Chromleisten herumschraubten.

Die Gemälde an den Wänden, einige dunkle Truhen neben dem breiten Kamin und den Kachelofen im hinteren Bereich hatte man gelassen, aber die Schaukästen, die normalerweise in der Mitte des Saales standen, waren weg.

Stattdessen standen dort mehrere kleinere Vitrinen und, das Highlight, ein großer gläserner Sarg.

Ein hohlwangiger Mann polierte gerade mit Tuch und Spray die Scheiben, damit auch nicht ein einziger Fettfinger die Sicht störte.

Langsam traten wir näher.

Der Hohlwangige spiegelte sich wie ein Totengeist im Glas. Jetzt war er fertig und drehte sich um.

Der Totengeist blieb.

Ich sog die Luft ein.

Es war keine Spiegelung gewesen.

Durch das Glas schimmerte die Ritter-Mumie.

Sie lag auf dem Rücken, aufgebahrt, eine Hand lag auf der Brust über dem Herzen, so gut erhalten, dass nicht nur die trockene rissige Haut zu sehen war, sondern auch jeder einzelne Fingernagel. Die Linke umschloss den Griff eines großen Schwertes. Es sah sehr alt aus, die Schneide rostfleckig und schartig, aber das Heft glänzte wie poliertes Silber, mit einem glitzernden, durchsichtig-goldenen Knauf. Bernstein!

Genau wie …

„Sieht schon ein bisschen seltsam aus", meinte mein Onkel, als er sich auf Augenhöhe zur Mumie hinabbeugte.

… die Zähne.

Zähne aus Bernstein.

Wie verrückt muss man sein?, dachte ich.

Die Lippen, die zwar vorhanden waren, aber wie dürre Schnüre wirkten, waren leicht geöffnet und man konnte dahinter das goldbraune Gebiss erkennen. Es sah nicht aus wie alte, faulige Zähne (so hatte ich es mir ursprünglich vorgestellt), sondern eher wie polierte Kandisstückchen, die auf die Tea-Time warten.

Der Rest vom Kopf war schaurig-schön und strahlte Ruhe und Frieden aus. Die gut erhaltene Haut spannte sich braun und knisternd über den Schädel – wie verschrumpeltes Backpapier oder eine alte ausgeleierte Tasche, die man mit Ziehen und Zerren wieder in Form hatte bringen wollen. Zwei, drei Haarsträhnen rankten sich einsam vom Kopf zum Hals.

Die Lider waren halb geschlossen, als beobachtete uns die Mumie heimlich.

„Mumien strahlen immer eine gewisse Würde aus", sagte Carlotta, „und diese besonders."

„Wenn ihr genau hinschaut", erklärte sie weiter, „erkennt ihr noch eine leichte Verfärbung der Haut über Oberlippe und am Kinn. Er muss zum Zeitpunkt seines Todes ein stolzer alter Mann mit Kinnbart und Schnauzer gewesen sein."

„Was wissen Sie eigentlich über diesen Ritter?"

„So gut wie nichts. Weder seinen Namen noch woher er stammt oder wie er hierher nach Altena gekommen ist. Selbst die Reste der Kleidung sind unscheinbar und deuten eher auf einen einfachen Mann hin. Ja, nicht einmal sein Wappen ist bekannt."

„Was für eines hat er denn?", fragte ich.

„Das Schwert mit dem großen Bernsteinknauf ist zugleich auch sein Wappen."

„Und darüber ist nichts bekannt?", fragte mein Onkel.

„Nichts."

„Und dieses Bernsteingebiss?"

„Eine Kuriosität, die ich mir nicht erklären kann." Carlotta seufzte. „Ich kann nur eines mit Gewissheit sagen: Dass dieser Mann Ende des 16. Jahrhunderts gestorben ist."

„Und was ist mit der Gruft?"

„Die gibt es nicht."

„Aber ich dachte –"

„Eine Formulierung der Zeitung. Wir fanden die Mumie in einer Felsenkammer, nicht mehr als ein schmaler Riss im Berg. Und der Ritter ist von niemandem bestattet worden. Er muss sich selbst zur Ruhe gelegt haben und ist dort gestorben."

„Wie gruselig. Allein in einer Höhle." Ich bekam eine Gänsehaut, als ich mir das vorstellte.

„Und in dieser Felsenhöhle haben Sie sonst nichts gefunden?!"

„Nur noch drei Tonkrüge, einer davon zerbrochen, einer leer, in dem letzten war eine glasklare Flüssigkeit."

„Welche?"

„Wasser, fünfhundert Jahre alt, aber ungewöhnlich rein und frisch. Seltsamerweise ist es nicht verdunstet, obwohl der Behälter offen war."

„Wasser?", murmelte mein Onkel, sah mich an und zog nachdenklich die Augenbraue hoch.

Ich antwortete mit einem Achselzucken.

„Ah, Frau Vonstein!", rief eine junge Frau mit buschigem Pferdeschwanz. Sie balancierte einen Tonkrug, der aus der Vitrine zu rutschen drohte. Ein wenig Wasser schwappte über den Rand.

„Passen Sie auf!", schimpfte Carlotta, „Das Wasser ist fünfhundert Jahre alt." Sie hastete hinüber und griff nach dem großen Krug. Auch mein Onkel sprang helfend hinzu. Nur ich bemerkte, dass er danach ein kleines Fläschchen in sein Jackett gleiten ließ.

„Wir müssen den Krug sicherheitshalber verschließen, murmelte Carlotta und zog die junge Frau an die Seite.
Bömmellöh kam wieder zu mir.
Wir waren allein am Glassarg.
„Los", flüsterte ich, „hol das ZSG raus und schau nach, was das für ein Ritter war."
Mein Onkel fackelte nicht lang und setzte das Gerät auf.
„Du siehst bescheuert aus", konnte ich mir nicht verkneifen, „wie ein durchgedrehter Taucher."
„Und genau das bin ich", gab er zurück. „Tauche jetzt ein in die Vergangenheit."
Er richtete das Objektiv auf den Sarg, fummelte am Zeitprisma herum, drehte am Okular, noch einmal am Objektiv und ...
... schimpfte: „Nichts! Verdammt! Gar nichts!"
„Vielleicht musst du näher ran?!"
Er änderte mehrmals Stellung und Blickwinkel.
Und schüttelte den Kopf. „Ich vermute, es ist das Glas." Er wies auf ein kleines Siegel in der unteren Ecke: Spezialsicherheitsglas.
„Vielleicht, wenn man den Deckel ..."
„Gift und Galle! Unterstehen Sie sich, den Sarg auch nur anzufassen!", herrschte ihn Carlotta an. Sie stand wieder neben uns und funkelte meinen Onkel böse an. „Und was ist das für eine bescheuerte Maske? Sie sehen aus wie ein durchgedrehter Taucher."
Ich kicherte.
Bömmellöh nahm das ZSG ab und lächelte verlegen. „Tut mir leid. Das ist ein neues optisches Gerät zur Untersuchung von ... Mumien. So eine Art Lupenbrille, verstehen Sie? Aber das Glas behindert die Sicht. Könnten Sie nicht doch den Deckel kurz anheben?"
„Auf gar keinen Fall. Wenn Sie etwas von Mumien verstünden, dann wüssten Sie auch, dass es sehr schwierig ist, sie in einem konservierten Zustand zu halten. Aus diesem Grund liegt dieser Ritter hier in einem speziell entwickelten Sarg, in dem Luft, Feuchtigkeit und Temperatur ständig gemessen und geregelt werden. Da-

mit dieser empfindliche Fund noch lange der Nachwelt erhalten bleibt."

„Wie ist diese Mumie überhaupt entstanden?", versuchte ich abzulenken.

Carlotta funkelte auch mich abschätzend an, warf noch einmal einen bösen Blick auf Bömmellöh, dann erklärte sie: „Auch das wissen wir nicht genau. Im Allgemeinen entstehen natürliche Mumien, und um eine solche handelt es sich hier, unter besonderen Umweltbedingungen. In erster Linie ist es der Ausschluss von Sauerstoff oder, wie es hier zu vermuten ist, gleichmäßiges Austrocknen durch eine ständig bewegte, sehr trockene Luft, wie sie oft in Höhlen vorkommt."

Aha.

„In bestimmten Fällen kann auch die Einnahme von Giften vor dem Tod und der Einfluss schwacher Radioaktivität eine Mumifizierung begünstigen."

„Radioaktivität?!", wiederholte Bömmellöh so laut, dass sich alle im Saal nach ihm umdrehten. Er sah aus, als hätte ihn ein Blitz getroffen. Dann schlug er sich vor die Stirn. „Dass ich daran nicht schon eher gedacht habe. Ich muss sofort in mein Labor."

Er warf mir das ZSG zu und stürmte aus dem Raum.

Carlotta schaute ihm kopfschüttelnd hinterher, dann wandte sie sich an mich: „Auch ohne euren Schauspieler seid ihr eine merkwürdige Truppe!"

„Da haben Sie recht. Darf ich mich hier trotzdem noch ein bisschen umsehen?" Ich legte mein liebenswürdigstes Lächeln auf.

Carlotta nickte. „Aber nur, wenn du nichts anfasst und nicht im Wege stehst!"

„Versprochen!"

Carlotta seufzte, dann ging sie zu ihrem Team hinüber.

Nun war ich mit ihm alleine. Baron Nikodemus Igorewitsch Leonhard Surumbar. Verrückter Name – genauso wie ein Gebiss aus Bernstein. Ich betrachtete es genauer. Die einzelnen Zähne waren perfekt nachgebildet. Und der Bernstein hatte unterschiedliche Farbnuancen, mal eher golden, mal honiggelb, bis fast durchsichtig. In einem der oberen Schneidezähne –

„Wow!" Erschrocken sprang ich zurück.

Der Schneidezahn!

Eine winzige Fliege war im Bernstein eingeschlossen. Und für einen Moment hatte es so ausgesehen, als hätte sie mit den Flügeln gezuckt.

Ich schüttelte den Kopf und schaute noch einmal hin.

Nichts. Natürlich nicht. Alles nur Einbildung.

Ich sah mich verstohlen im Raum um, vielleicht konnte ja *ich* mal das ZSG benutzen. Alle waren beschäftigt, niemand nahm Notiz von mir.

Das Ding aufgesetzt, auf verschiedene Knöpfe gedrückt, am Zeitprisma gefummelt, am Objektiv, passierte – nichts.

Hm, überlegte ich, normalerweise war mein Onkel ein Ass im Erfinden. Vielleicht funktionierte es ja bei einem anderen Ausstellungsstück. Nach einem kurzen Blick durch den Raum wusste ich, woran ich es ausprobieren würde.

In einer kleinen Vitrine, die man fast übersehen konnte, lag das berühmteste Exponat von Schloss Hohenlimburg.

Die Schwarze Hand.

Jedes Kind, das schon einmal das Schlossmuseum besucht hatte, wusste, was es damit auf sich hat. Denn vermutlich alle Eltern hatten die gruselige Geschichte von dem Knaben im Mittelalter erzählt, der seinen Eltern nicht gehorchte, sogar gegen sie aufmuckte und dem zur Strafe die Hand verdorrte.

Natürlich war es nur eine Legende. In Wirklichkeit wusste man gar nicht so genau, was es damit auf sich hatte. Die meisten Wissenschaftler hielten die mumifizierte Hand für ein sogenanntes Leibzeichen von dem Opfer eines Verbrechens. Im Mittelalter war es nämlich durchaus üblich, bei einem Mordfall ein Stück vom Opfer aufzubewahren, damit es bei der Verhandlung *anwesend* war. Andere Historiker hielten das Einmauern der Hand im Bergfried als Schutzzauber für möglich.

Nun lag sie dort vor mir.

Sie sah aus wie ein verschrumpelter schwarzer Handschuh. Ein Stück vom kleinen Finger fehlte und am Daumen waren Reste einer Kordel.

„Wollen wir doch mal sehen, was du erzählen kannst", murmelte ich und richtete das ZSG darauf.

Zunächst sah ich nur die Hand – und ein paar Spiegelungen im Vitrinenglas. Dann begannen die Spiegelungen zu vibrieren.

Die Hand zitterte wie ein Wackelpudding.

Dann zischte sie weg, als wäre sie eine Comiczeichnung.

Danach schossen schnell und kurz Bilder durcheinander.

Von einem Blitz.

Von großen rötlich funkelnden Augen.

Von einem Nebel.

Dann sah ich die Hand wieder klar. Diesmal war sie voller Leben. Und sie befand sich auch noch an einem Arm, der langsam über Papier glitt. Eine Feder zwischen den Fingern.

Rauschen ging davon aus, nein, eher ein Flattern oder ein melodisches Knistern. Das zu einem Flüstern wurde. Dann hörte ich plötzlich eine raue Stimme in meinem Kopf, leise und doch klar verständlich. Ein wenig spöttisch sang sie:

„Die Moritat von der Schwarzen Hand

Was ist das Geheimnis dieser Schwarzen
Hand? Die Finger dürr und stumpf und harzen?
Knabe, der statt elterliches Lob
Tadel, ernst, erhielt und dann vor Wut
Gegen seinen Vater sie erhob?
 Da sage ich es provokant:
 Dies schwarze Ding,
 Ganz ohne Ring,
 Das war nicht eines Knaben Hand.

Was ist das Geheimnis dieser Schwarzen
Hand? Die Knochen rissig, knotig, Warzen.
Opfer eines Mordes, ungeklärt –
Abgehackt und sorgsam balsamiert
Als Beweisstück – bis der Mord geklärt?
 Da sage ich es vehemant:
 Dies Kohlen-Ding,
 Das Feuer fing,
 Das war nicht eines Opfers Hand.

Was ist das Geheimnis dieser Schwarzen
Hand? Gelenke brüchig, krumm und knarzend?
Gabe eines Magiers, Zauber-Eid,
Eingemauert, um die Burg zu schützen
Gegen Feuer, Sturm und Grausamkeit?
 Da sage ich es ungalant:
 Dies Klumpen-Ding,
 Dran Kordel hing,
 Ist keines Zaub'rers Eideshand.

Was ist das Geheimnis jener Hand,
 Übrig bleibend, als der Rest verschwand?

Es geschah, dass Dunkle Poesie
Jäh misslang. Dämonenfeuer brannte
Ihn zur Asche, übrig blieb nur *sie*!
Da sag ich's dieses Mal charmant:
Dies zarte Ding,
Fünffingerling,
Das ist des Dunklen Dichters Hand!"

Die Stimme verebbte zu einem Summen, die Hand bewegte sich. Sie tunkte die Feder in ein Fässchen und schrieb mit schwarzer Tinte:

„Ich, Ans S. Hachs."

Ich riss mir das ZSG vom Kopf, starrte die vertrockneten Finger an. Offensichtlich irrten sich alle Historiker. Diese Hand war der Rest eines Dunklen Dichters und zwar des Autors vom Steinbuch. In dem von dem Ritter mit dem Bernsteingebiss erzählt wurde.

Schwarze Hand und Ritter-Mumie gehörten zusammen.

Ich schaute zur Mumie und hatte das unerklärliche Gefühl, dass sie mir das Spottlied gesungen hatte. Die Flügel der Fliege im Bernsteinzahn schienen ein letztes Mal zu zittern – dann verstummte das Summen.

Das ZSG krampfhaft an mich drückend machte ich es meinem Onkel nach: Ich stürzte aufgeregt aus dem Saal.

7

Ich war zur falschen Seite hinausgestürmt, also tiefer ins Museum hinein. Aber es war mir egal. Ich brauchte Zeit, um über alles nachzudenken. Hier wurde ich wenigstens nicht gestört. Das Museum blieb heute wegen der Vorbereitungen den ganzen Tag geschlossen, und niemand aus Carlottas Team hatte mitbekommen, wo ich abgeblieben war.

Ich kam durch den Raum, in dem mittelalterliche Redewendungen erklärt werden, und hörte eine in der Stimme Holmes': „*Türmen gehen.* Eine Umschreibung für *fliehen*; gründet sich auf der Tatsache, dass im Mittelalter die Türme einer Burg zum letzten Zufluchtsort wurden."

„*Du kannst mich mal!* Eine Umschreibung für *Du kannst mich mal am Allerwertesten lecken*; gründet sich auf meiner schlechten Laune", gab ich zurück.

„Ihre Worte sind so spitz und frech wie ein Rapier", amüsierte sich Mylady.

„Schweiget, denn Zeit muss sie haben, zu denken, nicht für den Kampfe", mischte sich auch noch die Amazone ein.

Na toll, kaum hatte mir eine Mumie ein Lied vorgesungen, begannen die Stimmen in meinem Kopf wieder zu brabbeln.

„Könnt ihr mich nicht mal einen Augenblick alleine lassen."

„Ah non, wir wollen nur helfen", meinte Mylady.

„Dann haltet die Klappe!"

„Falls du schlussfolgern solltest", ignorierte mich Holmes, „dass auch das Lied nur von einer weiteren deiner begabten Stimmen gesungen wurde …"

„… müssen wir dich enttäuschen, nur unsre sind du, jene niemals", ergänzte Kartera.

„Was sie damit sagen will", erklärte Holmes, „dieses Lied kam von außen, nicht von dir selbst."

„Das beruhigt mich wirklich sehr", zischte ich. „Das bedeutet nämlich, dass da eben wirklich eine Mumie geflüstert hat."

„Und wenn es so wäre, Chérie?! Du hast doch schon einiges mehr gesehen und gehört, n'est-ce pas?"

Damit lag sie nicht falsch und ein bisschen beruhigte es mich tatsächlich. Blieb aber noch die Schwarze Hand. Wenn sie wirklich Hachs gehört hatte, was war da passiert? Mit diesen roten Augen. Im Nebel.

„Oder im Rauch", meinte Holmes.

Ja, oder das.

Inzwischen war ich über die Wendeltreppe ins Freie gelangt, lehnte mich aufs Geländer des Wehrgangs und suchte mein Gedankenchaos zu ordnen. Der Burghof lag friedlich unter mir.

Es war noch früh und nur wenige Leute zockelten über das unebene Pflaster. Einige Besucher waren verärgert darüber, dass das Museum heute geschlossen blieb und sie erst an der Kasse davon erfahren hatten. Außerdem schimpften sie über das Wetter, das schon novemberhaft war: kalt, windig, Dauerregen.

Na, das sind Sorgen, dachte ich.

Ein kleiner Junge wies aufgeregt auf mich und wollte auch so einen tollen Ritterhelm wie das Mädchen dort.

„Setze ihn auf, ich hab eine Ahnung, dass er von Nutzen", flüsterte Kartera.

Okay, warum nicht ein bisschen angeben. Alles war derzeit besser, als über flüsternde Mumien und abgefackelte Dichterhände nachzudenken.

Das ZSG auf dem Kopf grinste ich dem Jungen zu. Sein Gesicht verzog sich zu einem Quengeln. Ich fummelte an den Einstellungen herum. Das Gesicht des Jungen veränderte sich im Rückwärtsgang, dann verschwand er ganz. Menschen wirbelten wie Blätter über den Hof, auch sie alle rückwärts, weil ich immer weiter in die Vergangenheit blickte. In all dem Farbenwirbel fiel mir ein kugeliger Schatten, anthrazit- und mahagonifarben, auf, der sich langsamer als alle anderen bewegte. Ich hielt den Zeitraffer an und drehte das Objektiv langsam Richtung Gegenwart. Die Menschen bewegten sich jetzt richtig herum und mitten unter ihnen, wie eine schwarze Acht, die langsam auf dem Billardtisch zum Loch rollte: Cynthia. Sie schlich auf die Burgkapelle zu, nein, auf das darunter.

Als hätte ein unsichtbarer Queue die Acht versenkt, verschwand sie im Eingang zum Kerker. Und kam, so sehr ich auch in der Zeit hin und her suchte, nicht mehr heraus.

Bömmellöh hatte ein Display eingebaut, das Datum und Uhrzeit der jeweiligen Einstellung festhielt: Gestriger Tag. Nach 17:00 Uhr. Kurz nach dem Erdbeben.

„Ergo muss sie sich noch im Kerker befinden", klugscheißerte Holmes, „weil es dort keinen anderen Ausgang gibt."

„Was allerdings sehr merkwürdig wäre, oder?" gab ich ihm Kontra.

„Mon Dieu, sehen wir nach", forderte Mylady.

„Schicken das Schiff der Taten segelnd ins reiche Gewässer."

„Häh?" (Na toll, jetzt sprach ich schon so, dass ich mich selbst nicht verstand.)

Mylady hüstelte: „Die Amazone meint: Frisch auf zur Tat!"

„Frisch auf zur Tat", wiederholte ich zynisch, „das klingt ja wie Goethen auf Koks."

„Da seht Ihr mal, was für Talente in Euch schlummern, werte Merle", äffte Holmes Goethens Tonfall nach.

Nur ein paar Minuten später war ich vorm Verlieseingang und stieg langsam die verwinkelte Treppe hinab, am Absatz mit der alten Zisterne vorbei, tiefer, bis zum Kerkergrund. Das Verlies ist nur ein Raum mit sehr hohem Gewölbe, ein paar eisernen Ringen an den kalten Wänden, in der Mitte ein Schaukasten mit wenigen Folterinstrumenten. Mehr nicht.

Natürlich war Cynthia nicht hier.

Ein paar Leute stromerten lustlos um die Vitrine herum. Der kleine Junge war auch dabei. Als er mich sah, quengelte er sofort wieder nach so einem Ritterhelm. Der Vater warf mir einen bissigen Blick zu und zog sein Kind mürrisch die Treppe rauf. Ein weißhaariger Alter in langem Lodenmantel ließ sich Zeit, jeden einzelnen Buchstaben der Hinweisschildchen dreimal zu lesen. Ich klopfte in der Zwischenzeit heimlich die Wände ab. Überall klang es fest und massiv.

Endlich stapfte der Lodenmantel die Treppe hinauf. Ich war allein. Jetzt.

Das ZSG brachte es sehr schnell ans Tageslicht: Cynthia hatte den Kerker nicht betreten.

„Dann bleibt nur der schmale Gang", überlegte Holmes.

Oder die Zisterne, dachte ich.

Um auch ja keinen Hinweis zu übersehen, ließ ich das ZSG auf. Keine geheime Tür. Keine Cynthia.

Ich fand sie erst vor der Zisterne. Sie stand dort und sah hinab. Die Zeitanzeige blinkte immer noch: kurz nach 17:00 Uhr gestern Abend.

Bevor ich genauer hinsehen konnte, wurde ich unsanft angerempelt. Ich nahm das ZSG ab. Ein strenges Gesicht mit Knotenfrisur musterte mich überheblich. *Reiseführerin* stand auf ihrem Brustschildchen. Übertrieben höflich lächelnd schob ich mich auf den schmalen Absatz. Während die gesamte schnatternde Reisegruppe an mir vorbei in den Kerker stapfte, bemerkte ich etwas auch ohne das Zeitgerät:

Das Schloss!

Das Vorhängeschloss am Absperrgitter war aufgebrochen.

„Die alte Dame hat es geknackt", flüsterte Mylady anerkennend.

„Dann ist sie hinunter in die Zisterne gestiegen!", hallte Holmes in meinem Kopf.

Außer mir hatte das wohl noch niemand bemerkt. Ich beugte mich über die Steinmauer. Aber wo sollte sie dort unten sein? Es war höchstens ein zwei mal zwei Meter messender Schacht, der vielleicht vier Meter in die Tiefe führte. Im grellen Licht der Halogenscheinwerfer hatten sich Moos und Flechten an den Kanten gebildet. Unten schimmerte schwach trübes dunkles Wasser.

Ich warf einen Stein hinab. Platschen, dann Gluckern.

Okay, inzwischen war ich wieder alleine und das ZSG log nicht. Cynthia *hatte* sich am Schloss zu schaffen gemacht, dann das Gitter hochgehoben und war ohne Zögern in die Zisterne hinabgeklettert. Leider konnte ich nicht erkennen, was sie dort unten machte. Es war zu dunkel, das Bild flackerte und zusätzlich versperrte mir ihr breiter Umhang die Sicht. Aber ganz plötzlich war sie verschwunden.

Ich spulte die restliche Zeit bis in die Gegenwart ab, aber sie kam nicht wieder herauf.

„Ah qui, wenn das nicht nach einem geheimen Raum duftet, dann verspeise ich meinen chapeau", blubberte Mylady.

Das sah ich ganz genauso.

Ich lauschte in den Kerker hinunter. Die Reiseleiterin hielt der Gruppe einen Vortrag über Körperstrafen. Sie ließ sich Zeit dabei. Ich schaute nach oben. Das Lichtrechteck des Ausgangs gähnte leer zurück. Schnell kletterte ich über das Geländer und griff nach dem Gitter.

Quietschend hob ich es hoch.

„Leise", zischte Holmes.

Ich ignorierte ihn und fand ein paar Trittstufen in der Wand versteckt. Vorsichtig schob ich mich hinunter, das Gitter quietschte wieder, als ich es über meinem Kopf schloss.

Knapp über der Wasseroberfläche stoppte ich.

„Kleine, verbirg dich in dieser Nische, es kommen Leute", warnte Kartera. (Hatte sie mich jetzt tatsächlich *Kleine* genannt?)

Egal – ich hörte deutlich, wie sich das Stimmengemurmel aus dem Verlies näherte. So flach wie möglich drückte ich mich in eine Nische, die ich von oben noch nie bemerkt hatte.

Die Stimmen waren jetzt direkt über mir. Ich hörte Kratzen und Schaben. Ein Steinchen flog an mir vorbei und platschte ins Wasser.

„Da unten steht jemand", flötete ein kleines Mädchen.

Ich hielt die Luft an.

„Quatsch!", sagte eine entnervte Mutter.

„Oh doch", antwortete jemand. Ich erkannte die Stimme der Reiseführerin.

Scheiße!

„Das ist unser Brunnengeist", erzählte sie weiter. „An regnerischen Tagen steigt er aus dem Wasser und wartet auf Opfer, die er in die Tiefe ziehen kann."

Die Reisegruppe lachte, das kleine Mädchen kreischte.

„Das war aber gar nicht nett", kicherte eine Männerstimme.

Gut gelaunt zog die ganze Gruppe die Stufen hinauf und ließ mich allein.

Ich stieß geräuschvoll die Luft aus.

„Das war knapp", hauchte Holmes, und Kartera fügte hinzu: „Mut wird belohnt und führt dich zum Ziel im richtigen Moment."

„Heb dir das Quatschen für ein Tischgespräch auf, Prinzessin", schnippte Mylady. „Und du, such nach dem geheimen Zugang."

Genervt rollte ich mit den Augen und legte das ZSG in die Nische.

Dann pfiff ich durch die Zähne: „Ein Lüsterweibchen!"

„Genau genommen ist es ein Männchen", verbesserte Holmes, „und auch kein Lüster. Es sind keine Lampen daran."

Damit hatte der alte Klugscheißer allerdings recht. Das, was ich jetzt aus einer verborgenen Spalte zog, war so ziemlich das merkwürdigste Ding, das man sich vorstellen kann.

Es hing an einer Kette, war nur so groß wie meine Handfläche, der vordere Teil bestand aus dem Oberkörper eines kleinen Mannes in buntem Gewand, dunkler Haut und einem roten Turban auf dem Kopf. Das Gesicht schaute weise und der Schnurrbart war lang und tropfte an den Mundwinkeln wie schwarze Wachsschnüre hinab. Der untere Teil dagegen war eine Mischung aus winzigem Geweih und krebsartigen Zangen. Erst nach einer Weile wusste ich, woher ich das kannte. Es waren die Geweihzangen eines Hirschkäfers, die ich auf einer Abbildung in unserem Biobuch gesehen hatte.

„Dieser Faust hatte echt 'ne Schraube locker", murmelte ich. Wozu sollte dieses Ding gut sein? Vielleicht funktionierte es wie das Lüsterweibchen.

Ich probierte die Gedichtstrophe in verschiedenen Tonlagen und Geschwindigkeiten, änderte das *Lüsterweibchen* in *Männchen* und danach noch in andere Namen, aber es passierte nichts.

Ich zog an der Kette, die saß fest in der Mauer. Dahinter war garantiert kein versteckter Mechanismus. Aber was sollte das Ganze dann?! Ich drehte es in den Händen hin und her, hielt es etwas höher. Wenn man es im Gegenlicht betrachtete, sah es aus wie ein ...

„Schlüssel", murmelte ich. Und Holmes und Mylady setzten gleichzeitig hinzu: „Such nach dem Schlüsselloch."

Ich fand es – unter der Wasseroberfläche, ein doppeltes sternförmiges Loch, in das die beiden Zangen genau hineinpassten.

Der seltsame Schlüssel rastete ein. Mühelos konnte ich ihn umdrehen. Dann knackte es dumpf im Mauerwerk.

Mit einem Mal rauschte es. Erstaunt sah ich den Wasserpegel sinken. Bald war der Grund nur noch eine feuchte Platte voller Schlick, Münzen und einer Coladose. Eine Steintür wurde sichtbar, die sich öffnete.

Ich starrte in das finstere, fenstergroße Loch im Mauerwerk. Es starrte feindselig zurück.

Kartera: „Heilige Nymphe stiller Gewässer, verbirgst hier mit Tücke ..."

Holmes: „... Trickreiche Technik! ..."

Mylady: „... Abwärts und forsch hinein, Chérie!"

8

Thor zögert nicht, schon zuckt / und zischt sein Hammer,
Kracht voller Kraft / auf den Körper des Drachen
Und fliegt wie mit Flügeln / flink zurück.
Die Bestie erwidert / mit brüllendem Feuer
Und hüllt den Helden / in heiße Glut.
Doch Thor, er trotzt / den tödlichen Flammen;
Sein Hammer hemmt / die Hitze der Glut.

(Auszug aus „Der Hammer Mjöllnir",
einer anonymen Lieddichtung)

Als ich den finsteren Steinschlund betrat, ging mit meinen Fantasieprodukten wieder etwas vor sich. Sie wurden ziemlich real, so dass ich sie nicht nur hörte, sondern neben mir gehen sah – in 3D und Farbe. Nicht ganz greifbar, eher ein wenig durchsichtig, so wie man sich Geister vorstellt.

In diesem Moment war es mir allerdings sehr recht, nicht allein zu sein, denn was nun kam, war echt krass.

Schaurig krass.

Das ganze Kapitel, das ich hier in dem Geheimraum hinter der Zisterne erlebte, wirkte wie ein Drama auf der Bühne und deshalb will ich es auch wie eines wiedergeben.

Auftritt wir vier; ich in der Mitte. Der Raum ist dunkel, aber nicht ganz; an den Wänden haben sich automatisch kleine Lichter entzündet. Und überall auf den Tischen leuchten weitere Lämpchen, surren mechanische Geräte, gluckert und brummt es. Der Raum ist riesig; erinnert an die schräge Uhrenwerkstatt im Schloss Hohenlimburg; aber dieser hier ist noch schräger; eine Mischung aus Hexenküche und Alchemistenlabor.

MYLADY: Sieht aus wie eine Hexenküche.

HOLMES: Eher wie ein Alchemistenlabor.

MERLE (*genervt*): Das habe ich doch schon geschrieben.

BEIDE: Ach so!

HOLMES: Okay, lasst uns Fakten sammeln. Regale. Tiegel, Töpfe. Auf dem Tisch brodelt etwas.

MYLADY: Riecht gar nicht gut. Wie ein … ein Tor zur Hölle.

HOLMES: Sie übertreiben, meine Liebe.

MYLADY: Huch! Mich hat etwas berührt!

MERLE: Das war ich.

MYLADY: Dann halte etwas mehr Abstand. – Dort sind Kerzen und in den Regalen … iihh!

MERLE: Mir wird schlecht.

HOLMES (*sachlich*): Menschliche Organe. Konserviert. In (*schnuppert*) Alkohol, wie es scheint.

MYLADY: Ist das ein Auge?! (*entsetzt*) Es starrt mich an!

HOLMES: Sieht aus wie ein menschliches Ersatzteillager.

MERLE: Mir ist immer noch schlecht!

MYLADY: Hier liegen Maschinenteile herum. Zahnräder. Ritzel. Riemen. Technikkram.

MERLE (*versucht, sich abzulenken*): Ob das auch Fausts Labor ist? Sieht dem in Hohenlimburg ziemlich ähnlich, nur irgendwie ...

MYLADY: Krasser!

MERLE: Hey, das ist mein Text! – Was sind das für Zeichnungen und Symbole auf dem Boden?

HOLMES: Ein Pentagramm. Auch *Drudenfuß* genannt. Und andere magische Symbole.

MYLADY: Düstere Zeichen, die Unheil verkünden. In meiner Zeit wurden Hexen verbrannt!

MERLE: Wonach riecht es hier? Irgendwie nach elektrisch aufgeladener Luft und noch etwas anderem.

MYLADY: Nach Tod aus den Gläsern.

KARTERA: Vorsicht! Hier ist was, etwas, das lebt und Dunkelheit atmet.

HOLMES: Eure Fantasie, Prinzessin.

MYLADY: Nein, ich spüre es auch.

Wir dringen tiefer in den Raum ein; es wird immer gruseliger; das Skelett von Fausts Geliebter fällt mir ein. Was werden wir hier finden? Auf einem Tisch liegt eine zerfledderte Kladde, die mir irgendwie bekannt vorkommt. Der Gedanke huscht vorbei.

MERLE: Hier sind noch mehr Symbole auf dem Boden. Und da auf den Pergamentbögen sind Abbildungen von kleinen menschlichen Figuren. Und das hier – was soll das sein?

HOLMES: Ein Geist, skurriles Traumwesen, fratzenhaft verzerrtes Untier.

MYLADY: Oder ein Dämon.

MERLE (*einen ersten eiskalten Schauer am Körper spürend*): DämonDenker!

HOLMES: Ich glaube, wir sind ihm dicht auf der Spur, unserem Doktor Faust.

MYLADY: Seht ihr, was ich sehe? In den großen Gläsern … da schwimmen …

MERLE (*einen zweiten eiskalten Schauer am Körper spürend*): … kleine Menschen.

HOLMES (*geht interessiert näher; zückt seine Lupe*): Ah, das sind Homunkuli!

MERLE: Homun-was?

HOLMES: Ein Homunkulus ist ein künstlich geschaffener Mensch. Faust hat versucht, künstliche Menschen zu schaffen. Über das Embryonen-Stadium scheint er aber nicht hinausgekommen zu sein.

MERLE (*sich übergebend*): Ummmbroooaaarrrr.

MYLADY (*mitfühlend*): Das wird schon wieder, Chérie. Tief durchatmen.

KARTERA: Achtung! Ich spür es noch näher, das lebende atmende Wesen.

MYLADY: Dahinten ist etwas, da an der Mauer. Es sieht aus wie ...

HOLMES: Ein Mensch?! – Ja, da steht ein Mensch an der Wand. Die Augen geschlossen. Wie schlafend. Aber atmend, der Brustkorb bewegt sich gleichmäßig.

MERLE (*halb freudig, halb ängstlich*): Cynthia! Es ist Cynthia.

KARTERA: Aber sie ist gefesselt mit Ketten, wie's scheint, an die Mauer.

HOLMES: Das sind keine Ketten. Das sind ... Kabel. Leitungen. Elektrische Leitungen. Sie führen aus diesen batterieähnlichen Vorrichtungen dort an der Wand in ihren Körper.

MYLADY: Mon Dieu! Ihr rechter Arm – lauter Zahnräder und Metallsehnen. Und da der Kopf –

Wir stehen jetzt ganz dicht an der Mauer; in einer Art Alkoven steht Cynthia. Das Zeitprisma auf ihrer Brust ist deutlich zu erkennen. Und doch ist es nicht die Cynthia, die wir kennen; diese hier ist zum Teil künstlich; der Umhang liegt am Boden; gibt den rechten Metall-Arm frei, der leise zuckt, weil sich ein Rädchen nur holprig bewegt. Überall in ihrem Körper stecken Bolzen und andere Metallteile. Und zum ersten Mal sehen wir sie ohne Kapuze. Das Gesicht ist wächsern, aber lebendig, die Haare sehen aus wie Stahlwolle. Aber am schlimmsten ist der Hinterkopf: Dort, wo bei einem normalen

Menschen der Schädel auf dem Hals sitzt, ist der Blick frei auf ein mechanisches Uhrwerk, das sich lautlos bewegt, wie eine antike Rechenmaschine.

MYLADY: Mon Dieu, was ist sie? Eine Maschine?

HOLMES: Ein künstlicher Mensch. Aber viel größer als ein Homunkulus. Faust ist es gelungen. Sie ist es. Hier steht sogar ein Schild: „Mein zweites Modell: Cynthia Borges."

MERLE (*plötzlich glasklar denkend, als sie das Schildchen vor sich sieht*): Nein, weder Maschine noch Homunkulus. Sie ist Cy(nthia) Borg(es). Ein Cy-Borg!

HOLMES, MYLADY, KARTERA: Ach du Scheiße!!!

In diesem Moment schlägt Cynthia die Augen auf. Äußerlich ist ihr freundliches Gesicht unverändert. Doch ihre Augen sind voller Traurigkeit. Sie sieht mich mit ehrlichem Bedauern an.

CYNTHIA: Es tut mir leid, Merle.

Mit einer übermenschlichen Kraft reißt sie sich von allen Leitungen los, springt aus dem Alkoven, klaubt ihren Umhang auf und rempelt mich um. Ich fliege zwei, drei Meter rückwärts (okay, vielleicht war es auch nur einer), taumle dann wie ein abgerissenes Ahornblatt zu Boden und schlage mit dem Kopf gegen ein Brett. Ich spüre noch eine Welle, die durch meinen Körper rast wie Elektrizität. Dann wird es komplett schwarz um mich rum. Als ich wieder zu mir komme, schaue ich in die besorgten Gesichter meiner drei Fantasiefreunde.

HOLMES: Ah, da ist sie ja wieder!

MERLE (*noch benommen*): Was ist passiert?

MYLADY: Cynthia, sie hat dich umgerannt.

MERLE (*mein ganzer Körper kribbelt, als würde eine Welle aus Elektrizität durch ihn strömen, langsam komme ich wieder zu mir*): Wo ist sie?

KARTERA: Weg! Doch schlimmeres Unheil ist dies: Sie sperrte uns ein hier.

MERLE: Was?! Warum hat sie das getan? – Ich dachte, wir wären Freunde.

HOLMES: Freunde lassen einen eigentlich nicht hängen. Sie ist ab durch die Zisterne und hat die geheime Tür wieder verschlossen.

MERLE: Und gibt es noch einen anderen Ausgang?

HOLMES: Woher soll ich das wissen? Ich bin nur ein Produkt deiner Einbildungskraft.

MERLE (*ihn anfunkelnd*): Ach, wenn's brenzlig wird und ich euch mal wirklich brauche, dann macht ihr einen auf hilflose Fantasiefigur.

Die drei zucken mit den Schultern und lassen mich den Raum absuchen; erfolglos; es gibt wirklich nur den Zisternen-Zugang und der ist von draußen versperrt; ich finde keinen Mechanismus hier drin. Wir sind gefangen.

HOLMES: Wenigstens ist es hier nicht dunkel.

MYLADY: Wer weiß, wie lange die Fackeln noch reichen. Sacrebleu! Eine verlöscht gerade.

Es zischt, dann kräuselt sich ein sterbender Rauchfaden in die Kellerluft. Mir wird mulmig zumute. Hilfe wäre nicht schlecht, doch mein Handy hat keinen Empfang. Wahrscheinlich sind die Wände zu dick.

MERLE: Ich muss hier raus! *(mit einem ersten Anflug von Panik)* Kann einer von euch die Steintür einschlagen?

HOLMES: Wie soll das gehen?

MYLADY: Da versagt meine List, Chérie.

MERLE (*in einem zweiten Anflug von Panik Kartera anblickend*): Und du?

KARTERA: Kriegerin bin ich, weder Zimmermann noch ein Steinmetz.

MERLE: Verdammt! Was wir jetzt bräuchten, wäre ein Superheld.

THOR: Heißa, hier bin ich, / bester Heroe, Helfer, Held!

MERLE: Wer ist das jetzt?!

HOLMES: Dort drüben, zwischen den Regalen, neben dem Zinkeimer.

MYLADY: Oh, wie niedlich: ein Zwerg!

THOR: Thor bin ich, / der Typ mit dem Hammer.

HOLMES: Der Donnergott?

MYLADY: Lächerlich!

KARTERA: Winzling, er reicht nur bis zur Wade, höchstens zum Knie mir!

HOLMES: Und außerdem, Merle, fürchte ich, ist auch der nur ein Ausdruck deiner Vorstellungskraft.

THOR: Ha! Thor bin ich, / der Typ mit dem Hammer,
Turne hier rum.

MERLE (*Holmes' Einschätzung ignorierend*): Du tust *was*?

THOR: Ich warte und warte / auf weitere Taten,
Auf Action und Abenteuer.

MERLE: Dann hör auf zu warten und mache endlich etwas.

THOR: Was soll ich, Süße, / Sinnvolles tun?

MERLE: Fürs Erste hör damit auf, mich *Süße* zu nennen.

THOR: Es sei so!

MERLE: Und dann kannst du uns ja mit deinem Hammer den Weg hier raus frei machen.

THOR: Wie du es wünschst!
Heraus Mjöllnir, / mächtiges Werkzeug!

Schon hat er einen Hammer in der Hand; einen lächerlich kleinen, mit dem vielleicht ein Dreijähriger zufrieden gewesen wäre.

MERLE: Echt jetzt?!

MYLADY: Das ist kein Gott, das ist eine Witzfigur!

THOR: Schweige still, Weib, / sonst stürzt dich mein Zorn!

MYLADY: Zwergenzorn, dass ich nicht lache!

Thor ignoriert sie und hämmert mit seinem Winzlingshämmerchen gegen das Mauerwerk.

MERLE: Das ist die falsche Seite, du Idiot.

Er dreht sich um und klopft jetzt gegen die richtige Wand, ungefähr dort, wo sich die Steintür befinden müsste. Es klingt wie ein Kind, das mit einem Spielzeughammer auf Watte haut.

THOR: Mjöllnir, Mjöllnir, / klopfe mit Macht!

MERLE: Ich werd verrückt!

MYLADY: Was für eine Farce! Hättest du dir nicht einen Riesen ausdenken können?

KARTERA: Seht nur, es scheint sein Hammer ist machtvoller als seine Größe.

Alle schauen auf den Zwerg und seinen Hammer; ein Riss ist in der Wand entstanden; schwaches Tageslicht torkelt herein.

HOLMES: Unmöglich, eine Fantasiefigur kann nicht in die Realität eingreifen.

THOR: Ta ta! Für den Treffer / tosend Applaus!

MERLE: Jaja, mach weiter, Thor.

MYLADY: Nicht nötig, Chérie. Der Spalt reicht aus. Ich kann hindurchschlüpfen. *(Holmes ein Auge kneifend)* Immerhin bin ich nur eine Fantasiefigur. Ich werde Hilfe holen.

Schon schlüpft sie durch den Riss und ist verschwunden. Die anderen warten. Mir brummt der Kopf; wohl noch vom Sturz; schwummerig ist mir auch; warum hat Cynthia mich umgerannt? Ich finde keine Antwort, kann sowieso nicht mehr klar denken und klammere mich verzweifelt daran, dass Mylady wirklich Hilfe holen kann. Ich will nicht darüber nachdenken, was passiert, wenn die fixe Idee nur eine solche bleibt.

KARTERA: Horcht! Ein Engel steht uns bei mit zärtlichem Singen.

Tatsächlich klingelt in diesem Moment mein Smartphone; ein merkwürdiger Ton, anders als sonst; auf dem Display erscheint eine neue App ...

MERLE: Bömmellöh. Hat der doch wieder an meinem Handy rumgepfuscht. – Aber diesmal könnte ich ihm dafür um den Hals fallen.

Ich gehe ran.

BÖMMELLÖH: Merle, ich hatte so ein Gefühl, als würde mir ein Vögelchen ins Ohr flüstern, dass ich dich anrufen soll.

MERLE: Hol mich hier raus!

Ich komme ohne Umschweife zur Sache und erkläre meinem Onkel, wo ich bin; und dass ich ihn dringend brauche; und wie er die geheime Tür öffnen kann.

MERLE: Hol mich hier raus, bitte.

BÖMMELLÖH: Bin schon da.

Als ich mich umdrehe, sind auch die anderen drei meiner vier (oh ja, jetzt sind es schon vier) Fantasiefreunde verschwunden. Ich bin allein. Auch der Spalt im Mauerwerk ist weg. Habe ich mir alles nur eingebildet? Ich setze mich auf den Boden, lehne mich an und rutsche weg ...
... aus der Wirklichkeit.

Aus dem tiefen Schwarz holten mich erst leichte Klatscher auf meine Wangen. Mein Onkel grinste mich an: „Dich kann man auch nicht alleine lassen." Er half mir hoch und gemeinsam verließen wir das geheime Labor.

9

Als wir über den Zisternenrand lugten, trafen uns böse Blicke. Die dicken Klunker, die um den Hals einer Frau hingen, klickerten wie schimpfende Spatzen.

Bevor sie herumzetern konnte, sprach Bömmellöh gut gelaunt: „Alles in Ordnung! Sie können jetzt hinunter."

Sie öffnete und schloss den Mund wie ein blöder Fisch.

Auf dem Burghof sprudelte es aus mir hervor: von meiner Entdeckung Cynthias auf dem Hof über die Untersuchung des geheimen Labors bis hin zu Cynthias gruseliger Offenbarung.

„Ein Cyborg", murmelte Bömmellöh, „ein lebender kybernetischer Organismus. Ich dachte, das gäbe es nur in Science-Fiction-Filmen."

„Was man von Zeitreisen und lebenden Mänteln auch sagen könnte."

„Stimmt. Trotzdem bemerkenswert. Dieser Faust muss ein unglaubliches Genie gewesen sein. Hat vor 500 Jahren etwas geschafft, was die besten Wissenschaftler heutzutage nicht hinkriegen."

Schlagartig fiel mir etwas ein. „Cynthias Arm. Der, der immer zuckte. Ich habe gesehen, dass es an einem kaputten Rädchen lag. Jetzt weiß ich auch, warum sie sich damals im Burghof so interessiert nach dir erkundigt hat. Sie hat nach einem Mechaniker gesucht, der ihn reparieren kann."

„Sie muss gespürt haben, dass wir beide anders sind als ihre Zeitgenossen. Denn in ihrer Zeit konnte sie nicht einfach zum Schmied gehen. Man hätte sie als Ungeheuer aus der Stadt gejagt. Oder gleich auf dem Scheiterhaufen verbrannt."

Die Arme, sie tat mir ein wenig leid. Trotzdem schmälerte es nicht ihren Verrat.

„Ich verstehe es nicht", wiederholte ich mehrmals. „Warum hat sie das getan? Sie war doch 1772 so freundlich und ich habe wirklich gedacht, sie wäre meine Freundin."

„Vielleicht ist in der Zwischenzeit irgendetwas passiert, das sie so handeln ließ. Du hattest doch den Eindruck, dass sie bedauerte, was sie tat."

Den traurigen Blick, den Cynthia mir vor dem Angriff zugeworfen hatte, hatte ich nicht vergessen. „Trotzdem! Sie hat uns eingesperrt."

„Uns?"

Ich seufzte. Es war wohl an der Zeit, meinem Onkel endlich von meinen eingebildeten Freunden zu berichten.

Er hörte sehr aufmerksam zu und versuchte dann alles in zwei Worten zusammenzufassen: „Halluzinationen, Stimmen?"

Die waren als Frage formuliert und ich versuchte eine Antwort. „Das ist es nicht. Ich weiß zwar nicht, wie sich Halluzinationen anfühlen, aber ich glaube, dies ist etwas anderes. Ich weiß, dass es meine Fantasie ist, die diese Figuren erschafft. Aber sie sind sehr, sehr real. In dem Labor unten waren sie von echten Menschen fast gar nicht zu unterscheiden. Und diese Sache mit dem Zwergen-Thor und seinem Hammer kann ich mir auch nicht erklären. Ich habe den Riss im Mauerwerk wirklich gesehen."

„Aber da war keiner mehr."

„Ich weiß, doch Mylady hat dich wirklich geholt, oder?!"

„Hm. Das ist wirklich rätselhaft. Ich war in meinem MOBBOR und plötzlich hatte ich das Gefühl, ich müsse dich anrufen. Gott sei Dank hatte ich deinem Handy vorher ein Update verpasst: Die *Lasso-App* schafft eine superstarke Verbindung zwischen deinem und meinem Handy. Dicke Wände kein Problem mehr. Irgendwie kam es mir plötzlich so vor, als würde mich jemand beobachten und auffordern, die App zu aktivieren." Ich starrte ihn an. „Aber vielleicht rede ich mir das auch nur ein", fügte er achselzuckend hinzu.

„Irgendwie hängt es mit dem Wasser des Einhardsbrunnen zusammen. Die Stimmen begannen, nachdem ich das Wasser berührt hatte."

„Ja, das Wasser", murmelte Bömmellöh.

„Aber so real wie eben waren sie noch nie. Irgendwie sind sie echter geworden, seit ...", ich überlegte, „seit dem Erdbeben gestern Abend."

Bömmellöhs Kopf ruckte herum: „Womit wir wieder beim Anfang sind. Die Erdbeben *müssen* die Quelle von allem sein."

Wir gingen eine Weile schweigend weiter. Dann fragte ich ihn: „Warum bist du heute Morgen so plötzlich abgehauen?"

Er lächelte: „Weil ich eine Idee hatte. Bezüglich des Wassers vom Einhardsbrunnen. Meine Untersuchungen waren bisher erfolglos, wie du ja weißt. Aber jetzt habe ich endlich etwas entdeckt."

„Und was?"

„Das Wasser gibt eine schwache Strahlung ab."

Ich blieb stehen. „Das Wasser ist radioaktiv?"

„Diese Strahlung scheint die Ursache für die vielen Merkwürdigkeiten von 1772 zu sein. Und sie könnte auch für deine Stimmen und Visionen verantwortlich sein. – Und sie ist mit Sicherheit die Ursache für die Mumifizierung unseres geheimnisvollen Ritters.

Du erinnerst dich doch, dass Carlotta sagte, man habe in seiner Gruft auch einen Tonkrug mit Wasser gefunden."

„Ja."

„Ich hab heimlich eine Probe genommen. Es ist definitiv das Wasser aus dem Einhardsbrunnen. Es weist die gleiche Strahlungssignatur auf. Ich vermute, dieser Ritter Surumbar hat bis zu seinem Tod regelmäßig von dem Wasser getrunken, und dieses hat durch die Strahlung seinen Körper mumifiziert."

Ich nickte beeindruckt mit dem Kopf.

„Aber das Seltsamste ist", sprach er weiter, „diese Strahlungssignatur ist neu."

„Wie meinst du das?"

„Sie ist neu, weil sie von einem Element ausgestrahlt wird, das bisher noch nicht entdeckt worden ist."

„Ein Element, das es bisher noch nicht gegeben hat?"

„Korrekt!"

„Bist du sicher?"

„Ja."

„Puh."

„So könnte man es auch umschreiben."

Inzwischen hatten wir das Törchen zu Bömmellöhs Garten erreicht.

„Carlotta hat mich darauf gebracht – mit ihren Ausführungen über Radioaktivität und Gifte, die für Mumifizierungen verantwortlich sein können."

Die Haustür öffnete sich.

„Äh", stutzte ich, „was macht *die* in deinem Haus?"

Carlotta Vonstein erschien lachend im Türrahmen, gefolgt von einem Goethen, der sich gerade zum Trottel machte: Wie ein verliebter Hund schlabberte er ihre Hand ab.

Ein Stich Eifersucht fuhr mir ins Herz. Gleichzeitig ärgerte ich mich darüber.

„Auf Wiedersehen, mein Bester", säuselte Carlotta.

„Sieht mit Rosen sich umgeben,
Sie wie eine Rose jung.
Einen Kuss, geliebtes Leben,
Und ich bin belohnt genung", flötete Goethen, schloss die Augen und spitzte jetzt erwartungsvoll die Lippen. Carlotta war etwas irritiert, als mit einem Male Rosenblüten vom Dach herabrieselten. Doch dann zuckte sie die Achseln, schob den Trottel sanft von sich und sagte: „Na na na, wir wollen doch nicht übertreiben."

Mit einem Rascheln wie von Pergamentpapier griff sie in eine besonders dicke Falte ihres Kleides, hob den Saum an und stieg elegant von der Veranda herunter. Als sie an meinem Onkel und mir vorbeiglitt, setzte sie ein fettes Lächeln auf und raunte uns zu: „Ihr seid nicht die einzigen, die jemanden um den Finger wickeln können." Mit einem Nicken zu Goethen fügte sie hinzu: „Ich weiß genug. Meine Mumie kriegt ihr nicht!"

Und damit rauschte sie vorbei – zufriedene Rachegöttin; Abgang von der Bühne.

Bömmellöh starrte ihr verblüfft hinterher, ich jedoch ließ meinen Ärger an Goethen aus. Herrje, es war ein wahres Schimpfwort-Feuerwerk, das jetzt auf den armen Dichter herabprasselte. Er verwandelte sich von dem eben noch liebestollen Hund in einen triefnassen Köter, der gerade in das schlimmste Unwetter aller Zeiten gekommen war. Und ich muss sagen, ich genoss es.

Irgendwann bremste mich mein Onkel, zog den unglücklichen Goethen in die Küche, drückte ihn auf die Sitzbank und herrschte mich an, endlich mit dem Fluchen aufzuhören und sachlich zu werden.

Ich schluckte und setzte mich. Dann redeten wir fast eine Stunde „sachlich" mit Goethen.

Der Vollpfosten hatte tatsächlich eine ganze Menge ausgeplaudert. Wie Carlotta Bömmellöhs Adresse herausgefunden hatte, wusste er nicht. Aber mir war klar, dass Carlotta das Ganze schon heute Morgen geplant hatte. Ihre charmant-aufreizende Aufmachung war nicht nur fürs Foto gewesen, sondern genau das, worauf Goethen abfuhr. Sie hatte ihn bezirzt wie eine Zauberin einen dummen Jungen. Gott sei Dank hatte er nicht alles verraten.

Das mit der Zeitreise zum Beispiel hatte er verschwiegen und auch, dass er aus dem 18. Jahrhundert stammte. Aber so ziemlich alles über Faust hatte er ausgespuckt und was wir über den Ritter Surumbar wussten. Also genau die Dinge, die Carlotta im Zusammenhang mit der Mumie wohl am meisten interessierten.

„Du bist ein richtiger Idiot", herrschte ich ihn an. „Und du bist voll auf sie reingefallen."

„Aber … aber ihr Wesen ist so stark, ihre Lippen so rosig, ihre Augen voller Tatendrang und Liebreiz, dass ich nicht anders konnte. Auch ihre wohligen weiblichen Run…"

„Sprich nicht weiter, wenn dir dein Leben lieb ist!"

Die Porzellanschüssel in meiner Hand funkelte bedrohlich.

Er schluckte und schwieg.

„Hast du ihr auch von dem Steinbuch erzählt?"

Er schwieg weiterhin, wurde aber ganz rot im Gesicht.

„Du hast!"

Er zog eine verlegene Grimasse. „Ihre Wangen leuchteten so unschuldig, dass ich –"

„Wo ist es?", unterbrach ihn diesmal mein Onkel.

Es war genau das eingetreten, was mein Onkel klugerweise hatte verhindern wollen. Wie es schien hatte er mit dem Zuhausebleiben Goethens Carlotta erst recht einen Gefallen getan.

Aber es kam noch schlimmer.

„Was?"

„Das Steinbuch."

„Oh, ich habe es hier –", wie von der Tarantel gestochen sprang er auf und suchte hektisch herum. In seiner Jogginghose und dem Norwegerpulli sah er aus wie ein Idiot. Dann starrte er uns leichenblass an: „Es ist weg!"

„Sie hat es mitgenommen." Das hatte also die extreme Falte ihres Kleides verursacht.

Ich konnte nicht anders, ich musste anerkennend grinsen. „Sie hat uns unsere Lügen von gestern doppelt und dreifach heimgezahlt."

„Wir brauchen das Buch unbedingt wieder", stammelte jetzt Goethen. „Ich war gerade dabei, einen sehr ungewöhnlichen Text zu übertragen.

„Was für ein Text?"

„Ein Beschwörungsritual."

„Ja und?!"

Er sah uns beide mit weit aufgerissenen Augen an. „Ich muss es anders formulieren: Die Ritter-Mumie – ich glaube, dass sie nicht einfach eine Mumie ist."

„Sondern?"

Er machte eine Pause, die die Stille zu zerreißen schien.

„Ich glaube, dass ich sie mit der Beschwörung zurück ins Leben holen kann."

10

„Seid ihr auch zu zwölft, ihr Geister,
In mir findet ihr den Meister!
Walle, walle –"

„*Zottellalle,
Geisterqualle.*"

„Manche Strecke –"

„*Kleine Schnecke.*"

„Dass zum Zwecke –"

„*In dem Drecke
Musst verrecke.*"

„Eure kesse –"

„*Dichterfresse,
Bitte nicht ins Bettchen nässen!*"

„Teufel, hab den Text vergessen."

(Kurzes „poetisches" Gespräch zwischen Goethen
und Angelmouth)

Es war an der Zeit, den beiden von meiner flüsternden Mumie zu erzählen.
 Mein Onkel hörte grübelnd zu.
 Goethen war das blanke Entsetzen ins Gesicht geschrieben.
„Der ... Tod", stammelte er.

Ich zog eine Augenbraue hoch. Der Kerl sprang durch seine Gefühlswelten wie ein abgehackter Re-Mix auf dem Plattenteller eines DJs. Eben noch ein verknallter Idiot, dann ein aufgeregter Irrer, jetzt ein bibberndes Häufchen Elend. Vielleicht liebte er es auch einfach, gefühlsmäßig Achterbahn zu fahren.

„Der Tod", wiederholte er, „das Leben – die Grenze verwischt."

Ich musterte ihn scharf: „Du hast Angst!"

„Nein!", wehrte er heftig gestikulierend ab, dann sackte er wieder in sich zusammen: „Doch."

„Warum?"

„Ich mag den Tod nicht. Ich mochte ihn noch nie. Er hat mir schon als Kind Angst gemacht. Es gab eine Zeit, da hab ich versucht, mich dagegen abzuhärten – mit nächtlichen Besuchen auf einsamen Friedhöfen, mit Zuschauen bei Obduktionen. Es half eine Zeit lang. Doch mit der Dunklen Poesie ist auch die Angst zurückgekehrt. Und wenn jetzt noch die Grenze zwischen einem Toten und den Lebenden nichts mehr gilt – ja, verdammt! – dann fürchte ich mich sehr."

„Eben hast du noch davon gesprochen, eine Mumie zu beschwören und zum Leben zu erwecken."

„Das war nur graue Theorie. Aber jetzt, wo Ihr Euer Erlebnis mit der Rittermumie erzählt habt, wird aus der Theorie bittere Praxis."

„Wieso?"

Er begann wieder zu stammeln: „Die ... Fliege ... der Bernstein ... die summende Fliege."

„Was soll damit sein? Es war nur Einbildung."

„War es nicht! Und es war auch keine Fliege. – Es war seine Seele."

Die letzten Worte hatte er nur gehaucht und doch wehten sie durch den Raum wie ein kühler Wind. Unwillkürlich fröstelte mich und alle meine Nackenhärchen stellten sich auf, kleine Soldaten, die Furcht vor dem Nacht-Appell haben. „Das, das glaubst du doch jetzt selbst nicht."

Er sah mich an wie einer, der vor lauter Angst nur noch die abgrundtiefe Wahrheit sprechen kann: „Bernstein war schon immer ein magischer Stein. Manche alte Kulturen glaubten, dass die Einschlüsse darin – Insekten, Pflanzen – die Seelen von Verstorbenen seien. Ans S. Hachs hat den Glauben in die Tat umgesetzt, er hat einen Weg gefunden, die Seele seines Freundes noch zu dessen Lebzeiten in diesen Bernstein zu bannen, damit der Tod sie ihm nicht rauben konnte."

Ich schluckte: „Deshalb hat er sich dieses Bernsteingebiss anfertigen lassen?"

Goethen nickte. „Vielleicht. Selbst im Tod ist seine Seele noch bei ihm und sie ist lebendig."

„Leben und Tod."

„Die Grenze verwischt."

Ich schauderte. Allmählich konnte ich Goethens Angst verstehen – und schlimmer noch, sie fühlen. Sie krabbelte an mir hoch wie ein haariges Insekt. Ich versuchte es abzuschütteln: „Trotzdem ist der Ritter ein Guter, oder?! Auch wenn er so was wie ein Zombie ist."

Bömmellöh sah mich an und brach zum ersten Mal sein stummes Grübeln: „Das hoffen wir und es gibt nur einen Weg, das herauszufinden."

Ich schnellte hoch: „Du willst allen Ernstes Goethen helfen, seinen verrückten Plan in die Tat umzusetzen?! Eine Mumie von den Toten zu erwecken?!"

Er nickte grimmig und stand mit den folgenden Worten auf (als spräche er darüber, sich nur mal eben ein Eis zu kaufen): „Ich gehe jetzt noch einmal hoch zur Burg und suche nach einem Weg, wie wir heute Nacht ins Museum eindringen können."

Dann verstaute er sein ZSG, das er aus der Zisterne mitgenommen hatte, wieder in dem Silberkoffer und ging hinaus.

Ich blieb mit dem schlotternden Goethen zurück.

Als mein Onkel wieder auftauchte, war er schlecht gelaunt.

„Mist, verdammter!", fluchte er. „Diese Carlotta ist gewiefter, als ich gedacht habe. Sie hat drei Security-Männer engagiert, die das Museum und die Burg bewachen."

„Dann tricksen wir sie aus", meinte ich.

„Das wird nicht so leicht sein. Es sind die besten: die Örgel-Drillinge."

„Du kennst sie?"

„Hm. Und sie kennen mich und zwar in jeder meiner Verkleidungen. Früher haben wir mal zusammengearbeitet. Aber inzwischen ist daraus, na ja, so eine Art Konkurrenzkampf geworden. Man könnte auch sagen: Sie hassen mich wie die Pest."

„Dann können wir die Mumie also vergessen", entgegnete ich. „Bleibt das Steinbuch. Wir müssen es ihr wieder abjagen."

Bömmellöh schnaubte. „Genau das ist es ja. Ich konnte mit einem von Carlottas Leuten sprechen. Sie hat das Steinbuch in eine Vitrine der Ausstellung gelegt."

„Was?! – Das verstehe ich nicht. Sie ist Archäologin. Sie müsste doch total scharf darauf sein, es zu untersuchen."

„Da hast du recht – allerdings", jetzt grinste er, „hat sie damit zwei Probleme. Erstens ist das Buch inzwischen wieder ein kompakter Stein und zweitens hat sie momentan wegen der Ausstellung keine Zeit, es in Ruhe zu untersuchen. Also lagert sie es dort, wo es am sichersten ist."

„Im Museum bei den Örgel-Drillingen."

„Genau. Womit wir wieder bei unserem Problem wären: Wir müssen heute Nacht ins Museum. Was wir dazu brauchen, ist eine richtig gute Ablenkung."

Wir schauten beide auf unseren Dunklen Dichter, der doch sicherlich eine Ablenkung hätte herbeidichten können. Goethen saß immer noch bibbernd auf dem Sofa, spielte fahrig mit seinem Handy und zuckte bei jedem Geräusch, das von draußen kam, zusammen.

In dieser Verfassung hätte er wohl keinen anständigen Reim zustande bringen können.

Bömmellöh zuckte mit den Schultern, dann warf er sich in seinen Lieblingssessel und versank in tiefe Gedanken.

Mir blieb vorerst nichts zu tun. Also ging ich nach Hause, duschte ausgiebig, wechselte die Kleidung, die nach meinem Ausflug durch die Zisterne doch sehr gelitten hatte, und zog mich mit einer Tüte Chips in mein Zimmer zurück. Dann versuchte ich, meine Gedanken zu sortieren.

Goethen. Ein Dunkler Dichter mit poetisch-magischen Fähigkeiten. Noch dazu aus dem 18. Jahrhundert.

Cynthia. Ein Cyborg, ebenfalls aus der Vergangenheit. Freundin? Feindin? Keine Ahnung. Jedenfalls im Besitz eines Zeitprismas, das wir brauchten, bevor eine Katastrophe ausbrach.

Faust. Ein DämonDenker. Was immer das auch bedeutete.

Hachs. Auch ein Dunkler Dichter. Und vermutlich Gegenspieler von Faust. Alles, was von ihm übrig war, war eine schwarz verbrannte Hand. Und verschlüsselte Gedanken in einem Steinbuch.

Carlotta. Eine Archäologin, die genau dieses Steinbuch geklaut hatte. Etwas, das wir unbedingt brauchten, um eine Mumie wieder ins Leben zu befördern. Die Mumie eines Ritters. Mumie, die unerreichbar in einem bewachten Museum schlummerte.

Surumbar. Der zu Lebzeiten ein unbekannter Ritter gewesen war und jetzt als Mumie herumlag.

Einhard. Ein mittelalterlicher Einsiedler. Namensgeber und Nutzer eines Brunnens, dessen Wasser magisch war und zwölf freche Steinfiguren zum Leben erweckt hatte.

Bömmellöh. Mein verrückt-genialer Onkel. Ein Detektiv, der noch nie in einem Fall kapituliert hatte. Ein Erfinder, dem hoffentlich auch in dieser Sache eine Lösung einfiel.

Und ich. Ein fast vierzehnjähriges Mädchen, das verworrene Zeitreisen erlebt hatte, fantastischen Wesen begegnet war, einen liebestollen Dichter auf unsere Zeit losgelassen hatte und von inneren Stimmen genervt wurde, die sich immer stärker materialisierten.

Nicht zu vergessen: Holmes. Mylady. Kartera. Thor. Die inzwischen mehr waren als bloße Stimmen und ein nerviges Eigenleben entwickelten.

Mit jedem Namen verband sich eine eigene Geschichte wie ein verworrener Faden, alle miteinander zu einem undurchdringlichen Geflecht verknüpft. Im Mittelpunkt dieses Netzes hockte die Spinne … tja, wer oder was war die Spinne? – Ich wusste es nicht. Aber eines war klar, die Erdbeben waren wie das Zucken einer Fliege, die das Netz unaufhörlich vibrieren ließ. Die Spinne würde sicherlich noch hervorkommen.

Vielleicht schon heute Nacht.

Es schellte und meine Mutter öffnete die Haustür.

Da meine Zimmertür einen Spalt breit offen stand, konnte ich Stimmengeplapper hören, dann meine Mutter, etwas irritiert: „Äh, kann ich euch helfen?"

„Kommt die Merle raus? Kommt die Merle raus?!", ertönte es aus mehreren Kehlen. Irgendwie kamen mir die Stimmen bekannt vor.

Meine Mutter stapfte die Treppe herauf, klopfte und sprach verwirrt: „Äh, Merle, du hast Besuch von einem guten Dutzend Jungs."

„Ah", es war mir sofort klar, wer da draußen stand.

„Und wenn ich recht gesehen habe, waren sie – nackt?!"

„Ach so, ja", antwortete ich, „das sind Schulfreunde. Aus meiner Theater-AG. Wir wollen gleich für unser Stück proben."

„Theater? Und welche Rolle spielen die Jungs?"

„Äh, die zwölf Apostel."

„Nackt?!"

„Ist ein modernes Stück."

„Vielleicht sollten sie sich trotzdem besser was anziehen, wenn sie durch die Stadt laufen."

„Ich werd's ihnen sagen", erwiderte ich und griff nach meiner Jacke. „Ich geh dann mal."

„Merle! Merle ist wieder da!", schrien zwölf Steinmünder, dann schmiegten sich vierundzwanzig kleine Hände an meinen Körper. Ich räusperte mich mit einem verlegenen Blick zum Küchenfenster, aus dem meine Mutter mit weit aufgerissenen Augen herausstarrte. Dann versuchte ich, die Zwölf hinter einen Ligusterstrauch zu bugsieren und das Krakeelen zu übertönen: „Wohl eher: Ihr seid wieder da! Woher kommt ihr denn auf einmal?"

„Na, aus der Höhle", krähte Lichtsteinchen.

„Schon klar, aber eigentlich müsstet ihr doch noch im Tiefschlaf sein."

Stone-grin verschaffte sich Ruhe und stemmte die Hände in die Hüfte: „Wo wir auch noch wären, wenn das Erdbeben gestern nicht gewesen wäre. Du hast uns ja nicht aufgeweckt!"

„Hey, hey!", hielt ich ihm entgegen. „Ich bin erst seit drei Tagen wieder hier und hatte noch überhaupt keine Zeit, mich um euch zu kümmern."

„Ja, aber für uns sind mehr als 30.000 Tage vergangen. Oder?!", sagte er forsch und zog eine Steinaugenbraue hoch.

„Ist ja schon gut", gab ich nach. „Ich freue mich auch, euch zu sehen!"

„Hurra!", schrien sie wieder zusammen.

„Wie habt ihr mich gefunden?"

„C'était mon idée", sprach Pierre de Soie und verbeugte sich galant. „Isch 'abe unsere beste Spürnase eingesetzt." Damit zeigte er auf Kieselschnäuzer, der sich stolz den Riesenzonken über seinem Schattenschnurrbart strich. „Er 'at eine Nase wie eine vornehme Jagd'und."

Ich grinste und klopfte Kieselschnäuzer anerkennend auf die Schulter. „Gut gemacht! – Und wie seid ihr aus der Höhle herausgekommen?"

„Grap grap quirks", antwortete Knirsch.

„Wir haben uns freigegraben", übersetzte Ur-Erz. „Das hat allerdings einen Tag lang gedauert.

„Aber nun sind wir wieder da", rief Stone-grin mit seinem gewohnten Steingrinsen. „Das Dreckige Dutzend ist wieder on tour!"

Alles jubelte begeistert. Das Küchenfenster öffnete sich knarrend und die besorgte Stimme meiner Mutter drang durch den Liguster: „Merle, brauchst du Hilfe?!"

„Nein, nein, alles in Ordnung. Wir proben nur!" Ich gab den Zwölfen ein Zeichen, still zu werden, was sie tatsächlich taten.

„Äh, na dann, äh, viel Spaß."

Ich fasste Lichtsteinchen und Flügelfalte an den Händen und zog sie von unserem Haus weg. Auch die anderen folgten die Klusenstraße hinauf.

Ich freute mich wirklich. Denn mir war sofort, als ich dieses wirmelige Steindurcheinander gesehen hatte, eine Idee gekommen.

Als wir wie ein Steinrutsch in Bömmellöhs Wohnzimmer krachten, rief ich meinem Onkel gut gelaunt entgegen:

„Ich habe unsere Ablenkung gefunden!"

11

Mein Onkel sprang sofort auf und rieb sich die Hände: „Fantastisch!"

Goethen dagegen sah wie der Frosch aus dem Märchen aus – der, den man an die Wand geklatscht hatte.

„Oh nein, ihr schon wieder?!"

„Goethen! Goethen! Jubel und Trompöten!", kam sogleich der Schlachtruf vom Dreckigen Dutzend.

Goethen fasste sich und ein Funkeln trat in seine dunklen Augen: „Werde euch gleich das Maul stopfen, bevor wieder nur Schund und Schand über die zerfurchten Lippen fließen."

Sehr zu seinem Leidwesen brachte sich auch dieses Mal Angelmouth genial ein und aus seiner Dunklen Poesie wurde vermurkste Reimerei. Goethen blieb nichts anderes übrig, als sich erst einmal auf der Gäste-Toilette einzuschließen. (Irgendwie scheint er diese stillen Örtchen zu lieben.)

Nachdem die Steinjungs meinen Onkel ausgiebig begrüßt, getätschelt und gezwickt hatten, gingen wir daran, einen Schlachtplan für die Nacht auszuarbeiten. Da die Örgel-Drillinge meinen Onkel zu gut kannten, beschloss ich, selbst in die Burg zu gehen und noch einmal alles abzuchecken.

„Ich werde mitkommen, wenn Ihr erlaubt", sprach Goethen mit heiserer Stimme. Alles schien ihm lieber, als hier beim Dreckigen Dutzend zu bleiben.

Na prima, dachte ich, dann haben die Zwölf ihn wenigstens aus seiner Angsthasenstimmung gerissen. Bestimmt wird er heute Nacht einen brauchbaren Dunklen Dichter abgeben. Denn irgendetwas tief in mir sagte mir, dass wir einen brauchen würden.

Die Örgel-Drillinge hatten sich strategisch aufgeteilt; der eine bewachte den Ausstellungsraum und die anliegenden Zimmer, der zweite patrouillierte ständig über die beiden Burghöfe und der dritte sicherte den Erlebnisaufzug. Über die Höfe ins Museum zu schleichen, erschien uns nicht sonderlich erfolgversprechend. Der

Erlebnisaufzug allerdings war verwinkelt, unübersichtlich und voller bizarrer Ablenkungen. Genau das, was wir brauchten.

Mein Onkel berichtete mir alles, was er über die Örgel-Drillinge wusste. Dann zogen Goethen und ich ins Lennetal hinunter.

Der Erlebnisaufzug ist der neueste und sicherlich spannendste Zugang zu unserer Burg. Der Eingang selbst ist enttäuschend, ein rostiges Eisenhaus, das zu Füßen der Burg liegt wie das Eisengewicht eines mittelalterlichen Gefangenen. Tritt man aber durch die modernen Glastüren, steht man wie verzaubert: Ein Gemälde von Graf Dietrich bewegt sich plötzlich und fängt an, mit einem zu sprechen. Harry Potter lässt grüßen.

Danach geht es durch einen etwa neunzig Meter langen Betontunnel, der den Preis für das eintönigste Bauwerk gewinnen würde, wären da nicht die sechs Tore. Die sind vollgestopft mit Show-Elektronik und lassen nicht nur Kinderherzen höherschlagen.

Mein Begleiter aus dem 18. Jahrhundert war hin und weg.

Zunächst war er nur weg, weil ihn der erwachende Graf Dietrich ohnmächtig werden ließ. Danach aber, mit ein paar sanften Ohrfeigen und ausführlichen Erklärungen, fing er an, das Ganze als ein großes Puppenspiel zu betrachten – und das fand er fantastisch.

Während er alle Tore des Tunnels begeistert ausprobierte, beobachtete ich Raum, Leute und Patty Örgel, den mittleren der Drillinge, der mit wichtiger Miene hin und her ging.

Er sah aus wie ein kleiner Musketier. Lange gewellte Haare, langer gewellter Unterlippenbart, gewellte Augenbrauen, stechender Blick. Das Gesicht wirkte auf den ersten Blick verschlafen, aber das täuschte. Er war jederzeit hellwach wie ein lauernder Hai. Statt eines Degens baumelte eine armlange Taschenlampe an seinem Gürtel und auf der anderen Seite ein Schlüsselbund. Zu seiner Erscheinung passte überhaupt nicht der Strickpullover in Rot. Darauf prangte ein Drachenkopf mit geöffnetem Maul, darunter stand: „Von Mutti". Genau wie seine beiden Brüder war er ein großer Fantasy-Fan, was uns noch nützlich sein würde.

Ich musste unwillkürlich grinsen, wenn ich an seine größte Schwäche (Angst im Dunkeln) dachte, die sich – hoffentlich – als unsere größte Chance ausspielen ließ.

Ich brauchte gerade einmal zwanzig Minuten, um einen Plan auszutüfteln. Und noch einmal so lange, um Goethen von dem digitalen Hirschen wegzuzerren, den er unbedingt streicheln wollte. Dann schob man uns nach draußen. Der Erlebnisaufzug schloss für heute seine Pforten.

Was allerdings nicht für uns galt. Das ist der Vorteil, wenn man einen Detektiv zum Onkel hat.

Die Uhr schlug Mitternacht, als wir vor den Glastüren standen, und Goethen zuckte zusammen wie eine Kröte unter Strom.

„Reiß dich zusammen", herrschte ich ihn an, und weil er daraufhin noch mehr zuckte, fügte ich sanfter hinzu: „Wir brauchen dich da drinnen!" Das schien ihm gut zu tun und er versuchte, sich ein wenig aufzurichten. Okay, jetzt sah er aus wie ein aufgepäppeltes schwarzes Eichhörnchen.

Noch ein paar Worte zur Kleidung. Mein Onkel hatte Schwarz angeordnet, wie im Actionfilm.
Ich: Schwarzer Hoodie, schwarze Stretchjeans, schwarze Turnschuhe. Perfekt.
Bömmellöh: Schwarze Mütze, schwarzer Rollkragen, schwarze Cord, schwarze Springerstiefel. Passt.
Goethen: Darth-Vader-Outfit.
„Das ist jetzt nicht dein Ernst?!"
„Sei froh, dass ich ihm Helm und Maske weggenommen habe", erwiderte mein Onkel.
„Coole Kleidung habt Ihr in diesem Jahrhundert", begeisterte sich Goethen. „Und illustre Accessoires."
An seinem Gürtel baumelte tatsächlich ein Lichtschwert.
„Ich weiß, ich hätte ihn nicht an meinen Kostümfundus lassen sollen – aber wenigstens ist es schwarz."
Mein Onkel knackte die Tür.
Kopfschüttelnd schob ich das Darth-Vader-Eichhörnchen ins Gebäude.
„Seid gegrüßt, edle Besucher …", begrüßte uns Graf Dietrich, was Goethen wieder in die Kröte verwandelte.
„Siehst du", flüsterte mein Onkel mir lächelnd zu. „Habe ich doch gesagt, dass Patty alle Erlebnistore laufen lassen wird. Er fürchtet sich im Dunkeln und er fürchtet sich, allein zu sein."
Tatsächlich waren nicht nur alle möglichen Lichter eingeschaltet, sondern auch sämtliche digitale Figuren. Wie auf einer kleinen Party brabbelte es hier und dort vor sich hin.
Von Patty Örgel war bisher nichts zu sehen.
„Wir verstecken uns erst mal in den Toiletten." Mein Onkel schob uns ins Männerklo, ließ aber die Tür einen Spalt breit offen. „Ich halte Ausschau nach Patty. Pass du auf Goethen au…"
„Zu spät!"
Ohrenbetäubendes Heulen hallte durch den gekachelten Raum. Goethen probierte das Gebläse zum Händetrocknen aus. „Phänomenal, dieser Heiße-Luft-Puster. Wie der Atem des Hephaistos!"

„Pass auf, dass dich der nicht zu Asche zerbläst, du Idiot! Du machst zu viel Krach!"

„Oh!" Er nahm die Hände aus dem Trockner. Das Gebläse verstummte. Sicherheitshalber trat er mehrere Schritte zurück, bis er vor dem Pissoir stand. Die automatische Wasserspülung rauschte durch die Keramik wie ein Taifun.

Ich schüttelte entnervt den Kopf. Wenn Patty jetzt nicht kam, wäre es ein Wunder.

„Ich sehe ihn", flüsterte Bömmellöh. „Er kommt genau auf uns zu. Schnell, gib das Zeichen."

„*Die Mumie – Teil 1*", zischte ich in mein Smartphone, das wieder auf Lasso-App geschaltet war. Diesmal war es mit Goethens Schräbbel-Handy verbunden, das er widerstrebend abgegeben hatte.

„Klaro!", kam es schon zurück und nur wenige Sekunden später hämmerten sechs kleine Steinfäuste gegen die Eingangstüren.

„Was soll –" Patty wirbelte herum und sah drei schmutzige Jungs, die offensichtlich randalieren wollten. „Hey, ihr Dreckspack", schrie er, „macht euch vom Acker!"

„Selber Acker, du Spacken", konterte es dumpf von draußen. Das war Jagged. Drei Steinzungen streckten sich Patty entgegen.

„Auch noch frech werden, was?! Na wartet, euch werde ich Beine machen." Patty stampfte auf den Ausgang zu.

„Grrr!", machte Knirsch und klatschte die flache Hand gegen das Glas, dass es zitterte.

„Hey, du Spinner, lass das!", schimpfte Patty und zog eine Sicherheitskarte aus dem Gürtel. Bevor er sie durch den Schlitz am Kontrollgerät zog, stutzte er. Er betrachtete Briskbrock, der im Licht der Straßenlaterne einem stiernackigen Wrestler ähnelte. „Was bist du denn für'n Freak!"

„Deine Mutter!", konterte Briskbrock mit Blick auf Pattys Pullover.

„Lass Mutti aus dem Spiel", ereiferte sich Patty, „du ... du ...", sein Blick fiel auf Jagged, dessen Zacken jetzt wie Hörner aussahen, „... Ork!"

Dann zog er die Karte durch den Schlitz und hob die Faust, bereit zuzuschlagen. Die Türen öffneten sich.

Die drei machten absolut synchron eine obszöne Geste und schrien: „Friss unsern Staub, Patty Örgel!" Dann drehten sie sich um und flitzten davon.

„Woher kennt ihr meinen Na..." Die drei waren schon nicht mehr zu sehen. „Ich fass es nicht, Orks in Altena", murmelte Patty.

Für uns war es an der Zeit, die Toilette zu verlassen. Leise schoben wir uns in den Schatten des Tunnels.

Patty drehte sich um, als wir schon längst hinter dem nächsten Erlebnistor in Deckung gegangen waren. Ich hörte, wie sich die Glastüren schlossen und Graf Dietrich sprach: „Sei gegrüßt, ehrenwerter Besucher ..."

„Ach, halt die Klappe, Graf Dietrich", schimpfte Patty und schaltete die Sicherheitssperre wieder ein.

Aus meinem Smartphone knisterte es.

„Kommt", flüsterte Jagged, „jetzt zocken wir 'ne Runde."

„Hey", zischte Goethen mürrisch, „bleibt ja von meinen Spielen weg!"

„Los, weiter!", drängte mein Onkel.

Da der Erlebnistunnel wie ein unübersichtliches S verlief, pappte mein Onkel im Vorbeilaufen eine seiner technischen Spielereien an die Tunnelwand. Sie sah aus wie eine dicke Fliege.

„Was ist das?", keuchte ich.

„Eine Spy-Fly", gab mein Onkel zurück.

„Was soll das sein?"

„Siehst du gleich."

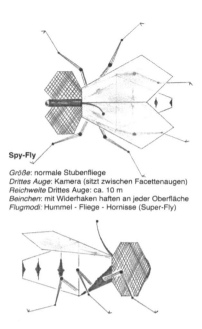

Spy-Fly

Größe: normale Stubenfliege
Drittes Auge: Kamera (sitzt zwischen Facettenaugen)
Reichweite Drittes Auge: ca. 10 m
Beinchen: mit Widerhaken haften an jeder Oberfläche
Flugmodi: Hummel - Fliege - Hornisse (Super-Fly)

Wir liefen weiter und erreichten das Tunnelende.

Hier gab es nur noch den Aufzug, der 75 Meter nach oben in den Burghof führte. Leider konnten wir damit nicht einfach fahren, denn dafür brauchte man den passenden Schlüssel, der an Pattys Gürtel hing.

Also wählten wir unsere Alternative.

Bömmellöh machte mir Räuberleiter und mit einigen präzisen Griffen hatte ich die Wartungsklappe zum Aufzugschacht geöffnet. Schon kletterte ich hinein und bald quetschten sich auch Bömmellöh und Darth Goethen neben mich auf das Kabinendach.

Über uns reckte sich der dunkle Schacht in die Höhe.

Nun mussten wir Patty nur noch dazu bringen, mit dem Aufzug nach oben zu fahren. Und hier kam unser Dunkler Dichter ins Spiel.

Bömmellöh schaltete sein Smartphone ein, aktivierte die Spy-Fly. Die sieht aus und fliegt wie ein normales Insekt, verfügt aber über eine winzige Kamera. Über sein Smartphone konnte Bömmellöh Insekt und Kamera fernsteuern und so hatten wir ein Bild vom ersten Tunnelabschnitt.

Patty näherte sich dem Erlebnistor, wo der Zwerg Alberich immer wieder seine eigene Höhle in die Luft sprengt.

Ich stieß Goethen meinen Ellbogen in die Rippen. „Fang an!"

Goethen beobachtete Patty im Display, konzentrierte sich und sprach mit kehliger Stimme:

„Halle! Halle
In der Stille
Und es quille
Reichlich auch
Aus dem Kasten Donnerknalle,
Schwarzer Qualm und scharfer Rauch!"

„Meinen Schatz kriegt er nicht", hörten wir Alberich aus dem Smartphone kichern. Dann eine etwas zu laut geratene Explosion. Patty drehte sich erschrocken um und sah jetzt schwarzen Rauch aus dem Erlebnistor dringen. „Was zum Teufel soll denn das jetzt?!" Er schien unschlüssig, ob er sich auf das Tor zu- oder davon wegbewegen sollte. Da der Rauch immer dichter wurde, entschied er sich für das Zweite.

Die Spy-Fly flog ihm hinterher.

Bald erreichte er das Tor des Heiligen Einhard. Auf dem Boden plätschert normalerweise ein digitaler Bach mit lustigen Forellen.

„Walle! walle
Manche Strecke,
Dass zum Zwecke
Wasser fließe,
Und mit reichem, vollem Schwalle
Zu dem Bade sich ergieße!"

Patty bekam nasse Füße.

„Das gibt's doch gar nicht", rief er verärgert durch den Tunnel. „Willi? Jörg? Seid ihr das? Hört mit den blöden Scherzen auf! Immer auf mich."

Goethen raunte schon die nächste Strophe:

> „Strebe! Strebe
> Groß und wilde
> Aus dem Bilde.
> Raus nun springe
> In den Raum der Hirsch und lebe,
> Dass er röhre! Dass er singe!"

Das war eindeutig mein Favorit. Der lebensgroße, aber sonst zweidimensionale Hirsch im vierten Tor sprang anmutig aus seinem Monitor hervor und stand jetzt in voller Pracht und 3D mitten im Tunnel. Er röhrte wie eine anstürmende Dampflok und galoppierte auf Patty zu.

Der gab Fersengeld und erreichte den Wartebereich vor dem Aufzug. Hier gab es die letzte und größte Videomontage, in der vier Figuren aus den Toren sich gegenseitig ärgerten und mit den Besuchern Schabernack trieben. Natürlich war es nur ein sich immer gleich abspielender Film – bis:

> „Endlich! Endlich
> Ritter, Zwerg und
> Herr vom Berg und
> Maurer-Meister
> Rahmen lösend, flink und wendig,
> Ruf ich, Elektronik-Geister!"

Als die vier juchzend und gackernd aus ihrem Bildschirm stiegen und Patty neugierig umringten, hatte der endgültig seine Fassung verloren.

„Willi!", schrie er, „Jörg!"
Schließlich: „Mutti!"

Und er tat genau das, was er tun sollte. Er benutzte seinen Schlüssel, stieg in den Aufzug und drückte hastig den Knopf.

Sanft, aber schnell rauschte der Aufzug durch den finsteren Schacht. Und blieb kurz vor der Decke stehen. Glücklicherweise, ohne uns zu zerquetschen.

Wir hörten Patty aus dem Aufzug stürmen und Bömmellöh machte sich sofort an der Wartungsklappe zu schaffen. Sekunden später hangelten wir uns vom Kabinendach hinab.

„Erste Hürde genommen", grinste mein Onkel und dann zu Goethen: „Gut gemacht!"

Der reckte sich stolz.

„Jetzt brauchen wir *Die Mumie – Teil 2*", flüsterte ich, als ich um die Ecke auf Patty blickte, der wild gestikulierend vor seinem Bruder stand. Jörg Örgel war der jüngste der Drillinge, sah genau wie Patty aus, bis auf den Strickpullover. Seiner war gelb und über der Aufschrift „Von Mutti" war ein blondgelockter Elf mit Pfeil und Bogen.

Ein feiner kalter Nieselregen ging auf den Burghof nieder.

Vom Dicken Turm schaute ein Wasserspeier herab, der normalerweise nicht da war. Ich gab das Zeichen. Der Wasserspeier verschwand.

Es dauerte nur Sekunden, dann tropften sechs Gruselgestalten aus den Schatten und dröhnten mit heiseren Kehlen: „Örgel, Örgel, Dörgel."

Die Örgel-Brüder verstummten schlagartig.

„Örgel, Dörgel, Nörgel."

„Die Orks!", stammelte Patty.

Die Sechs glitten näher. Jetzt konnte man ihre kantigen Felsenkörper erkennen.

„Das sind keine Orks, du Dödel", meinte Jörg. „Das sind Trolle … aus … Norwegen."

„Ho!" Die wandelnden Steinbrocken blieben stehen, schaukelten unrhythmisch hin und her und rieben ihre raue Haut aneinander. Dabei sangen sie:
„Örgel, Örgel, du musst wandern
Von der einen Hand zur andern.
Eins, zwei, drei, vier, fünf und sechs –
Rübe runter! – Oder klecks!"
Es machte nicht *klecks*, eher *klätsch!*, als der saftige Pferdeapfel Jörg Örgel mitten ins Gesicht traf. „Igitt, ihr Schweine, ihr –"
Patty Örgel schüttete sich aus vor Lachen, allerdings nur so lange, bis ihn selbst ein schmieriges Geschoss erwischte. „Bäh, das ist ja …"
„Hundescheiße, Hühnerkacke, Pferdemist und Rattendreck!", krakeelten die sechs Steinjungs begeistert. Rockfinger schnippte den Takt dazu, Rock-snap klatschte wie ein Drummer.
„Für die Fresse, für die Backe, Beauty-Kur, cry check check check", rappte Stone-grin. Und Ur-Erz posaunte: „Da fühlt man sich wieder jung!"
„Frisch und, hoppla, delikat", ergänzte Flügelfalte.
„Wie bei Muttern!", krönte Angelmouth das Ganze.
Die Örgel-Brüder erwiderten wutentbrannt: „Lasst Mutti aus dem Spiel!"
Dann stürzten sie sich auf sie.
Doch genau das hatten die Sechs gewollt.
Erst liefen sie, dann spielten sie, dann gab's ein wildes Handgemenge, bei dem die Örgel-Brüder ganz schön was abkriegten und schließlich besinnungslos am Boden lagen. Triumphierend schleiften die Steinjungs Patty und Jörg rüber zum Verlies.
„Zweite Hürde", rieb Bömmellöh sich die Hände.
„Dann folgt jetzt *Die Mumie – Teil 3*." Ich schaute hinüber zum Museum.

Willi Örgel war ein harter Brocken. Mit allen Wassern gewaschen, der Klügste der Drillinge. Ihn zu überlisten erforderte einiges. Er hatte sich eingeschlossen. Von außen kamen wir nicht an ihn ran.

Er musste herausgelockt werden.

Das war ein Auftrag für Lichtsteinchen.

Er hatte sich blitzblank gewaschen und glänzte wie eine Marmorstatue. Als er auch noch die Beinchen etwas verdrehte und den Kopf schräg hielt, sah er wirklich wie ein niedlicher Engel aus. Dann legte er los.

Schniefen. Heulen. Schniefen. Zutiefst verlorenes „Mama"-Rufen. Herzerweichendes Wimmern.

Er klang wie ein kleiner, kleiner, süßer Junge, einsam, verloren im unendlichen All.

Willi Örgel öffnete besorgt die Museumstür einen Spalt breit. Er sah aus wie seine Brüder und trug Muttis Strickpullover in Schwarz mit einem bärtigen Zauberer. „Och, du armes Mäuschen, was is denn los?"

„Ich, *schnief*, hab mich in der Burg versteckt, *schniff*, und jetzt find ich meine Mami nich mehr, *schneuf.*"

Die Tür öffnete sich weiter. Willi beugte sich zu Lichtsteinchen herab: „Ach, du kleines Bürschlein, komma her, wir regeln das – äh, wer seid ihr denn?"

Zwei weitere kleine Jungs standen jetzt neben Lichtsteinchen, nicht ganz so sauber und weiß wie dieser, aber ebenfalls lieb und nett anzusehen.

„Gestatten Sie, dass ich mich vorstelle?", sagte der eine jetzt betont höflich. „Mein Name ist Kieselschnäuzer und ich bin Vertreter für Schnäuztücher. Offensichtlich benötigt dieser Junge welche." Er zeigte auf Lichtsteinchen.

„Sie 'ätten ihn wirklich nischt so erschräcken sollen", fügte Pierre de Soie hinzu.

„Was?!", erwiderte Willi Örgel entgeistert, „ich … hab doch gar nicht – ich hab doch nur helfen wollen."

„Was Ihnen offensichtlich nicht gelungen ist, mein Herr", sagte Kieselschnäuzer und gab Lichtsteinchen einen Rippenstoß. Dieser fing sofort wieder an zu wimmern und zu schniefen.

„Also, das ist doch ... das ist doch ...", Willi war sprachlos. Dann verengten sich seine Augen zu Schlitzen. „Ein abgekartetes Spiel. Ihr wollt mich wohl vereimern?!"

Bevor er die Museumstür schließen konnte, glitt ein steinerner Fuß dazwischen. Die Tür krachte dagegen. Der Fuß blieb unbeeindruckt.

„Nimm deinen Fuß da weg, du kleine Heulsuse!" Lichtsteinchen lächelte und schüttelte den Kopf.

Willis Hände schnellten hervor und packten den Kleinen am Kragen, doch bevor er ihn hochstemmen konnte, meldete sich Pierre: „Dürften wir 'iermit unsere Verbunden'eit ausdrücken?" Er beugte sich vor und es machte *klick*.

„Ey, sachma, das sind Handschellen?!"

„Wir nennen sie Armringe, ein kleines Geschenk, mit einem herzlichen Gruß von Mutti", meinte Kieselschnäuzer.

„Lass Mutti aus'm Spiel!", brüllte Willi und versuchte vergeblich, die Handschellen abzustreifen. Die drei Steinjungs schubsten ihn in den Raum hinein. Man hörte nur noch wildes Raufen, Puffen und Stoßen, dann trugen die Jungs den gefesselten und geknebelten Willi Örgel nach draußen zu seinen Brüdern in das Verlies.

„Gute Arbeit, Jungs", nickte ich den dreien zu und schob mich mit Onkel und Goethen an ihnen vorbei in den ersten Museumsraum.

Auf zu *Die Mumie – das Finale*!

Wir stürmten aufgeregt in den Ausstellungssaal.

„Streckbank und Co! Nennt mir einen Grund, warum ich nicht die Polizei rufen sollte!" Es war Carlotta, die aus dem Dunkel hervortrat, das Handy wie eine Waffe auf uns gerichtet. Ihr Finger schwebte über der Notruftaste und sie war zu allem entschlossen.

12

„Die meint es ernst", flüsterte Mylady in meinem Kopf, „das ist ein echtes Miststück, sehe ich sofort."

„Wahrheit nur vermag, sie auf unsere Seite zu ziehen", sprach Kartera.

Ich glaube, die Amazone hat recht, dachte ich und räusperte mich. „Okay, vermutlich wollen Sie jetzt alles erfahren und nicht nur das, was sie Goethen aus der Tasche geluchst haben."

Carlotta schürzte die Lippen.

„Gut, dann hören Sie zu."

Mein Onkel sah mich überrascht an, gab aber durch ein Nicken seine Zustimmung. Goethen schwieg.

Ich erzählte von den Erdbeben, von Bömmellöhs ZZS, von unserer Reise nach 1772, den dortigen Erlebnissen, von der Entdeckung des Einhardsbrunnens, dem Geheimnis des Dunklen Dichters, von dem Steinbuch und von unserer Rückreise.

Danach herrschte eine Weile tiefste Stille, die nur vom Knacken der alten Holzdecke unterbrochen wurde.

„Und der Darth Clown kommt wirklich aus dem 18. Jahrhundert?!", fragte Carlotta.

„Frisch und knackig aus 1772", antwortete mein Onkel.

Carlottas Blick wanderte zu Goethen, den sie plötzlich mit anderen Augen sah – nicht mehr belustigt oder gar verächtlich, sondern voller Neugier.

„Und er ist ein duller Dichter?"

Ich grinste. „Das auch! Aber eigentlich heißt es *dunkel* im Sinne von ..."

„... verborgen im Mysterium des Musenbundes, versteckt in den Sternen des Dichterhimmels", löste mich Goethen ab, der Carlotta die ganze Zeit verzückt angestarrt hatte. „Darf ich hinzufügen, dass Ihr heute Nacht wie die Göttin der Schönheit selbst daherkommt?"

Carlotta kniff misstrauisch die Augen zusammen, ihr Finger näherte sich wieder der Notruftaste.

„Er macht dem Miststück schöne Augen", krähte Mylady, „kratz sie ihm aus!"

„Genau, Maid! Nagel / die Netzhaut in Fetzen." Das war Thor!

„Boah, Alter! Hör mit dem Geschwafel auf!" Ich schluckte, eigentlich hatte ich die Stimme in meinem Kopf gemeint, aber so traf es auch den Richtigen.

Goethen starrte mich beleidigt an. „Mein Mund spricht, was mein Herz denkt."

„Dann denk mit dem Kopf." Ich wandte mich wieder an Carlotta: „Bitte, Sie müssen uns helfen. Wir befürchten das Schlimmste für die Stadt. Eine Katastrophe durch ein weiteres Erdbeben und durch diesen Faust." Ich hatte ins Blaue gesprochen, Carlotta schien nicht überzeugt.

Es war mein Onkel, der wieder einmal genau ins Schwarze traf: „Wenn unser Dichter recht hat, und davon gehe ich aus, denn ich habe seine Kräfte jetzt schon mehrmals erlebt, dann werden wir Zeuge von etwas Großartigem. Eine Mumie, die aus ihrem Leben vor 500 Jahren erzählen kann. Und Sie, Carlotta, hätten sozusagen die exklusiven Grabungsrechte. Und ganz nebenbei", jetzt wies er auf das Steinbuch, das als Sandsteinblock in einer der Vitrinen lag, „werden wir vor Ihren Augen das Geheimnis des steinernen Buches enthüllen. – Es ist wirklich ein Buch – ebenso alt wie die Mumie."

Carlotta ließ ihren Blick neugierig zwischen Mumie und Steinbuch hin und her gleiten, dann seufzte sie und steckte ihr Handy weg. „Ich weiß zwar nicht, warum ich immer wieder auf euch hereinfalle, aber wenn ich bedenke, was ihr auf Schloss Hohenlimburg entdeckt habt, würde es mich nicht wundern, wenn ihr jetzt noch eins draufsetzt!"

Erleichtert atmeten wir aus.

Carlotta zeigte auf Goethen, dann im Befehlston: „Na dann, mein duller Dichter, leg los!"

Goethen stutzte einen Moment, dann fasste er sich. „Ich brauche das Steinbuch."

Carlotta holte es aus der Vitrine und reichte es ihm. Dann sah er meinen Onkel an. „Oh ja, das Wasser. Ich habe extra ein Fläschchen abgefüllt. Wo ist es denn?" Bömmellöh klopfte seine Kleidung ab und wurde immer bleicher. Dann stammelte er: „Ich hab's verloren. Vermutlich im Aufzugschacht."

„Okay, das war's", brummte Carlotta und griff nach ihrem Handy.

„Warten Sie!", ich ging zur Vitrine, schöpfte mit hohler Hand etwas Wasser aus dem uralten Krug und benetzte vorsichtig den Steinklotz.

Die Verwandlung des Buches kannten wir ja schon, die von Carlotta noch nicht. Sie ließ augenblicklich alles fallen: ihr Handy, ihre Kinnlade und ihre Zweifel. „Das … das … ist unglaublich", stotterte sie und starrte gebannt auf den Dichter, der nun in dem Steinbuch blätterte.

Er legte es auf den Glassarg.

„Moment", stoppte ihn Bömmellöh. „Vielleicht sollten wir den Deckel abnehmen. Wer weiß, wie die Mumie reagiert, wenn sie erwacht."

Kurz blitzten die Zweifel wieder durch Carlottas Gesicht, dann nickte sie.

Zehn Minuten später war alles für die Beschwörungszeremonie eingerichtet. Der Deckel war ab. Ein paar Kerzen – die Goethen wegen der Stimmung haben wollte – brannten. Die neue Deko, die man dem Raum noch heute Nachmittag verschafft hatte (auch wenn Carlotta dagegen gewesen war), passte hervorragend dazu: Überall hingen künstliche Spinnweben, Toten-Masken, schwarze Tücher, Krabbeltiere und Fledermäuse.

Ich hielt das aufgeschlagene Steinbuch und der Dunkle Dichter konzentrierte sich auf Mumie und Worte.

Dann sprach er mit hohler Stimme wie in Trance:

„Du, der hier mit dem Tode tanzt,
Doch nicht vom Leben lassen kannst,
Unter dem Schleier vieler Jahre
Gefangen auf der Totenbahre,
Kehre ins Hier und Jetzt zurück
Und öffne dem Leben deinen Blick.

O Seel, gebund'n in Elektron,
O rege dich, vibrier und komm,
Bewege, weite, schreite, tanz,
Erfüll den Körper wieder ganz.
Die Mumie hier, belebe sie,
Jetzt! Du, Dunkle Poesie!"

„Warum Elektron?", flüsterte ich.

Carlotta ließ den Blick nicht von dem Geschehen, während sie erklärte: „*Elektron* ist das griechische Wort für Bernstein, auch gerne von Dichtern verwendet."

Ich nickte und wir schwiegen wieder.

Der letzte Vers wurde gesprochen.

Er verhallte nicht. Er vervielfältigte sich wie eine Ketten-SMS.

Jetzt jetzt jetzt jetzt jetzt jetzt jetzt jetzt jetzt jetzt jetzt
Du Du Du Dunkle Dunkle Duuunkle Du
Poesie Poesie Poesie Pooesie Pooooesie Pooooesie esie
O – o – o – o – o – oooo – eeesie siiiiie siiiiiiiiiii

Die Worte flogen durch den Raum, erfüllten den ganzen Saal wie kleine Mücken, die in einem riesenhaften Schwarm über einem See kreisen.

Dann fuhr der Schwarm in den Mumienkörper.

Stille.

Dann ein Zittern des toten Körpers, das in ein raschelndes Schütteln überging.

Dann lag die Mumie wieder ganz still.

Immer noch.

Still und starr.

„Es hat nicht funktioniert", flüsterte jemand.

Still und starr und stumm.

Die Fliege im Bernstein begann zu summen, verließ ihren Platz und verschwand im Rachen der Mumie.

Heftiges Husten kam aus dem Sarg. Staub wirbelte auf.

Die Mumie erhob sich.

Carlotta stieß einen spitzen Schrei aus. Bömmellöh zuckte zusammen. Mir klappte die Kinnlade herunter und Goethen grinste zufrieden.

Die Mumie saß aufrecht im Glassarg, rieb sich über den Hals, schmatzte mit den trockenen Lippen und murmelte: „Kerr, hab ich einen Durst." Der Kopf drehte sich zu uns herum, zuckte verdutzt und sprach weiter: „Oh! Ah, Volk. Seid gegrüßt! Ich bin Baron Nikodemus Igorewitsch Leonhard Surumbar. Mein Name ist so lang, wie meine Schönheit groß! – Aiiiiiiiiiii!"

Der Schrei war mörderisch.

Wir dachten, der Baron würde jetzt sofort in sich zusammenbrechen und wie eine Sandburg zerbröseln.

Aber stattdessen stand die Mumie aufrecht im Sarg und stierte in einen Spiegel an der gegenüberliegenden Wand. „Das darf ... doch ... nicht wahr sein", stammelte sie und fuhr sich mit der Hand über den fast kahlen Schädel. „Wo – wo ist mein Schopf? Mein schönes volles Haupthaar? Und meine Bärte?"

Carlotta fasste sich als Erste: „Äh, Herr Baron, Euer Schopf hat wohl die vielen Jahre nicht überstanden."

„Was?!" Er wandte sich wieder uns zu. „Welches Jahrhundert?"

„Das 21.", antwortete Carlotta.

„Oh!" Der Baron ließ sich in den Sarg sinken. „Mehr als 400 Jahre."

„Mit Verlaub, Ihro Baronschaft", schleimte Goethen, „für dieses Alter sehen Sie überaus patent aus."

„Danke, Dunkler Dichter!", erwiderte der Baron und musterte jetzt Goethen. „Ihr seid doch der, der mich erweckt hat?"

„Ganz recht!"

„Seid Ihr's schon lange?"

„Was?"

„Ein Dunkler Dichter?"

Goethe wirkte verlegen. „Ein paar Monate", er sah mich und Bömmellöh an, „aber irgendwie auch Jahrhunderte."

„Ist er dämlich?", fragte uns der Baron.

Carlotta und ich mussten kichern. Bömmellöh grinste: „Nur manchmal, aber in diesem Fall hat er recht."

Goethen schaute säuerlich aus der Wäsche.

Die Mumie wiegte leicht den Kopf. „Seltsame Zeiten. Nun gut. Hoffentlich wird Eure Kraft reichen, Dunkler Dichter. Wir werden sie brauchen, nachdem es meinen alten Freund und Kameraden im Kampfe zerrissen hat." Er sah hinüber zur Schwarzen Hand. Armer Ans – vernichtet durch das dämonische Feuer, viel zu früh, zu früh."

Er wusste von der Schwarzen Hand, dann war er es wirklich gewesen, der mir das Flüsterlied zugeraunt hatte.

Ich sprach ihn an: „Entschuldigung Baron Nikel-, äh, Nikolaus-…"

„Nikodemus Igorewitsch Leonhard Surumbar. Aber Freunde, die guten Willens sind, dürfen mich bei meinem gekürzten Namen nennen: Baron NILS."

„Okay, Baron NILS, können Sie uns mehr über Ihren Freund und über dieses dämonische Feuer sagen?"

Er hob die Knochenhand. „Natürlich, aber zuerst lasst mich fragen, wie ernst die Lage ist: Wir befinden uns in Altena?"

„Ja."

„Vortrefflich. Genau am Orte. In der Burg, denke ich."

Ich nickte.

„Gab es Erdbeben?"

„Ja."

„Wie viele?"

„Mehrere."

„In welchen Abständen?"

„Immer kürzere."

„Das letzte?"

„Gestern, nein, vorgestern am Freitag."

„Mh."

Baron NILS stieg aus dem Glassarg. „Dann wird sich der Dämon bald erheben und mit dem DämonDenker vereinen."

„Äh?! – Vielleicht sollten Sie uns endlich etwas mehr erzählen."

Die Mumie nickte. „Das werde ich. Aber nicht hier. Lasst uns den Ort wechseln. Irgendwohin, wo es gemütlich ist. Und etwas", er schmatzte mit den Lippen, „feuchter, wenn ihr versteht, was ich meine."

Dann sprang er, geschmeidiger, als man es einer Mumie zutraut, aus dem Glassarg. „Aber zunächst – " Er sprach nicht weiter, sondern verschwand hinter der Deko. Wir sahen uns ratlos an, während er eine Zeitlang kramte und raschelte. Als er wieder vor dem Spiegel posierte, sah er verändert und zufriedener aus. „Ja, ja, so kann ich mich erstmal wieder unter die Leute wagen."

Es war lachhaft: Er hatte sich ein Rittergewand aus der Kinderecke übergeworfen sein Schwert in den Gürtel gesteckt, das Bernsteingebiss glänzte wie Gold, und er hatte sich gestylt – lange feine weiße Haare, gezwirbelter spitzer Schnurrbart und ein elegantes Kinnbärtchen. Beides auch in Schneeweiß.

„Sind das etwa … Spinnweben?"

Er ging gar nicht darauf ein, sondern warf den Kopf herum. Die Spinnwebhaare flatterten und legten sich perfekt in die Stirn. Er kniff mir ein Auge – was bei seinem Totenschädel äußerst merkwürdig aussah. Dann sprach er: „Wohlan, Volk!", und machte eine eindeutige Geste. „Nach vierhundert Jahren könnte ich ein paar Humpen Gerstensaft vertragen."

Ich stöhnte, wir hatten nicht nur Altenas Old-Top-Model, sondern auch noch einen Säufer erweckt.

Bevor jemand etwas erwidern konnte, hörten wir eine knirschende Stimme aus dem Nebenraum: „Die drei Luschen verbringen die Nacht gut abgehangen im Kerker, aber was ist mit euch? Ihr müsstet diese olle Mumie doch längst aufgeschreckt haben."

Ein Steinschatten klapperte herein und blieb plötzlich wie angewurzelt stehen.

„Stone-grin?!", sprach Baron NILS erstaunt.

„Meister?!", erwiderte Stone-grin genauso freudig überrascht. „Meister Einhard!"

Und elf Steinkehlen kamen hinterher: „Er ist wieder da!"

13

Das Haus meines Onkels wurde allmählich zu klein.

Aber es war wohl die einzige Möglichkeit, um diese Uhrzeit (inzwischen war es zwei Uhr nachts) und mit diesem Anhang (einer Mumie, die aussah, als würde sie von einem Ritter-Kindergeburtstag kommen, und zwölf Steinjungs, die auf dem gleichen Geburtstag „I'm naked" gespielt hatten) alles in Ruhe zu besprechen.

So drängelten und quetschten wir uns auf Sofas, Stühle, Hocker, umgedrehte Eimer, Wäschewannen und Staubsauger (Lieblingsplatz von Knirsch) in Bömmellöhs Arbeitsraum, der halb Büro, halb Werkstatt und das größte Zimmer im Haus war. Vier vom Dreckigen Dutzend lümmelten sich im ZZS, was meinem Onkel gar nicht passte. Aber im Moment sagte er nichts, sondern lauschte wie wir alle unserem uralten Neuzugang.

Wir hatten uns schnell darauf geeinigt, uns zu duzen. Schließlich kämpften wir gemeinsam. (Wofür war noch nicht ganz klar.) Nur Goethen hielt sich wieder für etwas Besonderes, duzte zwar meinen Onkel, siezte aber konsequent den Baron. Um noch eins draufzusetzen, ihrzte er Carlotta. Ich fragte mich, warum er bei ihr diese altmodische Anrede gebrauchte.

„Na, so wie ich das sehe", analysierte Holmes, „ist er ziemlich vernarrt in sie und greift auf die damals gebräuchliche, vertrauliche Anrede zwischen Liebeshungrigen zurück."

„Äh, was?! Wie meinst du das?"

„Ach, Chérie", schaltete sich Mylady ein, „um es in deiner Sprache auszudrücken: Er findet sie rattenscharf und würde sie am liebsten –"

„Okay, okay, ich verstehe! – Moment, er ihrzt *mich* doch auch die ganze Zeit. Bedeutet das etwa –?" Ich bekam rote Ohren.

„Das solltest du wohl selbst herausfinden", gluckste Mylady.

Baron NILS stürzte gerade die vierte Flasche Wein hinunter, der wie ein unterirdischer Bach durch Hals und Rippen gluckerte, seltsamerweise aber nirgendwo aus ihm heraustropfte. Er war in bester Stimmung und erzählte uns schon seit einer halben Stunde von seinen Heldentaten als Ritter ohne Furcht und Tadel.

„… und dann kam das schicksal-hafte Jahr 1541", lallte er ein wenig, „das Jahr, das alles veränderte, das Jahr, in dem meine Tugend sich an die oberste Stell-el-le meiner Prioritäten schob und den Wunsch nach irdischen Genüssen auf Platz zwei verdrängte. Das Jahr, in dem sich Faust in die Luft sprengte."

„Er hat sich in die Luft gesprengt?", unterbrach ich ihn. „Dann war er tot?!"

„Er war Faust, und das hieß, er war gerissen." Er hickste und setzte zu einer ausführlichen Erzählung an:

„Das Hotel zum Löl-öwen war das beste in Staufen, und ich hatte mich in meinem Zimmer zu einem Abendmahl gesetzt, das meine Geldkatze bis auf den Grund geleert hatte.

Es krachte, dann landete *er* mit ful-lul-minantem Getöse mitten zwischen gebratenem Kapaun mit zarter Honigkruste, krossen Wachtelleberpasteten und Hirschzungen, hicks, in Aspik. Selbst die Pfifferlingcremesuppe war mir nicht vergönnt, da er sie mit einem Fußtritt klirrend auf den Dielenboden beförderte.

Er – Ans S. Hachs.

Ei-eine Explosion im Zimmer über mir hatte ein Loch in den Fußboden gerissen und Hachs war durch selbiges auf meinen Tisch gestürzt.

Ans S. Hachs. Hicks.

Verbissener Jäger und D-dunkler Dichter. Was ich zu jenem Zeitpunkt allerdings noch nicht wusste. In jenem Moment schäumte der Ärger in mir, denn der Sturz hatte mir wahrlich und wirklich die Suppe verhagel-l-t.

Hachs. Das klang wie *Klacks* und so war er auch, ein kleines, unscheinbares Männl-lein mit dürren Gliedern und wässrigen Augen. Er mochte nicht mehr weit von einem halben Jahrhundert entfernt sein, das verriet sein gegerbtes Gesicht, in das sich Schicksalsschläge wie Spurrillen eines Ochsenkarrens eingegraben hatten, doch seine langen Haa-aare waren immer noch strohblond und gaben ihm etwas von einem Weib. Seine Bewegungen waren äußerst gesch-schmeidig, machten ihn jugendlich. Geschmeidig war er jetzt allerdings nicht gerade. Vielmehr lag er stöhnend in den Resten meines Abendessens.

‚Was in drei Teufels Namen soll das?!', herrschte ich ihn an und packte ihn unwirsch bei den Mantelaufschlägen.

Er hustete, schob sich dann aber ungerührt die dickgla-lasige Brille auf die Nase zurück und musterte mich. ‚Damit liegt Ihr gar nicht so falsch, Herr Ritter', sprach er mit überraschend tiefer Stimme. Da fragte man sich, in welchem Brunnen dieses klei-leinen Körpers sie verwurzelt lag. Die Antwort führte unweigerlich hinab auf die Betrachtung seines Schuhwerks, das im Gegensatz zu seinem langen schäbigen Mantel und den zerschlis-issenen Hosen modisch funkelte wie eine Prachtgaleone, die soeben vom Stapel gelaufen war.

‚Wie meint Ihr das? Steht Rede und Antwort!'

‚Wenn Ihr mich freundlicherweise loslassen würdet, könnte ich mit dem Stehen schon einmal anfangen. Danach werde ich Euch gerne alle Eure Fragen beantworten.'

Ich ließ ihn los und er rutschte vom Tisch herunter, klopfte sich den Staub ab, reckte sich – er reichte nicht weit über die Tisch-schplatte hinaus – und schaute auf das von ihm angerichtete Chaos. Seufzend sprach er: ‚Entschuldigt bitte meine im wahrsten Sinne überstürzte Ankunft nebst dem hier angerichteten Tohuwabohu. Natürlich werde ich für sämtliche Schäden, einschließlich Eures Unmu-u-uts über die verdorbene Mahlzeit, aufkommen.'

Er pflückte doch tatsächlich eine Münze aus der weiten Tasche seiner Beinli-linge und warf sie mir schwungvoll zu. Ich fing sie auf und ein Biss-ss in das weiche Metall stimmte mich sofort versöhnlich. Gold. Ich machte eine einladende Geste: ‚Entschuldigt auch Ihr meine barschen Worte, eines Ehrenmannes unwürdig. Natürlich ist mit Eurer Gabe der Schaden vollstens ausgeglichen und ich möchte meinerseits nun Speis und Trank, hicks, ausgeben. Habt die Güte, meine Einladung anzunehmen.'

‚R-recht gerne', antwortete er. ‚Doch zunächst möchte ich mir, wenn Ihr nichts dagegen habt, den Ort des Geschehens oben anschauen, der mich zu diesem Absturz veranlasste.'

Ich nickte, und als er schon ein paar Schritte getan hatte, drehte er sich um und musterte mich mit scharfen Augen. Alle Wässrigkeit war plötzlich verschwunden: ‚Vielleicht habt ihr Lu-lust, Herr Ritter, mich zu begleiten, Eure Anwesenheit könnte von Nutzen sein.'

Irgendwie hatte dieser Mann etwas, das mich ihm folgen ließ, und es war nicht Geld, das mich dazu bewegte. Vielmehr flammte meine Abenteuerlu-lust auf, denn sein eigenartiges Erscheinen hatte mich neugierig gemacht. Ich stapfte hinter ihm die hölzernen Stufen in das Dachgeschoss hinauf.

Das Zimmer sah wüst aus. Die Explosion, hicks, hatte das halbe Mobiliar zerfetzt wie dürren Reisig und Dachschindeln in Brand gesetzt. Von draußen hörte man Geschrei, eine Leiter wurde angestell-ellt und hastiges Wasserzischen erfüllte die Gasse.

Mein Begleiter wagte sich vorsichtig ins Zimmer, bis zu dem ausgefransten Loch im Boden, durch das er eben selbst hinabgerasselt war. Ich folgte ebenso vorsichtig. Zwischen den Möbelstücken lag noch anderes: zerbrochene Phiol-olen, Scherben von Glaskolben, zerstampfte Pulver und bl-l-lubbernde Flüssigkeiten. Und noch etwas: In den Boden – zumindest in die Teile, die noch vorhanden waren – waren mystische Zeichen eingeritzt, Zauberinschriften und Hexensymbole. Heißer Wachs tropf-f-fte aus einer zerrissenen Kerze. Wenn mich nicht alles täuschte, hatte hier jemand Verbotenes getan, Hexerei oder Schlimmeres.

Mein Begleiter sog scharf die Luft durch die Zähne. Ich folgte seinem Blick. In der Ecke – grausig anzusehen und die Glieder verren-renkt – lag, schwarz und rauchend wie ein aufgerissener Köhlermeiler, eine menschliche Leiche."

An dieser Stelle seiner Schilderung schwieg Baron NILS länger. Die Erinnerung an jene Szene machte ihn schlagartig nüchtern. Als er weitersprach, lallte er nicht mehr.

„Wenn ich heute daran zurückdenke, dann weiß ich, dass jener Moment in der zerstörten Dachkammer mit diesem grausigen Fund mein Leben für immer veränderte. Damals wusste ich es noch nicht und fragte:
,Wer ist das?'
,Ihr solltet nicht fragen, wer das ist, sondern wer das sein *soll*.'
,Wie Ihr wünscht, wer soll das sein?'
,Johann Heinrich Faust, allgemein bekannt unter dem Namen Doktor Faust.'
,Aha, und jetzt ist er tot.'
,Man soll *glauben*, dass er tot ist. Es ist eine Finte.'
,Eine Finte?'
,Faust hat betrogen, belogen, getäuscht und gestohlen. Zu viele Menschen hat er in Unglück und Elend gestürzt. Er wäre am Galgen geendet oder auf dem Scheiterhaufen, wenn man ihn geschnappt hätte. Deshalb hat er seinen Tod vorgetäuscht, denn Tote kann man nicht mehr richten. Wie gesagt, es war eine Finte.'
,Sagt das dem armen Hund, der dort verkohlt in der Ecke liegt.'
,Ihr habt recht. Es ist nicht sehr taktvoll von mir, so zu reden im Angesicht eines Toten, der, wie ich vermute, völlig unschuldig in diese Sache hineingeraten ist.'
,Es ist sicherlich mehr als eine *Sache*.'
,Wiederum habt Ihr recht, es ist schlimmer.'
Wir schwiegen einen Moment, während die Leute draußen das Feuer allmählich in den Griff bekamen.
,Wer ist dieser Faust? Was hat er getan? Und warum jagt Ihr ihn? – Ihr jagt ihn doch, hab ich recht?'
,Das habt Ihr in der Tat.' Doch bevor er sich weiter erklären konnte, fielen Schindeln herunter und durch das Dachgebälk schaute der Kopf des Wirtes herein. Sein Blick fiel sofort auf den

vom Tageslicht in Szene gesetzten Leichnam. „Verdammt!', fluchte er. ‚Der hier hat es nicht überlebt. Und das, obwohl ich ihm all seine Experimente verboten hatte. – Doktor Faust hat sich in die Luft gesprengt', schrie er hinunter. ‚Hat der Teufel geholt', antwortete einer aus der Menge. ‚Der alte Schwarzmagier ist tot, recht so!', spuckte jemand aus.

Bevor der Wirt den Kopf wieder hereinstecken konnte, sagte mein Begleiter: ‚Es ist besser, wenn man uns nicht sieht.'

‚Das wird schwierig', entgegnete ich, da ich von unten polternde Schritte auf der Treppe hörte. ‚Irgendwer wird gleich hier sein und unliebsame Fragen stellen, könnte ich mir vorstellen.'

‚Wir verschwinden', sagte Hachs bestimmt. Noch bevor ich mit der Stirn runzeln konnte, begann er mit einem seltsamen Singsang:

‚Feuerspinne, Rauchtarantel,
Werde uns zum Zaubermantel,
Hüll uns ein, bring uns fort
Geschwind und sanft an einen Ort,
Wo's Gut's zu essen, lustig's Zechen
Hat und stille Nisch zum Sprechen.'

Und dann geschah etwas sehr, sehr Seltsames. Die letzten Flammen, die sich noch in einer Ecke kräuselten, zuckten, reckten sich und krabbelten tatsächlich wie ein achtbeiniger Arachnide auf uns zu.

‚Ho!', entfuhr es mir, zu mehr war ich nicht fähig, denn inzwischen hatten sich auch die Rauchschwaden zunehmend verselbstständigt, krochen halb, halb flatterten sie einem Insekt gleich auf uns zu. Feuer und Rauch vermischten sich, umkreisten uns und kletterten dann eine unsichtbare Wendelleiter empor, Windung um Windung, höher und dichter, bis sie uns komplett umhüllt hatten. Wie ein rotschwarzer Seidenmantel legte sich das Geflecht jetzt um den kleinen Mann und mich – ohne uns zu verletzen, und auch, ohne dass Hitze zu spüren war.

Mich ergriff ein Schwindel, denn ich spürte, dass wir von dem Boden der Kammer emporgehoben und von einer urwüchsigen, uralten Kraft durch Raum und Wirklichkeit geschubst wurden. Es dauerte nur wenige Sekunden, dann krochen Feuerspinne und Rauchtarantel versiegend zurück in ihre Ecken.

Nur dass es nicht mehr die Ecken der zerstörten Kammer waren, ja, nicht einmal die Ecken des Hotels.

Wir waren an einem völlig anderen Ort.

Fragt mich nicht, wo es war, ich weiß es bis heute nicht. Aber es war eine unübersichtliche, durchaus angenehme Wirtshausstube, wo wir in einer heimeligen Nische an einem Tisch saßen und die halbdunklen Schatten uns fast ganz vor den anderen Gästen verbargen.

Die Geräuschkulisse der Gaststube weckte sofort meine Lebensgeister und vor allem meinen Magen, dem ja seine heutige Abendspeise so unfreiwillig entzogen worden war.

‚Jetzt', sagte Hachs mit einem schelmischen Grinsen, ‚dürft Ihr mich gerne zu Brot und Wein einladen.'

Nachdem ich mich von der merkwürdigen Anreise erholt hatte (im Allgemeinen verkrafte ich solche Seltsamkeiten aufgrund meiner zahlreichen absurden Abenteuer sehr schnell – vor allem, wenn ein sattes Mahl und ein Schoppen Wein in Aussicht sind), antwortete ich: ‚Ein wenig Fleisch darf es sicherlich auch sein. Und wenn unsere Mägen voll und unsere Kehlen gut geölt sind, erzählt Ihr mir bitte alles von diesem Faust, von Euch und den wundersamen Kräften, mit denen Ihr uns hierhergebracht habt.'

Der Abend wurde lang, doch an seinem Ende wusste ich so Einiges, was ich mir niemals hätte träumen lassen. Und mein Entschluss war geboren, diesen mutigen kleinen Mann zu begleiten auf seiner Jagd nach einem DämonDenker, wie ihn die Welt zuvor noch nicht gesehen hatte.

‚Freunde', sagte ich kurz und reichte ihm die Hand, er nahm sie gerne und wir beide spürten das tiefe feste Band, das sich soeben um unsere Herzen gelegt hatte.

‚Was hat sich dort oben abgespielt?', fragte ich nach einer Weile. ‚Du sahst entsetzt aus, als du die mystischen Kreidezeichen auf dem Boden entdecktest.'

Hachs nickte. ‚Faust hat etwas Entsetzliches getan. Er hat den schlimmsten Pakt geschlossen, den Menschen eingehen können. Den Blutpakt mit einem Dämon. Mehr noch: In dieser Nacht hat er sich selbst zu einem DämonDenker gemacht.'

‚Was ist das?'

‚Faust ist Zeit seines Lebens von etwas besessen.'

‚Wovon? Macht? Geld? Ruhm oder Ansehen?'

Hachs schüttelte den Kopf. ‚Er ist besessen von etwas, das für manche Menschen bedeutungslos ist: Wissen.'

‚Wissen?' Das war etwas, an das ich niemals gedacht hätte. ‚Besessen von Wissen. Wie kann ich das verstehen?'

‚Faust ist ein Denker, schon immer ist er einer gewesen. Seit er ein Kind ist, will er die Welt begreifen. Er las, studierte, forschte, dachte, erweiterte seinen Verstand, wie es kaum einem Menschen gelingt. Doch es genügte ihm nicht. Er wollte wissen, was hinter den Dingen ist, was die Welt funktionieren lässt, was sie im Innersten zusammenhält.'

‚Deshalb schloss er heute diesen Pakt?'

Wieder nickte Hachs. ‚Er hat dunkle Mächte heraufbeschworen und sich mit einem Dämon verbunden. Mensch und Dämon sind jetzt eins, aneinandergekettet, als wären sie ein Wesen. DämonDenker.'

‚Und was bringt ihm dies?'

‚Er ist nun in der Lage, in die tiefsten Tiefen des Daseins vorzudringen und sie zu ergründen. Kein Geheimnis ist mehr vor ihm sicher. Er kann die Grenzen des Menschseins abschütteln und in andere Sphären vordringen. Er kann mit diesem Wissen Dinge tun, die wir uns kaum vorstellen können.'

‚Was wird er tun?'

‚Das weiß ich nicht. Aber ich weiß, dass er bisher schon keine Rücksicht genommen hat. Menschliche Gesetze, Ehre, Respekt vor dem Leben waren ihm schon immer bedeutungslos. Er wird tun, was immer er will, ohne nach links oder rechts zu schauen. Wie ein Tyrann, für den wir anderen nur Spielzeuge sind.'

Seine Worte wirbelten mir einen eiskalten Schauer über den Leib. Ein Mensch, der alles vermag, der keine Grenzen mehr einhält, sollte nicht existieren, das war jedenfalls meine Überzeugung. ‚Und du willst ihn aufhalten?!'

‚Ja, mit all meiner Macht jage ich ihn schon, heute war ich nahe dran, ihn zu besiegen, doch sein Schachzug hat alles ins Wanken gebracht, hat die Karten zu seinen Gunsten neu verteilt.' Er seufzte: ‚Einen DämonDenker aufzuhalten, ist fast unmöglich.'

‚Aber nur fast!'

Er lächelte flüchtig.

‚Woher weißt du so viel darüber? Und –', ich zögerte, doch er sprach aus, was ich dachte: ‚Und woher habe ich diese Kräfte?'

‚Ja! Bist du auch ein –'

‚Nein, gottlob nicht. Die Kraft, die in mir ruht, ist ebenfalls nicht ohne Macht. Ich ... ich bin ein Dunkler Dichter. Mit der Kraft der Poesie vermag ich, Dinge zu schaffen und in Bewegung zu setzen, die weit über das Menschenmögliche hinausgehen. Aber meine Macht bleibt immer innerhalb der Grenzen von Natur, Leben und Dasein. Ich kann diese Grenzen ein wenig weiten und verformen – so, wie du es heute selbst erlebt hast, als meine Poesie uns hierherbrachte. Aber die Kraft eines DämonDenkers ist anders, seine Macht zerbricht alle Grenzen. Noch dazu hat sich Faust mit einem der machtvollsten Dämonen verbunden. Sein Name lautet Mephistopheles.'

‚Und der Preis?'

Er schwieg einen Augenblick, dann sah er mich bedeutungsschwer an: ‚Seine Seele.'

Nun schwieg auch ich.

Eine Zeitlang füllten die Geräusche der anderen Gäste unsere Nische, schließlich hob er den Kopf und schaute mich mit großen, ernsten Augen an: ‚Du musst mir helfen, mein neuer Freund.

Alleine kann ich ihn nicht mehr aufhalten. Nur wenn ein Mann des Schwertes mir beisteht, vermag die Dunkle Poesie ihn zu besiegen.'

Ich zwinkerte und klopfte auf den Bernsteinknauf meines Schwertes. Damit war unser Bündnis geschlossen. Von nun an wollten wir ihn gemeinsam jagen. Der Schwertkämpfer und der Dunkle Dichter."

14

„Wie ist dieser Hachs zu einem Dunklen Dichter geworden?", unterbrach Goethen die Erzählung. Er hatte hektische rote Flecken auf den Wangen und atmete schnell, als hätte er einen 100-Meter-Lauf hinter sich. „Das hat er mir nie wirklich erzählt, aber aus manchen Andeutungen hier und da habe ich es mir zusammengereimt: Hachs ist in armen Verhältnissen in Nürnberg geboren worden. Aber er war fleißig und er schaffte es, eine Lehrstelle als Schuster zu bekommen. Er liebte diesen Beruf nicht sonderlich, auch wenn er gut und geschickt darin war – was sein stets makelloses, modisches Schuhwerk bewies. Aber er liebte das, was ihm sein Meister nebenher beibrachte: den Meistersang. Das ist eine Art, zu dichten und zu singen und miteinander in Wettstreit zu treten. Poesie war das, was ihn antrieb, was sein Herz erfüllte und seine Seele salbte. Er liebte diese Kunst so innig, dass zwei Musen um seine Gunst stritten."

„Gleich zwei?! – Welche?"

„Melpomene und Thalia, die Musen der Tragödie und der Komödie."

„Und welche hat ihn gebissen?"

„Keine."

Goethen stutzte. „Aber ..."

„Baron NILS kicherte. „Mein lieber Dunkler Dichter, es gibt auf der Erde weit mehr Möglichkeiten, zu einem Dunklen Dichter zu werden. Bei Hachs war es ein echter Ritter*schlag*: eine Ohrfeige von beiden Musen zu gleicher Zeit erweckte in ihm die Dunkle Dichtkunst. Er führte diese zu einer hohen Meisterschaft."

„Oh." Goethen wirkte kleinlaut und zerknirscht.

„Was trieb ihn an, Faust zu bekämpfen?", fragte jetzt Carlotta.

Der Baron seufzte. „Faust war ohne Skrupel. Am Anfang war er nicht mehr als ein Quacksalber, verkaufte den Kranken Salben, die nicht wirkten, Tränke, die Hoffnungen weckten, aber nicht erfüllten. Und schlimmer noch: Mixturen, die den Tod beschleunigten, statt ihn aufzuhalten. Er ging über Leichen und eine davon wurde Hachs' geliebte Schwester, die in Folge ihres verkrümmten Körpers an einer Erkrankung der Lunge litt. Faust versprach ihr Heilung, doch alles, was sie bekam, war ein grausamer Tod. Faust machte selbst da nicht Halt, er benutzte den verwachsenen Leib, um Experimente durchzuführen. Grausame Experimente."

Ich horchte auf. „Etwa Experimente, bei denen man menschliche Gliedmaßen durch künstliche ersetzt?!"

„Eines seiner liebsten Themen."

Ich schluckte.

„Als Hachs es herausfand, war es zu spät. Seine Schwester war tot und grässlich verstümmelt. Er schwor bittere Rache. Ja, es war dieses einfachste aller Gefühle, simple Rache, die ihn antrieb, aber sie glühte in ihm wie heißer Stahl und ließ ihn trotz Rückschlägen immer wieder die Jagd aufnehmen, wenn er die Spur verlor. Und er verlor sie oft, denn Faust war der gerissenste Gegner, den ihr euch vorstellen könnt. Aber jedes Mal, wenn Hachs die Spur wiederfand, kam er ihm ein Stückchen näher und an jenem Abend hatte er ihn nur um Augenblicke verpasst. Aber nun trat ja ich auf den Plan und gemeinsam jagten wir den Doktor sieben Jahre lang wie die Füchse die Giftschlange durch die deutschen Fürstentümer."

„Bis nach Hohenlimburg", warf Bömmellöh ein.

„Ja, dort kam es zum letzten Gefecht. Leider mit unglücklichem Ausgang, denn die Schlange versprühte ihr Gift durchtrieben und listig." Er senkte den Schädel und fast sah es so aus, als würden sich Tränen unter den rissigen Augenlidern bilden.

„Was ist passiert?"

Er hob den Kopf und machte eine Geste mit den Knochenfingern. „Wir waren so nah dran, Faust den Garaus zu machen. Es waren nur Minuten, die er uns zu früh überraschte. Meine Waffe", jetzt klopfte er auf sein Schwert, „war noch nicht bereit. Nur Minuten zu früh. Hachs hatte keine Chance, er war zu sehr mit seiner Dunklen Poesie beschäftigt. Feierliche, geheimnisvolle, uralte Worte säuselten aus seinem Mund, hinein in ein vorbereitetes Becken, in dem er mein Schwert zum Glühen gebracht hatte, um es zu weihen. Hachs war viel zu beschäftigt, als dass er den Dämon-Denker überhaupt hätte bemerken können. Ich schrie und sprang auf, um ihn zu warnen, gewahrte noch diese großen rotglühenden Augen, doch da schoss schon eine gewaltige Flamme des Dämons auf meinen armen Freund. Faust lachte dazu diabolisch. Hachs flackerte lichterloh, das Dämonenfeuer war so heiß, dass er nicht einmal mehr schreien konnte, bevor es ihn zu Asche verbrannte. Er starb, bevor die Zeremonie vollendet war. Die Hand, schwarz wie Kohle, war alles, was von ihm übrig blieb. Ich begrub sie später im Bergfried des Schlosses. Dann machte ich mich an die Verfolgung Fausts. Warum er nur meinen Freund vernichtete und mich einfach stehen ließ, ist mir bis heute ein Rätsel. Vielleicht weidete er sich an meinem Schmerz oder er war sich sicher, dass ich keine Gefahr mehr für ihn darstellte.

Aber da hatte er sich geirrt.

Zwar konnte ich mit meinem Schwert den DämonDenker nicht vernichten, vielleicht aber, so dachte ich, vermag ich ihm einen größeren Schaden zuzufügen, als er für möglich hält. Ich stellte ihn schließlich hier in Altena, direkt vor den Toren der Burg. Es gab einen Kampf, gewaltig, heroisch, trickreich, gewitzt. Diesmal war Faust der Überraschte: Ich stieß mein Schwert in den Dämon. Mephisto schrie auf, dann zerfloss er und sein Dasein sickerte in den Boden, direkt über der Höhle", jetzt sah er die Steinjungs an, „wo ihr später geboren wurdet."

„Dann war der Dämon tot?"

„Nein, Dämonen kann man nicht töten, man kann sie nur zurück in die Hölle verdammen. Aber selbst das gelang mir nicht. Solange ein Band zwischen Dämon und Denker besteht, kann man sie nicht wirklich zurückschicken. – Nein, jedoch vermochte ich, Mephisto für viele Jahrhunderte unschädlich zu machen. Was mit Faust geschah, als Mephistos verfluchte Kräfte wie ein Haufen Schaben in den Boden krochen, vermag ich nicht zu sagen. Aber der Dämon fiel in eine Art Schlaf. Ich wusste, eines Tages würde er erwachen, hoffte auf genug Zeit, mich darauf vorzubereiten. Und wie ich sehe, ist es tatsächlich so gekommen. Ihr seid hier und werdet mir helfen."

Alle nickten.

„Moment", schaltete sich jetzt mein Onkel ein, seine Ohren glühten und er rieb sich ständig mit dem Daumen über den Nasenrücken, ein Geistesblitz stand kurz vor dem Einschlag. „Das Dasein des Dämons sickerte in den Boden und damit auch seine Kräfte, oder?"

„Ja."

„Kann es sein, dass er im Laufe der Jahre eine Substanz absonderte, die in das Wasser der Einhardsquelle tropfte und dieses mit wundervollen Kräften versah?"

Die Mumie nickte anerkennend. „Du bist sehr scharfsinnig, Detektiv. Und du hast recht. Es ist das Dämonium, das Blut des Dämons, das der Quelle ihre Wunderkraft gibt."

„Dämonium", wiederholte Bömmellöh. „Ein prachtvoller Name für diese bisher unentdeckte Substanz. Dann ist Mephisto im Grunde der Urheber der Einhardsquelle und aus dir, dem Schwertkämpfer Nikodemus Igorewitsch Leonhard Surumbar, wurde der Einsiedler Einhard, der die Quelle bewachte."

„Unser Meister!", schrie das Dreckige Dutzend und schmiegte sich an den Baron.

„Deine Gedankenzüge sind brillant."

„Moment", warf ich ein, „ich denke, ein Dämon ist böse, dann müsste doch auch die Quelle Böses bewirken. Sie war aber eher eine gute Wunderquelle."

„Der Dämon ist böse und verschlagen", erklärte die Mumie, „aber sein Dasein ist es nicht. Es ist wie bei uns Menschen, von Natur aus ist jeder zu Gutem fähig und es entscheidet unser freier Wille, ob wir mit unseren Gaben Gutes bewirken oder Böses tun wollen. Somit ist das Dämonium nur eine ungeheure Quelle von Macht – wie ihr alle es schon erlebt habt." Er wies auf die zwölf Steinjungs, die jetzt übereinander kletterten, um ihrem alten Meister ganz nahe zu sein. „Die Wunderquelle beendete mein Vagabundendasein. Ich blieb immer in der Nähe, als Einsiedler Einhard. Mithilfe der Wunderquelle traf ich Vorkehrungen, um das Erwachen des Dämons anzukündigen und seine Wächter, meine kleinen zwölf Engel, aufzuwecken. Ich übertrug Hachs' gesammeltes Wissen von seinen Pergamentrollen in das Steinbuch, um es dauerhaft zu bewahren und gegen Unbefugte zu schützen. Nur wem sich das Geheimnis der Quelle offenbarte, dem sollte auch das Steinbuch seine Siegel lösen. Nur ein echter Dichter kann die Worte lesen. Dass es sich dabei sogar um einen Dunklen Dichter handelt, ist ein Geschenk des Himmels."

Jetzt schaute er Goethen dankbar an. Das Dreckige Dutzend bemerkte seinen Blick und unterstützte ihn mit seinem Schlachtruf: „Goethen, Goethen, jubeln die Trompöten!"

Goethen funkelte sie an.

„Und diese Sache mit dem Bernsteingebiss und", ich räusperte mich, „mit der Fliege?"

Baron NILS schmunzelte. „War ein Geniestreich von Hachs. Ich glaube, der Bernsteinknauf meines Schwertes hat ihn auf die Idee gebracht. Unermüdlich hat er auf mich eingeredet, bis ich seinem Vorschlag zustimmte und meine Zähne der heroischen Aufgabe opferte. Um die alten war es nicht schade, das gebe ich zu. Natürlich sehe ich heute selbst, dass die Bernsteinzähne meine Schönheit noch mehr zur Geltung bringen." Er klapperte mit dem Gebiss und es funkelte im Licht der Lampe wie Gold, während die Spinnwebhaare seine Wangen silbern einrahmten. „Seine Dunkle Poesie umfing meine Seele und barg sie sicher im Elektron, sicher für die nächsten Jahrhunderte. Es hat sich gelohnt, würde ich sagen." Er schaute uns zuversichtlich an.

„Und jetzt treten wir diesem Faust gehörig in den Arsch!", krähte der Kleinste der Zwölf.

„Lichtsteinchen", schüttelte der Baron den Kopf, „woher hast du solch eine ordinäre Ausdrucksweise?!"

Zwölf Finger flogen herum und zeigten – natürlich – auf mich. „Äh!"

„Schäme dich nicht, liebe Merle, die Schalkhaftigkeit meiner Schützlinge ist mir bekannt." Er kniff mir ein Auge, was seinem Lid nicht so gut bekam. Es flatterte zur Hälfte auf den Boden. Er bemerkte es nicht, sondern sprach feierlich: „Aber nun: Was wisst ihr über Faust, das ich meinem Wissen einverleiben kann?"

„Wir haben seine Labore entdeckt, eines auf Schloss Hohenlimburg, eines hier in der Burg."

„Ihr habt *noch* ein Labor entdeckt?!", Carlotta starrte uns grimmig an.

Okay, das hatten wir ihr bisher verschwiegen.

Bömmellöh nickte. „Meine kluge Nichte hat es gefunden. Dank einer kleinen Erfindung", fügte er leiser hinzu.

„Zum Scharfrichter noch mal, man sollte euch nur noch unter archäologischer Aufsicht irgendwelche alten Gebäude betreten lassen", schimpfte Carlotta.

„Seine Labore", überlegte Baron NILS. „So weit sind wir nie gekommen. Aber was mag er darin erforscht haben? – Beschreibt sie mir."

Ich erzählte ihm von dem gruseligen Labor in Hohenlimburg. „Und in der Geheimecke lag seine Geliebte."

Baron NILS stutzte. „Eine Geliebte? – Soviel ich weiß, liebte Faust nur sich selbst."

„Aber er hat es sogar in einer Inschrift festgehalten: „Meine geliebte Clementia, 1543 … Faust"

„1543? Das wäre ein paar Jahre vor unserem Kampf gewesen", murmelte er. „Aber mir ist nicht bekannt, dass er irgendeine tiefere Beziehung zu einer Frau gehabt hat."

„Aber wer hätte das sonst sein können?"

Er zuckte mit den Schultern. „Wie sieht das Labor hier in der Burg aus?"

Das Thema war mir unangenehm, da ich nicht mehr wusste, was wirklich real und was meiner Fantasie entsprungen war.

Mein Onkel kam mir zu Hilfe: „Nicht viel anders als das im Schloss. Allerdings hielt sich Cynthia dort auf."

„Wer ist Cynthia?", fragten der Baron und unsere Archäologin wie aus einem Mund. (Das hatten wir Carlotta auch noch nicht erzählt.)

„Eine Freundin aus der Vergangenheit", sagte Bömmellöh.

„Die jetzt vielleicht eine Feindin ist", ergänzte ich. „Sie ist ein Cyborg!"

„Sie ist was?!"

„Eines von Fausts gelungenen Experimenten", erwiderte ich und erzählte, was wir über Cynthia wussten.

„Hm!", machte Baron NILS nur.

„Wir dürfen nicht vergessen, dass Cynthia das Zeitprisma besitzt. Wir brauchen es, wenn nicht alles in einer Zeit-Katastrophe enden soll."

„Zeit", wiederholte die Mumie nachdenklich. „Das wäre möglich."

„Was wäre möglich?"

Baron NILS schüttelte den Kopf. „Etwas, über das ich erst nachdenken muss. Es ist noch zu unausgereift, um es kundzutun."

„Was machen wir jetzt?"

Baron NILS öffnete seine anderthalb Lider und in den leeren Augenhöhlen schienen Flammen aufzuflackern – Flammen des Kampfgeists, heiß und hell. Er sprang auf, zog sein Schwert aus der Scheide. Es surrte wie hundert Hornissen. „Wir werden dem DämonDenker gehörig was aufs Maul geben. Wir werden ihn schlagen. Dazu muss als Erstes mein Schwert neu geschmiedet werden. Wir brauchen einen Schmied."

„Das könnte ich übernehmen", entgegnete Bömmellöh.

„Und wir brauchen einen der Krüge aus meiner Gruft."

„Das mache ich", sagte Carlotta.

„Und müssen ihn mit dem Wasser aus dem Einhardsbrunnen füllen.

„Wir, wir, wir!", schrien zwölf Steinmäulchen.

„Und dann", jetzt senkte er verschwörerisch seine Stimme, „muss der Dunkle Dichter das Schwert mit Dunkler Poesie tränken. Nur damit können wir das Band zwischen Dämon und Denker durchtrennen."

Goethen nickte. „Stark an Kraft, die allem wehrt, ist der Dämon-Kämpfer. Liebt den Säbel, liebt das Schwert, verpasst dem Faust 'nen Dämpfer." Seine Worte umwirbelten das Schwert der Mumie, hoben es samt knöcherner Faust in die Höhe und ließen es auf den Tisch niederkrachen. Die rostige Klinge spaltete die Platte in zwei Hälften.

„Famos!", rief Baron NILS.

„Passt doch auf, das war mein Lieblingstisch!", brummte mein Onkel und das Dreckige Dutzend kreischte wie Fußballfans bei einem Tor.

„Und was soll ich machen?", fragte ich ungehalten, als wieder Ruhe eingekehrt war. Wie's aussah, hatte hier jeder eine Aufgabe, nur ich nicht.

„Du", antwortete Bömmellöh, während er die Tischtrümmer an die Seite räumte, „wirst dich auf die Suche nach Cynthia machen. Ich glaube, dass sie in unserem Abenteuer noch eine wichtige Rolle spielen wird. Und wenn du so ganz nebenbei herausfinden könntest, *wann* der Dämon erwacht, wäre das ein kolossaler Vorteil."

Ich nickte. Das war nicht die Aufgabe, die ich mir vorgestellt hatte. Etwas mit mehr Action wäre mir lieber gewesen. Aber ich sah ein, dass diese Punkte enorm wichtig waren.

Und die Action würde noch kommen.

Da war ich mir ziemlich sicher.

15

Meph.
Fick dich, Faust!
Ich will zurück!

(aus Merle Schillers Version des *Faust*, 1. Szene)

Inzwischen war es fast vier Uhr am Sonntagmorgen. Draußen war es dunkel wie in einem Ofenrohr, es war kalt, aber der Regen hatte aufgehört. Wir hatten beschlossen, uns eine Weile auszuruhen, denn inzwischen waren alle, selbst die Steinjungs, ziemlich erledigt. Am frühen Nachmittag wollten wir uns wieder treffen.

Bömmellöh hatte darauf bestanden, mich nach Hause zu fahren. So saßen wir schweigend in seiner Vespa und tuckerten die Fritz-Thomee-Straße hinauf.

Holprig wie auf einer Holzachterbahn.

„Ob er unter uns lauert?", fragte ich.

„Wer?"

„Der Dämon! – Immerhin müssten wir uns gerade über der Einhardsquelle befinden."

„Hm."

„Aber wie soll man sich das vorstellen? Ein Dämon in der Erde. Hockt Mephisto irgendwo in einer Höhle und pennt?"

„Der Baron sagte, Mephistos Dasein sei in den Boden gesickert. Ich glaube, dass er sich irgendwie mit dem Erdreich verbunden hat. Dass er eine neue Form angenommen hat, in der er verharrt, schläft, bis er neue Kräfte gesammelt hat, um zu erwachen."

„Eine neue Form. Und welche?"

Bömmellöh zuckte mit den Schultern.

„Zumindest klingt das mit dem Dämonium für mich plausibel", überlegte mein Onkel. „Vermutlich gelangte dieses Element über einen unterirdischen Bach in die Quelle. Und diesen Bach gab es nur in besonderen Jahren, wenn es extrem viel geregnet hatte, wie zum Beispiel 1772. Und in den anderen trockeneren Jahren gab es keinen Bach, deshalb kein Dämonium im Wasser, keine Wunderquelle, keine merkwürdigen Begegnungen."

„Aber dafür Erdbeben."

„Deren Ursache wir mittlerweile geklärt haben: Jedes Mal, wenn sich der Dämon regt, löst er ein Erdbeben aus."

„Und er regt sich, wenn etwas in seiner Nähe explodiert."

„Wie bei den Sprengungen für den Tunnel."

„Oder durch das letzte Zucken von Eberhards Dicker Berta."

„Oder Baustellen in unmittelbarer Nähe."

„Bleibt nur die Frage, was ihn am Freitag im Schlaf gestört hat."

Wir schwiegen. Die Burg tauchte ebenso schweigend vor uns auf. Schwarz wie ein Schattenriss.

„Ob Cynthia sich dort versteckt?"

Bömmellöh zuckte die Achseln. „Ich weiß nicht viel über Cyborgs – vielleicht ist bei ihr 'ne Schraube locker. Verzeihung, ich weiß, du hast Cynthia sehr gemocht."

„Ich mag sie noch immer."

„Ich weiß."

Bis zur Haustür sagte keiner etwas.

Ich wollte gerade aussteigen, als er mich zurückhielt und einen kleinen Kuchen hervorzauberte. Eine einzelne Kerze brannte darauf. „Herzlichen Glückwunsch", sagte er schlicht.

„Wozu? Mein Geburtstag ist doch erst am 10. November. Heute ist der 31. Oktober."

Er nickte. „Für alle anderen ist es das. Aber für uns beide nicht."

Meine Augenbrauen zogen sich zusammen. Worauf wollte er hinaus?

„Wir beide haben bereits ein paar Tage mehr auf dem Buckel."

Jetzt fiel der Groschen. „Durch unseren Aufenthalt in der Vergangenheit."

„Wenn du genau nachzählst, ist für deine persönliche Lebensuhr heute bereits der 10. November. Also herzlichen Glückwunsch zum 14. Geburtstag."

„Wenn du's so siehst, danke." Ich umarmte ihn, ich freute mich wirklich. In all den verworrenen und großartig-merkwürdigen Ereignissen war so ein kleiner Geburtstag doch etwas wundervoll Handfestes. Ich nahm den Kuchen, blies die Kerze aus. Was ich mir dabei wünschte, lag ja wohl auf der Hand.

Ich konnte nicht schlafen.
 Mucksmäuschenleise war ich ins Haus geschlichen. Ich hörte, wie sich mein Bruder in seinem Bett wälzte. Aus dem Schlafzimmer meiner Eltern rasselte die Kettensäge meines Vaters und meine Mutter fiepte dazwischen wie ein japsender Hund. Ich grinste, keiner hatte mein nächtliches Verschwinden bemerkt. Außerdem konnte ich immer sagen, dass ich bei Bömmellöh gewesen war. Niemand schöpfte Verdacht, da ich meinem Onkel oft bei seinen Fällen half. Und meine Mutter hatte immer das Gefühl, dass ich bei ihrem großen Bruder gut aufgehoben war.
 Aus der Küche holte ich mir etwas zu essen, setzte mich aufs Bett und dachte über unser Abenteuer nach. Wir hatten eine Mumie erweckt! Verrückt! Wie alles, was bisher passiert war. Aber einen Dämon konnte ich mir beim besten Willen nicht vorstellen. Das gab es doch eigentlich nur in Filmen. Allerdings waren so viele Dinge geschehen, die sonst auch nur in Filmen oder Büchern passierten, dass das Auftauchen eines Dämons wohl nur das Sahnehäubchen war.
 Was geschah, wenn der Dämon erwachte? Und wo war Faust? Die Mumie meinte, die beiden würden ihre gegenseitige Nähe suchen, um sich wieder zu vereinen. Also konnte Faust nicht weit sein. Und was würde geschehen, wenn sie sich gefunden hatten?
 Ich beschloss, mehr über Mephisto und Faust herauszufinden und holte mir mein Laptop ins Bett. Nach der Recherche schwirrte mir noch mehr der Kopf. Dämonen. Beschwörungen. Schwarze Magie. Blutpakte. Verträge, in denen jemand seine Seele verkaufte. Gier nach Wissen. So viele Dichter hatten sich mit Faust beschäftigt. Ich las auch etwas über Goethes *Faust* und fragte mich

zum hundertsten Male, ob der Dichter mit meinem Goethen identisch war.

Jetzt konnte ich erst recht nicht schlafen.

„Schreib es dir aus dem Kopf", schlug Holmes vor.

Ich zuckte mit den Achseln. Warum nicht?!

Also öffnete ich ein Schreibprogramm und tippte meine Version der Geschichte von Faust und Mephisto in die Tastatur.

FAUST.
(*In seinem Arbeitszimmer. Frustriert. Frustriert von ... äh, ... von seinem Job. Frustrierter Dozent an der Uni.*)
Oder nein, noch besser:
FAUST.
(*Lehrer. Für Philosophie und Deutsch. In seinem Arbeitszimmer. Echt frustriert.*)
Oh, ich hab die Schnauze voll. Immer nur Klausuren korrigieren. Schlimmer noch, diese Referate. Und was für welche! Hier: flacher Inhalt. Dort: schlechte Sätze. Kann denn heutzutage niemand mehr richtig schreiben?! Oder wenigstens denken! – Ein eigenständiger Gedanke. Bitte! Und wär er noch so klein! – Nein, wieder nicht! Und hier: Oh, wimmelt nur so von Rechtschreibfehlern – wie Ameisen auf einem Stück Torte. Wenn's wenigstens Torte wäre. Noch nicht mal Kuchen! Krümel sind es. Mist. Ein Haufen Scheiße, der zum Himmel stinkt.

Teufel auch! Kann mich denn niemand aus dieser Hölle befreien?!

(*Irgendwo klopft es leise. Faust hört es nicht.*)
Ach, was waren die Jahre schön, in denen man noch selber lernte, studierte. Als das Wissen vor mir lag wie ein großer schillernder See, wie ein grenzenloses Meer. Wie habe ich es genossen, darin zu baden, zu schwimmen, zu segeln. Immer weiter. Weiter hinaus.

Aber bald war das Ufer erreicht und ich wendete, kam ans nächste Ufer. Schließlich waren alle Ufer abgesteckt. Alles erkundet und ich erkannte, die Welt ist nur ein trüber Tümpel.

Und das Wissen der Welt langweilte mich. – Und diese dummen Klausuren erst recht. Gibt's denn gar nichts Neues mehr zu entdecken, zu denken? Etwas abseits der Grenzen. Etwas nie Dagewesenes, Unerhörtes, Unglaubliches, Überragendes. Übermenschliches. Vielleicht auch, ja, warum nicht: Un-Menschliches.
(*Es klopft wieder. Laut und dumpf.*)
Was ist das?

STIMME.
Faust! Magie!

FAUST.
Magie? – Das wäre mal etwas Neues. Aber Magie, ist das nicht unmöglich?! Unnatürlich?!

STIMME.
Faust! Magie!

FAUST.
Sogar unmenschlich! Aber neu. Und übermenschlich. Sie macht gottgleich! Es reizt mich, ja!

STIMME.
Faust! Magie!

FAUST.
Ja, ja, aber wie?

STIMME.
Beschwöre uns!

FAUST.
Beschwören? – Wen?

STIMME.
Geister! Dämonen! Höllenwesen!

FAUST.
Doch wie?

STIMME.
Das Buch! Das schwarze Buch! Sieh nach! Sieh nach!

FAUST.
Nachsehen? – Wo? (*Stimme schweigt.*) Vielleicht hier? – Das letzte Referat. Die letzte Mappe. Doch was ist das?! Hier steht ja gar nichts. Nur ein kleines schwarzes Buch steckt drin! (*Schlägt es auf.*) Wow! Das sind magische Formeln, Beschwörungen, Anleitungen zur Geister-Show. Ich will alles lesen. (*Liest.*)

Jetzt kann ich's, weiß ich, wie es geht.
Oh, nun will ich das neue Wissen
Greifen, fühlen, denken, spüren.
Will alles sehen und erleben.
(*Er kniet sich nieder, zeichnet mit Kreide.*)

Ich zeichne hier den Kreis.
Darin das Pentagramm.
Und in die Spitzen, weiß,
Dunkle Runen dann.
Höllenzeichen.
Ohnegleichen.
Auf den Eichen-
Boden.
Wo denn
Bleibt der Dämon?!
Treibt herum der Geist sich?!
Ah, die Worte. Also sprech ich:

(Räuspert sich, ordnet seine Kleidung, mystisch:)

Sressaw sed retsieg,
Hci ies retsiem!
Edre red retsieg,
Hci ies retsiem!

Sreuef sed nomäd,
Hcid gnafmu gnurmmäd!
Tful red nomäd,
Hcid gnafmu gnurmmäd!

Tlew eniem na nareh!
Tlew eniem ni niereh!

(Augenblicke lang ist alles still.)
Kalt. Und kälter wird's im Zimmer.
Glühn die Höllenzeichen.
Licht und Wärme weichen.
Am Nordpol könnt's nicht schlimmer
Sein. Die Luft gefriert.
Mein Atem hängt wie Zapfen
Mir im Bart und klirrt.
Brr! Brr! – Hör ich dort Stapfen?
Ich atme Eis, doch brennt's wie Feuer.
Stapfen! Raunen! Stöhnen im Gemäuer!
Da wird's sichtbar: Ungeheuer,
Das sonst nur in der Hölle haust!

MEPHISTO, genannt MEPH.
Fick dich, Faust!
Ich will zurück!

FAUST.
Nein, ich zwinge dich mit meinem Blick.
Ha, es klappt! – Wie schön, dass du erschienst.
Ich will, dass du mir dienst
Bei Nacht und auch bei Licht.

MEPH.
Ey, Alter, nerv mich nicht!

FAUST.
(Hebt einen Drudenfuß hoch.)
Gehorch! Bei diesem Zeichen! So!

MEPH.
Boah, bleib locker, Bro!

FAUST.
Ich will, dass du, höllischer Geist,
Mir alles beibringst, was du weißt!

MEPH.
Läuft!

FAUST.
– Und ohne Gemecker.

MEPH.
Hey Faust, bin voll der Checker!
Doch brauch ich's schriftlich, 'nen Vertrag.

FAUST.
Das ist, was ich gar nicht mag.

MEPH.

Mach dich locker! Das sind die AGB
Der Hölle. Bist du'n Weichei, bist du gay?!
Komm, schlag ein, hau drauf.

FAUST.
In Ordnung, setz was auf.

MEPH.
(Reicht ihm ein Pergament.)
Hier! – Du musst nur dieses Schreiben
Unterschreiben.

FAUST.
Gut!

MEPH.
Mit Blut!

FAUST.
Mit Blut?

MEPH.
Ja, gut!
So läuft das hier!
Is doch nur Blut auf Schreibpapier!

FAUST.
Hm, ich soll –

MEPH.
LOL!
Willst du nun?! – Is easy, chillig.

FAUST.

Will ich!
(Unterschreibt.)

MEPH.
Geht doch, Faust! Leck-
Omio! Hast jetzt voll den Swag!
(beiseite)
Bazinga! Bam! Das burnt!
Jetzt hab ich ihn, den Wissens-Nerd!

Mir fielen die Augen zu und ich schlief stundenlang wie ein Baby.

16

Ich schlief tief und fest bis in den Nachmittag hinein.

Meine Familie wunderte sich zwar, ließ mich aber in Ruhe. Sie hatten auch überhaupt keine Zeit. Heute würde das große *SpektaCoolär* überall in Altena mit tollen Aktionen eröffnet. Mein Bruder war schon seit Wochen aufgeregt, konnte er doch endlich sein Halloween-Kostüm den ganzen Tag tragen und als Jedi-Ritter zusammen mit hunderten anderer Monster, Gespenster, Hexen, Vampire und dunkler Gestalten durch die Gassen Altenas jagen. Mein Vater begleitete ihn – als Buckliger mit Eisenkralle, woran er sichtlich Spaß hatte. Da die Geschäfte heute geöffnet waren, war auch Mama schon im Blumenladen. Also hatte ich das Haus für mich und ging nach einem herrlich ungesunden Essen vor dem Fernseher die Straße zur Burg hinauf.

Ich wollte Cynthia suchen, bevor ich mich mit den anderen traf. Schon war ich am Tor, als ich einen Schatten auf der anderen Straßenseite bemerkte. Schwarz. Klein. Mit lockigem Fell.

„Heinrich?!", rief ich. Doch der Hund reagierte nicht. Er schnüffelte aufgeregt am Kopfsteinpflaster.

Langsam und leise seinen Namen summend ging ich näher. Endlich hob er den Kopf. Ja, er war es, ich erkannte ihn an den Augen, die so unglaublich menschlich wirkten.

Er ließ sich streicheln und knurrte zufrieden. „Heinrich, was machst du denn hier? – Ist Cynthia in der Nähe?" Nichts regte sich, als ich ihren Namen rief. Ich quetschte mich durch die Sträucher den Hang hinauf, doch niemand war dort.

Heinrich bellte jetzt aufgeregt, hastig stolperte ich zu ihm. Er kratzte mit der Pfote an dem Kopfstein herum, knurrte und bellte abwechselnd. „Was hast du denn?"

Ich sah auf die Straße. Irgendwas war anders.

Das Pflaster der Fritz-Thomee-Straße, bis ins Tal hinab vom Teer befreit, funkelte und glänzte wie eine Masse, die zugleich uralt und voller Energie war. Heinrich hüpfte und kratzte, als solle sie mit ihm spielen.

Der Gedanke traf mich wie ein Blitz und ich sah die Straße in neuem Licht.

Ich vergaß den Hund, Cynthia, unser Treffen und rannte in die Burg hinein. Vor dem Museum drängelten sich die Besucher, die in die Ausstellung wollten, und ich fragte mich kurz, wie Carlotta das Problem mit dem leeren Sarg gelöst hatte. Aufgeregt bog ich um die Ecke und verschwand im Dicken Turm, hastete die schmalen Stiegen hinauf, immer höher, bis ich schließlich eine nahezu perfekte Aussicht auf die Stadt hatte.

Die Wolken flogen hoch – weißgraue Raumschiffe am Himmel. Das Tal glänzte in einem seltsamen erwartungsvollen Licht, präsentierte das Kopfsteinpflaster wie auf dem Silbertablett. Von hier oben sah ich, dass nicht nur die Fritz-Thomee-Straße teerfrei war, sondern auch die davon abknickende Kirchstraße und ein kleines Stückchen der anschließenden Lennestraße. Genauer gesagt, begann das Kopfsteinpflaster am Burgtor, schlängelte sich durchs Häusergewirr, endete – mein Gott, dass ich darauf nicht früher gekommen war! – genau in dem fast quadratischen Innenhof der Burg Holtzbrinck. Es verband die Höhenburg mit der Talburg wie ein schuppiges, unirdisch glänzendes Band oder –

Ich schluckte. Ich ahnte, nein, ich spürte es überdeutlich:

Wie ein schlafender Dämon.

Und das war nicht alles, von hier oben war der Verlauf dieses Bandes genau zu sehen, wie Tuschelinien in einer hauchdünnen Bleistiftzeichnung.

Ich schluckte noch einmal.

Jetzt wusste ich, welche Form der Dämon angenommen hatte.

Fast fiel ich die Stufen hinunter, raus aus dem Turm, aus der Burg.

Heinrich war nicht mehr da.

Weiter hinab, immer dem Kopfsteinpflaster folgend, hinunter ins Tal, und dann auf den Innenhof der Burg Holtzbrinck.

Auch hier glänzte und funkelte das alte Pflaster in einem magischen Licht. Eine kleine Bühne aus Holz war aufgebaut, ein Presslufthammer lag darunter. Auf einem Plakat konnte ich lesen, was hier heute Abend um 22:00 Uhr stattfinden würde.

Mir stockte der Atem.

Wenn mich nicht alles täuschte, würde es dabei zu einer unglaublichen Katastrophe kommen. Ein Desaster, das wir um jeden Preis verhindern mussten.

Ich rannte wieder den Berg hinauf.

Keuchend, japsend, stöhnend stürmte ich in Bömmellöhs Haus. Er saß zusammen mit Baron NILS, Goethen und einigen Steinjungs an dem notdürftig geflickten Tisch, der mit Krimskrams übersät war. Carlotta war nicht da.

Sie waren guter Laune, doch allen blieb das Lachen im Halse stecken, als sie mein Gesicht sahen.

„Was ist?!", fragte mein Onkel aufgeregt.

„Mephisto", keuchte ich, „ich hab herausgefunden, welche ... Form er angenommen hat. Das Kopfsteinpflaster! Er ist im Kopfsteinpflaster. Es ... es sieht von oben aus wie eine eingegrabene ..."

Hier musste ich unterbrechen, um Atem zu holen.

„Was ist damit?", rief die Mumie und stand so heftig auf, dass jetzt auch die andere Hälfte des linken Augenlids zu Boden flatterte.

Mit einem Mal ergab alles einen Sinn. Dass ich am Freitag beim Erdbeben dieses Kribbeln wieder gespürt hatte. Dass meine Fantasiefreunde danach noch deutlicher geworden waren. Dass Thor hinzugekommen war. Ich hatte das Kopfsteinpflaster berührt, als ich hinfiel. Aber es war nicht das, was es sein sollte. Die Steine waren die mit *Dämonium* getränkten Schuppen einer – „... Schlange", sagte ich laut. „Die Straße sieht aus wie eine riesige, schlafende, schuppige Schlange."

Für einen Moment war es ganz still im Raum. Ich versuchte wieder zu Atem zu kommen. Etwas brannte mir noch unter den Nägeln. Doch bevor ich weitersprechen konnte, sagte Baron NILS mit einer Grabesstimme: „Keine Schlange! Ein Lindwurm! Ich alter Narr, ich hätte eher darauf kommen können. Als der Dämon meinen lieben Hachs zu Asche verbrannte, hatte er die Form eines Lindwurms angenommen, seine bevorzugte Wahl."

Ich starrte ihn entsetzt an. „Ein Lindwurm? – Aber das ist doch im Grunde ein ..."

„... Drache", setzte er fort, „ein flügelloser, meist zweibeiniger, manchmal beinloser Drache, der wie eine riesige Schlange aussieht."

Es traf die anderen wie ein Faustschlag. Goethen schüttelte ungläubig den Kopf. Mein Onkel sprang auf: „Das hat uns gerade noch gefehlt."

„Es kommt ... noch schlimmer", hechelte ich. „Heute Abend um 22:00 Uhr ist eine Feierstunde. Der Bürgermeister ... wird das Kopfsteinpflaster einweihen. Im Innenhof der Burg Holtzbrinck. Er wird einen goldenen Stein ins Pflaster setzen."

Die Augen der anderen wurden immer größer.

„Der Innenhof ist der Kopf dieses ... Lindwurms. Und um den goldenen Stein einzusetzen –"

„– muss ein anderer herausgebrochen werden!", vollendete Bömmellöh meinen Satz und ließ sich auf den Sessel sinken.

„Der Dämon-Drache wird erwachen", rief Goethen erschrocken.

„Wehe, wehe", klagte der Baron, wischte sich mit der Hand über das Gesicht, wobei auch das zweite Augenlid flöten ging. „Dann wird er die ganze Stadt in Schutt und Asche legen!"

Es dauerte, bis wieder jemand sprach.

Mein Onkel versuchte wie immer, logisch zu denken: „Dann war am Freitag die Ursache für das Erdbeben *doch* die Baustelle im

Innenhof von Burg Holtzbrinck. Kein Wunder, dass der Dämon sich geregt hat. Wenn ihm ein schweres Gerüst auf den Kopf fällt!"

Ich sah ihn brummig an. „Deine Logik macht es auch nicht besser. Wir müssen entweder die Feier heute Abend verhindern –"

„Keine Chance!", meinte Carlotta, die gerade zur Tür hereinkam. „Der Bürgermeister ist so was von scharf darauf, heute eine Show nach der anderen abzuziehn. Ihr hättet ihn heute Mittag bei der Ausstellungseröffnung erleben sollen. Eine Rede, als würde man ihn zum Bundespräsidenten wählen."

„Wie hast du ihm eigentlich den leeren Sarg erklärt?", fragte ich dazwischen.

„Gar nicht", grinste sie. Dann sah sie meinen Onkel und Goethen an. „Mit den richtigen Leuten war das gar kein Problem. Dein Onkel hat etwas Draht, Kleber und Styropor gestiftet. Und unser Dunkler Dichter hat ein paar wirksame Worte gesprochen. Im Sarg liegt eine perfekte Attrappe."

„Wobei sie meine Schönheit nicht erreicht", warf sich Baron NILS in die Brust (die Rippen klapperten dabei wie ein Xylophon).

„Das mag sein", kicherte Carlotta, „aber das wird außer uns niemand merken."

„Dann bleibt uns nur die zweite Möglichkeit!", kehrte ich zum wichtigeren Thema zurück: „Wir brauchen eine Strategie, um es heute Nacht mit Mephisto aufzunehmen."

„Und mit Faust!", ergänzte die Mumie. „Und dazu müssen wir zunächst das Schwert weihen."

„Ich habe den Krug mitgebracht." Carlotta stellte einen der Tonkrüge auf den Tisch.

„Und wir das Wunderwasser", krähte Stone-grin, der mit drei Steinjungs eine Zinkwanne hereintrug. Wasser schwappte auf den Teppichboden. Die Blumenornamente darauf kräuselten sich hin und her, als wären es echte Blumen im Wind.

„Vorsicht!", mahnte mein Onkel. „Dieses Wasser scheint noch wirkungsvoller zu sein als bisher."

„Ich weiß auch warum!" Alle schauten mich überrascht an.

„Erst seit ein paar Tagen ist das Kopfsteinpflaster freigelegt. Und dann hat es geregnet. Pausenlos. Direkt auf die Schuppen des Dämons. Der Regen hat viel mehr Dämonium aufnehmen können."

„Ah", sprach Bömmellöh, „jetzt ist mir auch klar, warum unser Dreckiges Dutzend erst nach dem letzten Erdbeben erwacht ist. Vorher war nicht genügend Wunderwasser in der Brunnenschale."

„Echt fett analysiert", kommentierte Stone-grin.

„Wir sollten uns um das Schwert kümmern", meinte Baron NILS.

Bömmellöh nickte. „Kommt in den Schuppen. Ich habe den Schmiedeofen angeheizt."

Der Mumienritter tippte mit dem Knochenfinger auf eine Seite des Steinbuchs. „Dunkler Dichter, bereite dich darauf vor, bei der Schwertweihe diese Worte zu sagen."

Goethen stöhnte. „Das sind sehr alte Worte, die ich nicht verstehe."

„Viel älter als wir alle zusammen", bestätigte die Mumie. „Ich weiß nicht, woher Hachs sie hatte, aber ich weiß, dass sie einen der ältesten Texte in deutscher Sprache formen."

„Dann muss er in Althochdeutsch geschrieben sein", murmelte Carlotta. „Dabei kann ich helfen."

Gemeinsam besprachen sie den Text.

Im Schuppen war es heiß wie in einer Sauna, der Ofen glühte und paffte, als hätte sich Opa mit seiner Pfeife in Eisen verwandelt. In der Mitte war eine freie Fläche, dorthin stellten wir den Krug, der jetzt mit Wunderwasser gefüllt war.

Alle standen im Kreis darum herum und warteten still.

Goethen kam mit dem Steinbuch herein – ein nervöser Erstklässler am ersten Schultag.

Carlotta legte ihm beruhigend die Hand auf die Schulter, was ihn aber in eine andere Art von Nervosität versetzte. Seine Wangen wurden rot wie bei einem ersten Rendezvous. Seltsamerweise versetzte es mir diesmal keinen Stich.

Unsere Blicke trafen sich kurz und sein Gesicht wurde noch röter. Dann schaute er weg. Nach wie vor wusste ich nicht, was für Gefühle er für mich hegte. Aber als ich ihn mit Carlotta dort stehen sah, wurde mir eines glasklar: Ich wollte nichts von ihm, ich hatte es nie gewollt. Sicher war er reizvoll, charmant – wenn er wollte – und ein Mensch voller Ecken und Kanten und tiefer Geheimnisse. Das hatte mich eine Zeitlang fasziniert, aber in diesem Moment erkannte ich, dass ich selbst genauso war. Wir waren uns ziemlich ähnlich, auch wenn wir grundverschieden waren. Wir –

„Vorsicht jetzt!" Mein Onkel holte das glühend rote Schwert aus den Kohlen und bearbeitete es auf dem Amboss. Die Funken stoben und aller Rost flog davon. Die Schneide war wieder einwandfrei. Jetzt umwickelte er den Griff mit einem Tuch und zog es vom Amboss. Deutlich sah man die heiße, kräuselnde Luft davon aufsteigen. „Fertig!?", rief er Goethen zu.

Der nickte.

Bömmellöh senkte das Schwert in den Krug. Das Wasser zischte und Blasen stiegen auf.

Dann begann Goethen mit seinem Singsang.

Die Worte waren unglaublich alt und mächtig. Das spürte man, auch wenn man sie nicht verstand. Sie dröhnten durch den Raum wie Glockenschläge:

„In anaginne uuas thaz uuort.
Inti thaz uuort uuas fora uuórolti.
Inti thaz uuort uuas fora himile.
Êr liocht uuas thaz uuord.
Êr naht uuas thaz uuord.
Thaz uuórt fare in then stâl.
Thaz uuórt wecke then stâl.
Thaz uuórt salbo starc enti scarp then stâl.
Swert, hef thih!

Swert, mulli finstaremun mid hebentungalon!
Swert, mulli then uuiht mid isantungalon!
Inti spreh thaz uruuórt:
𝕽𝖚𝖓𝖆"[1*]

Unsere Gesichter waren beleuchtet von der Glut im offenen Ofen. Alle standen wie gebannt. Selbst das Dreckige Dutzend wirkte, als wäre es wieder zu Stein erstarrt.

Die Worte lösten sich von Goethens Mund, schwebten durch den Raum und trieben in der auf- und abwirbelnden Luft wie Herbstblätter, bis sie sich schließlich in den Krug senkten. Das Wunderwasser erstrahlte wie ein Regenbogen und die farbigen Worte wirbelten umher und sickerten eines nach dem anderen in den Stahl des Schwertes.

Dann sprach der Dunkle Dichter das letzte Wort, das in Runenzeichen im Buch gestanden hatte: Rûna. *Geheimnis*. Es schwebte von seinen Lippen in einem so tiefen Rot, dass es fast schon schwarz war, schlängelte zielstrebig auf den Krug zu. Dann wickelte es sich spiralförmig um den Stahl, vom Griff bis hinab zur Spitze, so dass die ganze Schneide von einem rot-schwarzen Leuchten eingehüllt war. Dann saugte der Stahl es auf, und mein Onkel zog das Schwert aus dem Wasser.

Die Schneide funkelte in einem unruhigen matten Farbton, als wäre sie von einer magischen Batterie aufgeladen – was vielleicht gar keine so falsche Beschreibung war, bei dem, was hier eben passiert war.

Baron NILS nahm es in seine knochigen Hände (ihm hatte übrigens die Hitze sehr zugesetzt, an vielen Stellen war die trockene Haut wie alte Farbe abgeblättert) und sprach ehrfürchtig: „Das Schwert ist fertig, bereit, den magischen Blut-Pakt zwischen Dämon und Denker zu brechen. Das habt ihr gut gemacht, meine Freunde." Er sah meinen Onkel und Goethen, der sehr erschöpft wirkte, hochzufrieden an.

[1*] Übersetzung siehe Anhang. Der Herausgeber.

„Kannst du den Dämon nicht schon jetzt besiegen?", fragte ich.

„Du meinst, ich sollte ihm das Schwert durch seine schrumpelige Haut tief in seine bösen Eingeweide stoßen, bis ihm seine Verderbtheit zum Halse herauskommt?!"

„Ich würde es nicht ganz so theatralisch ausdrücken, aber in etwa so meinte ich es."

Der Baron schüttelte den Kopf. „Das würde nicht viel bewirken. Sicherlich würde es ihn verletzen, aber nicht schlimm. Und mit großer Gewissheit würde er sofort erwachen und mit seinem Zerstörungswerk beginnen. Nein, wir müssen warten, bis er sich wieder mit Faust verbindet. Nur dann ist das Band zwischen beiden sichtbar – und das muss ich zerschneiden, nicht den Dämon selbst."

„Okay", sagte mein Onkel. „Dann sollten wir uns für den Kampf heute Nacht rüsten."

Alle nickten.

„Und wir sollten uns verkleiden", merkte ich an. „Damit wir uns unter die Halloween-Bekloppten mischen können."

„Hurra!! Halloween!!!", schrien die Steinjungs. „Wir gehen als nackte Stein-Zombies!"

„Das war klar!", grinste ich.

„Mögen die Götter etwas Hirn vom Himmel werfen", stöhnte Goethen, „damit eure Gedanken endlich klüger werden."

„Oder als Futter für die Zombies", erwiderte ich.

Goethen verdrehte genervt die Augen.

Finsternis liegt dicht und verfilzt über der Stadt.

Die Lichter der Häuser funkeln ängstlich wie die Augen verschreckter Hasen.

Seltsame Schatten huschen durch die Gassen, blicken in Hauseingänge und Fenster, als suchten sie etwas.

Ein Gebäude mit massiven Mauern versucht, der Dunkelheit zu trotzen, in seinem Innenhof haben sich vermummte Gestalten versammelt. Laternen beleuchten mit flackernden Lichtfingern schreckliche Fratzen. Zwischen menschliche Leiber schieben sich groteske Wesen.

Und dann beginnt die Erde zu beben, und die Grausamkeit in den Fratzen weicht nackter Panik.

17

Halloween war heute Abend überall in der Stadt – wie süßes Zuckerwerk in einer überfüllten Torten-Theke. Es war ein wenig nervig, sich durch ein Gedränge aus gefakten Toten, heulenden Gespensterkindern und Filmblut saufenden Untoten zu zwängen. Ganz Altena schien heute Abend Masken zu tragen und an diesem amerikanischen Brauch zu hängen, obwohl er doch sonst nur von ein paar Kids gepflegt wurde.

Der Vorteil war: Wir fielen nicht im mindesten auf.

Der Nachteil: Wie sollten wir in diesem GGG (= Grusel-Gestalten-Gedränge) Faust ausmachen?!

Ganz Altena war auf den Beinen und ein großer Teil der Leute drängte sich in den Innenhof der Burg Holtzbrinck, der durch Pechfackeln in ein stimmungsvolles Licht getaucht war.

Die zwölf Steinjungs ernteten in ihrer steinernen Nacktheit eine Menge bewundernder Pfiffe und „Respekt"-Bekundungen. Bei meinem Onkel lauteten die Worte eher: „Was für'n Freak!" Denn er hatte Henry aus dem Koffer geholt, angezogen und mit feinen LED-Schnüren überzogen. „Die kann ich sogar dimmen", meinte er, „und damit den Mr.-Hyde-Anteil dosieren." Zum Beweis drehte er die Lichter ein wenig herunter und sofort sprossen vereinzelte Pelzhaare aus Zylinder und Anzug. Er sah damit aus wie ein Weihnachtsbaum für Arme. Ich blieb skeptisch. Dann sah ich den schwarzen Huppel auf seinem Zylinder.

„Hältst du es für eine gute Idee, Sphinx mitzunehmen?"

Er nahm den Zylinder vom Kopf und hielt Sphinx einen Finger hin. Sie antwortete, indem sie ihre Klaue daran rieb. „Sie hat seit unserer Rückkehr nur geschlafen. Heute Mittag ist sie aus ihrem Stall gekommen und sofort zu mir gekrabbelt. Seitdem ist sie unheimlich anhänglich. Deshalb denke ich, dass sie auf dieses Abenteuer mitwill. Außerdem habe ich ihr einen winzigen Peilsender umgebunden. Damit kann sie nicht verloren gehen."

„Na, wenn du meinst!"

Wir gingen weiter.

Goethen sah aus wie auf dem Fest, als ich das letzte Mal mit ihm die Holtzbrinck besucht hatte – also vor etwa 250 Jahren (nach der offiziellen Zeitrechnung). Ganz in Nachtblau (ohne das gelbe Halstuch), Stiefel schwarz, Rapier an der Seite, Dreispitz auf dem Puderkopf mit geflochtenem Zopf. Alles ließ ihn wieder einmal ziemlich cool aussehen und er bekam Blicke und Kussmünder von einer Schar Teufelsbräute zugeworfen. Was er aber gar nicht mitbekam, da er völlig auf Carlotta fixiert war. Die trug ein scharf geschnittenes Satinkleid sowie eine Hochfrisur mit Glitzersteinchen. Beide waren eher für einen Kostümball gerüstet als für ein Halloween-Spektakel.

Ich selbst trug – glaub es oder nicht – mein zerfetztes Rüschenkleid, das ich als Erinnerung an 1772 mitgenommen hatte. Ich hatte es freiwillig angezogen, einfach weil ich Lust darauf hatte. Mit weiß geschminktem Gesicht, geflochtenen Zöpfen, rotem Kussmund und Cynthias violetter Schleife gab ich so eine perfekte Horror-Puppe ab und konnte mich zusätzlich relativ gut bewegen.

Der einzige Unzufriedene war Baron NILS. Er beklagte sich lautstark bei mir, dass er inzwischen nur noch ein paar lose Hautfetzen auf den Knochen besaß.

„Holla", sagte er und hielt plötzlich an. Er starrte in ein grell beleuchtetes Schaufenster und musterte die Auslage. „Kann man dort Mode kaufen?"

Ich nickte.

„Auch Perücken?"

„Was, zum Horrorladen, willst du mit einer Perücke?"

„Schau mich doch an", zeterte er. „Meine Frisur aus Spinnweben sieht zwar verteufelt gut aus, aber kaum fährt der Wind darüber, so ist sie dahin. Ich will richtige Haare, Menschenhaare. Eine Echthaar-Perücke."

Ich stöhnte.

„So etwas wird es in dieser Zeit doch wohl geben."

Ich schob ihn vom Schaufenster weg.

„Ach, komm schon, wenigstens eine aus Pferdehaar!"
Wortlos zerrte ich ihn weiter.
„Esel?"
Immer weiter.
„Mufflon?"
Ich drehte mich um: „Kein Mensch trägt Perücken aus Mufflonhaar."
„Doch, einer meiner Schwäger."
Ich stöhnte noch einmal. Bisher hatte ich gedacht, dass Goethen die größte Nervensäge des Universums wäre. Aber dieses Recycling-Skelett lief ihm eindeutig den Rang ab.

Unten im Innenhof war es voll wie in einer Pizzeria bei der Neueröffnung – allerdings eine in Disneyland. Wir quetschten uns unter mürrischem Bellen einiger Trolle an einer Horde Ungeheuer vorbei (zwei Einhörner waren definitiv auf dem falschen Fest), ernteten ein paar „Ey"s von einer Crew totenblasser Piraten, entgingen nur knapp den grinsenden Klingen einer Freddy-Krüger-Truppe, schoben uns zwischen gibbelnden Weißen Frauen, dem Sensemann in pinken Turnschuhen und ein paar angetrunkenen Klingonen hindurch, bis wir vor der Bühne direkt neben Frankensteins Monster, das heute wohl mit dem Kleinbagger angereist war, zum Stehen kamen.
Auf der Bühne wippte ein Mann mit einer Axt im Kopf ungeduldig auf den Zehen. Das war unser Bürgermeister. Er war auf dem Höhepunkt seiner Rede.
„Verteilt euch ein wenig", raunte Baron NILS uns zu, „und haltet Ausschau nach Faust."
„Woran sollen wir ihn erkennen?", fragte ich, worauf die Mumie nur mit den klapperigen Schultern zuckte. „Er muss hier irgendwo sein!", setzte er nach. „Wahrscheinlich in einer ungewöhnlichen Aufmachung."

Ungewöhnlich! Hier war heute Abend alles ungewöhnlich. Nicht ein einziger normaler Mensch trieb sich im Innenhof herum.

Ganz plötzlich wurde mir unser Denkfehler bewusst.

Wir hatten uns nicht gefragt, warum Faust seinen Dämon nie selbst geweckt hatte! – Doch offensichtlich, weil er es nicht konnte. Es musste irgendwas mit ihm geschehen sein, das ihn ebenso wie Mephisto die letzten 500 Jahre festhielt. Er war nie aktiv geworden, weil er es nicht konnte. Er würde erst dann auftreten, wenn sein Dämon die Bühne betrat.

Apropos Bühne, der Axt-Meister kam zum Ende seiner Rede: „… werde ich gleich das sich endlich wieder im Originalzustand präsentierende Straßenbild unserer beiden Burgen feierlich der Stadt übergeben, indem ich diesen Erinnerungsstein", er hob einen goldenen Pflasterstein in die Höhe, „in das wundervolle Puzzle dieses altehrwürdigen Pflasters einbette."

Jetzt gab er Frankensteins Monster ein Zeichen und das schnappte sich den Presslufthammer von unter der Bühne und ging bei einem markierten Pflasterstein in Stellung.

„Oh oh", murmelte mein Onkel, „ich werde versuchen, ob ich die Katastrophe doch noch abwenden kann."

„Das würde ich nicht tun", sprach er zu Frankenstein und wies auf den Presslufthammer. „Sonst weckst du einen Dämon."

Frankenstein glotzte ihn einen Augenblick dümmlich an, konterte dann aber schlagfertig: „Ey, Meister, die Tannenbaumsaison is noch nich eröffnet. Schwing deine Äste anne Seite!"

„Hey, Digga!", mischte sich jetzt Goethen ein.

Warum musste er ausgerechnet jetzt wieder mit seinem Slang anfangen?! Es klang wie: „He, Dicker!" Frankenstein drehte den quadratischen Schädel zu ihm herum und mahlte mit dem eisenharten Kiefer. Die Stahltrossen seiner Muskeln knarrten bedrohlich. Er fixierte Goethen mit stechenden Augen. „Gleich fliegt der Hammer!", rief er heiser.

Die Leute verfolgten gebannt die Szene, hielten sie das Ganze doch für eine geplante Theatereinlage. Nur der Axt-Meister wurde unruhig.

„Komm, Bro, gib mir die Ghettofaust", Goethen konnte es einfach nicht lassen und hielt Frankenstein seine Dichterfaust entgegen. Das Monster starrte ihn an, als wüsste es nicht, ob es ihn zu Mus zerquetschen oder ihm einfach nur die Knochen brechen sollte. Doch der Axt-Meister pfiff leise: „Mensch, Fisko, die Leute warten!"

„Du kriss gleich meine Faust", knurrte Frankenstein noch, „un zwar inne Ghetto-Klöten."

„Goethen inne Ghetto-Klöten", kicherten mehrere Steinjungs.

Goethen zuckte mit den Schultern und überließ Frankenstein seinem Schicksal.

Der warf den Presslufthammer an.

Wir zogen uns zurück.

Knirschend fuhr der Hammer ins Pflaster. Frankenstein lehnte sich mit seinem ganzen Gewicht darauf.

Der dicke Monsterbauch wackelte.

Das Pflaster nicht.

Frankenstein fluchte. Verbissen drückte er noch fester.

Der Hammer stöhnte.

Der dicke Bauch ächzte.

Qualmwölkchen stiegen auf.

Jedoch nicht vom Kopfsteinpflaster.

Der rauchende Presslufthammer gab seinen Geist auf. Frankenstein warf ihn schimpfend weg und fuhr schwereres Geschütz auf.

Seltsamerweise blieb im Boden alles ganz ruhig. Hatten wir uns getäuscht?

Die Leute schwappten zwischen Pfiffen und Gelächter hin und her.

Frankenstein rangierte den Minibagger an die Markierung und donnerte die Schaufel ins Pflaster.

Da schlug das Pflaster zurück.

Frankenstein flog aus der Kabine und rollte unter die Bühne. Der Axt-Meister schrie auf.

Zittern und Knurren lief durch den Boden.

Der Innenhof hob sich.

Die Klingonen schrien etwas von Verrat. Der Minibagger kam ins Rollen und krachte in ein Fenster. Der Hof wuchs in die Höhe, und aus dem Knurren wurde ein Grollen. Die Leute schrien.

Und dann verstummten sie plötzlich.

Vor uns reckte sich ein Schädel hoch über die Häuser.

Ein Lindwurmschädel.

Riesig.

Gewaltig.

Schlecht gelaunt.

Ein echter Muffel von einem Lindwurm.

Seine Schuppen sahen aus wie Kopfsteinpflaster. Seine Augen glühten rot, geschlitzt und böse. Er stieß ein ohrenbetäubendes Gebrüll aus und zerquetschte mit der Vorderpranke den Minibagger.

„Sucht Faust!", schrie Baron NILS. „Sucht nach dem Band zwischen Dämon und Denker!" Doch seine Augen blickten verzweifelt. Ob er wie ich ahnte, dass wir Faust hier unten im Tal nicht finden würden?!

Die Leute kreischten vor Panik und versuchten, durch den schmalen Torbogen nach draußen zu fliehen. Der Bürgermeister schrie auf, riss sich die Axt vom Kopf und warf sie auf den Dämon.

Der Lindwurm sah ihn mitleidig an, schluckte – Glut machte sich in seiner Kehle breit – und spuckte.

Eine Feuerkugel schoss aus seinem Rachen und setzte die Bühne in Brand. Der Bürgermeister brachte sich mit einem verzweifelten Sprung aus der Gefahrenzone.

Inzwischen waren überall Geschrei, Chaos und Hitze.

Die Klingonen griffen mit gebogenen Klingen den Dämon an. Doch der Lindwurm lachte nur und schickte gleich mehrere Feuerkugeln gegen die Angreifer. Sie sprangen in Deckung.

„Merle", rief mir mein Onkel zu. „Bringt irgendwie die Leute hieraus. Ich kümmere mich um diesen Feuerspucker."

Carlotta und ich versuchten, die Leute zu beruhigen und über den immer schmaler werdenden Streifen zwischen Lindwurm und Mauer zu lotsen. Briskbrock warf sich mit Rock-snap und Rockfinger gegen die brüchig gewordene Hofmauer. Sie gab nach, und ein Großteil der Leute rettete sich durch die Bresche auf die benachbarte Straße.

Doch auch hier waren sie nicht sicher. Denn der Boden hinter dem Torbogen knisterte. Das Pflaster schlug Wellen und diese wogten immer weiter den Berg hinauf. Der Dämon erhob sich Meter um Meter aus seinem jahrhundertealten Steinbett. Es schien ihm Freude zu bereiten, dabei ein paar Häuser in Brand zu stecken.

Ich warf einen Blick zurück.

Goethen zog gerade den bewusstlosen Frankenstein unter der Bühne hervor und schleppte ihn mühsam durch die Maueröffnung hinaus.

Jetzt stand Bömmellöh alleine in dem Erdloch, das einmal der Innenhof der Holtzbrinck gewesen war. „Hey! Mephisto!", schrie er und fuchtelte wild mit einem Arm. In dem anderen hielt er einen Feuerlöscher. „Mehr hast du nicht drauf?! Du bist der armseligste Dämon, der mir je begegnet ist."

Was immer mein Onkel vorhatte, es schien zu funktionieren. Der Lindwurmkopf ruckte finster zu ihm herum. Doch dann geschah etwas, womit ich nicht gerechnet hatte, und mir stockte der Atem.

Der Lindwurm brüllte, schnellte herab, riss das Maul auf. Und – *hups!* – Bömmellöh verschwand im Innern des Rachens.

Mein Onkel hatte aber genau *das* geplant. Später hat er mir erzählt, was dann passierte: Sobald sich das Maul schloss, wurde es dunkel um ihn herum und er schaltete alle Lichterketten aus.

Henry trat in Aktion. Im Inneren des Dämons wütete Mr. Hyde wie ein Berserker und mein Onkel stopfte dem Lindwurm den aktivierten Feuerlöscher tief in die Kehle.

Die Glut in den Eingeweiden des Dämons erstarb.

Der Lindwurm jaulte, hustete und stöhnte.

Er spuckte und Bömmellöh rollte in den Dreck. Mein Onkel schaltete die LEDs ein und Mr. Hyde zog sich zurück. Es sah grotesk aus, wie er da in schwarzem Anzug, Zylinder und Fliege wie ein Dompteur vor dem Raubtier hockte.

Der Dämon schluckte und rülpste. Doch Feuerkugeln konnte er nicht mehr spucken. Sein Blick verfinsterte sich, richtete sich wütend auf seinen Widersacher. Gleich würde er mit der riesigen Pranke zuschlagen. Bömmellöhs Hand legte sich auf den Schalter, bereit, die Lichter wieder auszuschalten.

Doch dazu kam es nicht.

Etwas heulte oben in der Höhenburg.

Es war ein bellendes, kläffendes Heulen.

Es klang wie ein kleiner Wolf.

Nein, eher wie ein kleiner Hund.

Oder – die Erkenntnis traf mich wie ein Blitz – ein kleiner schwarzer Pudel.

Der Dämon riss den Kopf herum, verwandelte sich in ein vibrierendes Schattentau und schnellte wie ein sich zusammenziehendes Bungeeseil den Berg hinauf.

„Er will oben zur Burg!", rief ich den anderen zu. „Wir müssen hinterher! Schnell! Ich weiß jetzt, wo Faust ist!"

Ich rannte los.

Die anderen folgten mir gehetzt.

18

Wir rasten die Fritz-Thomee-Straße hinauf, das heißt, *rasen* war nicht so ganz zutreffend. *Stolpern* traf es eher. Und von der Straße war auch keine Spur mehr. Dort, wo heute Mittag noch ein funkelnagelaltes Kopfsteinpflaster geglänzt hatte, befand sich jetzt ein breiter Graben, der Grund eine Mischung aus Schlamm und Geröll. Trotzdem, wir mussten verhindern, dass sich Dämon und Denker vereinten.

Goethen zog mit mir gleichauf. Er wirkte voller Energie, so kraftvoll und entschlossen wie schon lange nicht mehr.

„Geht es … dir gut?", keuchte ich.

„Bestens, werte Merle", gab er zurück. Dann wurde er für einen Moment nachdenklich. „Das mit uns, äh, also, ähm, die Romantik, ähm, betrachtet es als Verirrung."

„Verirrung?!"

„Nein, doch, ich meine, es ist, es war, püh, ein Irrtum des Herzens." Das klang auch nicht besser.

„Für einen Dichter stammelt er ganz schön herum", meinte Holmes.

„Ein Korb aus Dornen geflochten", fügte Mylady hinzu.

„Manchmal sticht und schneidet die Wahrheit, scharf wie ein Stachel", gab auch noch Kartera ihren Senf dazu.

Könntet ihr euch mal aus unserem Gespräch heraushalten?, dachte ich.

„Das Band zwischen uns ist etwas anderes."

„Ach, und was?"

„Nun, ich ahne, was in Eurem Kopfe vor sich geht."

Im Ernst? Wusste er um die Stimme in mir?

„Und ich glaube – seht nur, Merle", er wies plötzlich zum Dicken Turm der Burg. Feines blaues Licht kräuselte sich um die Spitze, manchmal funkte es und kleine Blitze züngelten wie Ringelwürmer von den Dachrinnen.

„Ist das …?"

„… Elmsfeuer! Ja! – Wie in jener Nacht, als ich die Kräfte erhielt. Deshalb spüre ich sie wie noch nie, die Dunkle Poesie. Heute ist Neumond und Elmslicht dazu. Ich werde ihn besiegen!"

Dann zog er an mir vorbei, genauso wie die Gelegenheit zu einem weiteren Gespräch.

Ich spürte jetzt selbst die Spannung, die Elektrizität, die nicht nur in der Luft lag, sondern in jedem Stein war, in jedem Baum, zwischen den Häusern, zwischen allen Lebewesen. Das Erwachen des Dämons füllte das ganze Tal.

Wir liefen an Bömmellöhs Haus vorbei. War dort nicht ein dichter breiter Schatten – dunkler als alle anderen? Der um das Haus schlich? – Nein, er war weg. Vermutlich nur eine Katze auf der Jagd.

Endlich erreichten wir das erste Burgtor, dahinter war das Pflaster unversehrt. Der Bereich innerhalb der Burg hatte nie zum Dämon gehört.

Wir liefen schneller. Und standen endlich im oberen Burghof.

Hier waren immer noch viele Menschen unterwegs. Die Ausstellung sollte bis Mitternacht geöffnet sein. Die meisten Leute nahmen kaum von der schattenhaften Gestalt Notiz, die sich jetzt auf der kleinen Bühne neben dem Erlebnisaufzug zusammenballte.

Mephisto.

Er sah aus wie ein Schattenriss, wie die Silhouette des Teufels aus alten Märchenbüchern. Völlig schwarz, nur die Augen glühten wie brennende Grillkohle. Kleine Hörner reckten sich von seinem Kopf, bewegten sich wie die Fühler eines Käfers.

Wir umringten ihn, gespannte Zuschauer eines gruseligen Schattentheaters.

Mephisto kraulte etwas in seinem Arm, das genauso schwarz war wie er selbst. Erst als mich der Pudel mit seinen menschlichen Augen ansah, erkannte ich Heinrich.

Der Dämon grinste, als er uns musterte, dann hob er den Hund, küsste ihn auf die feuchte Schnauze und – warf ihn hoch in die Luft.

Der Pudel jaulte ängstlich.

„Sie Scheusal!", rief Carlotta empört.

„Tierquäler!", fügte Bömmellöh hinzu.

Nur Baron NILS und ich sahen uns an. Wir wussten die Wahrheit.

Der Pudel überschlug sich mehrmals, kläffte und jaulte, verlor seine Form, sein Fell, seine Schwärze. Als er auf dem Boden aufkam und sich abfederte – war er zu einem Menschen geworden. Ein Mann mit rotem Haar und Bart, strengen grüngrauen Augen, hervorspringendem Kinn in einem kantigen Gesicht, ein Mann, der tief und lebenshungrig die Luft einatmete. Und dann ein grollendes, befreiendes Lachen anstimmte.

Faust. Johann Heinrich Faust – Doktor der dunklen Künste. DämonDenker.

Die Spinne, die uns alle in ihr Netz verwoben hatte.

„Das also war des Pudels Kern!", sprach Goethen.

„Da!", rief Baron NILS plötzlich. „Seht ihr das Band des DämonDenkers?!"

Tatsächlich, da war es, wie ein feiner, spiralförmiger Regenbogen, der sich von Faust zu Mephisto spannte.

Der Baron zog sein Schwert.

Jetzt schlägt er zu, dachte ich, dann ist es vorbei.

„Mit der Übeltäterei", sinnierte Holmes.

Hör auf damit, zischte ich in Gedanken. Ich fühle mich sowieso schon merkwürdig. Irgendwie …

„Erleichtert und traurig zugleich", meinte Mylady. Ich nickte. „Weil das Spiel gleich aus und du nur Zuschauerin bist."

Sie hatte recht.

Der Baron raste auf den DämonDenker zu.

Das Schwert fing das Licht eines Scheinwerfers ein, lenkte es in ein nahes Fenster. Ein Skelett mit einer Spinnwebfrisur spiegelte sich darin. Der Baron bemerkte es. Er warf den Kopf herum und betrachtete sein Spiegelbild. Sein Bernsteingebiss grinste ihm verwegen zu. „Oh, trotz meines Alters seh ich verdammt gut aus", klapperte er und schüttelte sich eine Spinnweblocke in die Stirn.

„Was machen Sie da?!", rief Goethen entsetzt. „Schlagen Sie doch zu!"

Er war so nah gewesen, nur wenige Zentimeter von dem flimmernden magischen Band entfernt.

Doch sein Zögern reichte dem Dämon. Mit Wucht peitschte seine langgliedrige Hand.

Der Baron wurde gegen die Turmwand geklatscht.

Ohnmächtig blieb er liegen, ein lebloser Haufen Knochen.

Das Schwert klirrte machtlos zu Boden.

Faust setzte seinen Fuß darauf. „Tz tz tz, wie frech!", sagte er genüsslich. Zwar fühlte er sich in der Nähe des Schwertes offensichtlich unwohl, jedoch wich er keinen Zentimeter von der glänzenden Klinge.

„Auf ihn!", schrie Bömmellöh.

„Macht ihn fertig, den Tobic-Man!", krähte Lichtsteinchen.

„Das würde ich nicht tun!", sagte Faust so langsam, kalt und drohend, dass sich Eiskristalle in meinem Blut zu bilden schienen. Momentan hatte er alle Trümpfe in der Hand, denn:

Mephisto, immer noch schwarz wie Asphalt, hatte Carlotta in seine Gewalt gebracht; seine Klaue lag scharf und brutal an ihrer Kehle.

„Ein Schritt und sie stirbt", sprach Faust ruhig.

Carlotta war blass geworden.

„Tod und Tinte!", entfuhr es Goethen zitternd. Er war selbst bleich wie ein Gespenst.

„Tut was", zischte Bömmellöh uns zu. „Verschafft mir und dem Dreckigen Dutzend etwas Zeit, damit wir an das Schwert kommen."

Ich sah zu Goethen hinüber. Der Dichter war momentan zu keinem klaren Gedanken fähig, stierte entsetzt auf Carlotta und den Dämon.

Ich quetschte mir das Hirn aus. Jetzt könnte ich euch brauchen, zickte ich meine Fantasiegefährten an.

„Wack'rer Homer bei solchem Spiel würde wagen den Wettstreit", hauchte Kartera.

Was?!

„Sängerkrieg", zischte Mylady.

Äh?!

„Ein Dichter-Wettkampf", half Holmes.

So 'ne Art Poetry-Slam? – Nicht schlecht.

Ich sprach den Gedanken laut aus.

Goethen guckte nur blöde. Doch Fausts Augen flammten auf wie gefährliche Sterne. „Ein Kampf der Worte? – Wie herrlich nach den Jahrhunderten des Schweigens, des Kläffens, Knurrens und Bellens, das alles war, was aus meiner Kehle kam. Ja, ein Wortwettstreit wäre eines DämonDenkers würdig. Natürlich nur, wenn du dazu bereit bist, Dunkler Dichter. Oder steckt in deinen Eingeweiden nur der Mumm einer Dirne?"

Der Spott riss Goethen aus seiner Erstarrung. Er reckte sich, strich sich durch die Haare, glättete seine Garderobe und sagte stolz: „Ich nehme die Herausforderung an, Faust. Und ich werde dich mit Worten zermalmen, deine Reste zwischen den Buchstaben zu Staub zerreiben."

„Ha!", rief Faust. „Das ist ein Stolz, wie er mir gefällt. Auf denn, Mephisto, übernimm den Part des Schiedsrichters."

„Wie Ihr wünscht, Meister Faust." Der Dämon veränderte sich, die Schwärze zerfloss und er nahm das Aussehen eines Menschen des 18. Jahrhunderts an. Doch blieb hinter der hohen Stirn und der noch höheren Frisur etwas Diabolisches.

Er hielt Carlotta weiterhin fest wie mit Schraubzwingen, seine Klaue hatte sich in einen Obsidiandolch verwandelt.

„Und ich befehle dir, unparteiisch zu sein", fügte Faust hinzu. Mephisto nickte.

Irgendwie wirkte Faust auf mich so, als wolle auch er Zeit schinden. Ich fragte mich, wofür.

„Wählt die Themen!", wandte er sich an uns. „Oder seid ihr stumm und blöde wie die Fische, elende Weichtiere, ausgebrütet im Kloakensumpf der Menschheit?!"

„Chill dein Leben!", rutschte es mir heraus.

„Küss deinen Arsch!", setzte Angelmouth obendrauf.

„Scher dich zum Henker!", spuckte Carlotta aus.

„Ah, welch gute Wahl", griff Faust grinsend unsere Sprüche auf. „Welche Themen könnten besser für einen Wettstreit geeignet sein, als diese drei: das *Leben*, die *Liebe*, der *Tod*. – Wir können beginnen."

Wir starrten ihn entgeistert an. Er hatte uns ausgetrickst, hoffentlich konnte Goethen es mit ihm aufnehmen.

Er warf einen Blick zu seinem Dämon.

Mephisto blähte die Brust, und als er loslegte, klang er wie ein Ansager bei einer Wrestling-Veranstaltung. Wenn ich mich nicht täuschte, hielt er sogar eine Art Mikrofon in der Hand. Seine Stimme jedenfalls dröhnte mit Echo über den Burghof. Die Leute wurden neugierig. „Ladies and Gentlemen, kommen wir zum Kampf des Jahrtausends. In der grünen Ecke, jung an Jahren, doch voller Elan, der Herausforderer: Wolfhan Jogang Goethen!"

Irgendwo erklang ein Gong.

„In der roten Ecke, bisher unbesiegt und erfahren wie ein alter Luchs, Titelverteidiger und Altmeister der Wörter-Schlacht: DämonDenker Doktooor Johann Heinrich Faussst!"

Wieder der Gong.

„Möge das Dichterduell beginnen! Erste Runde: *das Leben*!"

Es hätte mich nicht gewundert, wenn von allen Seiten lauter Jubel aufgebrandt wäre, aber die Leute, die im Hof versammelt waren, schauten gebannt und mucksmäuschenstill auf uns.

Die Stille schien zu knacken wie der Chitinpanzer eines Käfers unter einem Stiefelabsatz.

Goethen trat auf die Bühne, hinter ihm war der dunkle Schatten eines Neumonds und auf seiner Kleidung flackerten Elmslichter wie blitzende Pailletten.

Er sprach fest und mit weit tönender Stimme – fast klang es wie Singen:

„Sanfter Hang am Walde; Märzenbecher
Wehn als weiß betupfter grüner Fächer

Weite Weiden; Weißdorn, Jahr, gealtet
Bald sein Wohllicht wieder neu entfaltet

Blüten fangen schon mit Blatt und Stiel
Wind und Frühling; kühnes Lüftespiel

Wiese ahnend: Bald ein Ozean
Wogt in glühendgelbem Löwenzahn

Tau, der letztes Licht vom Himmel trinkt
Leben spendend, funkelnd niedersinkt

Talwärts wandert Fluss auf breitem Patt
Ruhvoll, nebelrauchend, regensatt

Sonnenwogen ebben; rotes Prahlen
Wirft in diesen Tag die letzten Strahlen

Nacht spannt über Fluss und Wald und Weide
Diamantbesetzte, schwarze Seide

Atme, *Seele*, schaue, lausche, fließe
Zart und still entfalte dich, genieße

Zwischen Schlaf und Träumen summt ein Ton
Schöpfungsgleich, mit Macht, seit Anfang schon"

Die Dunkle Poesie schien den ganzen Burghof zu füllen und hin und her zu springen wie Pingpongbälle.
Und dann nahmen die Worte Gestalt an.
Wie in einem Theater.
Plötzlich lag nicht mehr der Burghof vor mir, sondern eine wunderschöne Frühlingswiese – über und über bemalt mit Blumen. Der Wind raschelte in den zarten Sträuchern, ein klarer Bach floss plätschernd mitten hindurch und ergoss sich in ein Meer aus gelben Wogen.
Und dann ein farbenprächtiger Sonnenuntergang.
Die Nacht zog über dem Blumental herauf mit einem Sternenhimmel, wie ich noch keinen gesehen habe. Und dann öffneten sich alle Tore, Fenster und Türen des Himmels und heraus drang ein Ton, ein Klang, ein urzeitlicher Gesang, schon immer da, noch nie verklungen, kaum wahrgenommen. Er durchwebte die Schöpfung und alles, alles, alles mit pulsierendem Leben.
Ich hätte weinen können, so schön war es.
Auch mein Onkel und unsere Freunde lauschten und staunten.
Selbst der DämonDenker sah es mit anerkennender Miene. Mephisto hockte versonnen mit Carlotta mitten im Gras (wenn der Dolch nicht gewesen wäre, hätte es wie ein friedliches Picknick ausgesehen).
Faust trat auf die Blumenwiese und erwiderte mit rhythmischem Klang:

„Es summt und schwebt der Schöpfungston
Und bringt hervor der Schöpfung Kron

Der Mensch betritt die Szenerie
Größeren Schöpfer gab es nie"

Neben Faust tauchten menschliche Gestalten aus verschiedensten Ländern auf, so bunt und unterschiedlich gekleidet, wie es vergangene Jahrhunderte gibt. Alle blickten Faust an, als warteten sie auf etwas.

„Er baut Gebäude, steinern Fratzen
Und Tempel, die an Wolken kratzen

Er zähmt das Feuer, schafft das Rad
Und für das Rad den besten Pfad"

Hektische Betriebsamkeit regte sich in den Menschen. Sie bevölkerten bald die ganze Landschaft, Werkzeuge lagen in ihren Händen. Und dann begannen sie zu bauen. Pyramiden schossen in die Höhe, Türme wuchsen aus den Bäumen. Sträucher verwandelten sich in Häuser. Manche von ihnen erinnerten an altertümliche Bauten, andere wirkten ganz modern. Ja, es gab sogar Hochhäuser, die sich mit atemberaubenden Formen wie Spiralen in den Himmel drehten.

„Bilder, genial, glanzvoll gemalt
Gefühl aus Licht und Farb erstrahlt"

Elegante Statuen verdrängten die Blumen. Der Bach wurde zu fließender Farbe, Ufergräser zu Pinseln, die prachtvolle Gemälde erschufen. Ich erkannte ägyptische Grabmalereien, und die Mona Lisa lächelte mir entgegen. Darüber war ein Gewölbe entstanden, das Michelangelo mit farbenfrohen Fresken verzierte.

Faust stand mitten darin und sang weiter:

„Aus Tönen Schönes gewirkt, gewebt
Musik, bewegt, beflügelt, belebt"

Der von Goethen geschaffene Ozean aus Blüten und Licht verwandelte sich in plätschernde Töne. Klänge rauschten wie Brandung, Symphonien schossen als Geysire in die Höhe und ließen eine Gischt aus zarten Melodien herabrieseln, die meine Haut wie Balsam berührten.

„Am Ende steht das Wort, die hohe
Sprachkunst, so hell wie Feuerlohe"

Der Himmel verdunkelte sich, wurde zum tiefsten Schwarz der Urzeiten. Dann explodierte ein einziges Wort, das erste, das jemals gesprochen worden war, wie der Urknall, Laute und Zeichen fluteten in die schwarze Leere hinaus.

„Es glüht und brennt, verbrennt doch nicht
Springt über funkengleich: Gedicht

Und springt hinauf zur Galaxie
Und füllt den Kosmos aus wie nie"

Laute und Zeichen stießen aneinander, verschmolzen miteinander zu wundervollen Worten, die sich hin und her bewegten wie energiegeladene Atome – immer weiter auf der Suche nach Verbindung und Erneuerung.
Die Welt um mich herum hatte sich komplett verwandelt. Von der Natur fehlte jede Spur. Alles war voller Architektur und Kunst. Aber alles war voller Leben. Wie ein gigantisches Museum, in dem die Kunstwerke zu einem herabsteigen und zum Tanz auffordern. Und über uns funkelte ein Himmel aus sattem Blau, an dem Worte wie Sterne erstrahlten, sich zu Sätzen eines Sonnensystems formten und weiter wuchsen, Galaxien aus Texten bildeten, bis schließlich ein lebendiges, vibrierendes Universum der Weltliteratur über mir funkelte.

Und mitten in diesem Universum schwebte Faust mit wehenden Haaren, die Hände erhoben wie ein Gott, der dies alles erschaffen hat.

Mephisto fuhr hinter ihm in einer Gondel zum Himmel hinauf – vornehm gekleidet, kritisch durch eine Lesebrille schauend – und prüfte einzelne Wortsterne. Carlotta war kaum zu sehen, doch auch ihr Gesicht glänzte begeistert. Der Dämon sah auffordernd zu Goethen hinab.

Der stand ziemlich verloren unter einem mächtigen Sphinx, hatte den Kopf gesenkt, doch er machte keinen niedergeschlagenen Eindruck. Er wirkte eher konzentriert.

Und schon sprach er tief und dröhnend:

„Zwischen Schlaf und Träumen summt ein Ton
Schöpfungsgleich, mit Macht, seit Anfang schon"

An der riesigen Löwentatze des Sphinx summte ein Ton, wie eine kleine lebendige Note, spross wie ein klitzekleiner grüner Halm hervor. Ein weiterer Ton wie ein erstes Blatt bildete sich, ein dritter, vierter, hundertster. Töne wie Blüten, wie Früchte öffneten sich zu Abermillionen, umstreichelten alle Gebäude und Skulpturen wie fließende Seide.

„Schöpfer! Dass es morgen wieder töne!
Leben, ach, in Fülle uns durchströme!"

Und dann explodierte das Leben und die Welt füllte sich mit Tieren, Pflanzen und Naturerscheinungen jeglicher Art. Aber es war nicht so, dass sie die menschlichen Werke verdrängten, nein, sie erfüllten sie mit einem bisher nie gekannten Glanz und einer Lebendigkeit, die ihresgleichen suchte.

Mephisto schoss in seiner Gondel zu uns herunter, lachte schallend und sprach mit schnarrender Stimme: „So hat denn die Natur über das Menschenwerk gesiegt, doch nicht vernichtet hat sie es, sondern vollendet."

Wieder ertönte Mephistos Gong.

„Der erste Punkt geht an den Herausforderer." Schelmisch wie ein Fußballmoderator fügte er hinzu: „Für alle, die erst jetzt zuschalten, zurzeit heißt es: Goethen – Faust. 1 : 0!!!"

19

Mephisto saß plötzlich in einer Stadionkabine.
Alle Bilder lösten sich auf.
Der leere Burghof lag wieder vor uns.
Mein Onkel und das Dreckige Dutzend hatten sich keinen Millimeter von der Stelle gerührt. Auch sie waren wie gebannt gewesen. Genau wie alle anderen Zuschauer. Das Schwert lag immer noch unter Fausts Fuß.
So viel zum Thema *Zeit schinden*.
Mephisto brüllte ins Mikrophon: „Auf, meine Herren! Zweite Runde! Thema: Die Liebe." Er blies mit einem Grinsen in ein Instrument, das verdammt nach einer Vuvuzela klang. „Anstoß – Goethen!"
Carlotta, die sich kaum rühren konnte in der Klaue des Dämons, sah Wolfhan mit festem Blick an. Es lag keine Sorge darin, eher hoffnungsvolle Zuneigung.
Goethen erwiderte den Blick zärtlich, sammelte sich, hob dann den Kopf und sprach fest und weithin tönend ein Sonett:

„O meine Liebesworte sind wie Flügelpferde,
Entfalten ihre Schwingen; kraftvoll stürmen sie
Durch Wind und Wetter, Wirbeldunst – und halten nie,
Bis ihre Hufe dann berühren scheu die Erde.

Mit wachen Sinnen sie nun sehr behutsam schreiten
Durch wundervolle, farbenfrohe Feengärten.
Sie lassen suchend ihren Blick durch unbeschwerten
Und süßen Blütenreigen, Blumenzauber gleiten.

Umschwirrt von Faltern bunt, umhüllt mit gold'nem Licht,
Von Bienen summend angekündigt, zeigst du dich;
Berauschst, bewirkst, dass Pulsschlag hämmert wie im
    Schmerz.

Die Flügelpferde stehen plötzlich schüchtern, stumm.
Doch wendet zärtlich sich zu ihnen, mir, herum
Zunächst dein Blick, dann deine Hand, dein Mund,
    dein Herz."

Ich sah sie vor mir, die Feengärten.

Voller Farben und so intensiv leuchtend, als wären winzige LEDs in ihnen. Es war wunderschön. Überall schwirrten kleine Insekten herum, auch solche, die es gar nicht gab, und solche, die gar keine waren, sondern sanfte fantastische Geschöpfe und märchenhafte Feen.

Aber dort war noch mehr.

Ich konnte diese Gärten nicht nur sehen, sondern auch riechen. Sie dufteten wie ein Meer aus Rosen, Veilchen, Lilien, Kamille und Minze, wie eine Wiesenlandschaft nach einem sanften Frühjahrsregen – saftig, erdig.

Leises Wiehern erfüllte die Luft und dann senkte sich eine Herde geflügelter Pferde aus dem Himmel herab wie ein Vogelschwarm. Ihre Schwingen schillerten in Regenbogenfarben und rauschten wie ein sanftes Meer. Ihre Hufe setzten auf dem Boden auf, ihre Flanken zitterten, sie blähten die Nüstern und sogen den Duft der Gärten tief in ihre Lungen. Sie streiften umher, suchend, ganz wie im Gedicht, eines kam mir so nah, dass ich unbewusst die Hand ausstreckte und es berührte.

Ja, ich berührte es tatsächlich, ich fühlte den warmen Körper, das seidige Fell und spürte, wie das Leben durch die Adern dieser Kreatur pulsierte.

„Wow", entfuhr es mir und das Flügelpferd ruckte den Kopf herum und sah mich an. In seinen Augen sah ich eine Welt, gesponnen aus Liebe und Leidenschaft. Goethens Worte, die von seinen Schwingen rieselten wie sanfte Schneeflocken, wispernde feinste Liebespoesie, wie sie sich jedes Mädchen wünscht, trieben mir die Röte ins Gesicht – auch wenn sie nicht für mich bestimmt war.

Ein dicker hässlicher Käfer, der einen traurigen Schmetterling in seinen Krallen hielt, brummte mir um die Nase, und ins Brummen mischte sich seine tiefe Stimme: „Ein Herz-Schmerz-Reim?! – Nicht neu, doch diesmal recht gelungen, wie mir scheint."

Der Käfer wuchs und wurde zu Mephisto, der sich auf einen Ast setzte und den Schmetterling, der wie Carlotta aussah, in einen Käfig steckte. Dann riss er eine Handvoll Feenblätter ab, stopfte sie in eine Pfeife, schnipste einen Feuerfunken in den Pfeifenkopf, kniff mir schelmisch ein Auge, schlug gemütlich die Beine übereinander und begann, Rauchkringel zu pusten. „Mal sehen, was der Alte dagegenhält."

Faust zwängte sich durch ein Dickicht aus Gladiolen und Mohnblumen auf eine sonnengesprenkelte Lichtung, räusperte sich kurz, dann stimmte er, vollgepackt mit dem Klang schwingender Klavierseiten, eine Ballade an:

> „Unter sich das Wasser tief
> Klafft der karge Stein,
> Schroff und hoch, ein Felsmassiv,
> Festung hart aus Stein."

Die Szenerie, die Faust heraufbeschwor, war viel gewaltiger als der Feengarten Goethens.

> „Umzucken, umschrillen in brausenden Nächten
> Felsen, Festung und Spitze,
> Grelle um Grelle aus dröhnenden Schächten,
> Heiße verzehrende Blitze."

Der Sturm zerriss den Garten in kleine Papierschnipsel.
Bunte Fetzen schwebten durch die Nacht und übrig blieb nur ein nackter Felsen, der in den Himmel wuchs – hart und kalt.

> „Ein Paar sich trifft in jenen Nächten
> Unter dem brausenden Äther,
> Vor jedem verborgen dank tobenden Mächten.
> Denn hart sind die Herzen der Väter."

Und ich befand mich mitten in einer entfesselten Welt.

> „Sie dürfen nicht lieben, nicht sein zu zweit!
> Denn seit steinernen Tagen
> Die Väter sind in kaltem Streit.
> Da hilft kein Bitten, kein Klagen:"

Windböen warfen mich hin und her, bis ich auf einen Felsvorsprung stürzte.

> „‚Vater! Gib mir die Hand deiner Tochter!'
> ‚Geb ich nicht heut, nicht später!'
> Wütend die Faust auf den Tische pocht der. –
> Hart sind die Herzen der Väter."

Über mir tobten Blitz und Donner.

> „‚Vater! Gib mir die Hand deines Sohnes!'
> ‚Geb ich nicht heut, nicht später!'
> Pocht er voll Wut und voll des Hohnes. –
> Hart sind die Herzen der Väter.

Regen durchnässte meine Kleidung und unter mir röhrte und brauste ein wild gewordener Fluss.

„Sie eilen hinauf zur alten Eiche,
Hoch auf der Felsenspitze.
Der Baum trägt schon lange verkohlte Zeichen
Heißer verzehrender Blitze."

Krampfhaft hielt ich mich an dem kalten Stein fest und zitterte vor Kälte am ganzen Körper.
Ich fühlte mich winzig wie ein ertrinkendes Insekt.
Aber ich wollte sehen, was oben auf dem Felsen passierte.

„Der Baum trägt schon länger heimliche Zeichen,
Hoch auf der Felsenspitze,
Die sie in Liebe der alten Eiche
Heiß und verzehrend einritzten."

Deshalb kroch und kletterte ich immer weiter hinauf.
Keuchend zog ich mich über die letzte Felskante und lag erschöpft auf einem kleinen Plateau.

„Sie steh'n am Stamm im zuckenden Licht,
Die Augen voller Erregen,
Voller Verlangen – so spüren sie nicht
Das Schleichen von wisperndem Regen."

Nicht weit von mir.

„Sturm zieht herauf mit rasselnden Schauern,
Mit ihm die brausende Nacht,
Drohend den Felsen, die steinernen Mauern,
Drohend die Eiche umkracht."

Rüttelte an den knorrigen Ästen wie eine Bestie.

> „Sie steh'n am Stamme voller Erregen,
> Sehen sich sehnsüchtig an.
> Spüren den Wind nicht, den prasselnden Regen
> Und sagen einander sodann:"

Das Mädchen nur wenige Jahre älter als ich.

> „,Warum sind hart die Herzen der Väter?
> Zu hart, uns den Segen zu geben. –
> Ohne dich kann ich nicht heute, nicht später,
> Ohne dich will ich nicht leben!'"

Der Junge mit bartlosem Gesicht.

> „,Liebes, deine Hand mir reiche!
> Wir klettern zusammen empor,
> Hinauf, hinauf in die Krone der Eiche
> Und strecken die Hände hervor.'"

Alle Finger gespreizt, als wollten sie die Fetzen der Sturmwolken berühren.

> „Sie fassen sich an und klettern empor,
> Hinauf in die Krone der Eiche.
> Sie strecken gemeinsam die Hände hervor,
> Als Blitze die Eiche umstreichen."

Zeichneten ein grelles Netz an den Himmel.

> „Sie rufen zur Nacht: ‚Für uns gibt es keine
> Sonne, kein liebliches Funkeln.
> Darum, du brausende Nacht, vereine
> Uns beide im ewigen Dunkeln!'"

Ich schrie ihnen zu, herunter zu kommen.

> „Die Nacht erwidert das Flehen der Armen
> Mit zuckender Feuergebärde,
> Voll grausamer Lust – oder Erbarmen.
> Vereint sie sinken zur Erde."

Donnernder Knall. Gleißendes Licht.
Automatisch schloss ich die Lider.

> „Der Morgen kommt, erstarrt vor Schrecken,
> Als nichts mehr der Rauch verhüllt:
> Zwei Körper gleichen zerrissenen Säcken,
> Nur noch mit Asche gefüllt."

Als ich die Augen wieder öffnete, schob sich feines Mondlicht durch die aufgerissenen Wolken.
Ich roch den widerlichen Geruch von verbranntem
Fleisch und Haaren, wandte mich entsetzt ab, schlug die Hände vors Gesicht und schluchzte.

> „Die Väter erkennen die Körper, verloht.
> Doch hilft kein Geheul, kein Gezeter.
> Tot der Sohn, die Tochter tot.
> Zu hart war'n die Herzen der Väter."

Dann war es schlagartig vorbei.

> „Unter sich das Wasser, tief,
> Klafft der karge Stein.
> Darauf die Eiche – verkohlt und schief,
> Als würd sie ein Mahnmal sein."

Der Vorhang fiel.

Ein Blick auf meine blauen Flecken und auf die Schürfwunden an den Armen machte mir deutlich, dass ich alles wirklich erlebt hatte. Verdammt, auch die Schmerzen waren echt. Mein Kleid triefte vor Nässe und ich fror.
Die Dunkle Poesie war keine Spielerei!
Der Applaus war stürmisch, doch ich sah nur den klatschenden Mephisto: „Lieblich sind die Worte Goethens, lassen einen Garten sinnlicher Liebe erwachsen, doch nichts ist mächtiger als Liebe, die gemeinsam in den Tod geht."
Er stand plötzlich neben mir, in einen schwarzen Anzug gekleidet (am Revers funkelte ein Eurovisions-Emblem): „Mesdames et Messieurs, Goethen zero points, null Punkte. Doooktooor Faust tout les points, alle Punkte. Meine Damen und Herren, damit steht es 1 : 1."
Wieder veränderte sich alles, nur die Besucher, die ebenso gebannt wie wir das Spektakel verfolgten, blieben. Ein Kassenhäuschen tauchte auf. An dessen Decke hing der Käfig mit dem Schmetterling, der jetzt zu einem ängstlich piepsenden Vogel wurde. Mephisto saß darunter, die Haare strubbelig, die Kleidung modern. (Allmählich gingen mir seine ständigen Veränderungen auf die Nerven.) „Hereinspaziert, hier ist die neue Attraktion. Mit Spannung erwartet, der ultimative Kick, die letzte Runde, letzte Fahrt des heutigen Abends, kommen Sie, kommen Sie und erleben Sie die Achterbahnfahrt des Grauens, denn jetzt heißt das Thema: *Tod*!"

20

Das eine Wort rüttelte mich wach – und nicht nur mich, auch meinen Onkel. Ganz langsam begann er, sich Mephisto zu nähern. Er gab den Steinjungs ein Zeichen. Die Zwölf verstanden, bewegten sich in Zeitlupe auf das Schwert zu.

Ich stellte mich neben Goethen und beobachtete Faust.

Der trat ins Rampenlicht, doch irgendetwas war anders. Er wirkte nervös, schaute immer wieder in die Menge auf dem Burghof. Dann schien er unter dem Torbogen etwas zu entdecken und ein freudiges Blitzen zuckte durch seine Augen.

Eine rundliche Gestalt trat auf den Burghof hinaus.

Cynthia!

Sie sah mitgenommen aus, als hätte sie die schlimmste Zeit ihres Lebens durchgemacht. Ihr Kleid war schmutzig, die Ärmel zerschlissen, die Haare unter der Haube struppig und fettig. Auch wenn ich die letzte Begegnung mit ihr nicht so einfach vergessen konnte, tat sie mir leid. Ihr rechter Arm zuckte heftiger als jemals zuvor. Vielleicht lag es an dem silbernen Kasten, den sie daran trug. Er sah schwer aus und kam mir irgendwie bekannt vor.

Sie wich meinem Blick aus und schritt auf die Bühne zu. Was hatte sie vor?

Ich trat ihr in den Weg, fest entschlossen, sie zur Rede zu stellen. Hinter mir begann Faust mit der dritten Runde.

> „Tausendfach sind   des Todes Gesichter,
> Die meisten sind dunkel,   manche sind lichter.
> Nur eines von vielen   zwischen Freuden und Leiden,
> Will ich in vage   Worte bekleiden.
> Leuchtend mein Liebling,   ein leiser Killer,
> Meuchelnd und mordend,   ein Messer in stiller
> Geschmeidiger Geste;   Stich in den Rücken,
> Der lachend die Leber   und die Lunge zerfetzt,
> Das Herz zerhackt   in heimlichen Tücken. –
> So summ ich, so sing ich   ganz sanft es jetzt."

Da fiel es mir auf.

Die Stimmung hatte sich verändert. Was vorher ein fairer Wettkampf gewesen war, wurde jetzt ernst.

Tod-ernst.

Ein Blick zu Goethen und meine Nackenhaare richteten sich auf. Hinter ihm war der Burghof schwarz wie ein Loch in der Nacht. Etwas glomm auf. Ein Gegenstand. Dahinter ein Schatten mit schwarzer Kapuze. Zuerst dachte ich an eines der verkleideten Halloween-Monster, die sich auch hier oben herumtrieben. Doch dann erkannte ich das leuchtende Ding. Ein Messer im Dunkeln!

Die Kapuzengestalt riss es in die Höhe.

Ich vergaß Cynthia, sprang auf Goethen zu, warf ihn im letzten Moment von den Beinen. Das Messer zischte eiskalt durch die Nacht, aber es verfehlte sein Ziel.

Faust setzte sofort nach, schneller, hastiger jetzt:

> „Dunkler Dichter,
> Dürftig dein Tun,
> Schwach und mickrig,
> Dir schenke und schick ich:
> Buchstaben – brennend,
> Zuckend in Blut.
> Zeichen – sich zehrend
> In züngelnder Glut.
> Worte – wie Lichter
> Aus wilder Macht.
> Stelle dich nun
> In stiller Nacht,
> Du närrischer Tor,
> Dem namlosen Tod."

Seine Worte sausten wie Silvesterraketen in die Kapuzengestalt, explodierten, gaben ihr vibrierende Kraft. Die Gestalt wuchs, pulsierte wie von schwarzem Licht durchdrungen, ein Schatten-Assassine, der auf Goethen und mich zustürmte und gleich mehrere Klingen schwang, Klingen aus ätzenden Buchstaben, feurigen Zeichen.

Doch Goethen hatte schon seine Worte gesprochen:

> „Der TOD,
> er ist ein Trauerspiel,
> ein Spiel, bei dem sehr viel
> meist auf dem Spiele steht:
> das Leben
> eben!
> Doch wer mir droht,
> der kommt zu spät.
> Mag sein, dass ich der Narr bin,
> doch der Narr ist nie allein.
> Denn sein
> Begleiter ist das Glück.
> Und das kämpft, ach!,
> mal hier, mal dort, mal dahin
> mit Geschick,
> mit Krach,
> Getöse
> und schlägt das Böse
> gestählt zurück!"

Seine Worte bildeten ein vierblättriges Pflänzchen, das aus dem Pflaster spross. Ehe der Assassine uns erreichen konnte, wuchs es zu einem stählernen Hünen, der die Klingen des Meuchelmörders mit Funkenschilden abwehrte. Es roch nach heißem Metall, nach Feuer und schwelendem Stoff, doch für den Moment waren wir geschützt.

In diesem Augenblick ertönte ein Schrei.
Alle rissen die Augen herum.
Carlotta!

Mephisto hatte sein albernes Kirmes-Aussehen abgelegt und waberte wieder in Teufelsgestalt vor Bömmellöh herum, der Carlotta fast erreicht hatte. Sie war wieder sie selbst, aber immer noch in einem Käfig aus Dämonsklauen. Klauen, die sich scharf und spitz immer mehr verengten, um sie zu zerdrücken.

Sie schrie noch einmal.

Und das war ein Fehler.

Goethen konnte den Anblick nicht ertragen: „Mit Energie beschütze sie!" Sofort rauschte der Stahlriese hinüber, verwickelte den Dämon in einen Kampf. Mein Onkel zog Carlotta aus dem Käfig.

Doch wir waren schutzlos.

„Hechte zur Seite", flüsterte Kartera und das rettete mich, als die Assassinenklinge niedersauste. Mich. Aber nicht Goethen. Das Schwert durchbohrte seinen Leib, eine zweite Klinge streifte seinen Hals, dann sackte er zusammen.

Ich stürzte zu ihm.

Der stählerne Hüne löste sich in Luft auf, während der Schatten-Assassine auf meinen Onkel zustürmte. Der ging sofort in den Mr.-Hyde-Modus. Zehn Steinjungs eilten Bömmellöh zu Hilfe, doch nun mischte sich auch der Dämon in den Kampf.

Dann kauerte plötzlich Carlotta neben mir. „Oh nein", schluchzte sie und die Gefühle, die sie bisher unter einem Mantel aus Coolness verborgen hatte, brachen hervor: „Mein armer Held! Wolfhan!" Tränen liefen ihr über die Wangen und sie bettete Goethens Kopf in ihrem Schoß. Goethens Blick war verschleiert, er blutete aus Brust und Hals. Es sah nicht gut aus.

Auch mir liefen die Tränen.

Doch es sollte noch schlimmer kommen.

„Gib ihn mir", befahl Faust plötzlich.

Irritiert riss ich den Kopf herum, sah Cynthia vor der Bühne stehen und den silbernen Koffer öffnen. Heiß schoss es mir durch alle Glieder und mein Gedächtnis spuckte die Antwort wie Gift aus: Der Koffer meines Onkels! Mit dem Zeitprisma. Cynthia war der Schatten gewesen, den ich am Haus gesehen hatte.

Sie hatte ihn gestohlen und hob ihn hoch.

„Nein, Cynthia", schrie ich. „Tu das nicht!"

„Aber ich muss, Merle", kam ihre Antwort.

„Warum?"

„Weil er mein Vater ist. Weil Faust der ist, der mich geschaffen hat. Weil er der einzige ist, der meinen Schmerz heilen kann."

Stone-grin und Flügelfalte hatten sich leise der Bühne genähert.

Cynthia reckte den Koffer noch höher, Stone-grin und Flügelfalte sprangen gleichzeitig, prallten jedoch zusammen und kugelten über den Boden. Bevor sie es noch einmal versuchen konnten, hatte Faust das Schwert ergriffen und hielt ihnen die scharfe Klinge unter die Nase. Die beiden Steinjungs erstarrten.

Mit der anderen Hand grapschte er in den Koffer und reckte triumphierend das Zeitprisma in die Höhe.

„Jetzt ist es Zeit, die Zeit zu bersten", sprach er mehr zu sich selbst.

Ich nahm allen Mut zusammen und ging auf ihn zu. „Was soll das werden, Faust?"

Mit hochgezogenen Augenbrauen wandte er sich mir zu. „Junge Dame, ich werde tun, was vor mir noch niemand getan hat. Und dies hier gibt mir die Macht dazu."

„Das glaub ich nicht", rutschte es mir heraus.

„Ich weiß, worauf du anspielst, aber du weißt nicht genug. – Wie wundervoll doch Zeitreisen sind, nicht wahr?! Aus eins mach zwei. Dies ist nur der Nachfahre – wirkmächtig schon, aber noch mächtiger ist der Urahn. Cynthia!"

Cynthia erschrak kurz über die donnernde Stimme. Dann zog sie das Zeitprisma an der Kette aus dem Kragen. Es kam mir vor, als ginge eine unsichtbare Welle davon aus, die mich erfasste und ein Stück zurückschob. Mir wurde kurz schwindelig, doch als ich den Kopf schüttelte, ging es.

Ich betrachtete den Zeitkristall.

Es war das Original!

Das sie eigentlich Goethen hätte übergeben müssen, Goethen, der jetzt in seinem Blute lag und wer weiß wie wenige Minuten noch zu überleben hatte. Weil wir in der Zeit zurückgereist waren, hatte sich alles verändert.

Ich sah hinüber zu Faust mit unserem Prisma in der Hand.

Original und Kopie waren sich schon einmal bedrohlich nahe gewesen, als Cynthia mich überrumpelt hatte und aus dem Labor geflohen war. Als sie die Leiter in der Zisterne hinaufgestiegen war, musste sie am ZSG vorbeigekommen sein. Auch damals hatte ich diese Welle gespürt. Vielleicht war ich sogar deswegen ohnmächtig geworden.

Cynthia hatte das Prisma all die Jahre mit sich herumgetragen, um es jetzt ihrem Vater auszuhändigen. Doch warum?

Als hätte Faust meine Gedanken lesen können, sagte er: „Du fragst dich, was passiert, wenn ich über Urahn und Nachfahre verfüge, wenn ich beide zusammenbringe und miteinander vereine?! – Dein Onkel würde es *Zeitkatastrophe* nennen."

Verdammt! Dieser DämonDenker wusste entschieden zu viel.

Faust redete weiter: „Zeitkatastrophe, pah! Ich nenne es einen Sprung in die Ewigkeit. Mit Hilfe Mephistopheles' habe ich die Grenzen des Wissens überschritten. In der Erschaffung Cynthias", er warf einen kurzen arroganten Blick auf sie, „habe ich die Grenzen der Natur zerschnitten und etwas völlig Neues kreiert. – Jetzt aber gilt es, die Grenzen der Zeit zu sprengen. Vielleicht sogar die Zeit selbst. Denn sogar ein Dämon, auch so ein mächtiger wie meiner, ist den Gesetzen der Zeit unterworfen. Und das wollte ich nie. Die Zeit ist mir verhasst. Doch damit ist jetzt Schluss. Aus den Fugen muss die Zeit! – Tochter, gib mir jetzt deinen Kristall."

Cynthia legte die Hand auf das Prisma.

„Cynthia, bitte, tu es nicht. Was versprichst du dir davon?"

Sie seufzte und unendliche Traurigkeit lag auf dem sonst so gütigen Gesicht.

„Auch wenn wir nur wenige Tage miteinander verbracht hatten, warst du mir richtig ans Herz gewachsen, Merle. Aber als ich von dir Abschied nahm, fühlte ich mich einsam und dieses Gefühl wurde umso stärker, als ich bei meiner Schwester auf Schloss Hohenlimburg weilte. Sie starb nur wenige Monate nach meiner Ankunft. Danach war ich das einsamste Wesen auf der Welt."

„Ich dachte, du hättest dich in Altena sehr wohl gefühlt."

„Das habe ich auch, aber in meinem Zustand konnte ich mich nie lange an einem Ort aufhalten."

„Du meinst, weil du ein Cyborg bist, ein künstlicher Mensch?"

„Als künstlich geschaffene Kreatur altere ich nicht und das fällt spätestens nach einem Jahrzehnt auf. Die Leute werden misstrauisch und rufen dir schnell ‚Hexe' hinterher. Also konnte ich nirgendwo lange bleiben, ich habe mich nie weit von Altena entfernt, doch weit genug, um ungestört leben zu können."

„Ungestört, aber einsam", murmelte ich. „Und deine Schwester?"

„Meine Schwester war das einzige Wesen, das genauso wie ich war. Eine künstliche Lebensform, geschaffen von Doktor Faust, sie war älter als ich, sozusagen das Vorgängermodell, aber als sie starb, traf mich der Verlust umso härter. – Ich glaube, du hast sie gefunden?!"

Ich sog scharf die Luft ein. „Das Skelett in dem geheimen Raum auf Schloss Hohenlimburg. Clementia. Sie war nicht Fausts Geliebte, sie war deine Schwester!"

Cynthia nickte.

„Aber wie kann das sein, ich denke, Clementia ist 1543 verstorben. So lautete die Inschrift."

Cynthia schüttelte stirnrunzelnd den Kopf. „Mein Herz war voller Trauer, meine Hand zittrig, als ich die Worte einritzte: *Meiner geliebten Clementia. 6. Januar 1773. Schwester und Tochter von Faust.* Mag sein, dass mir die Schrift nicht gut gelungen ist."

„1773!", meldete sich Holmes in meinem Kopf, „das ist möglich, die zweite und dritte Ziffer waren so krakelig geschrieben, dass sie statt einer Fünf und einer Vier durchaus zwei Siebenen sein könnten."

„Und danach wurde es immer schlimmer", erzählte Cynthia weiter. „Merle, ich bin nun schon fast 500 Jahre alt und die Hälfte davon habe ich in tiefster Einsamkeit verbracht. Ich sehne mich nach einer Freundin, mehr als das, nach meiner Schwester."

Ich sah sie traurig und schweigend an. Vielleicht konnte ich ihr eine Freundin sein, aber mehr sicherlich nicht.

Cynthia räusperte sich. „Nur mein Vater kann mir helfen. Wenn ich ihm den Zeitkristall gebe, kann er mich zurückschicken in meine glücklicheren Tage. Vielleicht kann er sogar meine Schwester am Leben erhalten. Vielleicht sogar", jetzt wurden ihre Worte ganz leise und voll banger Hoffnung, „mir eine Familie geben."

Sie nahm das Zeitprisma von der Kette. Es lag in ihrer rechten zuckenden Hand wie ein pulsierender Schatz.

Fausts Augen gierten danach, höhnisch und lebensverachtend.

„Tu es nicht, Cynthia", sagte ich niedergeschlagen. „Eine Familie kann man sich nicht erkaufen. Und Freunde auch nicht. Ich bezweifle, dass dein Vater dir wirklich helfen wird. Sieh ihn dir an, er denkt nur an sich selbst."

Cynthia blickte Faust ins Gesicht, der schnell seine wahren Gefühle hinter einer lächelnden Maske versteckte.

„Schau dich um, was er hier angerichtet hat", sprach ich weiter.

Cynthia sah zu dem sterbenden Goethen. Zur in Tränen aufgelösten Carlotta, zu dem kämpfenden Bömmellöh, der nicht mehr lange aushalten würde, und zu den Steinjungs, die verzweifelt, aber aussichtslos kämpften. Ur-Erz war zum Baron hinübergeschlichen, doch das Skelett rührte sich nicht.

Faust näherte sich Cynthia.

„Er hat nur Chaos angerichtet, verbreitet Traurigkeit und Tod. Er ist kein Lebensspender, wie du es hoffst. Und jetzt willst du ihm auch noch die Zeit ausliefern?!"

Zweifel traten in Cynthias Miene. Sie hielt das Originalprisma immer noch hoch, aber ihre Finger umschlossen es jetzt. Faust stockte der Atem.

„Wir können immer noch Freunde sein, Cynthia. Aber nur, wenn du uns jetzt hilfst. Du hast uns einmal verraten. Tu es nicht noch mal."

Cynthias Miene war wie gerädert von den vielen Gedanken und Empfindungen. Doch dann seufzte sie und ließ das Zeitprisma sinken. „Du hast recht, Merle. All das Elend ist es nicht wert –"

Faust heulte wütend auf. „Dann eben mit Gewalt, Tochter!"

Das Schwert surrte durch die Luft und hieb Cynthia die rechte Hand ab, als ginge es durch Butter. Entsetzt hielt sie sich den Stumpf und ging in die Knie.

Das Zeitprisma rollte in den Dreck.

Bevor Faust allerdings vom Podest herunter war, hatte Flügelfalte es sich geschnappt und lief von ihm weg.

„Verdammt, du Steinzwerg, gib mir den Kristall, sonst werde ich dich zu Staub zermahlen."

„Hol ihn doch, du Eierloch", kreischte Flügelfalte und warf das Ding seinem Bruder zu.

21

Ich weiß nicht, ob der Wettkampf so lange gedauert hatte oder ob die Zeit anders verlief. Jedenfalls war die Nacht schon weit vorangeschritten und sie erreichte ihren dunkelsten Punkt. Ohne Sterne. Ohne Elmsfeuer. Ohne einen Dunklen Dichter, der den DämonDenker aufhalten konnte.

Nur mein Onkel kämpfte noch. Er hatte tatsächlich den Schatten-Assassinen besiegt und rang jetzt mit Mephisto, der permanent seine Gestalt veränderte. Im Mr.-Hyde-Pelz wirkte Bömmellöh wie ein wütender Wikinger im Kampf mit einem Ungeheuer. Ein Beowulf-Comic kam mir in den Sinn, in dem der Held gegen das furchtbare Ungeheuer Grendel kämpfte. Aber war die Geschichte nicht schlecht ausgegangen? – Ich wusste es nicht mehr.

Irgendwie hatte Bömmellöh das mit dem Zeitkristall mitbekommen. „Los, Dreckiges Dutzend", schrie er, „er darf das Zeitprisma auf keinen Fall bekommen!"

Die anderen Steinjungs sprangen ihren beiden Brüdern zu Hilfe und spielten mit Faust Fang-die-Maus.

Faust schrie wütend auf, schleuderte das Schwert in die hinterste Hofecke und begann mit einem beschwörenden Singsang:

> „Das Spiel spiel ich gern
> mit Regeln von mir!
> Hölle hoch vier!
> Gehorcht eurem Herrn,
> Heere der Geister,
> Dämonen und Dschinn,
> ins Diesseits hinein!
> Kobold aus Feuer,
> Troll, ungeheuer,
> herein, nur herein!
> Denn ich bin der Meister,
> der Meister ich bin!
> Jaget sie all
> und holt den Kristall!"

Und dann brach das Chaos aus. Als hätten seine Worte die Pforten der Hölle geöffnet, strömten die beschworenen Kreaturen in den Burghof.

Es war ein megamäßiges Footballmatch, zwischen den Hooligans der Hölle und dem Dreckigen Dutzend. Noch waren die Steinjungs im Besitz des Zeitprismas, doch wie lange konnten sie bestehen? Faust produzierte unablässig weitere Höllenwesen.

Was sollte ich tun?!

Ein zuckendes Stöhnen ließ mich herumfahren.

Goethen!

Carlotta war nicht mehr da. Goethen lag in seinem Blut, sein Atem ging flach. Trotzdem war er noch bei Bewusstsein. Ich kniete mich zu ihm, riss mir Cynthias Schleifentuch herunter und versuchte, die Blutungen zu stillen. Er bewegte immerzu die Lippen, aber nur ein Flüstern kam aus seiner geschlitzten Kehle.

„Ihr müsst ... fortsetzen ... Merle", verstand ich gerade noch.

„Es ... es tut mir leid", sagte eine andere Stimme. Cynthia saß neben mir. Ihr Gesicht war unendlich traurig und voller Schuldgefühle. Ich sah sie stumm an, dann wieder Goethen. Der machte Zeichen mit der Hand. Er deutete auf mich, auf Cynthias Armstumpf, dann auf meine Stirn.

Ich verstand nichts.

Plötzlich hockte Carlotta keuchend neben uns. Mit Mühe hielt sie die Tränen im Zaum. „Hier ist sie", wisperte sie Goethen zu und hielt ihm die Schwarze Hand aus der Ausstellung hin.

Goethens Blick flackerte aufgeregt, hektisch wies er auf die Schwarze Hand, auf Cynthias verletzten Arm, auf meine Stirn.

„Verdammt! Was will er?!", stieß ich hervor.

„Ich glaube, ich weiß es!" Cynthia sprang auf, riss Carlotta die Schwarze Hand weg und lief direkt auf Mephisto zu.

„Cynthia, nein!", riefen Carlotta und ich gleichzeitig.

„Vertraut mir", rief sie über die Schulter, „nur dieses eine Mal!"

Ich hatte gedacht, sie würde Mephisto die Hand geben, doch sie blieb in der Nähe der Kämpfenden stehen, beugte sich über eine silbrig glänzende Pfütze. Es waren Blutstropfen – vom Dämon.

Cynthia tunkte die Schwarze Hand in das Dämonium. Dann drückte sie sie an ihren Armstumpf und das Wunder geschah: Cynthias Cyborgarm und die Schwarze Hand des Dunklen Dichters Hachs verbanden sich miteinander.

Als sie auf uns zuging, konnte sie sogar die verbrannten Finger bewegen.

Sie trat direkt auf mich zu, beugte sich zu mir herunter. Und bevor ich „Was hast du vor?" sagen konnte, hatte sie mir die Dichterhand wie in einer Segensgeste auf den Kopf gelegt.

Heiß und kalt zugleich durchflutete es meinen ganzen Körper. Blitze zuckten in meinem Kopf. In meinem Herzen schienen elektrische Lichter anzugehen. Es war wie das Kribbeln, das ich schon mehrmals gespürt hatte. Nur hundertmal stärker.

Baron NILS' Worte kamen mir in den Sinn: Es gibt auf der Erde weit mehr Möglichkeiten, zu einem Dunklen Dichter zu werden.

Mit einem Mal verstand ich, warum Goethen mich ihrzte. Nicht weil er in mich verliebt war – es war Respekt vor der Gabe in mir. Er hatte von Anfang an mehr in mir gesehen als ich selbst. Er wusste, dass ich war wie er: Im Licht einer ersten blassen, sanften Morgenröte wurde ich zu einer Dunklen Dichterin.

Als ich aufstand, besaß ich die Gabe der Dunklen Poesie. Ich musste sie nur noch anwenden.

Die Steinjungs hielten sich gut, ohne Frage, aber ihre Kraft bröckelte zusehends dahin – und das wirklich, inzwischen lag überall auf dem Burghof Geröll. Sie konnten ein wenig Hilfe vertragen.

Ich schloss die Augen. Was sollte ich sprechen? Und dann auch noch dichten? „Vertraue dir selbst", sagte jemand, ich glaube, es war Carlotta, vielleicht aber auch Goethen in meinem Kopf: „Denke nicht mehr an die Grenzen. Vertraue dir und deiner Kraft. Schaue in dich, besinne dich. Und dann schlag zu mit all deiner Fantasie, deiner Poesie, deiner Theatralik."

Und dann Cynthia: „Denke an deine Stimmen."

Die Stimmen. Meine Fantasiegestalten. Meine persönlichen Helden. Ich machte einfach den Mund auf und sprach, was mir durch den Kopf schoss:

„Alle meine Helden,
melden!
Holmes, brillant,
mit Verstand
und für den Kampf: Stock und Hut.
Und, äh, Mut."

„Weiter so", flüsterte Holmes.

„Okay, okay!
Weiß wie Schnee:
Myladay."

„Der Reim hinkt!"

„Egal, sie ist
raffiniert und voll List,
kennt sie das Böse,
wird sie es lösen
mit Dolch und Gift!"

„Ja, gut!"

„Als Dritte im Bunde trifft
ein die Amazone,
verwegen,
niemals verlegen.
Unter der Kriegerkrone,
schwarz wie Wimperntusche, glänzt, ähm,
ihr Haar, und silbern brennt
ihr Schwert! Das haut voll rein!
So muss es sein!
Sie kämpft und rennt!
Ba-Bäm, Ba-Bäm!"

Ich öffnete die Augen und traute ihnen kaum: Glänzende Reifen aus Reimen und Versen, manche bucklig wie eine fauchende Katze, lösten sich von meinen Lippen, ringelten sich um meine Arme, schmückten meine Handgelenke mit Worten aus goldener Kraft, sprühten auf den Hof hinaus und bildeten Gestalten. Und dann standen sie vor mir: Holmes, Mylady und Kartera. Nicht wie 3D-Gespenster aus einem Film, nein, in echt, aus Fleisch und Blut.

Und sie waren voller Energie und in ihren Gesichtern glitzerte der Kampfgeist.

Faust bekam es sofort mit: „Ah, ein neuer Dichter im Spiel. Wie schön! – Dann zeig, was du kannst!" Er räusperte sich kurz, dann:

„Armeen der Hölle,
Gehorcht meinem Willen,
Unheil verbreitet
Und Unglück und Pein.
So soll es sein!
Stürmt nun und streitet,
Auf Kampfrossen reitet,
Schlagt sie mit Schwertern
Und giftigen Gerten,
Mit spitzen Speeren,
Die heillos verheeren,
Mit Keulen aus Knochen,
Die krachen und kochen.
Schleudert Schrapnelle,
Schrille und schnelle,
Und pfeifende Pfeile,
Bohrende Beile,
Äxte aus Eisen,
Bis sie wimmert ganz leise
Und windet vor Weh sich,
Im eig'nen Blut dreht sich."

Er übertrieb eindeutig.

Seine Höllenwesen stürmten nun tatsächlich mit all den gedichteten Waffen auf uns zu.

Wie gut, dass meine drei Helden mehr waren, als eine ganze Armee. Kartera stand fest wie ein Felsen in der Brandung, schlug und zerfetzte mit ihrem Schwert. Mylady war wie eine Spiralfeder, die sich geschickt hin und her wand und schneller im Rücken der Feinde ihren giftigen Dolch einsetzte, als diese „Hey" sagen konnten. Und Holmes nutzte seinen Stock wie einen Degen, seinen Hut, die Krempe scharf wie ein Rasiermesser, wie einen Bumerang.

Trotzdem kam mir einer der Feuerkobolde so nah, dass mir sein heißes Eisen den Stoff meiner Hose versengte.

Ich rettete mich mit einem geschmiedeten Vers.

„Mach weiter, Merle", riefen Carlotta und Cynthia. Ich schmiss Vers um Vers in die Runde, ohne zu denken, ließ mich von der Kraft leiten, die tief in mir steckte und nun endlich ans Tageslicht wollte. Und dann konnte man nicht mehr unterscheiden, ob ich sprach und handelte oder meine Helden.

HOLMES.
„Mephisto, wo ist dein Spott?
Faust, wo ist dein Degen?
Wo ist dein Stachel, Tod?
Ob cool oder hot,
Ich kämpfe mit Grips den Geistern entgegen."

MYLADY.
„Stahlblau, blutrot,
Hier ist mein Dolch,
Du Strolch!
Hier ist er – scharf und noch schärfer
Als mein Verstand."

HOLMES.
„Hopp! Und stich! Schon liegt der dämonische Werfer
Mit seinem Speer röchelnd im Sand."

MYLADY.
„Hier ist er, mein Dolch,
Spitz und noch spitzer
Als meine Zunge.
Zisch! – Sieh nur, da flitzt er,
Zerfetzt deinen Hals, du höllischer Junge."

HOLMES.
„Prügel, mein Stock.
Triff gut,
Mein Hut.
Und gerbe den Trollen den Rock."

MYLADY.
„Gefährlich wie Gift,
Mon Dieu,
Ist meine Rede.
Flüster! Wisper! Wenn's dich trifft,
Vergeht dir die Lust,
(Ein Stoß mit dem Queue)
Am Kampfe, am Tanze – ach, einfach jede!"

KARTERA.
„Schwert und Schild, sie zucken, schwingen wie göttliches
Pendel.
Stechen und töten die Drachen, den Fafner, Smaug und
auch Grendel.
Donnerndes Schild, Eiche und Eisen fällt hart Ungeheuer.
Schwert, du flammst und versengst und loderst –
rächendes Feuer.
Bringst die Vernichtung in jede höllisch-dämonische
Brust!"

Es war eine epische Schlacht.
Es fällt mir kein besseres Wort ein. Jeder Fernsehkanal hätte sich darum gerissen, das hier senden zu dürfen. Jeder 3D-Film hätte dagegen schlapp ausgesehen.
Aber wir hatten noch nicht gewonnen.
Im Gegenteil.
Das Dreckige Dutzend pfiff auf dem letzten Loch. Rockfinger und Briskbrock prügelten auf geifernde Blutorks ein. Jagged und

Lichtsteinchen wehrten sich gegen eine Horde Finsterpixies. Stonegrin erschlug einen Diabolokobold. Horntrolle drückten Pierre de Soie in die Ecke, er versteckte das Zeitprisma hinter dem Rücken und versuchte, die dummen Trolle auszutricksen. Doch ich glaube, diesmal fielen sie nicht darauf herein.

Mein Onkel verlor immer mehr an Boden. Denn der aufkommende Tag war gegen ihn und vertrieb immer mehr vom Mr.-Hyde-Pelz. Von Beowulf keine Spur mehr, ein zerrupfter Wikinger wehrte sich gegen den Dämon. Bald würde ein vornehmer Kerl zurückbleiben, der vor Mephisto höchstens höflich den Zylinder zog.

Wir brauchten einen Plan.

Eine kleine Bewegung am Boden fiel mir auf.

„Sphinx? – Komm raus aus dem Chaos."

Ich bückte mich und das Minichamäleon hüpfte auf meine Hand. Ich setzte Sphinx auf meine Schulter, doch da blieb sie nicht. Sie krabbelte zu meinem Ohr.

Plötzlich flüsterte sie: „Das Zeitprisma."

„Sphinx?! – Du kannst sprechen?", stieß ich überrascht aus.

„Quatsch, natürlich nicht", keuchte es. „Ich bin's, dein Onkel. Ich hab Sphinx verkabelt. – Aber jetzt hör mir zu. Ich bin gleich erledigt. Du musst dem Spuk ein für alle Mal ein Ende bereiten."

„Aber wie?"

„Unser Zeitprisma, die Kopie, die Faust in der Hand hat. Du musst sie zerstören."

„Was?!"

„Es ist viel zu gefährlich, dass es neben dem Original existiert. Wenn er es doch noch schafft, beide zusammenzubringen, dann gute Nacht! Die Kopie muss vernichtet werden!"

„Ich weiß nicht wie."

„Merle Friederika Schiller, du kannst das, also leg los und vernichte es."

Dann brach die Verbindung ab.

Ich sah hinüber, Mephisto hatte ihn gleich.

Und Faust suhlte sich förmlich in seiner Macht, immer neue Monster zu produzieren. Aber er achtete nicht auf den Kristall in seiner Hand. Und auch nicht –

Eine Bewegung in seinem Rücken!

Ein armseliges Häufchen aus Knochen kroch über den Boden auf ihn zu. Ein Bein fehlte ganz, das andere war unterhalb des Kniegelenks abgetrennt. Aber immerhin besaß dieses Häufchen ein entschlossenes Funkeln in den skelettierten Augenhöhlen. Und es besaß:

Das Schwert!

Mit dem übriggebliebenen Arm (der andere lag auf einem Gully) schob er es vor sich her, immer dichter an den DämonDenker heran. Was er brauchte, war eine Ablenkung. Was er brauchte, war –

„Wo ist Thor?"

„Thor, er hat sich zurückgezogen, als du geschimpft hast", rief Kartera und erschlug einen Glutgreif.

„Er ist etwas empfindlich", meinte Holmes, duckte sich unter dem stinkenden Atem eines Sturmghuls weg.

„Hat sich verkrochen, in ein Mauseloch", giftete Mylady.

„Hab ich nicht, / bin Heros, nicht Maus", kam es von irgendwo.

„Heros?! Pah, Heulsuse!"

„Hexe, herrische, / meinem Hammer stell dich!" Der kleine Thor wurde sichtbar, direkt zu Myladys Füßen, so groß (oder klein) wie ein Zweijähriger, und schwang drohend seinen Winzlingshammer.

„Ja sicher!", spie Mylady verächtlich aus, ging in eine wirbelnde Dolch-Drehung, die mehrere Schwefelwichte das Leben kostete.

„Schön, dass du da bist, Thor", beschwichtigte ich. „Thor, wir brauchen dich. Du musst den Kristall zerstören!"

Thor verbeugte sich in meine Richtung und sprach: „Würdiges Weib, / dein Wille geschehe!" Und schon hüpfte er los.

In die falsche Richtung!

„Thor!", schrie ich. „Den anderen Kristall! Den Faust in der Hand hat!"

„Ach so, soso, / ich sause schon hin!"

„Einmal Idiot, immer Idiot", kommentierte Mylady. Es war nicht ganz klar, ob sie ihn oder den sterbenden Dummhold unter ihrem spitzen Absatz meinte.

„Hey, Leute, vielleicht helft ihr ihm lieber", rief ich und die drei pflügten eine Schneise in die Höllenwesen.

Thor nahm Anlauf, er sah aus wie ein Windelkind bei einer Kindergarten-Olympiade. Aber seine Klappe war die eines Großen.

THOR.
    „Bro, ey Bruder, / brat mir 'nen Storch!
    Gleich fliegt der Hammer, / der Hammer fliegt gleich!
    Thunder, Thor, / thousands of fists!"

FAUST.
    „Was?!"

KARTERA.
    „Donnere, Thor, schmetter den Feinden Tausende Fäuste!"

FAUST.
    „Närrischer!"

BÖMMELLÖH.
    „Ächz."

MEPHISTO.
    „Vorsicht, Faust, Gefahr!"

FAUST.
    „Wo?"

MEPHISTO.
    „Der Hammer!"

FAUST.
„Ha! Lächerlich!"

HOLMES.
„Es kommt nicht auf die Größe an …"

MYLADY.
„(Wer hätte das gedacht, der kleine Schelm.)"

MERLE.
„… sondern auf den Willen!"

THOR.
„Zack und wusch / und flitz und wumm.
Krach, kabusch / und blitz, kaBUMM!

Es knallte atemberaubend laut. Und ohrenbetäubend. Und es blitzte heller, als ich es jemals gesehen hatte, als Thors Hämmerchen auf das Zeitprisma traf. Es explodierte wie ein riesiger Schokokuss in einer gigantischen Mikrowelle!

FAUST und MEPHISTO.
„Fuck!"

BARON NILS
„Mephisto! Faust! – Tod!
Hier ist mein Stachel!
Sum-tandara-lei! Wie neu geboren!
Mein Schwert!
Zing! Kling! Ihr seid verloren!
Huh! Hah! Zur Hölle, wer sich dem Teufel verschworen."

Und dann schlug er zu, mit allem, was sein letzter Knochen noch hergab, und die rotschwarze Klinge zerteilte das schimmernd bunte Band zwischen Dämon und Denker wie ein Stück Seide.

FAUST.
„NEEIIIINNN!!"

BÖMMELLÖH.
„Hah! Mit letzter Kraft des Mr. Hyde!
Kratz, stich! Und Sieg!"

MEPHISTO.
„Ächz."

MERLE.
„Meph! Jetzt geht's zurück. Zurück in deine Hölle!"

MEPHISTO.
„Dunkle Dichterin, verflucht seist du. Verfic–"

Was er noch sagen wollte, ging in einem bestialischen Lärm unter, als sich der Boden auftat und ihn verschlang wie ein Staubsauger eine Staubmaus.

FAUST.
„NEEEEEEIIIIIIIIIINNNNNNNN!"

BARON NILS.
„Es ist vollbracht!"

DAS DRECKIGE DUTZEND.
„Freiheit!!!"

BÖMMELLÖH.
„Goethen und Schiller, was für ein Team!"

22

Bömmellöhs letzte Worte rissen mich sofort in die Wirklichkeit zurück. Ich warf mich zu Goethen herum. Carlotta weinte hemmungslos. „Merle, er stirbt!"

Sein Atem ging ganz flach, überall war Blut – an seinem Hals, auf seiner Brust und unter ihm, eine Lache, die immer größer wurde.

Auch mir kamen die Tränen, als ich mich neben ihn kniete – war das eben wirklich ein Sieg gewesen? Ein sterbender Mensch war schlimm genug. Ein sterbender Freund – unfassbar! Der Preis war zu hoch.

Goethen zuckte unkontrolliert. Seine Lider flatterten, mühsam sah er uns an, seine Augen kamen mir vor wie schwache flackernde Kerzen, ein einziges falsches Ausatmen von uns konnte genügen, sie auszupusten. Aber er sah uns erleichtert an. Ich glaube, er hatte die Niederlage Fausts mitbekommen. Er war zufrieden mit sich und mit mir.

Dann schloss er die Lider zum letzten Mal.

„Er stirbt", wiederholte Carlotta fassungslos.

„Nein", hauchte Cynthia. „Du kannst es verhindern, Merle, benutze die Dunkle Poesie, um ihn zu heilen."

„Ich? – Ich weiß nicht – wie soll das gehen? Ich kenne keine Heil-Sprüche."

„Dann ist es vorbei", murmelte sie.

Ich sah sie an, dann Goethen. Carlotta hatte ihm den Justaucorps aufgeknöpft, damit er besser atmen konnte. In der Innentasche steckte ein Bündel Papiere. Das Wort „Hachs" war gut erkennbar.

Ein Gedanke schoss mir ins Hirn.

Ich zog das Bündel heraus, ja, es war Goethens Abschrift des steinernen Buchs. Hatte uns Baron NILS nicht erzählt, dass Hachs darin alle möglichen Gedichte und Verse gesammelt hatte? Vielleicht ja auch einen Heil-Spruch oder so was.

Fieberhaft blätterte ich darin. „Bitte, Gott aller Dichter, lass ihn mich finden", murmelte ich leise. Dann endlich eine Überschrift: „Heil-Poem". Das musste gehen.

Cynthia hielt das Blatt für mich. Weil ich nicht wusste, was ich mit meinen Händen machen sollte, legte ich sie auf den blutenden Körper. Es kostete mich große Überwindung, und dass sich Goethen ganz kalt anfühlte, war keine Hilfe. Sein Atem war nicht mehr als ein Hauch.

Ich schloss die Augen, konzentrierte mich, suchte die neue Kraft in mir.

Dann sprach ich, so fest wie ich konnte:

> „Bei Wunden der Knochen, / bei Glieder-, Blut-Wunde:
> Gebein zu Gebein / und Blut zu Blut,
> Glieder zu Gliedern / – des Wortes Glut
> Heil Körper, heil Seele / in dieser Sekunde."

Es war ganz anders als eben.

Viel leiser, viel kleiner, viel sanfter.

Aber spürbar, wie man an einem durchfrorenen Wintertag ein heißes Glas Milch trinkt. Sie fließt durch deinen Körper, wärmt dich, weckt alle Lebensgeister und flüstert dir zu: „Alles ist gut." Balsam für Körper und Seele.

Goethens Körper entspannte sich völlig. Das Blut auf seiner Brust, auf dem Hals, unter ihm begann, golden zu glimmern, zu pulsieren, dann sog sein Körper es auf wie ein trockener Schwamm. Die Wunden schlossen sich und die Farbe floss zurück in sein Gesicht. Seine Augäpfel pendelten unter den Lidern, dann öffneten sie sich und lächelten mich an.

Schwach wisperte er: „Das war mega…, mega…, Megalodon."

Oah, er konnte es einfach nicht lassen.

Aber in diesem Fall hatte er recht. Das ganze Abenteuer war mega gewesen. Und ich war froh, dass er noch lebte.

Er zeigte auf sich, dann auf mich und kniff mir ein Auge.

„Ja", antwortete ich. „Wir sind wohl beide Dunkle Dichter. Aber du wirst mich jetzt nicht zum Sänger-Wettstreit herausfordern!"

Er raspelte heiser: „Davon habe ich erst mal genug."

Dann sah er Carlotta an und ganz leise säuselte er: „Diese Augen, diese Wangen, diese Lippen sind so schön. Wenn sie wie die Sternlein prangen, mag die ganze Welt vergehn."

Fast unsichtbar glühten kleine Sternchen über Carlottas Kopf auf und gaben ihr das Aussehen einer Heiligenfigur von einem dieser Kirchenbilder.

„Du kannst es nicht lassen", zischte sie streng, dann drückte sie ihm einen Kuss auf die Lippen.

„Oh, davon allerdings, werte Carlotta, könnte ich niemals genug kriegen."

„Fürs Erste muss es reichen", sagte sie grinsend.

Goethen versuchte sich aufzurichten, er schaffte es nur mit Hilfe. Noch war er zu schwach. Er hustete: „Ich glaube, es wird Zeit, … in meine Zeit zurückzukehren."

„Aber erstmal wirst du richtig gesund", nickte ich.

„Ich fürchte nicht", warf mein Onkel ein. In Frack und Zylinder stand er neben uns, so manche Schramme hatte er abgekriegt. In der Hand hielt er das Zeitprisma.

Es flackerte.

„Was ist?", fragte ich alarmiert.

Bömmellöh klang besorgt: „Ich glaube, das Zeitprisma muss schnellstens in die Vergangenheit zurück, damit …"

„… es von Goethen in die Schatulle gelegt werden kann, sonst landen wir in einem Paradoxon."

Mein Onkel nickte. „Wir entfernen uns zeitlich immer weiter von dem Punkt, an dem er es in die Schatulle hätte legen sollen. Und ich weiß nicht, wie sich das auf die Zeit auswirkt. Es könnte durchaus sein, dass sich eine Zeitschleife aufbaut und wir das alles noch einmal erleben müssen."

„Dann heißt es jetzt sofort Abschied nehmen?", presste Goethen hervor und sackte erschöpft zusammen. Carlotta stützte ihn.

Mein Onkel biss sich auf die Lippe: „Er muss zurück!"

„Aber Wolfhan ist in dieser Verfassung nicht reisefertig", entgegnete Carlotta.

„Das ist das Problem. Es müsste jemand mit ihm in die Vergangenheit reisen, aber –"

„Aber?"

„Das Zeitprisma sollte nach der Ankunft in 1772 sicherheitshalber gleich in die Schatulle gepackt und unter den Dielen versteckt werden. Dadurch aber wird der ZZS unbrauchbar und ist wieder ein harmloser alter Zahnarztstuhl. Und das bedeutet: Wer auch immer mit ihm reist, kann nicht wieder zurück. Der Stuhl sollte dann vollständig zerstört werden. Ich glaube, es wäre nicht gut, wenn ein Gerät aus der Zukunft irgendwo in der Vergangenheit herumliegt. Wer weiß, was passiert, wenn es in die falschen Hände gelangt."

Das war gar nicht gut.

„Ich werde es machen", sagte Cynthia. „Ich bin euch etwas schuldig." Und zu mir: „Du hast mich wieder auf den richtigen Weg gebracht."

Aber mein Onkel schüttelte den Kopf. „Ich weiß nicht, wie sich das Zeitreisen auf dich auswirken wird, Cynthia. Ob es bei dir überhaupt funktioniert. Tut mir leid, du bist nun mal nur zum Teil menschlich. Hinzu kommt, dass es dich dann zweimal gäbe, denn dein vergangenes Ich ist ja dort und du kommst aus der Zukunft hinzu. Ich will mir nicht vorstellen, was das mit der Zeitlinie anstellen würde!"

Cynthia ließ zwar die Schultern hängen, aber ich glaube, sie war froh, nicht wieder in ein Jahrhundert zu müssen, in dem man sie als Hexe und Missgeburt verfolgen könnte.

„Sarg und Nägel, *ich* werde gehen", sprach Carlotta und in ihren Augen war ein besonderes Leuchten. „Für eine Archäologin ist es das Größte. Eine Chance, die Vergangenheit nicht nur zu erahnen, sondern sie selbst zu sehen, zu berühren, mit allen Sinnen zu spüren. Das, was bisher leblos vor mir lag, erleben. Ja! – Auch wenn, Axt und Schafott, mir ein paar Jahrhunderte früher noch lieber wären."

„Bist du sicher?", fragte ich.

Carlotta nickte. „Ich habe hier keine Angehörigen. Niemand wird mich vermissen – außer euch vielleicht."

Ich fiel ihr um den Hals und drückte sie fest. In den zwei Tagen (mein Gott, es waren wirklich nur zwei!) war sie mir ans Herz gewachsen wie eine Freundin.

Carlotta und Bömmellöh halfen dem zittrigen Dichter auf.

Dabei steckte ihm mein Onkel eine zerfledderte Kladde ins Justaucorps.

„Ist es das, was ich glaube?!", fragte ich.

„Die Gedanken über die Zeit. Ich habe es in Fausts Labor gefunden, als ich dich gerettet habe."

„Und es gemopst."

„Sagen wir, ich bringe es auf den richtigen Weg." Und zu Carlotta: „Es muss unbedingt in die Schatulle, sonst hätte ich den ZZS nicht bauen können."

Carlotta nickte.

Der Burghof sah aus wie immer.

Abgesehen von den etwas verstört wirkenden Leuten, die sich fragten, ob sie eben den gleichen Traum gehabt hatten.

Und abgesehen von dem alten Mann, der einsam auf der Steinbühne stand und verstört in die Runde schaute.

„Was? – Wo? – Wer?", stammelte er wie in einer Telefonschleife. Seit das Band zwischen ihm und Mephisto durchtrennt war, schien er all sein Wissen verloren zu haben, ja sogar noch mehr, selbst das Wissen, das ein Mensch im Laufe seines Lebens sammelt, war nicht mehr vorhanden.

Faust war nur noch ein alter, gebrochener Mann. Er wirkte verwirrt und wie ein Suchender. Als hätte er etwas sehr Wichtiges verloren.

„Seine Seele war der Preis", hallten Baron NILS' Worte in mir nach.

War es das, was ihm fehlte? Ich wusste es nicht.

Er tat mir tatsächlich leid.

„Ich werde mich um ihn kümmern", seufzte Cynthia. „Auch wenn er nur an sich gedacht und viel Leid über die Menschen gebracht hat, bleibt er doch mein Vater. Vielleicht ist es an der Zeit, ihm etwas von dem Leben, das er mir geschenkt hat, zurückzugeben. Vielleicht werden wir ja sogar noch eine Familie."

„Und deine Hand?"

Sie bewegte die schwarzen Finger vor dem Gesicht. Dann zog sie einen Handschuh darüber, den einer von den Kostümierten verloren hatte. „Na ja, fürs Erste wird es gehen. Und danach kann ja vielleicht dein Onkel –"

Sie sah Bömmellöh hoffnungsvoll an. Er lachte. „Ich denke, das kriege ich hin. Eine neue Hand. Und deinen Arm werden wir auch reparieren."

„Danke."

Sie führte den taumelnden Faust, der sie scheu anlächelte, den Burghof hinunter.

„Cynthia", rief ich ihr hinterher.

Sie drehte sich um.

„Diesmal wirst du aber nicht einfach verschwinden, oder?! Du hast hier deine Freunde und die kommst du doch besuchen?!"

Sie nickte und ihr erleichtertes Lächeln war das Schönste, das ich an diesem Morgen gesehen hatte.

Allerdings gibt es auch noch Trauriges zu erzählen.

Die Steinjungs hatten sich um das Knochenhäufchen versammelt, das einmal Baron NILS gewesen war. Als ich zu ihnen kam, atmete er rasselnd. Er grinste mit seinem Bernsteingebiss und sprach leise: „Heissa, das war ein Spaß." Dann warf er einen verträumten Blick auf die Knochen, die Ur-Erz und Lichtsteinchen vom Hof eingesammelt und vor ihm abgelegt hatten. „Und ich seh immer noch verdammt gut aus, stimmt's?"

Das Dreckige Dutzend murmelte ein paar zustimmende Worte. Dann sah er mich an. „Wir haben es geschafft, Merle. Wer hätte das gedacht? Mein Werk ist erfüllt und ich kann Frieden finden. Meine Zeit ist um."

Mir traten wieder Tränen in die Augen.

„Weint nicht, ich habe über meine Zeit hinausgelebt. Wer kann das schon von sich sagen. Bettet mich in der Höhle vom Einhardsbrunnen zur letzten Ruhe. Aber bitte", er hustete, „mit Perücke."

„Mufflon?", fragte ich und konnte mir ein trauriges Lächeln nicht verkneifen.

„Ganz egal." Mit diesen Worten starb er zum zweiten und nun wohl auch zum letzten Mal.

Ich seufzte. Auch dieser Nervtöter war mir ebenso wie Goethen sehr ans Herz gewachsen. Aber er hatte recht: Konnte es etwas Besseres geben, als in dem Gedanken an seine erfüllte Aufgabe abzutreten. Wir würden ihm ein schönes Grab in der Höhle bereiten.

Das Dreckige Dutzend stimmte ein etwas merkwürdiges Totenlied an, dann trugen die Zwölf die Reste des Dämonkämpfers aus der Burg.

Nur Stone-grin blieb bei mir zurück.

„Tja", sagte er, „war gar nicht schlecht, an deiner Seite zu kämpfen. Du dichtest ganz gut – für ein Mädchen."

Ich stieß ihn scherzhaft in die Steinrippen. „Und ihr seid gar nicht so steif für zwölf Steinfiguren."

Ein Schatten huschte über seine Miene.

„Was ist?"

„Der Dämon ist fort."

„Ja, das ist doch gut so."

„Für dich und Altena, ja. Aber für uns ..."

Er ließ den Satz unvollständig, aber mit einem Mal wusste ich, was er meinte. „Kein Dämon, kein Dämonium mehr. Das bedeutet, ihr werdet bald wieder zu Stein und niemals mehr könnt ihr wieder lebendig werden. Es sei denn ..."

„... es gibt noch etwas Wunderwasser." Er schüttelte niedergeschlagen den Kopf. „Nein, wir haben alles verbraucht."

Verdammt, meine Augen wurden schon wieder feucht!

Ich hasse solche Szenen!

Er legte mir die Hand auf den Unterarm. „Ist schon gut", sagte er ungewöhnlich feinfühlend. „Auch wir haben nun unsere Aufgabe erfüllt. Und wir haben unseren Meister wieder. Außerdem, wer weiß, vielleicht gibt es für uns ja doch noch Hoffnung. Schließlich kennen wir eine Dunkle Dichterin."

Ich nickte unsicher.

„Bist'n cooler Typ, Merle. Aber verrat es nicht den anderen", er wies mit dem Daumen hinter sich. „Die denken sonst, ich wäre weich geworden."

Ich grinste, dann schlenderten wir gemeinsam zu Bömmellöhs Haus hinunter.

Es folgten viele Abschiede, die ziemlich schmerzhaft waren. Deshalb will ich es kurz halten.

Das Dreckige Dutzend verschwand mit den Überresten des Barons – nachdem mir alle zwölf noch einmal kreischend um den Hals gefallen waren – in der Höhle. Bei Nacht verschloss sie mein Onkel im Mr.-Hyde-Pelz. Wie lange dieser Zauber noch halten würde, wusste niemand.

Cynthia fand ein kleines Zimmer in der Nähe des Altenheims und kümmerte sich rührend um Faust. Sie besuchte uns oft und wurde zu einer meiner besten Freundinnen.

Apropos Freundinnen, Sin und Katy erzählte ich natürlich alles haarklein. Sie glaubten mir erst, als ich ein paar Kostproben meiner Dunklen Dichtkunst vom Stapel ließ. Danach bestanden sie darauf, dass ich alles aufschreibe. Das ist der Grund, warum es dieses Buch überhaupt gibt.

Bömmellöh war hochzufrieden. Der unlösbare Fall war aufgeklärt und zwar bis ins kleinste Detail. Ich glaube, er vermisste Carlotta ein wenig. Zu gerne hätte er mit ihr die beiden Labore Fausts näher erforscht.

Tja, und am selben Tag, an dem wir den DämonDenker besiegt hatten, kam der Abschied, der am schmerzvollsten war.

Carlotta und Goethen.

Beide saßen im ZZS. Goethen bleich und zitternd, Carlotta besorgt. Sie strich ihm durch die Haare, was ihm sehr gefiel.

„Schick uns eine Nachricht, wenn du angekommen bist", meinte ich zu der Archäologin. Dann merkte ich, was ich da gesagt hatte. „Oh!"

„Du darfst nichts über die Zukunft ausplaudern", wandte Bömmellöh ein, „sonst könnte sich die ganze Geschichte ändern."

„Keine Sorge", meinte sie.

„Aber doch wenigstens einen versteckten Gruß", bat ich.

„Mal sehen, vielleicht fällt mir etwas Unverfängliches ein. Aber zuerst werde ich mich um unseren Dichter kümmern."

Goethen lächelte selig.

Mein Onkel schaltete den ZZS ein und summend begann er sich zu drehen.

„Eine Frage noch", rief ich in den immer stärker werdenden Wirbel, „bist du der *echte* Goethe?"

„Ich bin ...", lächelnd verschwand er im Zeitstrom. Mehr nicht. So wird es wohl ewig ein Geheimnis bleiben.

In den nächsten Wochen beschäftigte ich mich sehr ausführlich mit dem echten Goethe.

Und ich suchte in den Geschichtsbüchern nach Carlotta Vonstein. Ich fand sie nicht, aber ich fand eine Charlotte von Stein. Der echte Goethe hatte ein Bild von ihr gezeichnet, das Carlotta verdammt ähnlich war. Sie und Goethe waren befreundet gewesen, vielleicht auch ein wenig mehr. Aber Charlotte hielt ihn auf Abstand. Das passte durchaus zu Carlotta. Zeitlebens verband die beiden eine besondere Beziehung, die zwischendurch wohl mal in eine Art Hassliebe ausartete. Denn als Goethe die bürgerliche Christiane Vulpius heiratete (die Charlotte nicht leiden konnte), forderte sie alle Briefe, die sie Goethe geschrieben hatte, zurück und vernichtete sie.

Deshalb existiert keine einzige Zeile mehr von ihr.

Klingt nach einer beleidigten Leberwurst, oder?

Oder war es die Vorsicht von jemandem, der zu viel über die Zukunft wusste und sich auf keinen Fall verraten wollte?

Jedenfalls waren sie am Ende ihrer Tage wieder gute Freunde.

Es gibt übrigens in unserer Stadt ein Goethe-Standbild. Ganz aus Bronze zeigt es einen jungen Mann, der nachdenklich, aber entspannt auf ein paar Treppenstufen sitzt. Ganz in der Nähe von Gumbels Haus.

Seltsam, nicht?!

So seltsam wie alles, was ich in den letzten Tagen erlebt habe.

Anhang

Übersetzung des althochdeutschen Textes der Schwertweihe nach Carlotta Vonstein

> Im Anfang war das Wort.
> Und das Wort war vor der Welt.
> Und das Wort war vor dem Himmel.
> Eher als das Licht war das Wort.
> Eher als die Nacht war das Wort.
> Das Wort fahre in den Stahl.
> Das Wort erwecke den Stahl.
> Das Wort stärke (eigentl.: salbe stark und scharf) den Stahl.
> Schwert, erhebe dich!
> Schwert, zermalme die Finsternis mit Himmelszungen!
> Schwert, zermalme den Dämon mit Eisenzungen!
> Und spreche das Ur-Wort
>   RUNA (= Geheimnis)

Goethen-Zitate

Dem Herausgeber ist es ebenso wenig wie der Autorin des Buches gelungen herauszufinden, wer genau die Person Wolfhan Jogang Goethen eigentlich ist. Seine Verbindung zur historischen Persönlichkeit Johann Wolfgang von Goethe bleibt im Dunkeln.

Auffällig ist, dass der Goethen im Buch viele echte Goethe-Zitate – manchmal in abgewandelter Form – benutzte. Diese sollen im Folgenden aufgelistet werden. Welche Schlussfolgerungen daraus zu ziehen sind, möge der Leser selbst entscheiden.

Original-Zitate von Johann Wolfgang von Goethe

„Mein schönes Fräulein, darf ich's wagen,
Mein Arm und Geleit Ihr anzutragen?"
(Urfaust, V. 457 f.)

„Die Wette biet' ich!"
„Topp!"
„Und Schlag auf Schlag!"
(Faust I, V. 1698)

„Setz dir Perücken auf von Millionen Locken,
Setz deinen Fuß auf ellenhohe Socken,
Du bleibst doch immer, was du bist."
(Faust I, V. 1807 ff.)

„Zum Sehen geboren,
Zum Schauen bestellt,
Dem Turme geschworen,
Gefällt mir die Welt."
(Faust II., V. 11288 ff.)

„Zufrieden jauchzet groß und klein;
Hier bin ich Mensch, hier darf ich's sein."
(Faust I., V. 929 f.)

„Füllest wieder 's liebe Tal
still mit Nebelglanz,
lösest endlich auch einmal
meine Seele ganz."
(An den Mond – Erste Fassung)

„Da steh' ich nun, ich armer Tor,
Und bin so klug als wie zuvor!"

(Faust I, V. 358 f.)

„Sei gefühllos! …
Der Neid auf dich …
Dehnt die Klauen,
Stürzt und schlägt
Hinterlistig sie
Dir in die Schultern."
(Oden an meinen Freund. 1767, Dritte Ode)

„Dem Schnee, dem Regen,
Dem Wind entgegen,
Im Dampf der Klüfte,
Durch Nebeldüfte,
Immer zu! Immer zu!
Ohne Rast und Ruh!"
(Rastlose Liebe, V. 1 ff.)

„Und an diesem Zauberfädchen,
Das sich nicht zerreißen lässt,
Hält das liebe lose Mädchen
Mich so wider Willen fest."
(Neue Liebe, neues Leben, V. 17 ff.)

„Was soll euch Wahrheit? – Dumpfen Wahn
Packt ihr an allen Zipfeln an."
(Faust II, V. 5735 f.)

„Stürm, stürm, Winterwind, und zerreiß sie, und heul sie tausend Jahr um den Erdkreis herum und noch tausend, bis die Welt in Flammen aufgeht, und dann mitten mitten mit ihnen ins Feuer."
(Götz von Berlichingen, Erste Fassung, 5. Akt, 2. Szene)

„*In Ketten meine Augäpfel!*"
(Götz von Berlichingen, IV. Akt, Wirtshaus zu Heilbronn, S.145/ Z.14 f. der Hamburger Ausgabe)

„*Zurück, zurück, unsinniger Hauf'! –*
O hätt' ich Flügel, flög' ich auf. –"
(Faust II, V. 5755 f.)

„*Zwei Seelen wohnen, ach! in meiner Brust …*"
(Faust I, V. 1112)

„*Wer sie nicht kennte,*
Die Elemente,
Ihre Kraft
Und Leidenschaft,
Wäre kein Meister
Über die Geister."
(Faust I, V. 1273 ff.)

„*Sag deinem Hauptmann: Vor Ihro Kaiserliche Majestät hab ich, wie immer, schuldigen Respekt. Er aber, sag's ihm, er kann mich im Arsch lecken.*"
(Götz von Berlichingen, III. Akt, Jaxthausen, S. 139/ Z. 9 f. der Hamburger Ausgabe)

„*Was dir die zarten Geister singen,*
Die schönen Bilder, die sie bringen,
Sind nicht ein leeres Zauberspiel."
(Faust I, V. 1439 ff.)

„*Ein jeder lernt nur, was er lernen kann;*
Doch der den Augenblick ergreift,
Das ist der rechte Mann."
(Faust I, V. 2016 ff.)

„Grau, teurer Freund, ist alle Theorie,
Und grün des Lebens goldner Baum."
(Faust I, V. 2038 f.)

„Dichter lieben nicht zu schweigen,
Wollen sich der Menge zeigen.
Lob und Tadel muss ja sein!"
(An die Günstigen, V. 1 ff.)

„Und der Phönix präsentierte sich als ein ordinärer Haushahn"
(Götz von Berlichingen, II. Akt, Bamberg, S. 117/ Z.10 f. der Hamburger Ausgabe)

„Es schlug mein Herz. Geschwind, zu Pferde!
Und fort, wild wie ein Held zur Schlacht.
Der Abend wiegte schon die Erde,
Und an den Bergen hing die Nacht."
(Willkommen und Abschied, Frühe Fassung, V. 1 f.)

„Tiefe Stille herrscht im Wasser,
Ohne Regung ruht das Meer,
Und bekümmert sieht der Schiffer
Glatte Fläche rings umher.
Keine Luft von keiner Seite!
Todesstille fürchterlich!
In der ungeheuren Weite
Reget keine Welle sich."
(Meeresstille, V. 1 ff.)

„Dringe tief zu Bergesgrüften,
Wolken folge hoch zu Lüften;
Muse ruft zu Bach und Tale
Tausend, abertausend Male."
(Immer und überall, V. 1 ff.)

„Im ernsten Beinhaus war's, wo ich beschaute,
Wie Schädel Schädeln angeordnet passten;
Die alte Zeit gedacht ich, die ergraute.
Sie stehn in Reih' geklemmt, die sonst sich hassten ..."
(Im ernsten Beinhaus [Schillers Schädel], V. 1 f.)

„Sieht mit Rosen sich umgeben,
Sie wie eine Rose jung.
Einen Kuss, geliebtes Leben,
Und ich bin belohnt genung"
(Sesenheimer Lieder, Kleine Blumen, kleine Blätter, V. 9 ff.)

„Hat der alte Hexenmeister
Sich doch einmal wegbegeben!
Und nun sollen seine Geister
...
Walle! walle
Manche Strecke,
Dass zum Zwecke
Wasser fließe,
Und mit reichem, vollem Schwalle
Zu dem Bade sich ergieße!
...
(Der Zauberlehrling, V. 1 ff.)

„Stark von Faust, gewandt im Rat,
Liebt er die Hellenen;
Edles Wort und schöne Tat
Füllt sein Aug' mit Tränen.

Liebt den Säbel, liebt das Schwert,
Freut sich der Gewehre;
Säh' er, wie sein Herz begehrt,
Sich vor mut'gem Heere!"

(An Lord Byron [Stark von Faust], V. 1 ff.; Totenklage zu Ehren Lord Byrons)

„*Das also war des Pudels Kern!*"
(Faust I, V. 1323)

Auch im WOLL-Verlag erschienen:

Rissa Filial ist nach ihrem Abenteuer im Skadligplats zurück auf Schloss Thronstein. Als plötzlich Leander erscheint und ihr und Emma offenbart, dass die Mutter-Nymphe Emera entführt worden ist, ahnt sie Böses. Doch niemals hätte sie erwartet, was als Nächstes geschieht: Rissa, Leander und Emma werden von mysteriösen Kräften in einen unbekannten Heligplats transportiert und begegnen dort der Quelle der Magie. Diese ist dem Untergang geweiht, was das Ende der gesamten Fabelwelt bedeuten würde! Die Kinder müssen einen Weg finden, die Quelle der Magie zu retten, doch gleichzeitig verfolgen die Stor-Brüder ihre finsteren Pläne und bedrohen alles, was Rissa und Leander lieb ist...
ISBN 978-3943681-87-1 – LVP: 14,95 Euro

Lieferbar sind auch die Bände: Rissa Filial und die Verschwörung auf Schloss Thronstein – ISBN 978-946318-659-9 – LVP: 14,95 Euro und Rissa Filial und der Aufstand der Kobolde – ISBN 978-946342-953-5 – LVP: 14,95 Euro – WOLL-Verlag – www.woll-verlag.de

Die Autorin
Katie Grosser, geboren 1990, verfasst Romane, Kurzgeschichten und Gedichte. Aufgewachsen im Sauerland, lebt die Deutsch-Amerikanerin inzwischen in Münster und arbeitet dort an der Westfälischen Wilhelms-Universität.

Auch im WOLL-Verlag erschienen:

Eine Kindheit im Sauerland vor dreißig Jahren. Eine Kindheit, in der es noch keine Handys gab, kein Internet und keine PC-Spiele. Kein WLAN und kein WIFI, kein Facebook, kein Instagram, kein YouTube. Unmöglich! Kann man sich so eine Kindheit heute überhaupt vorstellen? Müssen die Kinder damals nicht schrecklich unglücklich gewesen sein? Alles war damals sicher furchtbar uncool. Und die Kinder hockten zu Hause rum und wussten nichts mit sich und der Welt anzufangen. Fürchterlich. Aber nein! Es war ganz anders und kein bisschen langweilig. Hier ist der Gegenbeweis.

ISBN: 978-3943681-93-2 – LVP: 14,90 Euro

Der Autor
Der 1952 in Göttingen geborene Kinder- und Jugendbuchautor Kurt Wasserfall ist nach Jahren in Hamburg, Freiburg oder auf Borkum längst glücklich in Jagdhaus daheim. In Köln studierte Wasserfall Theaterwissenschaften und Germanistik, reiste durch Europa, war als Schauspieler und Regie-Assistent tätig und gibt neben seiner schriftstellerischen Tätigkeit auch Kurse zur Sprachkompetenz und in Kreativem Schreiben. Für sein Buch „Ben Makhis oder Die Reise in das Abendland" erhielt er 1990 den Friedrich-Gerstäcker-Preis für Jugendliteratur der Stadt Braunschweig.